法治影响中国系列丛书

U0743473

法案聚焦

FA AN JU JIAO

◎ 法制日报 编

中国社会出版社

国家一级出版社·全国百佳图书出版单位

图书在版编目（CIP）数据

法案聚焦 / 法制日报编．—北京：中国社会出版社，2015.12
（法治影响中国系列丛书）
ISBN 978-7-5087-5207-5

Ⅰ．①法… Ⅱ．①法… Ⅲ．①案例—汇编—中国 Ⅳ．① D920.5

中国版本图书馆 CIP 数据核字（2015）第 289018 号

书　　　名：法案聚焦	
编　　　者：法制日报	

出 版 人：浦善新
终 审 人：王　前
策 划 人：刘宏国
责任编辑：张翠萍　　　　　　　责任校对：张　晋

出版发行　中国社会出版社　　　　邮政编码：100032
通联方法　北京市西城区二龙路甲 33 号
电　　话：编辑部：（010）58124867
　　　　　邮购部：（010）58124845
　　　　　销售部：（010）58124848
　　　　　传　真：（010）58124856
网　　址：www.shcbs.com.cn
　　　　　shcbs.mca.gov.cn
经　　销：各地新华书店

中国社会出版社天猫旗舰店

印刷装订：保定华泰印刷有限公司
开　　本：170mm×240mm　1/16
印　　张：27.75
字　　数：450 千字
版　　次：2015 年 12 月第 1 版
印　　次：2015 年 12 月第 1 次印刷
定　　价：128.00 元

中国社会出版社微信公众号

编辑委员会

⚖ 序　言

　　"奉法者强则国强，奉法者弱则国弱。"

　　在中国五千多年的历史长河中，法治，从未像今天这样，与国家命运联系得如此紧密。

　　正因如此，我们不断在推动中国法治建设的道路上前行——依法治国成为治国理政的基本方略，中国特色社会主义法律体系已经形成，全面推进依法治国扬帆起航……

　　谁曾想到，在这块有着几千年人治思想的古老土地上，法治之花能如此绽放。

　　梅花香自苦寒来。法治之花的绽放、中国法治建设的成绩，也是筚路蓝缕、一路求索而得。

　　作为中央政法委员会的机关报，作为全国规模最大、最具权威性和影响力的法制传媒，《法制日报》记录着中国法治建设每一个点滴，始终不渝竭尽全力助推法治不断前行。

　　翻开《法制日报》，我们可以厘清中国法治之路历史脉络；品读《法制日报》，我们可以透彻看到中国社会法治生态。

　　为了记住中国在法治建设之路上的每一个足迹，我们有必要奉献一份厚重的记录，让法治进步的足音常伴世人身边。这正是我们推出"法治影响中国系列丛书"目的所在。

　　"法治影响中国"，是一个庞大的题目，我们感悟"法治影响中国"，可以从折射法治之光的案件开始。

　　为此，系列丛书首册，集纳《法制日报》3 年来刊发的121 个精品案件。

　　这些案件涉及多个领域，不仅受到社会高度关注，更具有标杆意义和深远影响；不仅丈量出法治的力量和威严，更映照出中国法治建设的前进方向——没有任何领域可以成为"法外之地"，没有任何公民可以拥有"法外特权"。

正如水滴会反射太阳的光，每一个具体的案件，都会折射出公平正义的光辉；每一个判例，都可能为公众的法律信仰添加一块基石。

用文字记录历史，用良知反映社会。若干年后，当人们手捧这套丛书，能够从中读出法治进步的足音，那就足以令人欣慰了。

编　者

2015 年 5 月

⚖ 目　录

第一章　反腐新路

"谦者民之表也，贪者民之贼也。"贼者，误国害民。

中央铁腕反腐，"打老虎拍苍蝇"，国法如山，党纪似铁，贪者难遁。

本章集纳法院判决典型案例，或为警醒，使"廉者知所劝，贪夫知所慎矣"。

周永康一审被判处无期徒刑

2014年12月5日，中共中央政治局会议审议并通过中共中央纪律检查委员会《关于周永康严重违纪案的审查报告》，决定给予周永康开除党籍处分，对其涉嫌犯罪问题及线索移送司法机关依法处理。

2013年12月1日，中央政治局常委会召开会议，听取了中央纪委在查办案件中发现的周永康违纪线索情况的汇报，决定开展相应核查工作。2014年7月29日，中央政治局召开会议，听取了中央纪委开展核查工作情况的汇报，决定对周永康立案审查。

经查，周永康严重违反党的政治纪律、组织纪律、保密纪律；利用职务便利为多人谋取非法利益，直接或通过家人收受巨额贿赂；滥用职权帮助亲属、情妇、朋友从事经营活动获取巨额利益，造成国有资产重大损失；泄露党和国家机密；严重违反廉洁自律规定，本人及亲属收受他人大量财物；与多名女性通奸并进行权色、钱色交易。调查中还发现周永康其他涉嫌犯罪线索。周永康的所作所为完全背离党的性质和宗旨，严重违反党的纪律，极大损害党的形象，给党和人民事业造成重大损失，影响极其恶劣。

2014年12月5日，中央政治局会议审议并通过中央纪委《关于周永康严重违纪案的审查报告》，根据《中国共产党纪律处分条例》的有关规定，决定给予周永康开除党籍处分，将周永康涉嫌犯罪问题及线索移送司法机关依法处理。

最高人民检察院经审查决定，依法对周永康涉嫌犯罪立案侦查并予以逮捕。

2015年6月11日，天津市第一中级人民法院依法对周永康受贿、滥用职权、故意泄露国家秘密案进行了一审宣判，认定周永康犯受贿罪，判处无期徒刑，剥夺政治权利终身，并处没收个人财产；犯滥用职权罪，判处有期徒刑七年；犯故意泄露国家秘密罪，判处有期徒刑四年，三罪并罚，决定执行无期徒刑，剥夺政治权利终身，并处没收个人财产。周永康当庭表示，服从法庭判决，不上诉；进入司法调查以来，办案机关依法办案、文明执法，讲事实、讲道理，充分体现了我国司法的进步，使他认识到自己违法犯罪的事实给党的事业造成的损失，给社会造成了严重影响，再次表示认罪悔罪。

2015年5月22日，天津市第一中级人民法院鉴于周永康案中一些犯罪事实证据涉及国家秘密，依法对周永康案进行不公开开庭审理。法庭通过传唤证人吴兵出庭作证，播放周永康长子周滨、妻子贾晓晔作证录像，宣读、出示相关证人证言、书证、物证照片、鉴定意见等，证实周永康利用职务上的便利，为吴兵、丁雪峰、温青山、周灏、蒋洁敏谋取利益，收受蒋洁敏给予的价值人民币73.11万元的财物，周滨、贾晓晔收受吴兵、丁雪峰、温青山、周灏给予的折合人民币1.29041013亿元的财物并在事后告知周永康，受贿共计折合人民币1.29772113亿元；通过传唤证人蒋洁敏出庭作证，宣读、出示李春城等人证言、司法检验报告等，证实周永康滥用职权，要求蒋洁敏、李春城为周滨、周锋、周元青、何燕、曹永正等人开展经营活动提供帮助，使上述人员非法获利21.36亿余元，造成经济损失14.86亿余元，致使公共财产、国家和人民利益遭受重大损失；通过出示、宣读泄密文件等物证、曹永正证言、搜查笔录等，证实周永康违反保守国家秘密法的规定，在其办公室将5份绝密级文件、1份机密级文件交给不应知悉上述文件内容的曹永正。周永康对所指控的上述犯罪事实证据均当庭表示属实、没有异议。

天津市第一中级人民法院经审理认为，周永康受贿数额特别巨大，但其归案后能如实供述自己的罪行，认罪悔罪，绝大部分贿赂系其亲属收受且其系事后知情，案发后主动要求亲属退赃且受贿款物全部追缴，具有法定、酌定从轻处罚情节；滥用职权，犯罪情节特别严重；故意泄露国家秘密，犯罪情节特别严重，但未造成特别严重的后果。根据周永康犯罪的事实、性质、情节和对于社会的危害程度，法庭依法作出上述判决。

据了解，周永康在庭审最后陈述时说，我接受检方指控，基本事实清楚，我表示认罪悔罪；有关人员对我家人的贿赂，实际上是冲着我的权力来的，我应负主要责任；自己不断为私情而违法违纪，违法犯罪的事实是客观存在的，给党和国家造成了重大损失；对我问题的依纪依法处理，体现了全面从严治党、全面依法治国的决心。

2015 年 4 月 3 日，天津市人民检察院第一分院将周永康案起诉至天津市第一中级人民法院。据介绍，天津市第一中级人民法院根据最高人民法院下达的指定管辖决定书受理该案后，依法组成合议庭，向周永康送达了起诉书副本，同时告知了其相关诉讼权利和义务。周永康委托的两位律师多次会见了周永康，查阅了全案卷宗。开庭前，法庭召集了由公诉人、被告人、辩护人参加的庭前会议，就管辖、回避、庭审方式、是否申请非法证据排除、是否申请证人出庭等与审判有关的问题听取了控辩双方的意见，组织控辩双方进行了庭前证据展示。庭审中，法庭围绕起诉指控的事实进行了调查，控辩双方进行了举证、质证，并对证人进行了交叉询问。法庭辩论阶段，控辩双方就起诉指控的犯罪事实、法律适用、量刑等问题充分发表了意见。对周永康及其辩护人提出的符合事实、于法有据的辩解和辩护意见，法庭均予以采纳。案件处理过程中，司法机关充分保障了周永康及其辩护人依法享有的各项诉讼权利。

稿件来源：2014 年 12 月 6 日、2015 年 6 月 12 日《法制日报》要闻版

作者：新华社记者

军中"老虎"徐才厚被移送审查起诉

2014 年 10 月 27 日，军事检察院对中央军委原副主席徐才厚涉嫌受贿犯罪案件侦查终结，移送审查起诉。

军事检察院侦查查明，徐才厚利用职务便利，为他人晋升职务提供帮助，直接和通过家人收受贿赂，数额特别巨大；利用职务影响为他人谋利，其和家人收受他人贿赂，数额特别巨大。徐才厚对受贿犯罪事实供认不讳。

此前，中共中央决定开除徐才厚党籍，中央军委决定开除徐才厚军籍、取消其上将军衔。

稿件来源：2014 年 10 月 29 日《法制日报》综合新闻版 作者：新华社记者

薄熙来案，前所未有的公开

国徽高悬，法庭庄严。2013 年 8 月 22 日至 26 日，被告人薄熙来涉嫌受贿、贪污、滥用职权案在山东省济南市中级人民法院依法公开开庭审理。

被告人的亲属、人大代表、政协委员、媒体记者及各界群众一百余人旁听了庭审。庭审期间，济南市中级人民法院通过新闻发言人，向庭外的新闻记者介绍情况，并通过官方微博及时发布了庭审情况。

9 月 22 日，山东省济南市中级人民法院对中共中央政治局原委员、重庆市委原书记薄熙来受贿、贪污、滥用职权案作出一审判决，认定薄熙来犯受贿罪，判处无期徒刑，剥夺政治权利终身，并处没收个人全部财产；犯贪污罪，判处有期徒刑 15 年，并处没收个人财产人民币 100 万元；犯滥用职权罪，判处有期徒刑 7 年；数罪并罚，决定执行无期徒刑，剥夺政治权利终身，并处没收个人全部财产。

一审宣判后，薄熙来提起上诉。10 月 25 日上午，山东省高级人民法院对薄熙来受贿、贪污、滥用职权案二审公开宣判，裁定驳回上诉，维持一审无期徒刑判决的原判。

庭审

济南市中级人民法院最大的一间审判庭——第五法庭内，112 个旁听位置座无虚席。8 月 22 日上午 8 时 43 分，审判长、济南市中级人民法院副院长王旭光敲响法槌，宣布开庭。被告人薄熙来被法警带入被告席。他驻足转身，向旁听席投下一瞥。

被告人薄熙来，1949 年 7 月 3 日出生，山西省定襄县人，曾任大连市市长、市委书记，辽宁省委常委、省委副书记、省长，商务部部长，十七届中共中央政治局委员、重庆市委书记等职务。2012 年 4 月 10 日，鉴于涉嫌严重违纪，中共中央决定停止薄熙来担任的中央政治局委员、中央委员职务，并由中央纪委对其立案检查。同年 9 月 28 日，中共中央决定给予薄熙来开除党籍、开除公职处分，对其涉嫌犯罪问题及犯罪问题线索移送司法机关依法处理。同日，重庆市人大常委会罢免了薄熙来全国人大代表职务，最高人民检察院以其涉嫌受贿罪立案侦查并决定逮捕。案件由最高人民检察院侦查终结，经依法指定管辖，于2013年4月10日以被告人薄熙来涉嫌受贿罪、贪污罪、滥用职权罪移送济南市人民检察院审查起诉。7月25日，济南市人民检察院依法对薄熙来涉嫌犯罪提起公诉。

9时10分，在审判长当庭告知当事人庭审过程享有的诉讼权利后，法庭调查开始。

济南市人民检察院副检察长杨增胜等4人，以国家公诉人的身份出庭支持公诉。杨增胜宣读起诉书。

起诉书指控，被告人薄熙来单独受贿和共同受贿共计折合人民币2179.0587万元，数额特别巨大；共同贪污公款人民币500万元，数额巨大；滥用职权，致使国家和人民利益遭受重大损失，情节特别严重，其行为触犯了《中华人民共和国刑法》第三百八十五条第一款、第三百八十六条、第三百八十二条第一款、第三百八十三条第一款第（一）项、第二款、第三百九十七条第一款之规定，应以受贿罪、贪污罪、滥用职权罪追究其刑事责任，并予以数罪并罚。公诉人指出，起诉书的指控是根据大量事实证据得出的结论。

庭审过程中，在审判长的主持下，被告人薄熙来对起诉书指控涉嫌犯罪的事实作了陈述，对指控予以否认。公诉人和辩护人分别讯（询）问了被告人。证人徐明、王正刚、王立军出庭作证，控辩双方对证人进行了交叉询问。公诉人当庭播放了检察机关询问证人唐肖林、薄谷开来的同步录音录像，并出示书证，证人证言，被告人供述和辩解、亲笔供词、视听资料、电子数据等证据，分组进行了举证。控辩双方针锋相对，进行了对抗性质证。公诉人指出，被告人没有提出否认指控事实的证据，陈述、辩解中还存在许多相互矛盾的地方。法庭对薄熙来及其辩护人的发言申请均给予了许可，保证了被告人及其辩护人有充分时间发表意见。薄熙来当庭表示，感谢审判长公平公正，法庭审理是人道的、文明的。

法庭调查结束后，经审判长许可，控辩双方就案件事实、证据及法律适用等问题进行了法庭辩论。控辩双方就定罪、量刑的事实、证据和适用法律等问题发表了各自的意见。

济南市人民检察院在公诉意见书中指出，在几天的庭审中，被告人薄熙来不仅对有大量确凿证据证明的犯罪事实予以矢口否认，而且连自己庭前亲自书写的材料和亲笔供词也予以推翻；对滥用职权罪，被告人仅承认自己有错误、负有责任，但同样不承认犯罪。这足以说明其拒不认罪的态度。

公诉人强调，犯罪事实是客观的，并不随被告人的主观意志而转移；

认定犯罪事实，是以全案证据为依据，而不是以被告人的口供为依据。公诉人向法庭提出，根据"宽严相济"的刑事政策和中华人民共和国法律，被告人罪行极其严重，又拒不认罪，被告人没有自首、坦白、检举揭发的情节，不具有法定从轻处罚情节，必须依法从严惩处。

薄熙来在法庭最后陈述时表示：王立军叛逃在中外形成了恶劣的影响，给党和国家带来了影响上的损失，我在这个过程中严重误判，深感愧疚，但没有滥用职权之心。起诉书对我贪腐的指控是严重失实的，我没有管好家人和下属，我有大过。我自知我是很不完善的人，我主观主义，脾气暴躁，我有严重的过失和错误，我深感治家无方，给国家造成了不良影响。我诚恳地接受组织的审查，也接受司法机关的审查。过去16个月，办案部门工作人员对我的生活是照顾的，谈话文明，多数人有素养，当然在这个过程中我是有压力的。这次审判，让控辩双方都有机会充分发表意见，还用微博传送了信息，使我对中国司法的未来增添了信心。

8月26日13时04分，审判长敲响法槌，宣布休庭。济南市中级人民法院对薄熙来案审理结束，择期宣判。

受贿

记者在庭审现场了解到薄熙来涉嫌受贿犯罪的主要事实包括：1999年至2006年，利用职务之便，为他人谋取利益。2000年至2012年，单独或者通过其妻薄谷开来（另案处理）、其子薄瓜瓜，收受他人给予的财物，共计折合人民币2179.0587万元。

收受现金——

公诉人指控，2000年至2002年，薄熙来利用担任大连市市长、市委书记，辽宁省省长等职务便利，接受大连国际发展有限公司总经理唐肖林（另案处理）的请托，为该公司接收大连市驻深圳办事处从而利用该办事处在深圳的土地进行开发建设提供了帮助，并为唐肖林申请进口汽车配额提供了帮助。2002年下半年至2005年下半年，薄熙来先后三次收受唐肖林给予的钱款，共计折合人民币110.9446万元。

证人唐肖林先后作出的5份证言及4份亲笔证词、公诉人当庭播放的2013年5月31日询问唐肖林的同步录音录像，均详细证明了其通过在深圳的土地开发建设和申请进口汽车配额得到利益后，给薄熙来送钱表示感谢的经过。

公诉人向法庭提交的其他多名证人证言及相关书证,相互印证,证实了贿赂款的来源、行贿和受贿的过程以及贿赂款的去向。

薄熙来质证提出:唐肖林所说给我送三次钱的事情,是不存在的。他请托我办的那些事情都是公事公办。

鉴于薄熙来当庭否认收受唐肖林钱款的事实,公诉人出示了薄熙来的亲笔供词。薄熙来承认,唐肖林曾先后三次送给我13万美元和5万人民币。第一次大约是2002年在我沈阳的家中,唐肖林以我儿子在外国学习、谷开来"陪读"生活开销为由,给了5万美元。第二次是2004年,我到商务部工作时,唐肖林到办公室看我,捎去5万元人民币,说是"添些文具",我拿回了家。第三次是2005年在我北京的办公室,他送了8万美元,说是给薄谷开来母子,国外生活需要用钱,表示一点老朋友的心意。钱我拿回家,放在我书房的保险柜里。

薄熙来及其辩护人提出,在审查期间,薄熙来的自书材料,是违心和不真实的,要求作为非法证据予以排除。

公诉人指出,被告人薄熙来提出自己的自书材料是在受到压力情况下写出的,并以此要求进行证据排除。自书材料是被告人本人所写,没有办案人员在场。同时,除了自书材料,在侦查阶段和审查起诉阶段被告人也作出了亲笔供词和供述,均认可了收受唐肖林钱款的事实。被告人当庭翻供,却说不出合理的翻供原因,而且他的辩解存在矛盾,根据司法解释,其庭前供述应当予以采信。

针对薄熙来所说"公事公办",公诉人指出,按照刑法规定,受贿人为他人谋取利益,无论是正当还是不正当利益,即使是公事公办,但只要有权钱交易,就构成受贿罪。

收受房款——

起诉书指控,1999年至2006年,被告人薄熙来利用职务便利,接受大连实德集团有限公司董事长徐明(另案处理)的请托,为该公司收购大连万达足球俱乐部、建设定点直升飞球项目、申报大连双岛湾石化项目、列入商务部原油成品油非国营贸易进口经营备案企业名单等事宜提供了帮助。2001年至2012年,薄熙来通过薄谷开来、薄瓜瓜先后多次收受徐明给予的巨额财物。

法庭调查显示,2001年7月9日,薄谷开来用其收受徐明给予的购房资金，以 231.86047 万欧元（折合人民币 1624.9709 万元）购买了位于法国尼斯地区戛纳市松树路 7 号的枫丹·圣乔治别墅。从公诉人提交法庭的证据可以了解到，这是一座 350 平方米的三层别墅，带有独立花园、游泳池、车库，总占地面积 3950 平方米，相当于多半个标准足球场。

公诉人向法庭出示的证据表明，薄谷开来和她的朋友、法国建筑设计师帕特里克·亨利·德维尔等人精心设计实施了一套以公司而非个人名义且法律关系极为复杂的购房方案——德维尔称之为"蒙太奇计划"——通过在海外注册多家公司，利用复杂的股权结构，用以隐瞒薄谷开来其家庭在海外拥有房产的情况，并尽量减少购房税费。

薄谷开来的证言说，我不想让别人知道我们家在海外购买了房产，我怕和海外资产有染连累家人，不想给薄熙来在政治上造成影响。

检察机关通过缜密侦查，掌握大量书证和证人证言，逐步梳理出了深埋在这个"蒙太奇计划"之中的薄熙来受贿路线图：徐明出资——以公司名义购买——薄谷开来实际控制别墅——薄熙来知情。

徐明当庭的证言和薄谷开来的证词一致证明，当薄谷开来向徐明表达了想在法国购买某处别墅后，徐明当即表示由他来提供购房资金。徐明说，为了讨好薄谷开来和薄熙来，日后能得到薄熙来给予的更大帮助，我提出由我支付购房资金。检察机关调取的相关转款财务账证，证明了购买这套别墅的出资人正是徐明。

证据显示，为购买这套别墅，薄谷开来等人在境外注册了 3 家公司，此外还至少涉及 4 家外国公司和 1 家外国银行。在最初注册成立的公司中，薄谷开来和德维尔名义上各持有 50% 的股份。这是为了符合当地法律关于成立公司必须有两个股东的规定，但实际上德维尔是代薄谷开来持有股份。

德维尔在亲笔证词中表示，他没有对公司作任何的投资，实际上是替薄谷开来持有股份，"她始终是真正的所有人"。

薄谷开来多次确认，"别墅自始至终都是我的资产，我是房子的持有者、所有权人"。

在公诉人举证之后，薄熙来发表质证意见说，我相信检察机关搜集的大量证据都是确实存在的，但是这些证据只能证明薄谷开来搞了这么一套房子，并不能证明这套房子与我本人有何关系。我对于尼斯房产的事儿毫不知情。

公诉人接下来出示的证人证言显示，薄熙来对徐明出资为其家购买别墅一事是知情的。

法庭上，公诉人播放了2013年8月10日询问证人薄谷开来的同步录音录像，出示了她的相关证言，并播放了检察机关经依法搜查，从薄谷开来家中电脑里提取的由她本人制作的圣乔治别墅的数码幻灯片。

薄谷开来说，在法国尼斯戛纳购买别墅后，我在别墅拍了很多照片，设计了两套幻灯片，是为装修和出租使用的。我做的幻灯片是动感的，三秒钟切换一张图片，有英文的诗，还有音乐伴奏。幻灯片做好以后，我回国带回沈阳家里，徐明来我家时，我在电脑上播放给他看，看的时候，瓜爹（指薄熙来）下班回来了，我们就一起看，徐明说我有才，瓜爹就在旁边开玩笑，说我特懂艺术，就是个艺术家。我主动告诉他，我让徐明出资在法国买了房产，是作为保值投资的，将来留给瓜瓜，作为经营性物业，对外出租，可以有稳定的收入。我说这话的时候徐明应该在场。

徐明对他和薄熙来、薄谷开来一起在薄熙来家中看幻灯片的情节予以证实，并称当时薄谷开来向薄熙来明确讲明了别墅是她让徐明出资在法国购买的，将来薄瓜瓜可以有稳定的收入。徐明回忆说，后来我们又聊了几句我就起身离开了。在这个过程中所说的原话我记不准了，但这件事的前后经过就是这样的。

薄谷开来说，薄熙来还问我这样做是否安全，我说购买的过程很复杂，不是以我们的名义购买的，此事很安全，让瓜爹放心。

公诉人向法庭提交了徐明的证言，其中证实了薄熙来对这套别墅知情的一个重要细节：2004年7月，薄谷开来说房产已经办好了，最近薄熙来会为这事找我。不久，薄熙来亲自给我打电话，让到商务部找他。见面后，在谈话中薄熙来强调说对这件事一定要保密，任何时候他都不知道这套房产的事情。我说"明白"。

薄熙来当庭表示，公诉人举出的有关这个房产的大量证据，就像一个巨大的球，想要证明和我有关的就是球上那一根细细的线。这根线就是在我沈阳家中看幻灯的那个情节。而这个情节是不存在的，薄谷开来和徐明的证言都是虚构的。

公诉人指出，薄熙来一方面称公诉人当庭播放的别墅幻灯片"我和大家一样也是第一次见到"，另一方面又说在模糊的印象中在家里看到过；一方面辩解徐明是薄谷开来的朋友而不是自己的朋友，另一方面又无法对徐明拥有车辆通行证可以随意进出商务部作出解释。在与徐明当庭对质过程中，薄熙来对徐明证明的"三人共看别墅幻灯片"和"商务部攻守同盟"两个基本情节也无可否认。同时，薄熙来的大量辩解与起诉指控的事实和证据并没有关系，只是他对事实的不同理解，而又不能举出相关证据对自己的观点加以证明，其辩解不是自相矛盾、就是苍白无力。

辩护人当庭就相关证据的合法性、证人证言的真实性以及法国尼斯房产权属等提出辩护意见。公诉人一一予以回应。

收受其他财物——

检察机关调取的大连实德集团数十笔财物报销凭证和多位证人证言显示：2004年至2012年，薄谷开来和薄瓜瓜收受徐明支付的国内国际机票、住宿、旅行费用，偿还信用卡欠款费用以及购买的一辆电动平衡车等，共计折合人民币443.1432万元。薄谷开来将让徐明出资提供上述资助事宜告知了薄熙来。

薄谷开来在证言中称，薄瓜瓜到国外上学经常往返国内国外，他的老师全家来北京以及国外的朋友、同学40多人来京旅游，他们的飞机票、住宿费都是我让徐明支付的，徐明很痛快就答应了，并安排公司工作人员来办。

薄熙来家的工作人员张晓军具体负责联系徐明公司的工作人员购买机票。他在证言中说，机票主要有三类：一类是薄瓜瓜在国外读书期间从国内往返英国、美国；一类是薄瓜瓜出国旅游，比如2006年去德国看世界杯，还去过威尼斯、阿根廷、古巴、巴黎、非洲等地；还有一类是为薄瓜瓜的朋友、同学、老师等购买的机票。

大连实德集团相关工作人员证实，2011年8月，按照董事长徐明的安排，为薄瓜瓜及其亲友支付非洲旅行费用就有130841美元，其中为他们从某航空服务公司租用私人飞机用于迪拜至乞力马扎罗的往返旅程，花费8万美元；预定非洲境内的酒店和行程等，共计50841美元。这笔钱是从徐明的私人账户中支付的。

大量证据表明，从2004年开始，一直持续到案发前，薄谷开来、薄瓜瓜等人收受徐明代为支付的机票费用多达76次。

法庭上，薄熙来称，别说是76笔，就是760笔也与他没有任何关系，他对这些机票报销一无所知，薄谷开来、薄瓜瓜等人从来没有跟他提到过机票的问题。

辩护人提出，薄熙来并不具体了解每一笔财物的收受情况。

针对薄熙来提出的"他对这些机票报销一无所知"，公诉人指出，对于薄谷开来收受徐明支付薄瓜瓜"衣食住行"等费用的事实，本案证据证明薄熙来不仅知情，而且对权钱交易的本质有明确的认知。

薄谷开来在证言中说，徐明帮助我、瓜瓜及他的朋友支付机票、住宿等费用。徐明和我们之间的经济往来薄熙来是知道的。我向薄熙来推荐过徐明，我说徐明很可靠，对我和瓜瓜不错，为瓜瓜上学提供帮助。

薄熙来在自书材料中曾写道：徐明为我家、为谷开来，尤其为薄瓜瓜在国外留学提供了大量的资助，实质上是一种特殊形式的交易，即我帮了他"快发展"，他则帮我"带孩子"。

薄谷开来在证言中说，其实徐明和我们交往，他看中的就是薄熙来的职务，才和我们交往，我们提出的要求他都满足。

公诉人指出，薄熙来与薄谷开来的夫妻关系决定了他们是利益共同体，在这种共同利益的驱使下，形成了"丈夫利用权力为请托人办事，妻子收受请托人财物"的共同受贿模式。在这样的模式下，不论薄熙来对薄谷开来收受财物的知悉是概括的还是具体的、是事前明知还是事后知情，都不影响其与薄谷开来构成共同受贿犯罪。

贪污

公诉人指控，2000年，薄熙来担任大连市委书记期间，直接负责了上级单位涉密场所改造工程。该工程由时任大连市城乡规划土地局局长王正刚（另案处理）承办。2002年工程完工后，上级单位拨款人民币500万元给大连市政府。王正刚以工程涉密、款项不好入账为由，向已调任辽宁省省长的薄熙来请示如何处理该笔工程款。

王正刚在出庭作证时说，我第一次向薄熙来请示时，他表示考虑考虑再说。过了一周，我又去沈阳见薄熙来。我想，这笔工程款大连没有其他人知道，不如留给薄熙来补贴家用，也算表达我对他提拔任用我的感谢。当与薄熙来见面时，我就对他说了这个想法。薄熙来想了一会儿说：那就这么办吧，具体的事你去找薄谷开来。他还给薄谷开来打了电话。

薄谷开来证实，薄熙来在辽宁任省长期间，一天，他告诉我，"王正刚想找你一下"，我说他找我干什么，薄熙来说，你的律师事务所不是关了吗？你不是老埋怨我吗？王正刚可以帮帮你的忙，给你一笔钱，数额挺大的。薄熙来让我和王正刚直接谈，当时我就明白了。因为当时我律所关了，我陪瓜瓜在英国读书，开销又大，钱比较紧张，瓜爹是非常清楚的。

询问笔录显示：办案人员询问薄谷开来，薄熙来说的"帮帮你"是什么意思？薄谷开来回答说，我和瓜爹说话都是心照不宣的，说话不用说得太明白，王正刚其实就是有一笔钱要给我和薄熙来，我们都非常清楚。

多名证人的证言和检察机关从多家银行调取的转账凭证均表明，从2002年5月到2005年3月，从上级单位拨付的500万元工程款陆续全部转到了薄谷开来指定的账户。

薄谷开来亲笔证词说："事情完成后，我告诉了薄熙来是如何处理的。事情都办好了，王正刚给的钱收下了。"

法庭上，薄熙来在回答公诉人提出的王正刚是否向他汇报过这个工程、是否汇报过上级单位拨付500万元、是否提出将这笔款项给他"补贴家用"等问题时，称他记不清。薄熙来说："我现在印象模糊，在组织审查我的时候他们提到过这个事，其实我印象里已经没有这个事情了"，"我记不清了，但办案人员向我提示后，我模模糊糊记得有这个事情"。薄熙来还提出王正刚证言不合常理、不可信。

公诉人指出，在上级单位拨付500万元公款后，经王正刚提议留给薄熙来补贴家用，薄熙来当即让王正刚和薄谷开来具体商议，并给薄谷开来打了电话。这些事实得到王正刚的当庭证言和薄谷开来的亲笔证词相互印证。

公诉人还出示了薄熙来2013年4月2日的亲笔供词：我同意王正刚去找薄谷开来商量，开了口子。王与谷商量后，我也没去追问，放任了此事。此款已进入我妻子相关的账户，造成了公款私用，这中间，王正刚找过我，我又给谷开来打过电话，责无旁贷，我愿认可检察机关经分析确认后的调查结果，同时为此承担法律责任。对此事的发生，我很惭愧，很懊悔。

针对上述亲笔供词，薄熙来称，这是他上纲上线的自我批判，而且是在承受极大压力之下写的。薄熙来说，这个笔录从头到尾我都坚持没有贪占这笔款子的主观故意。我懊悔的是自己马虎大意太粗心了，当时在这个问题上没有把好关。

薄熙来及其辩护律师提出，起诉指控贪污罪的主要依据是王正刚证言，但综合全案证据可以证明，王正刚没有去见过被告人，也没有去说过500万元工程款的事情。

公诉人表示，对这一关键事实，尽管被告人辩解其没有贪占故意，但证人证言内容一致，均指向被告人。不仅有王正刚、薄谷开来的证言，还有帮助转款的相关证人的证言，以及转款的公司账目、银行凭证等书证相互印证。上述500万元公款落入薄家私囊的整个过程是清楚的、连贯的、完整的，证据是确实充分的。

滥权

2012年1月至2月，薄谷开来涉嫌故意杀害英国公民尼尔·伍德一案（"11·15"案件）被揭发、王立军的重庆市公安局局长职务被免、王立军叛逃美国驻成都总领事馆……这一连串事件背后，作为时任中共中央政治局委员、重庆市委书记的薄熙来，又有哪些所作所为？

起诉书指控：薄熙来"违反规定实施了一系列滥用职权行为"。

"打"——

2012年1月28日，薄熙来听取了王立军关于薄谷开来涉嫌杀人的汇报。次日，他斥责王立军诬陷薄谷开来，打了王立军耳光并摔碎茶杯。

在法庭上，证人王立军回忆了当时的场景。王立军称，薄熙来对我进行打骂，实际上是用暴力进一步表明自己的态度，不让我继续对"11·15"案件进行调查。

当时也在场的时任重庆市公安局副局长郭维国的证言印证了王立军的说法：薄熙来把我也叫去，还当着我面打骂王立军、摔茶杯，也是在做样子给我看，目的是要震慑我，好让我别再说出薄谷开来有杀人嫌疑这样的话来。说白了，薄熙来就是用他的权力阻止公安机关继续对"11·15"进行侦查。

"查"——

法庭调查显示，在打完王立军当天，薄熙来根据薄谷开来的要求，同意由时任重庆市委副秘书长兼办公厅主任吴文康对根据王立军授意以辞职信方式揭发薄谷开来杀人案的"11·15"案件承办人王智、王鹏飞进行调查。

王立军叛逃后，按照薄熙来的要求，重庆市公安机关对王鹏飞进行审查，并以涉嫌诬告陷害罪立案侦查；经薄熙来提议和批准，重庆市委组织部取消了王鹏飞重庆市渝北区副区长候选人提名人选资格。

"免"——

2012年2月1日下午，薄熙来主持召开市委常委会议，免去王立军重庆市公安局党委书记、局长职务。按照薄熙来的要求，市委组织部于次日宣布了该决定。

薄熙来在法庭上说：在这个问题上我考虑得不慎重、有失误。现在一直说我免掉王立军局长的职务，这是错误的，我只是调整了王立军的分工，让他负责工商、教育、科技，我绝无贬低他的意思。

审判长问：被告人薄熙来，你刚才所说的意思是，你对王立军是调整分工，不是免去他公安局局长的职务，是这样的吗？

薄熙来答：我确实是免掉了王立军的公安局局长职务，但这是一个调整分工的过程。

公诉人出示的书证表明，中央规定，地方党委决定任免政法部门的领导干部，要征得上一级政法部门党组（党委）同意。相关证人证言指出，在有几位同志提醒的情况下，薄熙来仍旧违规、越权决定免去王立军市公安局党委书记、局长职务。

王立军、王智、王鹏飞等人在证言中均指称，薄熙来当时作为重庆市主要领导，在有人向其揭发其妻涉嫌杀人后，非但不要求对"11·15"案件重新调查，反而采取一系列手段阻止继续查办案件。

记者在庭审现场了解到，2012年2月6日，王立军叛逃后，薄熙来纵容没有国家工作人员身份的薄谷开来参与王立军叛逃事件的研究应对，并同意薄谷开来提出的由医院出具王立军精神疾病诊断证明的意见。2月7日，薄谷开来和吴文康协调重庆有关医院出具了王立军"存在严重的抑郁状态和抑郁重度发作"的虚假诊断证明。2月8日，薄熙来批准对外发布王立军接受"休假式治疗"的虚假消息。公诉人指出，这些行为造成的后果，是广大人民群众对国家机关公信力的严重质疑，造成了特别恶劣的社会影响。

在就滥用职权罪的犯罪事实进行质证的过程中，被告人薄熙来及其辩护人提出，王立军、薄谷开来等证人与薄熙来存在重大利益冲突，其证言的客观性、真实性存在疑问。薄熙来还表示，滥用职权行为跟自己无关。

公诉人认为，王立军当庭证言与庭前证言一致且与其他证人证言、书证相互印证，真实可靠。

公诉人指出，一系列证据证实：薄熙来身为国家机关工作人员，超越职权和不正确履行职权，是导致"11·15"案件不能及时依法查处和王立军叛逃事件发生的重要原因，并造成特别恶劣的社会影响，致使国家和人民利益遭受重大损失，情节特别严重，事实清楚，证据确实、充分，其行为符合我国刑法规定的滥用职权罪构成要件。

庭辩

8月26日上午，控辩双方展开法庭辩论。11时许，经薄熙来本人同意聘请的辩护律师北京德恒律师事务所律师李贵方、王兆峰开始发表辩护意见。辩护人说，被告人在庭前告诉我们，他依赖我们，相信我们，相信我们的职业忠诚和职业能力。

庭审结束时，李贵方在法庭内接受了新华社记者的采访。他表示，庭前，我们依法查阅了全部案卷材料，复制了相关证据，并20多次会见被告人，就辩护思路等与薄熙来充分交换了意见。在这几天的庭审中，我们主要是围绕公诉人指控的罪名和相关诉讼程序，进行辩护。特别是对被告人和我们认为事实不清、证据不充分的一些问题，我们依据事实和法律充分发表了辩护意见。我们相信，法庭能够在充分重视和听取辩护意见的基础上，依法作出公正裁决。

据记者了解，在案件侦查阶段，办案人员调查了97名相关当事人和知情人员，掌握了大量证据，并依法告知薄熙来有权委托律师。在审查起诉阶段，公诉人提讯了被告人，既注意收集有罪供述，也对其合理辩解依法研究认定。检察机关依法告知了被告人的诉讼权利，安排专人为辩护人查阅案卷提供了帮助。

薄熙来受贿、贪污、滥用职权一案，由济南市人民检察院于2013年7月25日向济南市中级人民法院提起公诉。根据最高人民法院指定管辖，济南市中级人民法院依法受理，组成合议庭，向被告人及时送达起诉书副本，告知了相关诉讼权利。依据新修订的刑事诉讼法和司法解释的相关规定，8月14日，合议庭组织公诉人、被告人、辩护人召开庭前会议，就案件的管辖、回避、公开审理、申请证人出庭作证、调取新的证据、非法证据排除等与审判相关的问题向控辩双方了解情况，听取意见。8月18日，济南市中级人民法院依法就公开开庭审理案件的时间、地点发布公告，并向被告人及其辩护人分别送达了开庭传票和出庭通知。

济南市天桥区居民孔祥英说，我是第一次旁听涉及高级别官员案件的法庭审理。通过旁听庭审，我更加深入地了解了案情。薄熙来曾经是党的高级领导干部，但法律面前人人平等。我相信人民法院一定会作出公正裁决。

宣判

9月22日，山东省济南市中级人民法院对薄熙来受贿、贪污、滥用职权案作出一审判决，认定薄熙来犯受贿罪，判处无期徒刑，剥夺政治权利终身，并处没收个人全部财产；犯贪污罪，判处有期徒刑15年，并处没收个人财产人民币 100 万元；犯滥用职权罪，判处有期徒刑 7 年；数罪并罚，决定执行无期徒刑，剥夺政治权利终身，并处没收个人全部财产。

济南市中级人民法院经审理查明：

——受贿罪。

1999 年至 2012 年，薄熙来在担任大连市人民政府市长、中共大连市委书记、辽宁省人民政府省长、商务部部长期间，接受大连国际发展有限公司总经理唐肖林、大连实德集团有限公司董事长徐明的请托，利用职务便利，在大连国际发展有限公司接收大连市驻深圳办事处、唐肖林申请汽车进口配额、大连实德集团有限公司建设定点直升飞球项目、申报石化项目等事项上为相关单位和个人谋取利益，直接收受唐肖林给予的钱款折合人民币 110 万余元，明知并认可其妻薄谷开来、其子薄瓜瓜收受徐明给予的财物折合人民币 1933 万余元，共计折合人民币 2044 万余元。

——贪污罪。

2000 年，薄熙来担任中共大连市委书记期间，安排时任大连市城乡规划土地局局长的王正刚具体负责大连市人民政府承担的一项上级单位涉密场所改造工程。2002 年 3 月工程完工后，该上级单位通知王正刚，决定向大连市人民政府拨款人民币 500 万元。王正刚遂就该款项如何处理向已调任辽宁省人民政府省长的薄熙来请示，并提议将该款留给薄熙来补贴家用。薄熙来同意，安排王正刚与薄谷开来商议转款事宜。后该款被转入薄谷开来指定的账户，由他人代为保管。

——滥用职权罪。

2011 年 11 月 13 日，薄谷开来及张晓军在重庆市南山丽景度假酒店投毒杀害英国公民尼尔·伍德。同月 15 日，尼尔·伍德被发现死亡。负责侦办该案（以下称"11·15"案件）的时任重庆市公安局副局长的郭维国等人为包庇薄谷开来，徇私枉法，使该案未被依法侦破。2012 年 1 月 28 日，时任重庆市人民政府副市长兼重庆市公安局党委书记、局长的王立军将薄谷开来涉嫌杀人一事告知时任中共中央政治局委员兼重庆市委书记的薄熙来，后薄熙来斥责王立军诬陷薄谷开来并打王立军耳光，将杯子摔碎在地上；根据薄谷开来的要求，安排时任中共重庆市委副秘书长兼市委办公厅主任的吴文康对以提交辞职信方式揭发薄谷开来涉嫌杀人的"11·15"案件原侦查人员王智、王鹏飞进行调查，还要求重庆市公安局对王鹏飞进行审查，提议和批准取消时任渝北区副区长的王鹏飞继续作为该职务候选人的提名；违反组织程序，主持召开中共重庆市委常委会议免去王立军重庆市公安局党委书记、局长职务，以此阻碍对"11·15"案件的复查。

2月6日王立军叛逃至美国驻成都总领事馆后，薄熙来纵容薄谷开来参与研究王立军叛逃事件应对措施，同意薄谷开来提出的由医院出具诊断证明以表明王立军系因患精神疾病而叛逃的意见；批准重庆市有关部门对外发布了王立军接受"休假式治疗"的虚假信息。薄熙来的上述行为，是导致"11·15"案件不能依法及时查处和王立军叛逃事件发生的重要原因，并造成特别恶劣的社会影响，致使国家和人民利益遭受重大损失。

济南市中级人民法院认为，薄熙来身为国家工作人员，利用职务便利为他人谋取利益，非法收受他人财物，其行为已构成受贿罪；身为国家工作人员，利用职务便利，伙同他人侵吞公款，其行为已构成贪污罪；身为国家机关工作人员，滥用职权，致使国家和人民利益遭受重大损失，其行为已构成滥用职权罪，情节特别严重。公诉机关指控薄熙来受贿人民币2044万余元、贪污人民币500万元及滥用职权的事实清楚，证据确实、充分，指控罪名成立。

关于薄熙来及其辩护人所提薄熙来不构成受贿、贪污、滥用职权罪的辩解和辩护意见，经法庭调查，起诉指控薄熙来受贿、贪污、滥用职权的事实，分别有唐肖林、徐明、薄谷开来、王正刚、王立军等多名证人的证言及相关物证照片、书证、电子数据等证据证实，薄熙来亦曾供认其中部分事实，且其有罪供述与上述证据相互印证，足以认定，薄熙来及其辩护人的相关辩解和辩护意见没有事实和法律依据，不能成立。但起诉指控薄熙来认可其妻薄谷开来、其子薄瓜瓜收受徐明支付的机票费用中，计人民币134万余元因证据不足，不予认定。薄熙来受贿、贪污所得赃款赃物已分别追缴或抵缴。根据薄熙来犯罪的事实、性质、情节和对于社会的危害程度，济南市中级人民法院依法作出上述判决。

2013年10月25日上午，山东省高级人民法院对薄熙来受贿、贪污、滥用职权案二审公开宣判，裁定驳回上诉，维持一审无期徒刑判决的原判。

薄熙来受贿、贪污、滥用职权一案，济南市中级人民法院于2013年9月22日一审宣判，认定薄熙来受贿人民币2044万余元，贪污人民币500万元，滥用职权情节特别严重，对薄熙来以受贿罪判处无期徒刑，剥夺政治权利终身，并处没收个人全部财产；以贪污罪判处有期徒刑15年，并处没收个人财产人民币 100 万元；以滥用职权罪判处有期徒刑 7 年；数罪并罚，决定执行无期徒刑，剥夺政治权利终身，并处没收个人全部财产。

宣判后，薄熙来提出上诉，山东省高级人民法院依法立案受理，并组成合议庭进行了审理。合议庭审阅了案件全部卷宗材料和一审庭审录像资料，审查了薄熙来的上诉状及其辩护人的辩护意见，多次讯问了薄熙来，听取其辩护人意见，核实了全案证据，对一审认定的事实和适用法律进行了全面审查，充分保障了薄熙来及其辩护人的诉讼权利。经合议庭评议、审判委员会讨论，山东省高级人民法院依法作出二审裁定。

山东省高级人民法院在二审裁定中对一审认定的事实、证据予以确认，认为薄熙来身为国家工作人员，利用职务便利，为他人谋取利益，非法收受他人财物，其行为构成受贿罪；身为国家工作人员，利用职务便利，伙同他人侵吞公款，其行为构成贪污罪；身为国家机关工作人员，滥用职权，致使国家和人民利益遭受重大损失，其行为构成滥用职权罪，情节特别严重。薄熙来犯受贿罪、贪污罪、滥用职权罪，应依法惩处，并数罪并罚。一审判决认定的事实清楚，证据确实、充分，定罪准确，量刑适当，审判程序合法。薄熙来供认犯罪的自书材料和亲笔供词与证明其犯罪事实的证人证言及相关书证、物证能够相互印证。薄熙来及其辩护人所提上诉理由和辩护意见没有事实和法律根据，不能成立。依照《中华人民共和国刑事诉讼法》第二百二十五条第一款第（一）项之规定，裁定驳回上诉，维持原判。该裁定为终审裁定。

薄熙来的亲属、媒体记者及各界群众 100 余人旁听了宣判。

稿件来源：2013 年 8 月 28 日、2013 年 9 月 23 日、2013 年 10 月 26 日《法制日报》
综合新闻版　作者：新华社记者

刘志军案，昭示法治精神

2013 年 7 月 8 日，北京市第二中级人民法院对原铁道部部长刘志军受贿、滥用职权案作出一审宣判，对刘志军以受贿罪判处死刑，缓期 2 年执行，剥夺政治权利终身，并处没收个人全部财产；以滥用职权罪判处有期徒刑 10 年；数罪并罚，决定执行死刑，缓期 2 年执行，剥夺政治权利终身，并处没收个人全部财产。

北京市第二中级人民法院经审理查明：1986年至2011年，刘志军在担任郑州铁路局武汉铁路分局党委书记、分局长、郑州铁路局副局长、沈阳铁路局局长、原铁道部运输总调度长、副部长、部长期间，利用职务便利，为邵力平、丁羽心等11人在职务晋升、承揽工程、获取铁路货物运输计划等方面提供帮助，先后非法收受上述人员给予的财物共计折合人民币6460万余元；刘志军在担任铁道部部长期间，违反规定，徇私舞弊，为丁羽心及其与亲属实际控制的公司获得铁路货物运输计划、获取经营动车组轮对项目公司的股权、运作铁路建设工程项目中标、解决企业经营资金困难提供帮助，使丁羽心及其亲属获得巨额经济利益，致使公共财产、国家和人民利益遭受重大损失。

北京市第二中级人民法院认为，检察机关指控刘志军犯受贿罪，数额特别巨大，情节特别严重；犯滥用职权罪，徇私舞弊，致使公共财产、国家和人民利益遭受重大损失，情节特别严重，事实清楚，证据确实、充分，指控的罪名成立，应依法惩处。检察机关及刘志军的辩护人所提刘志军具有在有关部门调查期间如实供述犯罪事实并主动交代办案机关未掌握的部分受贿事实，受贿犯罪的赃款大部分已被追回，滥用职权造成的经济损失大部分已被司法机关挽回的量刑情节经查属实。刘志军的受贿行为严重侵害了国家工作人员职务行为的廉洁性，败坏了国家工作人员的声誉，论罪应当判处死刑，鉴于其具有上述法定及酌定从轻处罚情节，且认罪悔罪，对其以受贿罪判处死刑，可不立即执行。刘志军滥用职权犯罪的情节和后果均特别严重，虽造成的经济损失已大部分被挽回，但不足以对其从轻处罚。北京市第二中级人民法院遂依法作出上述判决。

稿件来源：2013年7月9日《法制日报》要闻版　作者：新华社记者

一个房管局原副局长的"受贿史"

站在上海市第二中级人民法院法庭的被告席上，上海房管局原副局长陶校兴接受着庭审法官和公诉人的一次次询问。作为一起涉嫌受贿案的被告人，他既未自聘辩护律师，也拒绝了法庭为其指定的辩护律师。

陶校兴是继上海市房地局土地利用管理处原处长朱文锦、房地局原副局长殷国元之后，近年上海市房地产系统第3名落马官员。

2011 年 2 月 21 日上午 9 时 30 分，当身着黑色外衣的陶校兴在法警的押解下走入庭审现场时，被告人家属中有人失声痛哭。

2011 年 6 月 23 日，上海市第二中级人民法院做出一审判决，认定陶校兴受贿财物共计人民币 1045 万余元，犯有受贿罪，依法判处其无期徒刑，剥夺政治权利终身，没收个人全部财产，违法所得全部予以追缴。

当庭认罪

2011 年 2 月 21 日，开庭前半小时，法庭内已座无虚席。

陶校兴的家属、单位同事以及一些媒体记者都早早坐在旁听席上。由于申请旁听者人数众多，法院辟出另一间相邻法庭，让更多旁听者坐在这里通过视频直播，同步旁听庭审。

陶校兴整个庭审过程中显得十分平静，几乎没怎么说话。

《法制日报》记者发现，陶校兴对检察机关指控他犯下的所有罪名都供认不讳。在最后陈述阶段，陶校兴再次表达了自己的悔恨："我辜负了党和人民几十年的培养，走上了可耻的犯罪道路。我认罪，希望自己能洗心革面，早日回归社会。"

检方认为，陶校兴到案后能够主动交代罪行，且全部赃款均已被追缴，可酌情从轻处罚。

父子同谋

公诉人在法庭上对陶校兴提出 8 项涉罪指控，出示证据来证明陶校兴利用职务便利，分别收受孙镇跃、顾纪兴、杨德兴、徐雪青等人的人民币 328.5 万元、美元 3 万元、港币 50 万元，以及在建商铺一套、卡地亚手表一块，总计人民币 1045 万余元。

利用长期分管用地处等要害部门的机会，陶校兴用他那"一支笔"，在上海土地使用权出让以及土地使用性质变更等领域里，发挥出权力的最大威势。

进入法庭举证阶段，陶校兴的"受贿史"被公诉机关一一揭露。

最初，陶校兴受贿时比较"含蓄"。某房产公司老总孙镇跃是陶校兴的"老邻居"，他请陶校兴帮忙获得松江新桥镇地块，用于开发建设别墅。陶校兴答应并最终成功帮其获得地块。孙镇跃"投桃报李"，由该公司虚设采购塑钢门窗等项目,与陶校兴虚设的公司做"贸易",陶校兴以此"获利"63.5万元,并用这些钱购买了该公司开发的别墅。

此后,陶校兴收受贿赂之事便慢慢演变为赤裸裸的金钱交易。

在帮助一家房产公司获得梅陇镇的3个地块后,在房产公司经理顾纪兴办公室,顾纪兴竟然直接递给陶校兴60万元现金,这么多钱就放在一个大袋子里,每捆10万元。

陶校兴曾经批准某公司将松江九亭镇一地块由农业用地转用为商业广场、商品房开发等。2005年,该公司经理徐雪青听说陶校兴要出国考察,马上奉上20万元"零用钱"。另一家房产公司老总钱智春听说后,也先后送上1.8万美元供其"零用"。在陶校兴出国途经香港时,钱智春和徐雪青两人结伴与陶校兴"巧遇",钱智春在宾馆房间给陶校兴"追加"了5万元港币"零用钱"以及1块女士卡地亚手表。

随着"伸手"的次数越来越多,陶校兴的胆子也越来越大,甚至将儿子陶青也引上犯罪之路。当上海闵行区一家公司老总杨德兴请陶校兴帮忙将七宝镇某土地的用途由仓储用地改为房产用地后,陶校兴一口答应。2006年,杨德兴提出送一套商铺给陶校兴,并给了陶校兴书面告知书。陶校兴不但没有拒绝,还将告知书交给儿子保管。

2010年8月,面对商铺要办理相关手续一事,陶校兴表示自己出面不好,便委派儿子办理过户手续,取得产权证,产权证名字写上儿子的公司。陶校兴承认儿子的公司没有实际投资,已办好的商铺产权证放在家里。

根据有关部门评估,该商铺价值638万元。

这是公诉机关掌握陶校兴8项具体受贿中数额最大的一项。

猜测无证

《法制日报》记者听庭获悉,在公诉机关对陶校兴受贿的8项指控之外,之前坊间盛传的陶校兴与其他案件有牵连的猜测,在21日庭审中均无印证。

曾有猜测,认为陶校兴与当地官员低价买房一案有关。

2006年前后,上海商业中心徐家汇的一个高档楼盘"帝景苑"的项目股东之间,因利益分配出现纠纷,其中一方股东四处举报该项目存在违规问题,并提供了详细的官员低价折扣购房名单,最低折扣甚至仅有一成。作为上海市房地局土地利用管理处原处长朱文锦顶头上司的陶校兴,一度被认为牵涉其中。

第二种猜测则将陶校兴与一度闹得沸沸扬扬的倒楼事件相联系。

2009年6月27日，闵行区在建的"莲花河畔景苑"7号楼整体倒塌，造成一名正在作业的工人死亡。项目开发商上海梅都房地产开发有限公司两名大股东张志琴、阙敬德，终审被判处无期徒刑。

有人称，阙敬德为陶校兴的远房亲戚，陶校兴儿子陶青就在阙敬德参与投资成立的上海梅陇莲城置业发展有限公司出任副总经理。张志琴跟陶校兴的关系也是非比寻常。1984年，陶校兴即任上海市梅陇乡（现闵行区梅陇镇）党委副书记，同年3月后任乡长。而有"梅陇地霸"之称的阙敬德，则是于1988年发迹于梅陇乡征地服务所，而张志琴则是阙敬德在梅陇乡征地服务所时的老部下。

但是，一切都只是猜测，在本案检察机关的起诉书中，没有涉及以上内容，整个庭审过程均未对以上猜测予以证实。

悔愧不已

陶校兴今年60岁，大专学历，案发前为上海房管局党组成员、第一副局长。

进入房地产系统前，陶校兴曾在上海下辖区县任职。1998年7月，47岁的陶校兴升任上海市房地局副局长。2000年5月26日，原上海市房屋土地管理局、上海市地质矿产局合并后成立了上海市房屋土地资源管理局，陶校兴任副局长。

陶校兴出身贫困家庭，家中兄弟姐妹众多，父母身体不好，陶校兴是家庭的顶梁柱。他17岁担任生产队副队长，重活、累活抢着干。服完兵役后，陶校兴毅然选择回到农村，从基层做起。在多年的勤奋工作中，陶校兴常常骑着自行车下基层，帮助农民解决实际困难。检察机关指出，陶校兴本人十分勤俭，不追求奢侈品，没有不良嗜好。

然而，在1998年升任上海市房地局副局长后，为改善家里经济和生活条件，陶校兴开始了长达数年的受贿经历。

2006年上海社保基金案案发后，面对跟自己交往频繁的同僚殷国元、下属朱文锦被双双判刑的局面，陶校兴在交出掌管土地大权后涉险过关。此后几年，他虽然偶尔会被有关部门"约谈"，但一直安然无恙，不少人一度以为他会顺利退休，但法网恢恢，已经60岁的陶校兴终于"出了事"。

《法制日报》记者得知，在上海市纪委受理举报对陶校兴开展调查过程中，上海市人民检察院第二分院介入调查取证工作，并于 2010 年 11 月 3 日以涉嫌受贿罪对陶校兴立案侦查，随即对其刑事拘留。

同年 11 月 17 日，上海市人民检察院第二分院宣布：由该院立案侦查的上海市住房保障和房屋管理局原副局长陶校兴涉嫌受贿犯罪一案，经上海市人民检察院审查决定，对陶校兴执行逮捕强制措施。案发后，陶校兴受贿所得价值 638 万元的 1000 平方米商铺被查扣，陶青名下的存款和汇款 40 余万港元、数万美元以及陶青工商银行卡内 380 余万元被冻结。

据上海市人民检察院第二分院所公布的本案涉罪案情显示，陶校兴涉嫌利用土地审批等职务便利，为他人谋取利益，收受多家公司或个人的财物，受贿总金额折合人民币达 1045 万余元。

稿件来源：《法制日报》综合报道

杭州市原副市长敛财案值 1.45 亿元

5 月 12 日，浙江省宁波市中级人民法院对杭州市原副市长许迈永受贿、贪污、滥用职权案作出一审判决，认定许迈永犯受贿罪、贪污罪、滥用职权罪，判处死刑，剥夺政治权利终身，并处没收个人全部财产。

宁波市中级人民法院经审理查明：1995 年 5 月至 2009 年 4 月间，许迈永利用担任萧山市（即现在杭州市萧山区）副市长，杭州市西湖区代区长、区长、区委书记，杭州市副市长等职务上的便利，为有关单位和个人在取得土地使用权、享受税收优惠政策、受让项目股权、承建工程、结算工程款、解决亲属就业等事项上谋取利益，收受、索取他人财物共计折合人民币 1.45 亿余元。许迈永还利用担任国有公司杭州金港实业有限公司董事长的职务便利，侵吞国有资产共计人民币 5300 万余元。此外，许迈永在任杭州市西湖区区长、区委书记期间，还徇私舞弊滥用职权，违规退还有关公司土地出让金 7100 万余元，造成特别恶劣的社会影响。

宁波市中级人民法院认为，许迈永身为国家工作人员，利用职务上的便利，为他人谋取利益，非法收受、索取他人财物，其行为已构成受贿罪；利用职务上的便利侵吞国有资产，其行为构成贪污罪；为徇私利滥用职权，违规返还巨额土地出让金，致使国家利益遭受重大损失，其行为还构成滥用职权罪。许迈永受贿数额特别巨大，犯罪情节特别严重，贪污国有资产数额特别巨大，其徇私舞弊滥用职权行为严重损害了政府的形象和声誉，致使国家利益遭受重大损失，应依法严惩。宁波市中级人民法院遂依法作出上述判决。

稿件来源：2011 年 5 月 13 日《法制日报》要闻版　作者：陈东升

湘潭市原副市长高调反腐暗中贪腐

利用职务便利，为他人在变更土地规划、承揽工程、招商引资、金融贷款、职务升迁等方面谋取利益，先后多次收受相关人员的贿赂，总金额高达 201.4875 万元；滥用职权，擅自为重点建设项目减免报建费，给国家造成重大经济损失。6 月 30 日，湖南省茶陵县人民法院对湘潭市原副市长朱少中受贿、滥用职权案作出一审判决，认定朱少中犯受贿罪、滥用职权罪，合并执行有期徒刑 13 年，剥夺政治权利 3 年，并处没收个人财产 50 万元人民币。

而在案发前，朱少中在湘潭一直是清廉、干练的形象，在民间的口碑甚好，其原因是他曾撰文痛斥"崇拜金钱，权力至上"，大谈特谈反腐的经验；父亲过世时，在灵堂张贴"拒收礼金"的字条，并退回或上交礼金。然而，检察院的指控及一审法院的有罪判决，逐渐揭示、还原了这个隐形贪官的真实面目。

早年得志

朱少中，1966 年 7 月出生于湖南省岳阳市华容县。1984 年 9 月至 1986 年 7 月，就读于湘潭商业学校（今湘潭烟草学校）财会专业。虽然第一学历（中专）并不高，但一毕业，朱少中就留校工作，几年间迅速升为校团委书记兼学生科副科长。

此后，朱少中的仕途一路顺风顺水。

1991 年 4 月至 1996 年 5 月，朱少中先后担任共青团湘潭市委宣传部部长、湘潭市岳塘区区长助理、共青团湘潭市委副书记等职。1996 年 5 月，时年 30 岁的朱少中出任共青团湘潭市委书记、党组书记，是当时湘潭少有的 30 岁正处级干部。

2001 年 1 月，35 岁的朱少中调任湘潭县委副书记。2002 年 12 月当选县长，2006 年 5 月起担任县委书记。2008 年 1 月，朱少中调离湘潭县，任湘潭市副市长，主要负责协助分管农业、民政、人口和计划生育等工作。

然而，朱少中的仕途在 2010 年 1 月 6 日那天戛然而止。当天，湖南省纪委、湖南省监察厅对外宣布，对涉嫌违法违纪的朱少中进行调查。

随后，湖南省纪委将朱少中移送司法机关处理。当时一同被移送的，还有朱少中的老领导，当时的湘潭市人大副主任彭中泽。

2010 年 2 月 24 日，根据湖南省人民检察院的指定管辖，湖南省茶陵县人民检察院正式对朱少中进行立案侦查。随后不久，湖南省株洲市人民检察院决定对朱少中批准逮捕。

2010 年 7 月 16 日上午，湖南省湘潭市第十三届人大常委会宣布，免去朱少中湘潭市副市长的职务。

高调反腐

朱少中案发，让不少人颇感意外。因为朱少中给湘潭各界留下了一个比较深刻的印象——高调反腐。

2007 年 5 月，当时还在湘潭县担任县委书记的朱少中，在湖南一家媒体实名发表了一篇题为《反腐倡廉，教育在先》的文章。在这篇 2000 余字的文章里，朱少中不仅措辞严厉地指出，"一些人包括我们的党员干部，崇拜金钱、权力至上的官本位思想仍相当浓厚"，而且系统地分析了导致腐败现象层出不穷的三方面原因：一是旧社会遗留下来的"崇拜金钱、权力至上"的官本位思想仍相当浓厚；二是官员的物质条件尚不宽裕，并且社会分配不公，这给了官员贪的动机和机会；三是西方"唯利是图"的价值观念也在冲击着官员脆弱的防线。

对此，朱少中认为，必须用制度来规范权力的运作，将权力置于组织、群众、法律、舆论等有效的监督之下，但更要有严格的反腐倡廉教育，促其自省自律，否则监督对某些人就不起作用。

除了撰文大谈特谈反腐经验外，在现实生活当中，朱少中也有一些较为经典的片段在当地广为流传。

朱少中老家的很多乡亲至今依然清楚地记得，朱少中父亲过世那年，为了避免人情送礼，朱少中特意在父亲的灵堂前贴了一张"不收礼金"的字条。只是，这一张字条还是没有挡住一些人借吊唁之名前来送钱送物。

然而，在办完父亲的丧事后，朱少中要么将这些礼金全额退还，要么直接交到了县里的纪检部门。随后，在很长一段时间内，此事都被传为美谈。

大肆敛财

虽然反腐的调子一直很高，但无论是随后检察机关的指控，还是法院的一审宣判，最终都逐渐揭示了朱少中的另外一个面孔，那就是大肆敛财的隐形贪官。

2010 年 8 月 27 日，朱少中案被茶陵县人民检察院移送起诉到了茶陵县人民法院。据了解，随案移送的案卷共有 20 册，高约 1.5 米，起诉书有 15 页，长达 12000 余字。

起诉书称，自 2005 年至 2007 年，朱少中在担任县长和县委书记时，超越权限，违规减免报建费，给国家造成经济损失 1000 余万元。其中，在李某开发建设"宏通御景湘·水印康桥"项目报建费上，违规减免报建费 870 余万元；在"锦绣滨江住宅小区"项目的报建费审批上，违规减免报建费 100 余万元；在刘某开发的"金霞美墅"房地产项目的报建费审批上，违规减免报建费 110 余万元。

检察机关同时指控，2003 年至 2009 年，朱少中在担任湘潭县县长、县委书记，湘潭市副市长期间，利用职务之便，先后多次收受齐某等 14 人的贿赂，共计人民币 163.5 万元、价值 4.2 万元的住房一套、美元 5.1 万元。朱少中多以拜年、拜节、获得房产项目报建享受报建费优惠、调高容积率、工程项目建设、结算工程款、税费减免、提拔任用等名义收受贿赂。其间，2006 年 9 月，朱少中在中央党校参加全国社会主义新农村建设县委书记研讨班学习期间，收受齐某送的人民币 1 万元，收受罗某送的人民币 8 万元。

茶陵法院审理查明，2003 年至 2009 年，朱少中利用担任湘潭县县长、县委书记，湘潭市副市长的职务便利，为齐某等 14 人在变更土地规划、承揽工程、招商引资、金融贷款、职务升迁等方面谋取利益，先后多次收受相关人员的财物贿赂，总金额达 201.4875 万元。

在"宏通御景湘·水印康桥"项目报建费上，违规减免报建费 870 余万元，给国家造成巨大经济损失。

据此，法院一审审理认为，身为国家工作人员，朱少中利用职务便利，为他人谋取利益，非法收受他人钱物，其行为严重侵犯了国家工作人员职务活动的廉洁性，已构成受贿罪。同时，在未经集体研究的情况下，朱少中擅自为重点建设项目减免报建费，给国家造成重大经济损失，其行为已构成滥用职权罪。由于朱少中在被湖南省纪委调查期间，主动交代了其受贿的事实，对其受贿犯罪部分，应以自首论，可依法从轻处罚。结合其他量刑情节，法院依法作出一审判决：朱少中因犯受贿罪，判处有期徒刑13年，剥夺政治权利3年，并处没收个人财产50万元人民币；犯滥用职权罪，判处有期徒刑1年。合并决定执行有期徒刑13年，剥夺政治权利3年，并处没收个人财产50万元人民币。

本报株洲7月3日电 稿件来源：2011年7月4日《法制日报》案件版
作者：阮占江 赵文明 吴敏 谭大善

"明星"市长的家族商业帝国

相隔近一年，一张曾经熟悉的面孔又再度出现在公众的视线中。和往常相比，她的曝光率有增无减——她就是曾经被誉为"明星"市长的广东省中山市原市委副书记、市长李启红。不过，她此次的露面是在广州市中级人民法院的审判庭上。她的丈夫、弟弟、弟媳等家族成员，和她一起接受了审判。

由于工作的需要，《法制日报》记者曾采访过时任市长的李启红，当时的她意气风发，被人评价为"务实能干"。但是，在2011年4月6日的法庭上，这位曾经的女市长却失去了往日的风采，在面对法官和公诉人的提问时，表现得非常谦恭、配合。

权力庇护下的家族商业帝国

李启红的落马源于一起股票的内幕交易案，她与她的家族成员利用掌握的上市公司的内幕消息，在短短3个月的时间里狂搂了近2000万元人民币。

李启红落马后，有消息传出，李的家族有多人从事房地产业并雄踞一方，据称其家族资产数以亿计。

虽然尚无直接证据证明李的家族资产具体有多少，但是，李启红的丈夫和弟弟从事地产生意、是地产公司的大股东，却是不争的事实。

　　庭审中，该案被告人之一的李启明向法庭自述是中山市第五建筑工程有限公司的法定代表人、总经理。记者从中山市工商局查询的资料显示，该公司共有 4 名股东，分别为林永安、李启明、林永灿、林元明。上述 4 人各出资 375 万元持有"中山五建"25% 的股权。4 名股东中，林永安是李启红的丈夫，李启明是李启红的弟弟，林永灿是林永安的弟弟，林元明与他们亦有亲戚关系。据悉，"中山五建"原为集体企业，是在 1999 年改制后成为股份公司的。

　　"中山五建"的公开资料显示，从 1999 年新公司成立至今，已经承接桩基础工程数百项，其中较大的施工工程有：盛景园工程、丽景湾工程、东盛苑工程、中山港会展中心工程等，还有其他大小各类工程共约 100 多万平方米。"中山五建"承接的土建工程项目也有数十个：包括丽景湾花园商住楼工程，盛景园商住楼 22172 平方米，东盛苑商住楼工程 21000 平方米等。

　　据介绍，这些工程中，三乡车站、港口中南小学教学楼工程、火炬开发区东阳科技园员工宿舍楼、华南师大附中教学楼等项目均跟政府单位有关。

　　记者同时了解到，成立于 2000 年 1 月 10 日的中山市中宏房地产有限公司成立时有 3 名股东，其中两名就是林永安和林永灿。成立之初，林永安以 40 万元的出资成为第一大股东，其后经过两次股权变更，林永安退出。到目前为止，林永灿持有该公司 22% 的股份，位列第一大股东。

　　而据了解，中山五建现为中山丽景湾房地产公司的第二大股东，出资 222.5 万元持有 25% 股份。丽景湾房地产公司虽然在中山市起步很晚，但发展极快，并自称"只为中山高管建房子"，专注于豪宅开发。2010 年 1 月 17 日，丽景湾房地产与"中山五建"联合举行企业 10 周年庆典。仪式上，双方负责人互授最佳合作伙伴奖，并共同表示，这对合作伙伴将在建筑和房地产领域进行更全面的战略合作。

　　此外，记者通过"中山五建"登记资料多次查询后发现，林永安除此之外还担任两家公司——中山市西区今科进出口贸易有限公司和中山市今科进出口贸易有限公司的法定代表人。林永安在这两家公司分别出资 10 万元和 250 万元，持有 10% 和 50% 的股权。

　　中山市的一名建筑业人士告诉记者，与目前建筑行业越来越难做，很多建筑公司到处挖空心思找工程不同的是，"中山五建"可以做很多和政府有关的工程。如果没有特殊的背景，这种情况是不可想象的。

还有中山市民质疑说，就算李启红曾经公开表态"对她家人开办的公司，不插手、不帮忙、不指示、不发话"，但她不可能不受家人的影响。其实，她家的人不需要她插手和发话，只要打着她的招牌，就没有办不了的事。在中山市，有谁会得罪市长大人的丈夫和弟弟？

正如一位熟悉李启红的中山人所说："可能她也确实想做到尽量超脱，然而在这个小小的中山，她怎么可能做到超脱？那种根连着根的关系能超脱吗？"

因多项罪名被判处 11 年有期徒刑

2011 年 10 月 27 日上午，广东省广州市中级人民法院对中山市原市长李启红等人内幕交易、泄露内幕、受贿案进行公开宣判，认定李启红犯内幕交易、泄露内幕信息罪，判处有期徒刑 6 年 6 个月，并处罚金人民币2000 万元；犯受贿罪，判处有期徒刑 6 年，并处没收财产人民币 10 万元。决定执行有期徒刑 11 年，并处罚金人民币 2000 万元、没收财产人民币 10万元。

广州中院经审理后查明：2006 年年底，公用科技公司的控股股东公用集团公司筹备集团公司整体上市。2007 年 4 月至 5 月，原系中山公用事业集团股份有限公司董事长谭庆中筹划将公用集团公司优质资产注入上市公司公用科技公司并实现公用集团整体上市。其间，谭庆中多次就此事向李启红作汇报，李启红表示支持。

同年 6 月 11 日，谭庆中又将此事向中山市委书记陈根楷作了汇报，陈根楷表示同意并让李启红具体负责此事。随后，谭庆中将已向陈根楷汇报的事告知原系中山公用事业集团有限公司总经理助理的郑旭龄，并要求郑旭龄就上述重组事项草拟一份书面材料。后郑旭龄草拟了一份公用集团整体上市项目建议书，谭庆中于当月 26 日就该建议书正式向李启红作了汇报。同年 7 月 3 日，李启红、谭庆中、郑旭龄等人向中国证监会汇报了公用科技公司重大资产重组并实现公用集团整体上市的工作情况。同日，公用科技公司发出公告，称公司近期讨论重大事项。次日，公用科技股票停牌。同月 13 日，公用科技公司作出关于换股吸收合并公用集团及定向增发收购乡镇供水资产初步方案，并以该初步方案致函中国证监会。同年 8 月20 日，公用科技股票复牌，公用科技公司董事会向社会公开发布了关于换股吸收合并公用集团及定向增发收购乡镇供水资产的预案公告。

中国证监会对于"公用科技"(2008年该证券名称变更为"中山公用")相关问题调查后认定，公用集团公司将其优质资产注入公用科技公司实现公用集团整体上市的预案在公开前属内幕信息。该内幕信息形成于2007年6月11日，内幕信息价格敏感期至2007年7月4日停牌止。

2007年6月，谭庆中向李启红汇报公用科技公司筹备资产重组事宜时提到公用科技股价会上涨，建议李启红让林永安（李启红丈夫）购买。同年6月中旬，谭庆中在办公室约见林永安，向其泄露有关公用科技公司资产重组的内幕信息，并建议其出资购买公用科技股票。同年6月下旬，李启红在家中向林小雁（李启红弟媳）泄露了上述内幕信息，并委托林小雁购买200万元的公用科技股票。随后，林小雁从林永安存款账户转出236.5万元，从李启明（林小雁丈夫）存款账户转出350万元，再集合其本人自有资金，筹集款项合计677.02万元，并借用其弟林伟成和同事刘赞雄的名义在中国银河证券股份有限公司中山营业部办理了证券交易开户手续，后分别转入林伟成账户400.02万元，转入刘赞雄账户277万元，让朋友关穗腾负责买卖公用科技股票。

2007年6月29日至7月3日期间，上述两个证券账户在公用科技股票停牌前累计买入公用科技股票89.68万股，买入资金669万余元，后于2007年9月18日至10月15日陆续卖出，账面收益1983万余元。

为应付中国证监会调查，掩盖林小雁等内幕交易的犯罪事实，李启明与林永安、林小雁等人商量规避调查事宜。2009年12月，中国证监会找到李启明调查林小雁等人买卖公用科技股票的情况，李启明得知林小雁买卖公用科技股票获利1000余万元。2010年4月初，李启明向林小雁提出转款1000万元至郭长祺的存款账户，用于收购建大电器工业（中山）有限公司20%的股权。随后，林小雁安排林伟成分3次转款共1000万元至郭长祺的存款账户。

2006年至2010年，李启红利用担任中共中山市委副书记、市人民政府市长的职务便利，为梁某担任中山市委组织部副部长、市直机关工委书记等职务提供帮助，并接受梁某请托，多次批示中山市教育局为梁某顺利解决其子女及亲戚子女的入学问题，先后8次在家中共收受梁某贿送的现金港币40万元。

2009年6月至8月，李启红接受广东省中山丝绸进出口集团有限公司董事长关某的请托，商请拱北海关副巡视员兼中山海关党委副书记梁某，为曾经受过海关行政处罚的该公司申请双A信用级别事项给予支持，并于同年 9 月，在家中收受关某贿送的现金 10 万元。

法院查明，郑旭龄利用担任公用集团公司总裁助理的职务便利，知悉公用集团公司正筹备将集团公司优质资产注入公用科技公司以实现公用集团整体上市的内幕信息。

2007 年 6 月 11 日，郑旭龄向郑浩枝泄露了该内幕消息，并借用他的证券账户购买公用科技股票。随后，郑浩枝又将该内幕信息告知陈庆云（郑浩枝妻子），并让她筹集资金以购买公用科技股票。同月 12 日至 20 日，陈庆云从其姐陈庆珍账户转出 75 万元，郑旭龄从其岳母刘玉贤账户转出 95 万元，分别转入郑浩枝在银河证券公司中山营业部的证券资金账户。同月 14 日至 21 日，该账户由郑旭龄负责操作，买入公用科技股票累计 19.08 万股，买入资金 169 万余元，同年 9 月 10 日，郑浩枝按照郑旭龄的授意卖出公用科技股票，账面收益 419 万余元。

2007 年 6 月 27 日至 29 日，郑旭龄的妻子费红生将其所持股票卖出后，从其资金账户分 3 笔共转出 88 万元至费朝晖（郑旭龄妻弟）的账户。在上述时间内，郑旭龄使用电话操作费朝晖名下的证券资金账户购买公用科技股票累计 12.25 万股，投入资金累计 87 万余元。同年 9 月 10 日，郑旭龄指使郑浩枝使用该手机以电话委托方式将上述公用科技股票全部抛售，账面收益 290 万余元。

2007 年 6 月 20 日，郑旭龄在周中星的办公室向他泄露了公用科技公司重大资产重组的内幕信息。同年 6 月 27 日至 7 月 2 日，周中星操作其妻黄彦及母亲麦慕玲在银河证券公司中山营业部设立的证券账户，投入资金共 670 万余元，买入公用科技股票累计 88.44 万股，并于同年 10 月 8 日至 10 日将该股票全部卖出，账面收益 1809 万余元。

为此，广州市中院在宣判中，不仅对李启红作出了有期徒刑 11 年的判决，还对该案其他被告人作出了判决：

郑旭龄犯内幕交易、泄露内幕信息罪，判处有期徒刑 7 年，并处罚金人民币 2530 万元；

周中星犯内幕交易罪，判处有期徒刑 6 年，并处罚金人民币 1810 万元；

林小雁犯内幕交易罪，判处有期徒刑 5 年 6 个月，并处罚金人民币 1300 万元；

谭庆中犯内幕交易、泄露内幕信息罪，判处有期徒刑 5 年，并处罚金人民币 700 万元；

郑浩枝犯内幕交易罪，判处有期徒刑 5 年，并处罚金人民币 190 万元；

林永安犯内幕交易罪，判处有期徒刑 3 年 6 个月，并处罚金人民币 300 万元；

陈庆云犯内幕交易罪，判处有期徒刑 2 年 6 个月，并处罚金人民币 60 万元；

李启明犯洗钱罪，判处有期徒刑 2 年，并处罚金人民币 100 万元；

费朝晖犯洗钱罪，判处有期徒刑 1 年 6 个月，并处罚金人民币 20 万元。

稿件来源：2011 年 4 月 8 日、2011 年 10 月 28 日《法制日报》案件版

作者：邓新建

"廉洁干部"既收钱"卖"官又送钱跑官

2012 年 5 月 15 日上午，广东省茂名市人大常委会原副主任朱育英涉嫌受贿、行贿一案，在广州铁路运输中级人民法院开庭。

检察机关查明，朱育英在担任广东省信宜市市委书记兼该市人大常委会主任期间，在信宜市属干部提拔、交流、换届任用以及工程发包、支付工程款等事项中，涉嫌受贿人民币 1300 多万元、港币 300 多万元、美元 20 多万元。另外，为谋求职位升迁，他还曾向广东省茂名市原市委书记罗荫国行贿 20 万元。

57 名干部用钱做官场助推剂

2005 年，信宜市某镇镇长梁某被提拔为该镇党委书记。为感谢朱育英在其职务提拔上的关照，梁某在当年 5 月来到朱育英的办公室，送给朱育英 20 万元人民币。

2006 年 12 月，经朱育英同意，梁某调任信宜市区东镇街道办党委书记。他在到任几天后来到朱育英家楼下，在朱育英的车里送给朱 30 万元人民币，朱育英再次收下。

2008 年，梁某为谋求升迁，于当年 11 月、12 月，先后在茂名市委宿舍大院送给朱育英 15 万美元。在朱育英的推动下，梁某在 2009 年 9 月被任命为信宜市副市长。除了这几次大额贿赂之外，梁某为了与身为当地一

把手的朱育英保持良好关系，从 2005 年至 2009 年，先后在中秋或春节期间送给朱育英 6 万元，朱育英都欣然收下。

据该案办案人员介绍，梁某为谋求升迁或转任而送钱给朱育英，只是当地官场风气的一个体现。经查明，朱育英先后收受了当地 57 名干部共计人民币 1238 万余元、港币 360 万元、美元 20 万元。

办案人员介绍，朱育英自己还经常说一句话，叫"先上车，再买票"。意思就是先不收钱，等事情办好以后再收钱。这些当地干部送钱给朱育英，有的是想由镇长做书记，有的是想由小镇的书记转任大镇的书记，有的是想从镇里到调到市里的单位，但他们的手段是一样的，就是用钱做助推剂。

"我提拔人主要看工作能力"

据朱育英交代，他提拔人主要是看能力，而不是只看对方送钱多少。"大家认可这个人我才会提拔，而且要看个人的业务能力""我不会让不懂业务的人管钱，让不懂业务的人去管业务"。他还特地提到了信宜市水务局原局长伍某对其行贿一事做例子。

2006 年，时任信宜市水务局局长的伍某为谋求改任信宜市卫生局局长或信宜市政协副主席，于当年 12 月在朱育英家楼下将 100 万元贿送给朱育英，朱育英欣然将钱收下。但朱育英认为伍某与省水利厅关系较好，有利于该市水务局继续开展工作，就安排伍某继续担任信宜市水务局局长。当然，他也承诺以后有机会一定会关照伍某。

收受贿赂连挖掘机都拉走

检察机关查明，除了在干部提拔、人事调动、换届任用过程中收受贿赂外，朱育英还利用职务上的便利，在信宜市有关工程发包承揽、工程建设、支付工程款等事项中，收受 3 名工程承包商贿赂共计人民币 150 万元、港币 30 万元，甚至于连钩机（挖掘机）都收。

2003 年年初，信宜市公安局准备建设戒毒所。朱育英的弟弟朱育明找到信宜市某房地产公司总经理林某，称可以通过朱育英把该工程争取给林某承建，条件是按总工程款返回 8% 给他和朱育英，林某表示同意。

朱育明将此情况告诉朱育英，朱育英即向信宜市公安局的有关领导打招呼，"建议"将信宜市戒毒所工程交由林某承建。2003 年 11 月，林某通过挂靠信宜市建筑工程公司和信宜市公安局签订了工程承包合同。

随后，他根据约定，于2004年、2005年春节期间和2005年上半年，先后将总计50万元人民币送到朱育明家中。由于这些还不够支付约定的8%的好处费，2006年，经与林某商议，朱育明又将林某一台价值50万元人民币的钩机拉走折抵。

行贿茂名原市委书记20万

2008年，朱育英将到退休年龄，为谋求茂名市副厅级职位，他在当年六七月的一天，约请茂名市原市委书记罗荫国到当地比较上档次的荔晶酒店吃饭，其间贿送给罗荫国20万元港币。

由此，在罗荫国的关照下，朱育英于2008年年底升任茂名市人大常委会副主任（副厅级）。为了和罗荫国联络感情，朱育英还在2004年至2009年期间，先后在春节期间，分4次送给罗荫国现金共计人民币8万元。

办案人员外围突破受贿事实

据了解，2011年2月，茂名市原市委书记罗荫国被广东省人民检察院带走调查，朱育英感到"比较紧张"。当年3月19日，广东省纪委在茂名召开了全体干部大会，责令"有问题"的官员在4月10日前向专案组主动交代，以争取宽大处理。朱育英离4月10日期限届满前几天来到专案组，"交代"称曾经收受过一点红包，总额大约有几万元钱，已经上交给了信宜市纪委。

事实上，在之前一段时间及罗荫国"落马"后，已经有很多群众通过各种方式向纪委和检察机关反映朱育英有问题。专案组经过分析，认为朱育英存在受贿的可能性很大，肯定远不止其交代的这几万元的问题，但专案组当时并没有掌握其受贿的直接证据。

于是专案组决定，一方面由纪委出面和朱育英谈话，敦促其主动交代问题；另一方面，检察机关在外围收集朱育英受贿的相关证据，寻找案件突破口。

经过一段时间的外围摸查，办案人员掌握了朱育英部分直接、扎实的证据，当办案组向朱育英摆出这些证据时，朱育英明白已经无法蒙混过关了，心理防线迅速崩溃，陆续交代了其受贿达1000多万元的事实。

稿件来源：2012年5月16日《法制日报》案件版 作者：邓新建 韦磊

"落马者"：我要出一本书警示后人

朱育英涉嫌受贿、行贿一案开庭前，《法制日报》记者在广东省看守所采访了朱育英。记者面前的朱育英略显苍老，面对记者，他谈起了自己从一名廉洁自律的好干部到阶下囚的心路历程，其间几度哽咽。

廉洁自律

没休过一天假

朱育英告诉记者，他1970年高中毕业后参加工作，最初在茂名电白当老师，后来在茂名山区建设时参加了文艺宣传队。因为文字功底较好，被选入广州铁路局任宣传、组织干事，一直到1983年被调回老家电白县羊角镇担任镇长、书记，电白县副县长，2003年到信宜担任市委书记。可以说从基层干起，一步步走上来。

"我没有任何后台，都是靠着自己的努力奋斗，也从来没有托过哪个领导。"朱育英哽咽着对记者说，"那时自己工作上认真严谨，生活中能做到廉洁自律，我经常动员别人去体检，自己从来没有去体检过，也没休过一天假，一直努力工作。"

打开口子

好像病已上身

谈到自己的堕落过程，朱育英讲，开始时别人送钱都不敢收，怕出事。但后来一打开缺口，就收不住了。

"自己到信宜做书记时已经50多岁了，觉得干了一辈子革命，但跟别人一比，自己家里什么都没有，思想上就有点放松自己。"朱育英说，"当时过年过节都有人送红包，茂名有这种风气，但我一开始都不敢收，全都拒绝了。一直到2006年才开始收一点红包，一般是几千元，多的也有几万元的。刚开始收钱的时候心里很恐慌，但打开这个缺口以后，就收不住了。因为这些送红包的人私底下都会有交流，你收了张三的不收李四的，他就会对你有意见。"

"后来发展到提拔干部以后，他们都会来送钱感谢我。还有的人没什么事情托我办，只是扔下钱就走。当时也想过退还，但在那种环境下很难退。这就好像病已经上身了，直到后来最多一次收了100万。这些钱我都以朋友的名义存在银行，一分钱都不敢用，心理上有点害怕。但还是存在侥幸心理，以为只要不被发现应该就不会有事。"

不想推脱

错了就是错了

朱育英说："自己刚进来时想不通，觉得自己运气不好比较倒霉才会出事。但经过检察官的开导，自己慢慢也开始想通了。人错了就是错了，我是一个硬汉，不想再为自己推脱。法律怎么制裁就怎么制裁。"

"自己很后悔，想当初前呼后拥，多么风光，现在和过去比简直就是一个天堂一个地狱，人失去自由是最大的痛苦，如果没有收这些钱，自己已经将要退休安度晚年了。我当过宣传干事，文笔还是可以的，我以后要出一本书，把自己的经历写出来，警戒后来人不要再犯同样的错误。"采访的最后，朱育英一脸懊悔地说。

稿件来源：2012年5月16日《法制日报》案件版　作者：邓新建

王立军案，法律天平不会因谁倾斜

2012年9月24日，四川省成都市中级人民法院对重庆市原副市长、公安局原局长王立军徇私枉法、叛逃、滥用职权、受贿案作出一审宣判，对王立军以徇私枉法罪判处有期徒刑7年；以叛逃罪判处有期徒刑2年，剥夺政治权利1年；以滥用职权罪判处有期徒刑2年；以受贿罪判处有期徒刑9年，数罪并罚，决定执行有期徒刑15年，剥夺政治权利1年。

成都市中级人民法院经审理查明：

2011年11月15日，英国公民尼尔·伍德被发现在其入住的重庆市一酒店房间内死亡。王立军身为重庆市公安局局长，在明知薄谷开来有杀害尼尔·伍德的重大嫌疑，且已掌握重要证据的情况下，为徇私情，指派与其本人及薄谷开来关系密切的副局长郭维国负责该案，向办案人员隐瞒薄谷开来向其讲述投毒杀害尼尔·伍德的情况及掌握的录音证据，对郭维国等人违背事实作出尼尔·伍德系酒后猝死的结论予以认可，将记录薄谷开来作案当晚到过现场的监控录像硬盘交给薄谷开来处置，以使薄谷开来不受刑事追诉。

后王立军与薄谷开来产生矛盾并不断激化，王立军遂要求重庆市公安局有关人员重新调取、整理及妥善保管尼尔·伍德死亡案的证据，并提供了薄谷开来向其讲述投毒杀害尼尔·伍德的录音资料。2012年2月7日，王立军向国家有关部门反映了薄谷开来涉嫌故意杀害尼尔·伍德的情况并提供了相关证据材料。经公安机关依法复查侦破了薄谷开来故意杀人案。

2012年2月初，王立军职务被宣布调整，身边多名工作人员被非法审查，王立军感到自身处境危险，遂于2月6日14时31分私自进入美国驻成都总领事馆，请求美方提供庇护，并提出政治避难申请。后经我有关方面劝导，王立军于2月7日23时35分自动离开美国驻成都总领事馆。

2010年1月至2012年2月，王立军在担任重庆市公安局局长期间，违反国家有关法律规定，授意该局有关工作人员，不履行合法审批手续，先后对多人使用技术侦察措施，严重侵犯了公民的合法权益，破坏了社会主义法制。

2008年9月至2009年11月，王立军先后接受大连实德集团有限公司董事长徐明和大连世源贸易有限公司法定代表人于俊世的请托，利用担任重庆市公安局常务副局长、局长的职务便利，指令重庆市公安局办案人员释放四名涉案羁押人员。其间，王立军收受徐明出资人民币285万余元购买住房两套，接受于俊世为其租住的别墅支付租金人民币20万元。案发后，受贿财物绝大部分被追缴。

王立军到案后揭发了他人重大违法犯罪线索，为有关案件的查办发挥了重要作用。

成都市中级人民法院认为，王立军身为重庆市公安局局长，明知他人有故意杀人重大嫌疑，徇私枉法，故意包庇使其不受追诉，其行为已构成徇私枉法罪，且情节特别严重；王立军作为国家机关工作人员，在履行公务期间，擅离岗位，叛逃外国驻华使领馆，其行为已构成叛逃罪，且情节严重；王立军滥用职权，非法对多人使用技术侦察措施，严重侵犯了公民的合法权益，破坏了社会主义法制，其行为已构成滥用职权罪；王立军作为国家工作人员，利用职务上的便利，为他人谋取利益，非法收受他人财物，其行为已构成受贿罪，其收受贿赂后为请托人谋取不正当利益，情节恶劣。王立军后来要求重庆市公安局有关人员对薄谷开来涉嫌故意杀人案重建档案、调查补证、保留物证，向国家有关部门反映薄谷开来涉嫌故意杀人的问题，并提供有关证据材料，积极协助复查，对公安机关侦破该案起了重要作用，对其所犯徇私枉法罪可酌情从轻处罚。王立军作为掌握国家秘密的国家工作人员叛逃境外，依法应从重处罚；王立军犯叛逃罪后自动投案，并如实供述其叛逃的主要犯罪事实，属自首，可依法减轻处罚。王立军揭发他人重大违法犯罪线索，为有关案件的查办发挥了重要作用，有重大立功表现，可依法减轻处罚。据此，根据王立军犯罪的事实、性质、情节、对于社会的危害程度及王立军当庭认罪、悔罪的表现，法院遂依法作出上述判决。

王立军当庭表示不上诉。

稿件来源：2012 年 9 月 25 日《法制日报》要闻版　作者：新华社记者

"表哥"杨达才巨额财产成谜

2013 年 9 月 5 日上午，在陕西省西安市中级人民法院，陕西省安监局原党组书记、局长杨达才听取法院一审判决：其犯受贿罪和巨额财产来源不明罪，被判有期徒刑 14 年。

法院审理认为，2012 年 9 月 6 日，当地检察机关已初步查明，杨家 4人（杨达才、其妻、其儿与儿媳）名下共有存款 1177 余万元，在杨达才交代之前，检察机关已掌握其犯罪事实，有重大受贿犯罪嫌疑。面对如此巨大的非法所得，杨达才仅仅交代受贿 25 万元犯罪事实，认为不应以自首论处。

针对辩方提出杨达才认罪态度诚恳，积极退赃，应减轻罪名，法院认为，杨达才 504.501291 万元财产，其本人和家庭成员不能说明来源，其行为构成巨额财产来源不明罪。辩方理由不属于法定减轻罪名情节，不予采纳。

数罪并罚，法庭判决被告人杨达才犯受贿罪，判处有期徒刑 10 年，并处没收财产人民币 5 万元；犯巨额财产来源不明罪，判处有期徒刑 6 年。决定执行有期徒刑 14 年，并没收财产 5 万元；受贿赃款 25 万元与巨额财产来源不明赃款 504 万余元依法没收。

法庭宣判后，杨达才和辩护律师均未表示是否上诉。

稿件来源：2013 年 9 月 6 日《法制日报》案件版　作者：台建林　唐钰婷

广州"房叔"落马记

被网友戏称为"房叔"的广东省广州市番禺区城管局原政委蔡彬，因被网络曝光名下坐拥 22 套房产而被有关部门立案调查。2013 年 9 月 12 日，广州市海珠区人民法院对蔡彬受贿案作出一审判决，认定蔡彬受贿 275 万元，判处其有期徒刑 11 年 6 个月，并处没收个人财产 60 万元。

2012 年 10 月，有网友发帖称时任番禺区城管局政委蔡彬及其妻儿名下拥有 20 余套房产。随后，番禺区纪委介入调查并作出回应。2012 年 11 月 1 日，蔡彬因涉嫌受贿被羁押，同日被刑事拘留，同年 11 月 14 日被逮捕，2013 年 3 月 19 日以受贿罪被提起公诉。

7 月 26 日，海珠区法院对被告人蔡彬被控受贿案进行了一审公开开庭审理。庭审中，蔡彬对被指控的受贿事实当庭自愿认罪，只是对是否具有自首情节提出了异议。

2013 年 9 月 12 日 9 时 30 分，蔡彬受贿案在海珠区法院第二法庭宣判。记者发现，被法警押入法庭的蔡彬从容镇定，与两个月前庭审时并无太大差别。

法院审理查明，被告人蔡彬自 1993 年起先后担任广州市公安局番禺（市）分局副局长，广州市城市管理综合执法局番禺分局局长、政委等职务，在此期间，其利用职务上的便利，多次非法收受他人财物，为他人谋取利益。

1998 年至 2002 年，被告人蔡彬利用职务便利，将番安实业公司机动车修配厂交由陈俊杰、刘展文（已另案处理）承包经营，并提供相关帮助，为上述二人谋取利益。在此过程中，被告人蔡彬分 9 次非法收受上述二人给予人民币共计 20 万元。

2000 年，被告人蔡彬投资 130 万元人民币与陈俊杰、刘展文合伙购买广州市番禺区沙湾大众汽车修配厂，后被告人蔡彬将其部分出资 60 万元抽走。在陈俊杰、刘展文经营大众汽修厂期间，被告人蔡彬利用担任广州市城市管理综合执法局番禺分局局长的职务便利，为该厂的经营提供相关帮助，为上述二人谋取利益。2003 年至 2005 年间，陈俊杰、刘展文以大众厂名义购买了商铺等固定资产，并将商铺登记在二人名下，后以固定资产股权分配为名贿送给被告人蔡彬财产性利益共计人民币 126 万元。

2003 年至 2010 年，被告人蔡彬利用担任广州市城市管理综合执法局番禺分局局长的职务便利，牵线并主导将该局管理的位于番禺区市桥街禺山大道 121 号的停车场交由陈俊杰、刘展文承包经营，并提供相关帮助，为上述二人谋取利益。在此过程中，被告人蔡彬分 7 次非法收受上述二人给予的人民币共计 29 万元。

2004 年至 2011 年，被告人蔡彬利用职务便利，多次在车辆年审、交通违章等事项上为蔡杰良（已另案处理）谋取不法利益，分多次非法收受在本市番禺区沙头街经营停车场生意的蔡杰良给予的人民币共计 8 万元。

2001 年，被告人蔡彬以少量出资与蔡杰良等合作经营广州市番禺区东环街螺山食庄。被告人蔡彬利用其担任广州市城市管理综合执法局番禺分局局长的职务便利，为该食庄的生存、经营提供帮助，为蔡杰良等谋取不法利益。2003 年至 2012 年间，被告人蔡彬非法收受蔡杰良以"分红"名义给予其的人民币 92 万元。

法院认定，被告人蔡彬非法收受他人财物共计人民币 275 万元。针对蔡彬认为自己具有自首情节的辩解，法院认为，根据番禺纪委出具的《关于蔡彬接受调查的情况说明》内容证实，2012 年 10 月 21 日起，蔡彬开始交代收受陈俊杰、刘展文贿赂问题，其交代的问题纪委已经通过其他涉案人员掌握，不属于主动交代犯罪事实的情况。被告人蔡彬的投案情况不符合最高人民法院、最高人民检察院关于自首的认定要求，故被告人蔡彬的该项辩解依据不足，不予采纳。

法院认为，被告人蔡彬的行为已构成受贿罪，应予惩处。被告人蔡彬归案后主动供述自己的罪行，是坦白，依法可以从轻处罚。被告人蔡彬通过家属主动退赔全部赃款，酌情从轻处罚。

法院据此作出如上判决。宣判后，当审判长询问蔡彬是否上诉时，蔡彬回答称"对判决没有异议，但是否上诉，还要等退庭后与辩护律师商量后再决定"。

稿件来源：2013 年 9 月 13 日《法制日报》案件版　作者：章宁旦 钟言 和韵

"不雅视频主角"雷政富受贿丑闻

2013 年 9 月 17 日上午，重庆市高级人民法院对重庆市北碚区原区委书记雷政富受贿案作出终审裁定：驳回上诉，维持原判。

2013 年 6 月 28 日，重庆市第一中级人民法院对雷政富受贿案作出一审判决，以受贿罪判处雷政富有期徒刑 13 年，剥夺政治权利 3 年，并处没收个人财产 30 万元，追缴雷政富受贿赃款 316 万余元上缴国库。雷政富不服判决提起上诉。

9 月 6 日，重庆市高院开庭审理此案。

关于雷政富及辩护人提出雷政富没有利用职务之便为明某某的公司谋利，雷只是就"借款"的事征求明某某的意见，其公司"借款"给肖烨是出于明某某自己意愿的意见，二审法院认为，证人明某某、邓某、廖某某、梁某的证言以及雷政富在侦查阶段的供述、相关会议记录等，均证实雷政富为明某某的公司在承接工程及工程提前回购、支付工程款等事项中谋取了利益。雷政富之所以在受到要挟时联系明某某"借款"，原因即在于其知道明某某此前曾得到自己的帮助，并希望继续得到自己的关照。明某某与肖烨事前并不认识，对肖烨个人信用、公司经营状况、资产情况毫不知情，之所以出借资金是基于雷政富的要求以及雷以前和今后对明某某的帮助。雷政富及辩护人提出的该意见不成立，不予采纳。

关于雷政富及辩护人提出涉案的 300 万元属于肖烨的公司与明某某的公司之间的民间借贷，与雷政富无关，肖烨的行为也不属于敲诈勒索的意见，二审法院认为，肖烨等人色诱官员拍摄不雅视频，目的就是为了对有关人员进行威胁，获取非法利益。在通过胁迫方式获得巨额资金后，肖烨并未投入所谓的工程，而是很快转入私人账户；在借款到期后，其将巨额资金借给他人获取高息、进行高档消费，拒不归还涉案款项。后因利用不雅视频进行敲诈勒索受到司法机关调查，雷政富、肖烨为了逃避打击、掩盖犯罪行为，二人商议后，肖退还明某某的公司 100 万元。涉案 300 万元的性质名为公司之间的借贷，实为敲诈。肖烨的公司是否向明某某的公司出具借条、有关款项是否在公司账上有所体现，不影响款项性质的认定。雷政富因为担心不雅视频曝光，从而被迫答应肖烨的要求，为其找人提供资金；明某某答应借款给肖烨，放弃对该"借款"的追索，实际上是明某某为肖烨敲诈雷政富的款项买单，都是基于雷政富的职权，对此雷政富是明知的，双方具备权钱交易的性质。至于明某某是否知道雷牵涉到不雅视频，不影响对案件性质的认定。雷政富及辩护人提出的意见不成立，不予采纳。

关于范某某所送 10 万元的问题，二审法院认为，一审判决认定雷政富通过聂某某收受范某某 10 万元，有证人范某某、蒋某的证词以及雷在侦查阶段的供词为据。对于还款问题，范无论在侦查阶段还是一审出庭时，均称他送钱是在北碚某医院三甲评审会后，雷政富亦认同该时间，但书证显示该评审会是在 8 月 16 日，范某某一审庭审中称聂某某 8 月 1 日退还范 10 万元的证词明显虚假。虽然聂某某、范某某一审当庭均证实该 10 万元已由聂及时退还给了范，二人在庭审作证时对有关还款的具体细节均能清晰回忆，但二人在还款时所乘车辆、所处位置等诸多细节上明显矛盾。此外，聂某某称其乘坐本单位驾驶员周某某的车到医院还款的情节，也无法得到证人周某某的印证。

关于雷政富提出当场拒收了印某某所送 1 万美元的意见，二审法院认为，对于原判认定雷政富收受印某某 1 万美元的事实，雷不仅在侦查阶段多次供述，而且在一审庭审前半段还承认收受印某某 1 万美元用于购买纪念品，供述内容与印的证言在细节上均能相互印证。

法院认为雷政富及其辩护人提出的上述意见不成立，不予采纳，依法作出上述裁定。

稿件来源：2013 年 9 月 18 日 《法制日报》案件版 作者：徐伟

陕西"房姐"的多个身份

2013 年 9 月 24 日早，陕西省靖边县城，凉风瑟瑟，行人寥寥。

神木县农村商业银行原副行长、榆林市人大代表龚爱爱涉嫌伪造、买卖国家机关证件案在靖边县人民法院开庭审理。同堂受审的，还有张新堂伪造国家机关证件案及张和平、张志华、王红霞、贺亚玲玩忽职守案。

王红霞为神木县公安局治安大队原副大队长，贺亚玲为神木县大柳塔镇原副镇长，张和平为神木县公安局原副局长，张志华为人民路派出所原教导员。这 4 人均因在龚爱爱户籍办理中负有责任而被停职。

龚爱爱因在北京、西安、神木等地拥有多处房产，被称"房姐"，其拥有的"多个户口"一事也引发公众质疑。

9 月 24 日上午的庭审围绕龚爱爱三个虚假户口、身份证展开。"房姐"众多房产的来源等问题未有涉及。

靖边县人民检察院指控，龚爱爱在出生地神木县解家堡乡登记为常住人口，在当地办理了居民身份证。2005 年，龚爱爱在北京市购房时，认识了售楼人员张恪（北京另案处理），张恪称购房可带北京户口。龚爱爱即给张30万元人民币为本人及女儿购买了北京户籍。

2007年，龚爱爱委托神木县公安局政委何生发（已死亡）为其办理了名为"龚仙霞"的户籍。2008年，龚爱爱又委托何生发给她办理了一个名为"龚爱爱"的户籍，并拿到了与原身份证号码不同的"龚爱爱"居民身份证。该户籍已于2012年1月6日被神木县公安局发现重户后注销。龚爱爱曾将多套房产转至其不同身份之下。

2009年，龚爱爱使用名为"龚仙霞"的居民身份证，办理了神木县神木镇东兴南路西亚华佳苑一套房产的初始登记；2011年，龚爱爱使用该身份证在神木县工商局注册为神木县艾丽莎购物有限公司和神木县正和房地产开发有限公司的股东；2012年，龚爱爱将其位于神木县神木镇滨河南路东侧的一处房产以房权证丢失为由补办在"龚仙霞"的名下。2012年12月，龚爱爱将其位于神木县滨河路南段东侧的一处房产的产权证办理在另一个"龚爱爱"身份证名下。

据此，检方认为，龚爱爱明知自己有合法的户籍，为购房买卖两个户籍，还委托他人为自己办理另外两个户籍，且用新办的户籍从事民事活动，妨碍了户籍管理制度和社会管理秩序，其行为已经构成伪造、买卖国家机关证件罪。

公诉人给出的量刑建议是2年6个月到3年有期徒刑。

龚爱爱称，北京户口是买房时带的户口，神木的两个户口，是她自己委托公安人员办理，她所办的几个户口，没有用来做过违法的事情。

龚爱爱的辩护人称，龚爱爱没有伪造行为，其得到的户口都是真实的，也没有用此户口从事违法活动。在办理北京户籍时，也没有买卖行为，仅是认为买房送户口，不构成犯罪。

庭上，针对之前媒体爆出龚爱爱在北京就有41套房产一事，龚爱爱的辩护律师也作出了澄清。他说龚爱爱房产首付款是分3至4年之间付完的，这些首付款大多由龚爱爱的兄弟姐妹朋友筹集来的，龚爱爱有一部分自己的资金。其他的房款还处于按揭当中。

龚爱爱作最后陈述时说，自己站在法庭上很难受，自己的行为给社会带来了很大影响，对不起神木人。但是自己没有干违法的事情，没有伤害社会。希望得到大家的原谅，也希望法庭能作出公正的审判。

13时，靖边县人民法院继续开庭，审理张新堂伪造国家机关证件一案。张新堂是"房姐"龚爱爱办理山西省兴县户口的联系人。

公诉人指控，被告人张新堂曾在何生发的授意下，联系了山西省兴县公安局魏家滩镇派出所民警白文魁，为龚爱爱办理了山西兴县虚假户口，构成伪造国家机关证件罪。

张新堂辩护人认为，张新堂当时是何生发的下属，何生发指使张新堂联系白文魁为龚爱爱办理户口，张新堂不能违背上级命令，其行为只是滥用职权，在事件中起到了传递信息的作用，属于从属地位，且情节较轻，违法但并不构成检方指控罪名。

辩护人认为，法庭应当庭宣告张新堂无罪并释放。

张新堂表示，他没守住原则，给社会造成一定影响，表示歉意，但他并不承认自己犯罪，"领导让我办，我不得不办"。

公诉人建议法院，判处被告人张新堂1年以上2年以下有期徒刑。

2013年9月29日，陕西省靖边县人民法院对龚爱爱伪造、买卖国家机关证件一案公开宣判，龚爱爱犯伪造、买卖国家机关证件罪，依法被判处有期徒刑3年。公安民警张新堂在山西积极活动为被告人龚爱爱办理假户籍，构成伪造国家机关证件罪，被判处有期徒刑1年。

此案开审，龚爱爱众多房产的来源等问题未有涉及。负责调查的专案组表示，经过对龚爱爱购房及资金来源的调查了解，未发现起诉罪名以外的犯罪线索。

法院认为，被告人龚爱爱在明知其有合法户籍的情况下，仍然提供虚假信息，通过公安人员为其在山西省办理了两个内容虚假的户籍，进而将该假户籍迁移至神木县神木镇和大柳塔镇，并办理了身份证；被告人龚爱爱又借在北京购买房产之机，提供虚假户籍信息，通过他人非法购买北京户籍。被告人龚爱爱多次伪造、买卖户籍等身份证明，其行为破坏了国家户籍管理制度，扰乱了社会管理秩序，造成了恶劣的社会影响，已构成伪造、买卖国家机关证件罪。

根据龚爱爱犯罪的事实、性质、情节及对于社会的危害程度，靖边县人民法院依法作出上述判决。

龚爱爱不服一审判决，向榆林市中院递交上诉状。

2013年10月31日上午，陕西省榆林市中级人民法院就上诉人龚爱爱伪造、买卖国家机关证件一案进行二审公开宣判，榆林市中级人民法院依法驳回上诉，维持原判。此裁定为终审裁定，龚爱爱一案落下帷幕。

二审法院认为，上诉人龚爱爱在自己拥有合法户籍的情况下，提供虚假信息，通过他人为其办理虚假户籍，并使用该虚假户籍从事民事活动，破坏了国家户籍管理制度，扰乱了社会管理秩序，造成了恶劣的社会影响，其行为已经构成伪造、买卖国家机关证件罪。

榆林市中级人民法院认为，原审判决事实清楚，定罪准确，量刑适当，审判程序合法。据此，榆林市中级人民法院依法作出驳回上诉、维持原判的终审裁定。

稿件来源：2013年9月25日、2013年9月30日、2013年11月1日《法制日报》
案件版 作者：台建林

合肥"房叔"女儿女婿一审获刑

安徽合肥"房叔"方广云的女儿女婿涉嫌贪污一案，2014年5月16日上午在合肥市瑶海区人民法院宣判，两人均因贪污罪被判处有期徒刑5年，并处没收个人财产4万元。

法院查明，2005年年底，方广云与女儿方某、女婿范某合谋，将夫妇俩以及年幼的儿子等5人户口迁至瑶海区磨店乡站北社居委何槽坊村民组。后在何槽坊村民组拆迁安置过程中，时任站北社居委书记的方广云利用负责审核拆迁安置的便利条件，借机伪造虚假证明材料，非法套取270平方米拆迁安置面积，并占有3套安置房，共计价值约95万元。案发后，3套房屋已全部退还。

2012年，合肥市站北社居委书记方广云等3名社区干部被举报贪污、侵吞拆迁安置房136套。2013年6月，合肥市外宣办通报称，已查实方广云共为女儿、女婿、姨侄等亲属违规获取安置房19套。同年9月，方广云被移送合肥市瑶海区人民检察院立案侦查。检察机关公布的案情显示，方广云利用担任站北社居委书记的职务便利，以欺骗手段侵占国家资产，非法骗取拆迁安置房屋、拆迁房屋补偿费、人口安置费合计500余万元；利用职务之便，收受他人贿赂6万元；滥用职权为他人非法获取国家拆迁安置房提供帮助，造成公共财产损失达1000余万元。

稿件来源：2014年5月17日《法制日报》案件版 作者：范天娇

刘铁男案一审宣判

向"审批崩塌式腐败"开刀

2014年12月10日，河北省廊坊市中级人民法院对国家发改委原副主任刘铁男受贿案作出一审宣判，对刘铁男以受贿罪判处无期徒刑，剥夺政治权利终身，并处没收个人全部财产。

廊坊市中级人民法院经公开审理查明：2002年至2012年，被告人刘铁男在担任国家发展计划委员会产业发展司司长，国家发展和改革委员会工业司司长、副主任期间，利用职务上的便利，为南山集团有限公司、宁波中金石化有限公司、广州汽车集团有限公司、浙江恒逸集团有限公司等单位及个人谋取利益，直接或通过其子刘德成收受上述公司或个人给予的财物共计人民币3558万余元。案发后赃款、赃物已全部追缴。

廊坊市中级人民法院认为，被告人刘铁男身为国家工作人员，利用职务上的便利，为他人谋取利益，直接或通过其子刘德成非法收受他人财物，其行为已构成受贿罪。公诉机关指控刘铁男犯受贿罪的事实清楚，证据确实、充分，指控罪名成立。刘铁男所犯受贿罪行，侵害了国家工作人员职务的廉洁性，应依法惩处。根据刘铁男受贿的数额及情节，鉴于其归案后主动坦白交代了有关部门尚不掌握的大部分受贿事实，认罪、悔罪、赃款、赃物已全部追缴，廊坊市中级人民法院遂依法作出上述判决。

曾手握重权的国家发改委原副主任刘铁男，在12月10日受到了法律的裁决。而据介绍，2014年最高检共查办发改委受贿案11案11人。专家认为，作为官员滥用手中审批大权徇私敛财的代表，刘铁男案的宣判，代表着对"审批崩塌式腐败"的"零容忍"。

受贿均与滥用审批权有关

从河北省廊坊中院公开的判决书可见，法院查明的刘铁男受贿事实几乎全部与滥用审批权有关：

2002年，为南山集团鲁港合资兴建双金属复合材料及新型合金材料项目通过国家计委备案提供帮助；

2005 年，帮南山集团解决 3 万吨氧化铝购销合同；

2005 年，为宁波中金石化有限公司 PX 项目通过发展改革委工业司核准提供帮助；

2003 年至 2012 年，为广汽集团申报的广州丰田汽车有限公司项目、广汽菲亚特乘用车项目等通过国家发改委核准提供帮助；

2006 年至 2011 年，为逸盛公司及关联的海南逸盛石化有限公司相关精对苯二甲酸 (PTA) 项目获得国家发改委核准和开展前期工作提供帮助……

各种"帮助"的背后，刘铁男直接或通过儿子刘德成非法收受他人财物共计人民币 3558 万余元。

刘铁男案的另一个特点，则是其子刘德成所扮演的重要角色。判决书显示，刘铁男案涉及的 3558 万余元财物中，通过刘德成收受的达到 3400 余万元。根据法院此前发布的消息，刘德成已被另案处理。

专家称判决量刑适中

从一审开庭时的痛哭流涕并自称"利令智昏"，到在纪委办案期间提交《关于发改系统项目审批环节防范腐败问题的若干建议》，刘铁男似乎对自己的腐败堕落颇为后悔并在力争轻判。

法律专家表示，对刘铁男的判决属于量刑适中。

"与现在一些贪腐官员涉案金额动辄几千万、上亿元相比，刘铁男直接或通过其子刘德成收受公司或个人给予的财物共计人民币 3500 余万元，这一数额在今天并不是最大的，而且案发后赃款、赃物全部追缴。"中国政法大学教授洪道德说，"综合这些因素，刘铁男被判处无期徒刑，在量刑上是适当的。"

法院判决书指出，刘铁男在办案期间结合自身教训，为从制度设置的源头上预防犯罪，警示他人，主动提出合理化建议，属于认罪、悔罪的具体表现，不符合司法解释规定的"有利于国家和社会的突出表现"的立功情形，不构成立功。

判决书同时表示，对于刘铁男及其辩护人所提刘铁男主动交代办案机关尚未掌握的大部分受贿事实，具有坦白情节，案发后与家属积极退缴了全部赃款，认罪、悔罪的辩解及辩护意见，经查属实，予以采纳。

绝对权力导致绝对腐败

据最高检反贪污贿赂总局局长徐进辉此前介绍，今年最高检共查办发改委受贿案 11 案 11 人，其中国家能源局 5 人、价格司 5 人、就业和收入分配司 1 人，价格司领导班子多数涉嫌职务犯罪。

专家表示，"审批崩塌式腐败"的背后，正暴露了目前某些部门审批权过大、过于集中，缺少监督的问题，审批公章俨然成为少数官员的摇钱树。

"手中掌握的权力过大，但又缺乏足够的监督和制约，难免出现'绝对的权力导致绝对的腐败'。"洪道德说。

河北天嘉律师事务所主任段林国表示，中央已经提出全面推进依法治国，开展行政审批制度改革，砍掉了一批审批项目，销毁了一批审批公章，一些项目由许可制变为登记制，在铲除"审批腐败"土壤方面取得了看得见的进步。

"刘铁男受到法律制裁，昭示着国家反腐败决心巨大。"段林国说，"但如果对权力的监督、制约制度和机制不健全、不完善或者失灵，刘铁男倒下了，很难说会不会出现张铁男、王铁男。"

稿件来源：2014 年 12 月 11 日《法制日报》要闻版、案件版
作者：袁定波 周霄鹏 新华社记者

第一章 分析

打虎拍蝇中国反腐向制度化迈进

2014 年 12 月 5 日，中共中央政治局会议审议并通过中共中央纪律检查委员会《关于周永康严重违纪案的审查报告》，决定给予周永康开除党籍处分，对其涉嫌犯罪问题及线索移送司法机关依法处理。最高人民检察院经审查决定，依法对周永康涉嫌犯罪立案侦查并予以逮捕。案件侦查工作正在依法进行中。

周永康因涉嫌犯罪被移送司法机关处理，是近年来我国铁腕反腐的一个有力证明。

近 3 年来的反腐案件发现，打虎拍蝇反腐无禁区、反腐向制度化迈进

是较为突出的两个特点。

高官频落马　反腐无禁区

2011年5月12日，浙江省宁波市中级人民法院对杭州市原副市长许迈永受贿、贪污、滥用职权案作出一审判决，认定许迈永犯受贿罪、贪污罪、滥用职权罪，判处死刑，剥夺政治权利终身，并处没收个人全部财产。

2011年6月30日，湖南省茶陵县人民法院对湘潭市原副市长朱少中受贿、滥用职权案作出一审判决，认定朱少中犯受贿罪、滥用职权罪，合并执行有期徒刑13年，剥夺政治权利3年，并处没收个人财产50万元人民币。

……

2013年之前，像杭州市原副市长许迈永、湘潭市原副市长朱少中这样的厅级干部被查处时，往往引发社会高度关注。彼时，厅级干部涉腐可以算是很大的新闻。然而，在2013年之后，厅级干部涉腐已经不算什么大新闻了，因为省部级干部涉腐开始占据新闻"头条"。

2013年7月8日，北京市第二中级人民法院对原铁道部部长刘志军受贿、滥用职权案作出一审宣判，对刘志军以受贿罪判处死刑，缓期2年执行，剥夺政治权利终身，并处没收个人全部财产；以滥用职权罪判处有期徒刑10年，数罪并罚，决定执行死刑，缓期2年执行，剥夺政治权利终身，并处没收个人全部财产。

在刘志军案后，一名级别更高的官员站在了被告人席上。

2013年8月22日至26日，被告人薄熙来涉嫌受贿、贪污、滥用职权案在山东省济南市中级人民法院依法公开开庭审理。

9月22日，山东省济南市中级人民法院对中共中央政治局原委员、重庆市委原书记薄熙来受贿、贪污、滥用职权案作出一审判决，认定薄熙来犯受贿罪，判处无期徒刑，剥夺政治权利终身，并处没收个人全部财产；犯贪污罪，判处有期徒刑15年，并处没收个人财产人民币100万元；犯滥用职权罪，判处有期徒刑7年；数罪并罚，决定执行无期徒刑，剥夺政治权利终身，并处没收个人全部财产。

一审宣判后，薄熙来提起上诉。10月25日上午，山东省高级人民法院对薄熙来受贿、贪污、滥用职权案二审公开宣判，裁定驳回上诉，维持一审无期徒刑判决的原判。

薄熙来曾被认为是近年来反腐实践中"落马"级别较高的官员，但随后的反腐实践证明，比薄熙来更大的"老虎"也被揪了出来。

2014年10月27日，军事检察院对中央军委原副主席徐才厚涉嫌受贿犯罪案件侦查终结，移送审查起诉。

2014年12月5日，中共中央政治局会议审议并通过中共中央纪律检查委员会《关于周永康严重违纪案的审查报告》，决定给予周永康开除党籍处分，对其涉嫌犯罪问题及线索移送司法机关依法处理。

诸多高级别官员的落马，成为近年来反腐最大的亮点，被广泛评价为"打虎无禁区"，由此亦足见中央反腐决心。

"十八大提出要对贪腐现象保持高压态势，这两年来中央做到了这一点，几乎让贪官没有喘息的时间和机会，先是出台八项规定，之后是党的群众路线教育实践活动，接着是高频率的拍苍蝇打老虎，几乎每隔几天就有一个高官落马。"中央党校教授林喆这样总结。

反腐效率高　速度创纪录

自2012年12月6日首次通报四川省原省委副书记李春城被调查的消息后，中央纪委监察部网站的"案件查处"栏目，成了近两年来媒体们守候的新闻富矿。进入2014年以来，这一栏目几乎每天都有新的调查信息发布，有时甚至一天发布多条。

截至2014年7月底，一年多时间内，该栏目通报涉嫌违纪违法的副处级以上干部达495人，其中厅局级以上干部至少有314名。

在中纪委网站通报查处的495名副处级以上官员中，有380余名通报于2014年上半年。这一数字不仅超过了2013年全年，而且实现了31个省区市的"全覆盖"。

这种高压在2014年6月一度形成一波高潮。在这个月内，6名省部级以上"老虎"落马，成为十八大以来打掉"老虎"数量最多的一个月。在这些"老虎"中，杜善学与令政策两名原省部级官员，创纪录地在两分钟内连续被通报落马。6月30日，在一天之内，有4名原中央政治局委员、中央委员、中央候补委员被开除党籍，这一速度再次创下纪录。

一个更为人称道的数据是处理速度。2014年以来，落马官员从调查到"双开"的速度不断被刷新。海南省原副省长冀文林，从2月18日被立案调查，到27日被免职，仅用时9天。而山西省原副省长杜善学、山西省原政协副主席令政策，从6月19日被调查，到6月23日被免职，中间只有

4 天；云南省委原常委、昆明市原市委书记张田欣，更是在 1 天之内完成通报、免职过程，4 天之内即被开除党籍。

反腐效率为何如此之高？著名制度反腐专家李永忠分析，中央这一年多的反腐策略起到了很大作用，即：以治标为主线，以巡视为先锋，以"三转"为聚焦，以办案为主业，以监督为目标，为治本赢得时间。

转职能、转方式、转作风这"三转"和聚焦办案被李永忠视为最关键的因素。"人还是那些人，编制没突破，机构没突破，效果却大大提高了，这就是通过'三转'聚焦来实现的"。

"过去三十年，纪委职能外延不断扩大，结果办案职能越来越弱化，如今聚焦到了办案上，所以效果比较好。"李永忠认为。

制度化转型　巡视显作用

制度化的转型，是从每一个反腐动作开始的。

以巡视为例，这项肇始于 1996 年的党内举措，发展至今已近 20 年。2009 年 7 月，《中国共产党巡视工作条例（试行）》出台，"巡视"正式成为一种党内监督的制度被确定下来。同年，原来的"中央纪委、中央组织部巡视组"更名为"中央巡视组"。

这份《中国共产党巡视工作条例（试行）》从机构设置、工作程序、人员管理、纪律与责任 4 个关键坐标着手，精确勾勒出了巡视工作的"边界"及"内核"。

"从工作部署到'条例'的转化，这是巡视工作的重大升级。"林喆对条例的出台评价很高。

国家行政学院教授竹立家也表示，目前已逐步确立的巡视制度在预防和反腐败制度建设中占据了重要地位，这是一种可以长期沿袭的新工作机制。作为党内监督的重要制度性安排，巡视制度会在将来的反腐工作中长期发挥作用。

在由中纪委网站主办的一个线上谈话节目中，中纪委廉政理论研究中心副主任谢光辉提出，十八大以来，惩治腐败之所以取得这么好的成绩，组织制度改革是重要方面。

谢光辉介绍，中央纪委 2013 年 8 月和 2014 年 3 月分别进行了两次大的内设机构改革，纪检监察室从 8 个增加到 12 个。

负责查办案件的科室还不仅这 12 个。"还有两个，一个是纪检监察干部监督室，这个室也是负责查办案件的，不过它跟别的案件室不太一样。

它查办的是纪检监察干部队伍中出现的腐败问题，它是落实习近平总书记提出的要解决'灯下黑'问题的一个重要举措。另一个由原来的外事局和预防腐败室合并，新成立为国际合作局。它的一个很重要的职能，就是海外追赃追逃，实际上也是有组织查办案件的职能。"谢光辉说。

此外，2014 年 6 月 30 日由中央政治局审议通过的《党的纪律检查体制改革方案》以及之前中纪委的五年反腐规划，都为反腐作了长期性的制度设计。

李永忠建议，新的反腐阶段，制度反腐应该是不二选择，必须通过改革优化权力结构和选人用人机制，并发动群众积极、广泛、有序地参与反腐工作，充分利用好网络反腐，实现用制度反腐来替代权力反腐的格局。

稿件来源：2014 年 11 月 1 日 《法制日报》案件版

第二章　惩恶安民

> "小恶不容于乡，大恶不容于国。"
>
> "天网恢恢，疏而不失。"作恶必有报，黑恶不可容。
>
> 本章集纳法院判决典型案例，警醒世人：恶不可积，过不可长。

涉黑团伙设"纪委"监督帮规实施

以家族成员、亲戚关系人员和亲信为骨干成员，以建立多家合法公司为掩护，聚敛巨额资产，仅通过违法手段盗窃的财物就高达 780 万元——2011 年 5 月 10 日，安徽省淮北市相山区人民法院公开开庭审理了谢伟涉嫌组织、领导黑社会性质组织罪案。谢伟、谢凯、周涛、种月平等 14 人被控涉嫌组织、领导黑社会性质组织罪，强迫交易罪，故意伤害罪，寻衅滋事罪，盗窃罪，诈骗罪，伪造公司、企事业单位印章罪，抽逃出资罪，非法持有枪支罪等多项罪名。

强迫交易掀"冰山一角"

一起强迫交易案，掀开了谢伟涉嫌组织领导黑社会性质组织的"冰山一角"。

2009 年 10 月，谢伟以谢红侠的名义收购"淮北市神鹏运输有限公司"。为垄断对淮北市重点招商引资企业——淮北绿原化工有限公司的产品运输业务，谢伟亲自安排团伙成员赵宇等人，先通过打电话的方式，威胁、排挤外地运输客户。见效果不明显，谢伟又于 2009 年 11 月 30 日指使魏国海（刑拘在逃）、张学峰、张强等带多名手下，驾驶黑色桑塔纳车封堵绿原化工有限公司的大门，时间长达十余天之久。

2009 年 12 月 17 日，南京市铁达贸易有限公司客户魏某某、崔某某驾驶货车来到绿原化工有限公司运输时，被谢伟团伙成员魏国海等人堵截。魏国海等人持螺纹钢、大扳手等凶器，殴打受害人魏某某、崔某某，并将车辆挡风玻璃砸碎。经法医鉴定，受害人魏某某被殴打致轻伤。

盗取原煤打"经济基础"

此起强迫交易案发生后,警方开始了对谢伟团伙的调查。

调查发现,谢伟自 2005 年 1 月成立"安徽省丰豪物资有限公司"后,开始经营煤炭销售等业务。

为扩大经营,谢伟又于 2006 年 7 月以谢红萍、朱红侠、种月平的名义成立"淮北市子任运输有限公司",该公司实际为谢伟掌控。

其间,子任运输公司在蚌埠、淮北、宿州等地区的重要电力企业和厂矿企业大肆进行盗窃煤炭、故意伤害、寻衅滋事等活动,逐渐增强了经济实力。调查显示,仅盗取企业的原煤就达 18000 余吨,通过销赃获取赃款 780 余万元。这些资金为该团伙打下了雄厚的经济基础。

帮规戒律"严明"设"纪委"

警方在调查中发现,谢伟团伙主要以家族成员、亲戚关系人员和亲信为骨干成员,同时网罗社会闲杂人员、"两劳"回归人员参与。该团伙具有人员较多、骨干成员固定、组织结构明确、分工细致的组织特点。

值得一提的是,谢伟团伙还建立了"保密制度""管理制度""纪律规定""奖惩条例"等各种帮规戒律。谢伟在公司的职工大会上曾公开宣布:公司与外界发生冲突要一致对外,要一起上,逃跑的罚款;同时规定员工要绝对服从主管人员的命令;不准从事与公司利益冲突的任何行为;等等。

谢伟在骨干成员会议上规定,任何事情,以钱为目的;在寻求"保护伞"上规定,要尽量避免请人吃饭、洗澡及唱歌,最好是直接给钱。

为了保证以上种种帮规戒律的实施,该团伙专门组建了以组织骨干种月平、谢凯、周涛为成员的"纪律委员会",监督各类帮规戒律的执行。

奖励和罚款成为该团伙实施帮规戒律的主要手段。在盗窃犯罪和故意伤害、寻衅滋事、强迫交易等暴力犯罪中的主要干将——谢凯、周涛、魏国海、李自力、谢红强、张学峰等,均被提拔任用。在全体员工会议上,谢伟对多次实施暴力犯罪的陈涛以"团结车队,责任心强"点名表扬。

在"一切为了钱"的理念之下,谢伟指挥、领导、组织团伙成员通过非法手段敛取大量钱财。

在 2008 年至 2009 年期间,谢伟利用伪造的"怀远县公安交通警察大队靠山中队""怀远县公安交通警察大队城关中队""宿州市公安局交通警察支队二大队交通事故处理大队专用章""蚌埠市公安局大庆派出所"等公安机关交警部门公章多枚，出具虚构的车辆事故证明，进行保险理赔 14 起，诈骗保险公司 136821 元，诈骗所得赃款均打入谢伟个人账户。

稿件来源：2011 年 5 月 11 日《法制日报》案件版 作者：李光明 吕发亮

涉黑组织背后的"保护伞"

李振刚，广东茂名人，以他为首的涉黑团伙涉嫌故意杀人、诈骗、敲诈勒索、非法拘禁、非法侵入住宅、行贿、洗钱等犯罪事实 30 宗，涉案金额达 4 亿元。

2011 年 5 月 19 日，记者从广东省广州市公安局获悉，以李振刚为首的特大涉黑组织被成功打掉，警方抓获 29 名团伙嫌疑人，同时深挖出充当其团伙"保护伞"的国家公职人员多名，破获敲诈勒索、诈骗等案件 30 宗，查封、冻结该团伙非法所得涉案金额总值达 4 亿元。

一封举报信

2005 年 10 月，谢某因生意资金周转困难，向有生意来往的李振刚以月息 15% 借款共计 490 万元，并立下了借据。当谢某先后还李振刚约 400 万元借款时，李振刚告诉谢某其借款因"利滚利"应还 2048 万元，并通过非法拘禁、殴打、威胁、恐吓等手段迫使谢某立下借据。从此，谢某过着东躲西藏有家不敢回的日子。

在茂名，有着像谢某这样经历的人不止一个。

2008 年年底，广州警方收到群众举报李振刚为首的涉黑团伙犯罪的信件后，立即抽调精干警力组成专案组，对案件开展全面侦查。

办案民警万万没有想到，侦查工作甫一展开就遇到了预想不到的困难和阻力。当办案民警风尘仆仆赶到茂名市试图找受害事主调查核实情况时却四处碰壁——因为，此时的李振刚是当地赫赫有名的"富豪"。

面对公开侦查不利因素，办案民警及时调整侦查策略，将侦查工作转为秘密进行。办案民警先后寻找到了 14 名受到过该团伙不法侵害的事主，同时还从调查李振刚旗下公司经营情况中查证了相关犯罪线索。

随着侦查工作不断深入，以李振刚为首的涉黑犯罪团伙逐渐浮出水面……

魑魅魍魉

经过长达 5 个月的侦查，专案组民警查明，李振刚原是茂名市电白县的一名教师，1980 年以来先后多次因打架斗殴、聚众赌博等违法犯罪被公安机关处理。1993 年后，以李振刚为首的黑社会性质组织开始形成，并在茂名市电白县坡心镇一带欺行霸市、寻衅滋事、开设赌局、放高利贷、绑架勒索、独霸一方，掠取了大量不义之财。

从 2001 年开始，李振刚为巩固和壮大其团伙势力，收买、贿赂当地个别政府公职人员充当"保护伞""合伙人"，诱骗资金周转困难的企业老板向他们借月息为 15% 至 25% 的高利贷，当"利滚利"产生的高额利息累积到相当金额时，便以威胁、恐吓等手段强迫债务人将利息反复以借现金方式写成借据，从而掩盖高利贷的实质。

同时，李振刚通过各种手段纠集了社会闲散人员和刑满释放人员数十人，形成组织严密、层级分明的涉黑组织，并将犯罪活动从茂名向广州、珠海、澳门等地伸延发展，通过有组织地大肆非法开设赌场、放高利贷、非法讨债、非法拘禁、敲诈勒索等违法犯罪活动聚敛了巨额财富。2006 年李振刚获取茂名市人大代表的身份后，就开始了幕后操控工作，原有的公司登记法人代表、放高利贷时与别人签的借据用的都是手下的名义，犯罪手法非常隐蔽。

谋定而动

警方经过一年多的调查，掌握了李振刚团伙的大量犯罪证据，决定对该团伙实施精确打击。

2009 年 12 月 17 日，该团伙骨干成员冯某在广州市某宾馆举办新居入伙庆宴，该团伙多名重要骨干都参加。当晚，广州市公安局从刑警支队、天河区公安分局等单位抽调了大批警力集结待命，以该宾馆为主战场，同时在多个监控点展开抓捕行动。

守候在各抓捕点的行动小组民警根据事前的部署，以迅雷不及掩耳之势控制目标，抓获包括主要犯罪嫌疑人李振刚、冯某等主要成员在内的 12 名团伙成员，之后又先后抓获该团伙犯罪嫌疑人 29 名。至此，这个勾结了当地一些领导干部，成员多达几十人，为非作歹、横行乡里长达十几年的黑社会性质犯罪组织宣告全军覆没，该团伙的"保护伞"也被连根拔起。

警方侦查查明，以李振刚为首的涉黑团伙涉嫌故意杀人、诈骗、敲诈勒索、非法拘禁、非法侵入住宅、行贿、洗钱等犯罪事实 30 宗，涉案金额达 4 亿元。目前，该案已移送法院进行审理。

稿件来源：2011 年 5 月 20 日《法制日报》案件版 作者：邓新建

揭秘"商海新锐"暴力积累资本黑幕

2011 年 7 月 8 日上午，湖南省众一集团公司董事长、总经理李湘铭涉黑团伙案由湘潭市雨湖区人民法院公开宣判。法院以被告人李湘铭犯"15 宗罪"，一审判决其有期徒刑 20 年，剥夺政治权利 2 年，并处罚金 152 万元。对涉案其他 26 名被告人分别判处有期徒刑 1 年 2 个月至 14 年 6 个月不等，并处罚金共计 127.7 万元。对涉案的被告单位湖南众一房地产开发有限公司，以骗取贷款罪判处罚金 100 万元。

随着法院一审判决的下达，这起备受社会关注的涉黑团伙案，逐渐向世人掀开了黑色的面纱。

能人"李大胆"

在湘潭市湘江西畔的雨湖区，有一条狭窄的小巷——建城路，"湖南众一集团"就坐落在建城路 47 号。这是一家多元化企业，主要从事房地产开发、土木建筑、锰矿等矿产品采掘加工、商铺管理和经营等业务，董事长兼总经理就是李湘铭。

2004 年 9 月，年仅 30 岁的李湘铭在本村乡亲们眼中就已是一个做事大胆、果断，会拉关系的年轻人。是时，他在经过专家实地论证后，大胆决策，以 365 万元的高价，竞拍湘潭县响水乡锰矿开采权成功。他用他的第一台"掘金机"——"众一锰业"开始了这颇有点"赌一把"意味的新项目的运作。

经过半年时间的日夜苦战，"众一锰业"的矿洞里终于运出了第一桶矿砂，使得拥有悠久开采历史现已破产的原湘潭锰矿的老矿和残矿起死回生。时至今日，120 余人的"众一锰业"队伍，从事锰矿石开采和锰粉加工，每月可完成产值 200 万元，利税近 60 万元。

接着，这个在当地人心目中声名鹊起的"能人"李湘铭，又采取"滚动开发"的策略，先后斥资买下了位于市区的湘潭雨湖地下停车场，建成"众一商业广场"。2005 年，李湘铭又将"众一房地产开发""众一福利锰业""众一商业广场"三大公司合并，成立"湖南众一集团公司"。该集团号称拥有注册资金 5600 万元，年产值近 8000 万元。

相关资料显示，李湘铭曾任湘潭市青年企业家协会理事，获得过第五届湖南青年企业家"鲲鹏奖"，还当选为湖南省第十一届人大代表。他的企业先后被授予"湘潭市重合同、守信用单位""湘潭市青年文明号""湖南省诚信单位""湖南省维护消费者合法权益先进单位"等一系列荣誉。

平心而论，青年企业家李湘铭创业之初走过的道路，和时下众多创业者一样，是用自己的勤劳和智慧加上运气，实现成功的梦想。然而，当人们将诸多荣誉的"桂冠"捧给这位刚过而立之年的年轻人时，他逐渐迷失了自我……

"蛇吞象"的梦呓

2005 年 10 月，雄心勃勃的李湘铭想将自己的企业做大做强，然而资金短缺又是他的一根"软肋"。于是，和许多投机商人一样，他虚张声势开始策划注册成立"湖南众一投资集团公司"。

在注册资金无法到位的情况下，李湘铭采取"多出代理费"的办法，找到同案被告人、湘潭市某会计事务公司经理、湘潭某代理注册公司的周萍。这个女人则采取私刻银行印章、伪造银行交款凭证的手段，帮助李湘铭于同年 11 月将伪造的注册资料送到市工商局注册登记，欺骗工商登记部门注册成立了"湘潭众一投资有限责任公司"。此后，该公司经多次变更，于 2009 年 6 月变更成"湖南众一投资集团有限公司"。

就这样，"虚胖"起来的"众一集团"，在此后的"空手套白狼"经营运作中，给社会造成了恶劣的影响。2006 年，该公司控股的"湖南众一房地产开发公司"在开发"众一国际高尔夫花园"小区项目时，造成严重亏损，至今不能按期向购房业主交房。

2007 年 5 月，该项目的建筑工程承包商、邵阳隆回人罗某带资 500 万元进场后，完成 98% 的工程主体结构约 71000 平方米的工程量，共投入设备、押金、工程价款、利息支付等折合人民币约 9000 多万元。按承包合同的约定，"众一集团"应支付其工程进度款、退保证金共计 4800 多万元。但李湘铭不按合同办事，只付给其代付的材料款、工资等 2058 万元，拒付余下的 2799 万元。

2009 年 11 月，为将罗某的施工队赶出工地，倚仗"省人大代表"身份的李湘铭亲率 200 多个社会闲杂人员，每人拿一根锄头棒，身着迷彩服，头戴安全帽，到该工地阻止罗某的施工队施工。次日清晨，又有百来人围攻该工地至下午 1 时许。接着李湘铭又指使手下干脆用铁棒把施工队强行赶到马路上。来进行协调的民警刚走，李湘铭的人又把施工队的农民工打了出来，并砸了施工队项目部办公室、资料室、财务室和仓库。最后导致流离失所的数十名农民工来到毗邻的湘潭市人民政府"人民大厦"大堂上访住宿，甚至被逼跳楼自杀。此后，该工地连续 3 年不断被其团伙成员寻衅滋事、聚众械斗，给周边群众的生活造成了巨大的心理恐慌。

以暴力为"资本"

李湘铭特别信奉一句话："政府怕百姓，百姓怕混混。"

从 2006 年开始，李湘铭在开发"通苑佳园"商品房项目时，就与施工队伍、工地周边产生了很多矛盾。李湘铭认为，请求政府、公安出面解决问题程序复杂，而由社会上的人来出面，事情反而"处理得快，处理得好"。于是，李湘铭就产生了类似黑社会"带小弟"的想法，希冀以暴力为"资本"，在经营活动中压制竞争对手，收"四两拨千斤"之效，进而以较小资本牟取暴利。

在这起"涉黑系列案"中的团伙成员殷亮是李湘铭的远房亲戚，殷亮手下又有一帮社会闲散人员，号称"三湘帮"。2008 年，殷亮率"三湘帮"投靠李湘铭。同年，李湘铭又将在高新区有关系能调人的罗睿网罗至手下。2009 年，出狱不久的团伙成员黄辉又被李湘铭聘为总经理助理。

团伙成员柳胤高、谭金龙、袁勇、马建举、潘家旺等人认为李湘铭是"大老板"，跟政府官员关系好，又是省人大代表，有钱有势。为了能在李湘铭这里得到好处，积极投靠李湘铭，主动帮李湘铭吸毒、玩女人提供服务。

据查，李湘铭团伙组织层次比较分明：李湘铭系该组织的组织领导者，是该组织的第一层成员。团伙成员殷亮、黄辉、罗睿、王海全、罗学军系李湘铭的得力干将，是该组织的第二层成员。李湘铭在要进行违法犯罪活动时，都是下令给他的第二层成员，由第二层成员殷亮等人再去组织人员，具体实施。团伙成员黄雄伟、张昊等16人是该组织的第三层成员。在该组织形成发展过程中，李湘铭还为该组织确立了一些"组织成员"必须遵守的"规矩"，比如对上一律喊"哥哥"，小弟必须听"哥哥"的话。

此外，李湘铭还利用自己的省人大代表的身份作为"保护伞"，为其"组织成员"到执法机关"了难"，干扰正常执法。2008年6月3日，李湘铭带人突然冲进某派出所值班室说要看被抓的朋友。值班民警告诉他这个人正在接受调查不能看望，李湘铭当时火冒三丈："我是人大代表，你们算什么东西不让我看。"一位老民警出面向李湘铭做工作，李不但不听，反而对该民警破口大骂："你这个老东西，我是人大代表，你们派出所算什么，我明天就到人大去，要人大撤你们所长、教导员的职，脱你这个老东西的制服。"当时现场引起很多群众围观，李湘铭仍气焰嚣张，影响十分恶劣。

为炫耀个人"实力"，李湘铭还利用和个别当地政府工作人员的关系，非法办理了16副汽车军牌，多个部队职工证、驾驶证。李湘铭的军牌车在湘潭市区内行驶时，无视交通法规，经常逆向行驶，超速行驶，闯红灯，乱鸣警报，在该市人民群众中产生极坏影响。

除犯有组织、领导、参加黑社会性质组织罪外，李湘铭还分别犯下了强奸罪，贩卖毒品罪，容留他人吸毒罪，非法运输枪支罪，非法持有枪支罪，故意伤害罪，非法拘禁罪，敲诈勒索罪，聚众斗殴罪、买卖、非法提供、使用武装部队专用标志罪，虚报注册资本罪，抽逃出资罪，骗取贷款罪等。雨湖区人民检察院起诉书上指控列举的罪名，多达15项。其中，从2008年至2010年之间，被李湘铭团伙成员先后寻衅滋事致伤在案的被害人就达11人之多。

稿件来源：2011年7月9日《法制日报》案件版
作者：阮占江 赵文明 姚恩明 潘哲

全国打黑办"挂号"涉黑团伙覆灭记

曾几何时，新疆塔城和周边县市的人们感受到有两股黑恶势力正在滋生、发展、横行。这就是所谓的"唐军山头"和"李忠庆山头"。和所有黑恶势力一样，他们的存在与各种社会治安问题相互交织着，一面以强欺弱，为非作歹；一面又相互间逞强争霸，矛盾丛生。他们的违法行为似乎没人管，就是管了也不过是"隔靴搔痒"，严重影响了当地群众的安全感。

于是，传言四起："他们一定是上面有人罩着"；于是，受了欺负的人甚至是受到伤害的人都不敢去报案了，只是通过匿名举报或在网络控诉和呼救；于是，数百封举报信通过各种渠道送到了相关部门。

2011年8月，这一在全国打黑除恶专项斗争协调小组办公室"挂上号"的新疆塔城地区李忠庆黑恶势力团伙37名组织成员和充当黑恶势力保护伞的7名国家工作人员在新疆吐鲁番地区中级人民法院接受审判。法院的一审判决，宣告了这一新疆最大黑恶势力的覆灭。

"老大"之争

20世纪90年代初，塔城巴克图口岸对外开放，为边境贸易带来了勃勃生机，也为少数人的暴富提供了机遇。后来成为"山寨王"的社会混混李忠庆和唐军都抓到了这个机会，各自带领手下敲诈勒索内地来疆做边贸生意的老板，从中非法敛财，获得了第一桶金，形成了各自的势力，也相互产生了激烈的矛盾。

在几起斗殴事件发生后，塔城市人民法院以聚众斗殴罪对唐军、佘斌等13人分别判刑，而起到组织作用的另一个"老大"李忠庆却未受到法律制裁。

2007年7月，新疆公安厅成立专案组对李忠庆、唐军等人涉嫌违法犯罪情况开展侦查，唐军组织再次被重挫，李忠庆组织却又一次逃避了打击。于是，在混混们眼里，李忠庆成为塔城真正的"老大"。

疯狂敛财

极力向经济领域扩张，严重影响正常经济秩序，这已经成为黑恶势力犯罪的重要特征。李忠庆团伙当然也不例外。

据群众举报：1995年3月，塔城市巴克图口岸与哈萨克斯坦通商时期，内地的老板云集塔城，李忠庆与同伙在那里敲诈、恐吓，收取保护费，其中就黑了一个鞋店老板100余万元，还命其在塔城消失，否则下半辈子将在床上度过。

1999 年，塔城市文化广场南部的住宅楼工地已经开工，李忠庆利用非法手段，殴打、驱赶施工人员，恐吓建筑老板，令其无条件退出合同，强行夺取了这桩房地产生意。

1999 年 10 月，李忠庆、李迎庆在巴克图口岸抢夺河北投资商孙某价值 6 万美元的进口废铜铝。

2000 年，张洪斌、李迎庆利用虚假投资骗取韩某 17.38 万美元。

2000 年，李忠庆、李迎庆与杨先清等人合伙参与塔城市南市场扩建改造，工程结束后李忠庆侵占了全部利润，挂上了塔城市正塔公司副总经理的头衔，占有塔城、额敏、托里等地建筑市场的相当部分，逐步发展成塔城市最大的房地产开发商，并掌控了房地产开发市场……

一时间，李忠庆掌控了塔城市的房地产市场、鱼市场、家禽屠宰市场、活畜屠宰交易市场……据悉，李忠庆等人被公安机关抓获后，塔城市市场上的鲤鱼、生姜价格每公斤立刻下降了两元。

新疆最大黑恶势力"塔城李忠庆团伙"的横行和嚣张引起了全国打黑除恶专项斗争协调小组办公室、新疆自治区"打黑办"以及自治区公安厅的高度重视，经过一年零两个月的侦查工作，专案组经过艰苦的排查，全面掌握了团伙成员的犯罪事实。

2010 年 4 月 27 日零时整，抓捕行动在塔城市、乌鲁木齐市等地同时展开，身在各地、包括李忠庆本人在内的 29 名李忠庆团伙主要骨干成员成了瓮中之鳖。

2010 年 5 月 4 日，李忠庆团伙涉黑案被全国"打黑办"列为 2010 年全国涉黑督办案件。

挖保护伞

专案组在侦办这起涉黑涉恶专案中，共破获刑事案件 76 起，缴获各类枪支 10 支、各类子弹 200 余发、管制刀具 40 余把；扣押机动车 22 辆；冻结银行账户资金人民币 700 余万元、冻结地产 1000 余亩、房产 30 余套；冻结扣押涉案的塔城绿源公司、三杰公司、旅游宾馆房产、地产多处，折合人民币 6000 余万元。

截至 2011 年 4 月底，专案组共抓获犯罪嫌疑人 92 人，逮捕 72 人，移送起诉 72 人，其中 44 人以涉嫌组织、领导、参加黑社会性质组织罪向吐鲁番地区检察院移送起诉，剩余28人分别以聚众斗殴罪、故意伤害罪、非法持有枪支罪另案起诉。

5月17日，吐鲁番地区人民检察院向吐鲁番中级人民法院提起公诉，指控被告人李忠庆等37人分别犯有组织、领导、参加黑社会性质组织罪、故意杀人罪等20余项罪名；指控李忠庆团伙控制下的塔城地区绿源农副产品进出口有限公司、塔城地区三杰商贸有限责任公司分别犯骗取出口退税罪、逃税罪；指控被告人闫军等充当黑恶势力保护伞的6名国家工作人员和1名律师涉嫌包庇、纵容黑社会性质组织罪、徇私枉法罪和辩护人伪造证据罪。

6月7日至6月30日的24天里，吐鲁番中级法院依法组成合议庭开庭进行审理。8月16日，44名被告人及2个被告单位的诉讼代表当庭接受了一审宣判：新疆塔城地区绿源农副产品进出口有限公司，犯骗取出口退税罪，判处罚金人民币3683万余元，追缴违法所得人民币736万余元；塔城地区三杰商贸有限公司犯逃税罪，判处罚金人民币450万元，追缴违法所得人民币95万余元；团伙头目李忠庆犯组织、领导黑社会性质组织罪等多项罪名，数罪并罚，判处无期徒刑，剥夺政治权利终身，并处罚金人民币1472万余元，追缴违法所得人民币186万余元。

而被"黑帮"视为保护伞的6名国家公职人员和1名犯有辩护人伪造证据罪的律师分别被判缓刑及2年至5年半不等有期徒刑。

稿件来源：2011年10月24日《法制日报》案件版 作者：潘从武 如歌

80后村官蜕化成涉黑组织头目

2011年12月，最高人民检察院、公安部联合挂牌督办的宁夏固原丁飞黑社会性质组织案终审宣判。组织头目丁飞被判处有期徒刑20年，其余19名成员被判处有期徒刑14年到6个月不等。

《法制日报》记者通过多方采访了解到，该涉黑组织头目丁飞，虽然年龄不大，1983年出生，文化程度也不高，只有小学文化，但在被捕前，却是泾源县香水镇城关村的村支书。靠着这一合法身份，6年来，丁飞等人通过开设赌场、敲诈勒索、寻衅滋事等一系列非法手段，在泾源县及周边地区称霸一方，形成了20人的黑社会性质犯罪组织。

涉黑组织披合法外衣

2005 年以来，绰号"飞子"的泾源县农民丁飞，利用共同经济利益和亲属、朋友关系，相继网罗和纠集鄢正福、禹金有等人，进行违法犯罪活动。尤其是在当选城关村村支书后，他将自己的手下鄢正福、禹金有、禹继红等骨干都发展到村领导班子。2009 年，丁飞又成立了"泾源县飞鹏材料销售贸易有限公司"，安排禹金有为该公司副总经理，并吸收马金广、苏广兵等人为该公司职员，从而形成了一个披着合法外衣的犯罪组织。

经法院审理查明，丁飞吸收的这些成员，大部分都有犯罪前科：鄢正福因流氓罪被判处有期徒刑 3 年，因寻衅滋事被劳动教养两年；郭军因交通肇事罪被判处有期徒刑两年，因寻衅滋事、赌博被治安处罚 3 次；苏广兵因打架斗殴被治安处罚 1 次，因吸毒被戒毒 3 年。

丁飞通过请吃请喝，为组织成员鄢正福、郭军、苏广兵等人购买衣物，出资组织部分成员前往香港、澳门旅游，以此收买人心，增加该组织的吸引力。同时，丁飞通过为组织成员摆平事端，对成员进行严加训斥和管教等行为，凸显其在该组织中的领导地位和作用。

在合法外衣的"掩护"下，该组织多次开设赌场并非法控制当地赌博场所，使不少群众误入歧途，不能自拔，有些人因欠高额赌债而有家不能回，生活陷入困境。丁飞等人还通过多次实施敲诈勒索、寻衅滋事等违法犯罪活动，使当地群众对他们产生极大的心理恐惧。

2010 年 5 月，丁飞与其组织成员喝酒时，无故殴打泾源县能源站站长陈某某和信用社主任陈某，致二人面部多处受伤，被害人迫于丁飞的势力及恶名，事后不敢到医院就医，也未到公安机关报案。同年 7 月，丁飞在帮泾源县"双益公司"解决烂尾楼工程欠款时，采用少付或不付的方式盈利 40 余万元后，又伪造债权人领款收据，谎称已垫资 200 万元为由，要求该公司法定代表人吴某某偿还 300 万元。为达到目的，丁飞多次打电话威胁吴某某及其家人，殴打并要挟吴某某。7 月 15 日，丁飞酒后携带仿真枪来到吴某某家楼下，当众声称准备了 150 发子弹，要将吴某某全家打死，并持枪威胁围观群众。

敲诈勒索恶名远扬

泾源县重点扶持的龙头养牛企业春泉牧业公司经理安某，因公司资金周转困难,分别于 2008 年 11 月、12 月,经丁飞介绍两次向其姐夫即禹继红,以月利率 15% 借款 58 万元,月息 8.7 万元。安某在付息 53.7 万元后无力支付。在此期间,禹继红安排其亲戚刘某某进厂看牛,控制该公司所养黄牛的正常出栏,干扰春泉牧业公司的正常生产经营。

2009 年 7 月,禹继红、丁飞等人到公司暴力逼债,随意殴打安某及公司工作人员马某,并强行控制该公司所养黄牛用于还债,造成众多债权人恐慌并集体信访。同年 8 月 16 日,在泾源县政府部门解决春泉牧业公司债务问题时,禹继红、丁飞安排其黑恶势力成员苏广兵、丁沉等及其亲属十余人手持木棒进厂强行看管四棚黄牛数日,阻挠、干扰政府部门对该公司债务的处理。为控制事态的扩大,泾源县公安局抽调警力维持秩序。8 月 20 日晚,禹继红、丁飞等人殴打安某及其公司工作人员马某等人,逼迫马某代安某为其书写还款承诺书,最终强行拉走 123 头牛抵债,得款 75 万余元,加上安某归还的利息 53.7 万元,禹继红从安某处共计得款 129 万余元,扣除安某实际借款 58 万元,禹继红从安某处敲诈勒索得款 71 万余元。

公职人员变"黑"

利用村支书这一身份,丁飞还将泾源县的一些干部拉下水。在宣判的 20 名黑社会性质组织成员中,有 3 人是具有政治地位的公职人员和企业经理。

丁飞黑社会性质组织骨干成员禹继红是泾源县百顺出租公司、天天农村客运公司经理;赵国栋是泾源县武装部职工;马宝禄是泾源县瑜丰石料厂经理。

2009 年冬天,丁飞先后两次从马宝禄处借得制式五连发猎枪一支,进行打猎,非法持有;2008 年至 2010 年 4 月期间,赵国栋利用单位枪支管理中存在的漏洞,擅自持有泾源县武装部五四式手枪、五六式冲锋枪及子弹若干发,交由丁飞、马金广、秦秀广、秦伟等人射击玩耍;马宝禄长期非法持有五连发猎枪一支、气枪改制的小口径枪一支、猎枪子弹 84 发。案发后,马宝禄所持枪支弹药已被公安机关依法收缴。

2011 年 9 月,隆德县法院对丁飞黑社会性质组织案作出一审判决。一审宣判后,丁飞、禹继红、鄢正福、禹金有、马金广、苏广兵、马金奎不服提出上诉。2011 年 12 月 28 日,固原市中级人民法院审理后,终审以丁飞犯组织、领导黑社会性质组织罪、开设赌场罪、非法拘禁罪、敲诈勒索罪、寻衅滋事罪、非法持有枪支罪，数罪并罚，决定执行有期徒刑 20 年，剥夺政治权利 5 年，并处罚金 10 万元。

稿件来源：2012 年 1 月 12 日《法制日报》案件版　作者：申东

陕西榆林打黑第一案

李飞，陕北榆林一带曾经的"名人"。

李飞的出名，与心狠手辣、黑老大，敲诈勒索、寻衅滋事、收取保护费等，紧紧联系在一起。

2011 年 12 月，陕西省榆林市中级人民法院对李飞涉黑团伙案进行公开审理。

审理此案的审判长对《法制日报》记者说："这起涉黑案件比较复杂，涉及的被告人多，涉及的罪名也多，从侦查起诉到法院审判，历时两年零一个月，形成的卷宗有 50 多本。"

"大哥"有"家法"

李飞，别名李一飞，现年 34 岁，小学文化程度，陕西佳县人。2000 年因犯销赃罪被陕西省延安市宝塔区人民法院判处有期徒刑 1 年。2003 年因敲诈勒索被榆林市劳动教养委员会劳教 3 年。

李飞在劳教期间，认识了同为劳教人员的李耀阳。

2006 年 1 月，李飞劳教期满回到榆林后，便和李耀阳出入赌博、娱乐场所寻衅滋事。为了形成一定的势力范围，李飞先后拉拢社会无业人员任永红、李宁宁、冯东等人充当打手，手持砍刀、棍棒"维护"赌场秩序，对欠债和不守赌规者进行恐吓、威胁。

办案刑警曾经讯问李耀阳："你们怎么称呼李飞？"

"叫大哥。"

"为什么叫大哥？"

"我们跟他混着呢。"

据介绍，李飞为了加强对组织成员的管理，曾召集其团伙成员在榆林聚贤山庄开会，规定他为"大哥"，其他成员相互之间以姓名相称，宣布了座次，排名靠后的听排名在前的指挥，同时还制定了帮规，要求其手下手机 24 小时开机，不能偷盗不能吸毒，以躲避公安机关打击。

在法庭上，公诉人说："纵观本案，以被告人李飞为首的黑社会性质组织，其主要成员基本固定，相互之间联系紧密，上下等级明显，组织结构清晰，关系明确。"

垄断地下赌场

自 2009 年以来，李飞为了垄断佳县地下赌场，召集其团伙成员持砍刀、钢管到一些地下赌场、麻将馆索要赌场保护费，每场赌博要交给他 3000 多元。

康九生在佳县县城开了一家麻将馆，2009 年 4 月 27 日，李飞以其未上交保护费为由，派其手下从榆林驱车赶赴佳县教训康九生。

当天，康九生的朋友刘建平在其麻将馆里。听到门外有声响，刘建平起身开门，怎料刚把门打开，就迎头挨了一刀。

尽管事情已过去很长一段时间，但康九生每每被问及此事仍心有余悸："刘建平被砍倒后，他们就朝我头上砍，我用手挡住刀，手被砍骨折了。之后，他们又往我头上砍，我只能用另外一只手挡，被砍掉两根手指……"

面对李飞的威胁，佳县的地下赌场大都选择了按时向其"进贡"。一时间，在佳县开赌场和麻将馆的人，只要听到李飞的名字，就谈虎色变。在收取保护费的同时，李飞自己也开赌场，聚众赌博，并以放高利贷等形式从中抽头渔利。李飞团伙的非法所得都由他自己保管和支配，主要用于赌博放贷，购买作案工具、作案车辆以及团伙成员的饮食起居、生活费等。

在控制佳县赌场后，李飞逐渐将自己的势力范围向榆林市区扩展。

2008 年 2 月，李飞、李耀阳等人在榆林市航宇路诺蔓蒂酒店赌博，与号称"东北老四"的李文栋发生冲突。李飞决定给"东北老四"一点颜色看看，并借机在榆林市区打下自己的地盘。

2008 年 3 月的一天，李飞得知李文栋出现在榆林五洲宾馆附近，便指使其手下驾车蒙面持刀，赶往五洲宾馆追砍李文栋等人。在追砍过程中，李文栋驾驶的车辆将一位行人撞伤，又与一辆过路车辆相撞，给社会造成较大危害。这场火并使李飞团伙的势力在榆林进一步扩大。

恶人终得惩

自 2007 年以来，以李飞为首的犯罪组织不断扩大势力范围，在榆阳区、佳县县城大肆进行聚众赌博、敲诈勒索、寻衅滋事、故意伤害、非法拘禁等，共作案 13 起，其中开设操纵赌场牟利 70 余万元；故意伤害 5 起，致 3 人重伤、3 人轻伤。李飞团伙的嚣张气焰引起了陕西省、榆林市公安部门的高度重视，陕西省公安厅将此案列为督办案件，榆林警方随即成立专案组，展开侦破。

经过 3 个多月的摸排走访，在掌握确凿证据和犯罪事实后，专案组兵分 3 路，分别在四川、西安、榆林对团伙首要分子实施抓捕。

2009 年 10 月 21 日中午，李飞在逃往西安途中被民警抓获。5 天后，团伙二号人物李耀阳被抓。榆林警方乘胜追击，团伙其他成员相继落网。

2011 年 12 月 20 日，榆林市中级人民法院对以李飞为首的黑社会性质有组织犯罪团伙案作出一审判决：李飞因犯组织、领导黑社会性质组织罪、敲诈勒索罪等多项罪名，数罪并罚，判处有期徒刑 19 年并处罚金 2 万元；李耀阳获刑 16 年；其余人员分获 3 年至 8 年有期徒刑。

榆阳街头，万佛楼下，一位老者迎着冬阳眯起眼睛："恶人得惩，百姓平安。"

稿件来源：2012 年 2 月 6 日《法制日报》案件版 作者：台建林 崔晓羽 王勇

湄公河惨案

广受社会关注的湄公河中国船员遇害案，即被告人糯康、桑康·乍萨、依莱故意杀人、运输毒品、绑架、劫持船只，被告人扎西卡、扎波故意杀人、绑架、劫持船只，被告人扎拖波劫持船只一案，于 2012 年 9 月 20 日在云南省昆明市中级人民法院依法开始公开开庭审理。该案中，被告人糯康系缅甸国籍，桑康·乍萨系泰国国籍。

严词指控

公诉机关指控：一、2011 年 9 月底至 10 月初，长期盘踞在湄公河流域"散布岛"一带的糯康犯罪集团，为报复中国船只被缅甸军队征用清剿该组织，同时为获取泰国不法军人的支持，被告人糯康先后与被告人桑康·乍萨、依莱及涉嫌参与本案的翁蔑、弄罗(2人均另案处理)策划劫持中国船只、杀害中国船员，并在船上放置毒品栽赃陷害船员。按照糯康的安排，依莱在湄公河沿岸布置眼线、选定停船杀人地点，并和弄罗与泰国不法军人具体策划栽赃查船等事宜。在糯康的指挥下，翁蔑带领温那、碗香、岩淌、岩梭等人(均另案处理)于2011年10月5日早，持枪劫持了中国船只"玉兴8号""华平号"，捆绑控制了船员，并将事先准备好的毒品放置在船上。被告人扎西卡、扎波、扎拖波接到翁蔑通知后亦参与武装劫船，并将船只劫至泰国清莱府清盛县央区清盛一湄赛路1组湄公河岸边一鸡舍果树处停靠。翁蔑、扎西卡、扎波等人在船上向中国船员开枪后驾乘快艇逃离。后泰国不法军人向两艘中国船只开枪射击，而后登船继续射击，并将中国船员尸体抛入湄公河。经现场勘查，在两艘船只上查获91.96万粒、共计84516.01克甲基苯丙胺。被害的13名中国船员尸体经鉴定，均系枪弹伤致死。

二、糯康犯罪集团长期在湄公河流域非法拦截、检查往来船只、强取财物。2011年4月2日，被告人桑康·乍萨与涉嫌参与本案的翁蔑(另案处理)及被告人扎西卡、扎波等人，将中国货船"渝西3号"船长冉某某及老挝客船"金木棉3号"船长罗某某劫持为人质。2011年4月3日，糯康犯罪集团成员又劫持中国货船"正鑫1号""中油1号""渝西3号"，将15名中国船员扣押为人质。后"正鑫1号"货船出资人被迫交付赎金2500万泰铢，罗某某、冉某某、"正鑫1号"船长获释。3艘中国货船及船员被缅甸政府解救。

公诉机关认为，6名被告人犯罪事实清楚，证据确实、充分，依法应当以故意杀人罪、运输毒品罪、绑架罪、劫持船只罪追究被告人糯康、桑康·乍萨、依莱的刑事责任，以故意杀人罪、绑架罪、劫持船只罪追究被告人扎西卡、扎波的刑事责任，以劫持船只罪追究被告人扎拖波的刑事责任。

矢口否认

糯康被其犯罪集团成员称为"教父"，但在9月20日的法庭上，这位"教父"有失风范。面对我国检察机关的指控，他矢口否认自己策划了"10·5"惨案、"4·02"劫持中国船只案，称"他们(其手下)自己干的，我是事后知道的"。

"糯康翻供不影响对其作为犯罪集团首要分子以及他所犯罪行的认定。""10·5"案专案组证据组组长聂涛休庭时向《法制日报》记者表示,公安机关在前期进行了大量的调查取证工作,有足够的证据证明糯康罪行。

9月20日9时30分,云南省昆明市中级人民法院第一法庭。44岁的糯康身穿长袖T恤,带着一脸莫名的笑意,在法警押送下走进法庭。

"你们这个集团的首领是谁?"

"是我,他们都叫我老大,大哥。"面对公诉人的发问,坐在被告人席上的糯康承认,同台受审的其他5名被告人均是自己的手下。但他称,自己是案发几天后才从电视上知道了这件事;所有的事情都是手下桑康、伊莱、翁蔑等人所为,他甚至连有没有收到赎金都不清楚。

庭审中,这位曾经在"金三角"地区横行一时的"老大",将罪责全部推给了手下,反复强调"我在寨子里,其他人在水上""我没有去,是他们自己做主去的"。

当公诉人问:"在你们这个组织里,其他几名被告人是否都要听从你的命令?"时糯康非常干脆地回答:"不听我的命令。"

但接下来相继受审的其他5名被告人的供述,却将矛头一致指向了糯康:联系泰国不法军人、锁定目标、劫持船只、杀害中国船员均是糯康一手策划指使的。

糯康集团领导人之一桑康当庭指证是糯康组织策划杀害中国13名船员。他说:"中国船只在湄公河上不交保护费,还拉缅甸军人来围剿我们,使组织受到了巨大损失,糯康就想报复中国船员,交代要将他们捆绑后杀掉。"

庭审中,糯康集团另外一个领导人依莱也指认是糯康指使他们杀害了中国船员。他说,团伙中所有的事情都必须得到糯康的同意才能做。2011年9月27日,糯康要求他盯住湄公河上过往的中国轮船,他与岩湍等人选定了作案地点;10月3日,他与弄罗前去与泰国军人谈判,泰国军人同意帮助他们。

依莱还说:"10月5日,翁蔑给糯康打电话说他劫持了两艘中国船只,糯康说'你杀一个也是杀,不如全杀掉',下令全部枪杀。"于是,他们就赶往事先选好的作案地点,开枪射杀中国船员,泰国军人赶到后,也对中国船只进行射击。泰国军人参与此案可以通过查获毒品立功;而糯康则可以获得泰国军人提供的武器弹药,并在出入一码头时获得方便。

下午的庭审中,直接上船参与了"10·5"案件的被告人扎西卡、扎波、扎拖波均供述,糯康是组织的"老大",行动后,他们回到散布岛上第一时间就见到了糯康。糯康对所有参加这次行动的成员进行了训话，让他们千万别把这件事情说出去，"如果谁说出去就打死谁，包括妻子、孩子都一起干掉。"训话后，糯康还给每人发了1万泰铢和5颗毒品。

"糯康在今天庭审中的这种反应，进一步证实了糯康作为犯罪集团首要分子的狡诈性格，也表现了糯康不敢面对庄严的法庭以及可能受到的严厉惩罚。"聂涛说。

本案公诉人、昆明市人民检察院检察官李凌告诉记者，除了糯康，本案其他被告人都供认了自己的罪行，并且对涉案人员作了相应的指证，能够呈现出整个犯罪过程。随着庭审的继续，公诉机关将在法庭上出示大量证据，证实糯康所犯下的罪行。

罪行累累

法庭调查阶段，多名被告人及受害人向法庭回忆了糯康犯罪集团劫持中国船只、杀害中国船员的犯罪细节。

被告人扎西卡在法庭上承认，自己在"10·5"惨案中枪杀了一名中国船员。"我赶到时，糯康集团领导人之一翁蔑（另案处理）已经劫持了中国船只，翁蔑给了我一把手枪，叫我听到枪声就开枪射杀中国船员，不然就杀了我。"扎西卡说，他在听到周围一阵枪响后，就朝背对着他的一名中国船员开了两枪。

起诉书中指出，"10·5"案中，从泰国清盛港附近打捞出的遇害中国船员尸体，被蒙眼、蒙嘴、捆绑双手。被告人扎波在庭上说，他看到翁蔑用刀将浴巾割开用来捆绑中国船员。在一声枪响之后传出一片枪声，他本人也朝中国船只的挡板连开两枪，但不清楚是否打到中国船员。

曾于去年4月2日被该集团劫持的我国货船"渝西3号"船长冉某某出庭作证时说："十多个人拿着枪将货船及船员劫持，我被蒙着头捆绑手脚，一人用汉语问我船上是否装了毒品，得到否定答案后，几个人开始打我，打晕后就用水灌，几次后，我感觉生不如死，就按照他们的要求说船上藏了毒品。"

"这些人，除了糯康外我都认得。"在"4·02"案件中曾被挟持为人质的原"中油1号"船员陆永丽告诉《法制日报》记者，自己和丈夫当时都在船上，这些人拿枪对着他们在船舱里走来走去的情景，永远也忘不了，"一定要让他们受到应有的惩罚"。

相比被杀的 13 名中国船员，她还是算幸运的。记者在庭审现场见到了"10·5"案被害船员李燕的母亲。一提起女儿，憔悴的李妈妈嘴唇抖动，眼泪像断了线的珠子。

"她才 28 岁,刚刚结婚一年多。"李妈妈哽咽着说,"怎么惩罚这些坏人,我女儿也活不过来了,但是希望法律能够还我女儿一个公道,不要让她就这么冤屈地走了。"

勾结作案

"我是老挝的一名警察，今年 4 月 15 日参与了抓捕糯康的行动⋯⋯"

"我是泰国清盛县公安局一名负责人，湄公河'10·5'案发生后我赶到现场⋯⋯"

9 月 21 日，在云南省昆明市中级人民法院审理的湄公河惨案进入第二天,在举证质证环节,来自泰国和老挝的 13 名警察及证人出庭作证。据《法制日报》记者了解，这是首次有外国警务人员在中国出庭作证。

"请老方 1 号证人出庭作证";"请泰方 1 号证人出庭作证"⋯⋯

在 9 月 21 日的庭审中，13 名外籍证人出庭时都没有公布姓名等身份信息，而是统一用数字编号代替，老挝方证人编号为老方 1 号至 3 号证人，泰国方证人编号为泰方 1 号至 10 号证人。

实际上，在 9 月 20 日的庭审中，公诉方在出示第一组物证后，准备传唤证人之前，就以"证人涉及境外人员，按照证人要求和相关规定"为由，向法庭提出了不公开审理的申请。

合议庭经过沟通后，审判长当庭核准了检方的申请。随后，6 名被告人和旁听人员均退庭。

"本案 13 名证人大都生活在湄公河流域，而糯康集团还有一些人员在逃，为了防止糯康集团有人对他们进行报复，所以核实身份这一程序不对外公开。""10·5"案公诉人李凌在事后接受记者采访时说。

9 月 21 日出庭作证的 13 名外籍证人中，老挝 1 号证人尤为引人关注，他于今年 4 月 15 日参与了抓捕糯康的行动，并将其当场抓获。

根据老挝 1 号"不直接出庭作证"的要求，昆明中院将他安排在证人室，通过视频语音作证。在进行举证质证时，屏幕中的他被一块不透明的屏风遮挡，法庭内所有人员都只能看到他的轮廓。但他的发言声音清晰:我与同事巡逻时发现一艘快艇,船上人上岸后,我们准备上前盘问,他看到我们转身逃跑，我们立即上前将他抓获。后来确认此人就是糯康。

"非常感谢中方，对泰国证人出庭做了很好的保护措施。"率领泰国10名证人来华作证的泰国警察总署副总警监班西里告诉记者，泰国对这些证人也采取了非常严密的保护措施，重要的证人尤其需要采取更严密的保护措施。

9月21日作证的部分泰国证人指出：泰国不法军人不仅与糯康集团勾结作案，对遇害中国船员还实施了抛尸行为。

泰方2号至4号证人为警务人员，"10·5"案发生时，他们均接到报案并第一时间赶到了现场。

"当天上午接到报警后，我和侦查民警一起来到两艘中国船只停靠的岸边附近，看到4艘快艇迅速逃离现场，朝着金三角方向驶去，我用手机拍下了中国船只和在岸上的泰国不法军人。"泰方2号证人在法庭上说，后来他看到上述军人向中国船只开枪，之后部分军人上船，又陆续传出枪声。

泰国清盛县公安局一名负责人为泰方3号证人。他说，在接到下属的汇报后，他第一时间赶到两船中国船只停靠处附近，此地距离案发地只有80米左右，岸边两名军人看到他后，其中一名军人走过来说了句"我们正在执行一项稽查毒品的任务"。

"接着，我听到中国船上传来枪声，还听到在中国船上的不法军人通过无线电问岸上的军官：尸体怎么办？岸上的军官说：留得越少越好，省得麻烦。"泰方3号证人说。

泰方4号证人指证，泰国不法军人还参与了抛尸行为。"我国警方在对'10·5'案进行调查取证中，有多位证人看到，7名不法军人登上了中国的两艘货船，还有人看到不法军人抬着中国船员的尸体扔进水里"。

泰国警方对现场进行勘查发现，共有5种枪型13支枪对中国两艘船只和船员进行了射击，其中，M16和M60两种枪形成的弹道痕迹证明，是岸上的人朝船只开的枪。

"我对涉案物品进行了DNA检测，在中国船只上发现一枚烟头，烟头上的DNA与一名涉案不法军人吻合。"泰方8号证人说。

湄公河惨案中，最让人发指的是，两艘中国船只上的13名船员全部被杀害。9月21日的庭审中还原了糯康犯罪集团残忍的作案手段。

"遇害的'华平号'船长头部中了两枪，一些遇害者尸检时发现中弹多达七八处。"参与中国遇害船员尸检的泰方1号证人证实，13名中国船员的致死原因全部为枪伤。

公诉方出具的证据显示，糯康曾多次供诉承认自己策划了"10·5"案，其中翁蔑为具体实施者，桑康监督翁蔑实施，依莱负责踩点和布置眼线。翁蔑在供诉中称，10 月 5 日劫持了中国船只后，糯康接连打来两个电话，"在第一个电话里，他要求不要将中国船员杀掉，要我们向天鸣枪，然后把船和人都交给泰国不法军人；接着他又打来电话说，要杀中国人，但留三四个活口"。

对于不要把人全部杀掉，翁蔑在供诉中称，"我想不通"，于是给伊莱打了个电话。依莱在供诉中说，"接到翁蔑的电话我说留什么留，全部干掉"。"第二天我跟糯康说起这事，糯康说他的本意也是要将中国人全部杀掉，不然把毒品放在船上嫁祸他们的事就暴露了。"依莱说。

在 9 月 21 日的庭审中，当审判长询问对检方指控的在"10·5"案中涉嫌故意杀人、劫持船只、运输毒品等严重犯罪有没有异议时，6 名被告人均表示没有异议。

正义终至

2012 年 11 月 6 日，云南省昆明市中级人民法院对湄公河中国船员遇害案，即糯康等被告人故意杀人、运输毒品、绑架、劫持船只案进行一审公开宣判，以故意杀人罪、运输毒品罪、绑架罪、劫持船只罪数罪并罚，判处被告人糯康、桑康·乍萨、依莱死刑；以故意杀人罪、绑架罪、劫持船只罪数罪并罚，判处被告人扎西卡死刑；以故意杀人罪、绑架罪、劫持船只罪数罪并罚，判处被告人扎波死刑，缓期两年执行；以劫持船只罪判处被告人扎拖波有期徒刑 8 年；同时判决 6 名被告人连带赔偿各附带民事诉讼原告人共计人民币 600 万元。

昆明市中级人民法院审理查明：2011 年 9 月底至 10 月初，糯康犯罪集团的首要分子即被告人糯康、桑康·乍萨、依莱等策划劫持中国船只、杀害中国船员，并在船上放置毒品栽赃陷害船员。2011 年 10 月 5 日晨，糯康集团成员在湄公河持枪劫持中国船只"玉兴 8 号""华平号"，捆绑控制 13 名船员，并将事先准备的 8 万余克毒品甲基苯丙胺放置在船上，又押运两船继续前行停靠。被告人扎西卡、扎波、扎拖波参与武装劫船，扎西卡等人向船员开枪后驾乘快艇逃离。按照事先约定，在岸边等候的泰国不法军人向两艘中国船只开枪射击，并将中国船员尸体抛入湄公河。

2011 年 4 月 2 日，被告人桑康·乍萨、扎西卡、扎波等人受糯康指使，在湄公河挡石栏滩头将中国货船"渝西 3 号"船长冉某某及老挝金木棉公司的客船"金木棉3号"船长罗某某劫持为人质。2011年4月3日，又在"孟巴里奥"附近水域将中国货船"正鑫1号""中油1号""渝西3号"劫持，将15名中国船员扣押为人质。罗某某、冉某某在被关押期间，遭到捆绑、殴打，被迫与老挝金木棉公司和"正鑫1号"出资人于某某联系交钱赎人。4月6日，被告人依莱收到赎金2500万泰铢后，罗某某、冉某某等人获释。

昆明市中级人民法院认为，糯康犯罪集团长期盘踞在湄公河流域实施运输毒品、绑架、劫持船只等犯罪活动，严重危及周边地区国家安全及该流域的航运秩序。被告人糯康、桑康·乍萨、依莱、扎西卡、扎波、扎拖波武装劫持中国船只、放置并运输毒品、杀害中国公民、绑架人质勒索赎金，其行为分别构成故意杀人罪、运输毒品罪、绑架罪和劫持船只罪。糯康首先提意并与桑康·乍萨、依莱共同预谋策划，桑康具体指挥劫船，依莱布置眼线、选择停船杀人地点，并直接与泰国不法军人联络商议，三被告人均系犯罪集团首要分子，依法应按集团所犯全部罪行处罚。扎西卡劫船后近距离射杀被害人，是致人死亡的直接凶手。

各被告人犯罪手段特别残忍、犯罪情节特别严重，本案造成我国公民13人殒命的严重后果，应当依照我国刑法从严惩处。

本案发生后，我国与泰国、缅甸、老挝警方联合进行侦破工作，有关各国积极提供协助，为抓捕犯罪嫌疑人、收集犯罪证据付出了艰苦努力，使本案的办理成为国际司法合作的成功范例。根据我国与泰国、老挝有关司法协助条约的规定，昆明市中级人民法院还依法传唤了泰国、老挝13名证人出庭作证，证实了糯康犯罪集团的相关犯罪事实。同时，为保护证人安全，法庭对证人依法采取了以不公开方式核实证人身份、隐去姓名、专门设立证人室、模糊影像等多种保护措施。

法庭还注重依法保障被告人的诉讼权利，告知其有权聘请辩护人，并为6名被告人指定了辩护人，辩护律师通过会见被告人、查阅卷宗、交换证据、参与庭审并发表质证意见、辩护意见，有效维护了被告人的合法权益。法庭以现场翻译和同声传译相结合的方式，保障被告人在庭审过程中使用其通晓的语言参与诉讼，充分行使诉讼权利。

宣判后，各被告人均当庭表示上诉。

恶徒服法

2012年12月26日，云南省高级人民法院对湄公河中国船员遇害案进行二审宣判，即对糯康等 6 名上诉人（原审被告人）故意杀人、运输毒品、绑架、劫持船只案的上诉作出裁定：驳回上诉，维持对糯康、桑康·乍萨、依莱、扎西卡的死刑判决，维持并核准对扎波死刑、缓期 2 年执行的判决，维持对扎拖波有期徒刑 8 年的判决。

云南省高级人民法院审理查明，昆明市中级人民法院在一审认定糯康犯罪集团为报复中国船只和船员，勾结泰国不法军人，于 2011 年 10 月 5 日在湄公河缅甸和泰国水域劫持中国船只"玉兴 8 号""华平号"，并枪杀中国船员，运输大量毒品的犯罪；为劫持往来船只、索取财物，于 2011 年 4 月 2 日至 6 日在湄公河缅甸水域劫持中国船只、绑架中国公民、勒索巨额赎金的犯罪，事实清楚，证据确实、充分，足以认定。

云南省高级人民法院认为，糯康等 6 名上诉人的行为触犯《中华人民共和国刑法》关于危害公共安全、侵犯公民人身财产权利、妨害社会管理秩序的罪名及刑罚规定，分别构成故意杀人罪、运输毒品罪、劫持船只罪、绑架罪。其中上诉人糯康、桑康·乍萨、依莱的行为分别构成故意杀人罪、运输毒品罪、劫持船只罪、绑架罪；扎西卡、扎波的行为分别构成故意杀人罪、劫持船只罪、绑架罪；扎拖波的行为构成劫持船只罪。原审判决认定罪名准确。6 名上诉人犯罪手段特别残忍，犯罪情节特别恶劣，犯罪后果特别严重，均应依法予以严惩，并应依法对原审 45 名附带民事诉讼原告人承担连带赔偿责任。

此前，云南省高级人民法院于 12 月 20 日对此案进行了二审开庭审理，充分听取了各上诉人的上诉理由，审阅了全案案卷材料和各辩护人、诉讼代理人的辩护意见和代理意见，听取了云南省人民检察院的检察意见，并对案件进行了全面综合评议。

根据《中华人民共和国刑事诉讼法》的规定，对糯康、桑康·乍萨、依莱、扎西卡的死刑裁定，将依法报请中华人民共和国最高人民法院核准。

稿件来源：2012 年 9 月 21 日、2012 年 9 月 22 日、2012 年 11 月 7 日、2012 年 12 月 27 日《法制日报》要闻版、政法司法版、案件版

作者：周斌 李娜

嚣张"村霸"作恶一方

海南国际旅游岛建设上升为国家战略后，省会海口以前从未开发的荒山野地也成为开发商等公司竞相争抢的香饽饽。海口市秀英区石山镇扬佳村的陈某、陈某昌等村民为获取更多土地补偿款，在已出让约 2000 亩荒山土地使用权的土地上垒墙圈地约 200 亩，索赔无果后，便组织上百人威胁殴打一农业开发公司人员致 2 人死亡。

2013 年 2 月 6 日，海口市中级人民法院对参与组织、打斗、窝藏的陈某、陈某昌、陈某华、陈某新等 32 名被告人作出一审判决，以故意伤害罪、窝藏罪分别判处 32 人死刑缓期执行至 2 年不等的有期徒刑。

预谋闹事

2007 年 11 月，海南展兴房地产开发有限公司以海南雨林农业开发有限公司等名义，与海口市秀英区石山镇扬佳村村委会签订集体荒山地使用权出让合同，约定由扬佳村村委会将其集体所有的约 2000 亩荒山土地使用权出让给展兴公司进行项目开发，期限为 50 年。合同签订后，展兴公司于 2007 年 12 月 18 日、2008 年 9 月 5 日、2010 年 7 月 5 日先后支付土地款，但一直未进行开发。

2010 年六七月间，孔某（在逃，另案处理）与被告人陈某、陈某昌、陈某华、陈某新（均系扬佳村村民）等人经预谋，由孔某、陈某负责出资，陈某昌负责雇佣工人，陈某新、陈某华负责监工，在展兴公司已受让的上述土地中垒围墙圈了约 200 亩土地。

2010 年 12 月，展兴公司开始开发扬佳村村委会向其出让的地块，并雇请村民在该工地施工，施工过程中将孔某、陈某等人垒的围墙损坏。陈某等人得知此情况后，于 2011 年 1 月先后 4 次前往该工地向展兴公司索要赔偿款且要求停止施工，并组织人员前来殴打相威胁。

陈某、陈某昌和孔某多次到工地要求展兴公司处理赔偿事宜再施工未果，便预谋在 2011 年 1 月 20 日，组织上百人到工地向对方进行施压。

胆大妄为

2011年1月20日15时许，陈某、陈某昌、冯某司、陈某鸿等人纠集的人员按照计划乘坐车辆，陆续来到石山镇荣阳村村口集合。陈某乾按照陈某的指示，驾驶一辆绿色皮卡车载着数名同伙及数十把钩刀、砍刀到达村口。冯某司带领冯某利等人及来自海口灵山、府城等地的数十人乘坐数辆轿车、商务车及中巴车到达村口。在村口集合点，陈某华等6人向在场的同伙分发红色塑料袋、香烟和矿泉水，并让同伙将红色塑料袋绑在手腕上，以避免误伤。陈某、陈某昌、冯某、李某春在村口商议决定，先由陈某带领来自石山本地的同伙空手进入工地与对方谈判，其他人员持刀跟进。

在村口集合完毕后，陈某带领一百余人乘坐车辆到达案发工地外围的丰收桥附近，统一进入工地现场。在工地上的王某再、王某镇等人得知陈某等人准备过来闹事，且经民警劝说没有撤离后，持刀到工地路口等候。

在工地内，陈某等人与在工地上等候的王某再、王某镇等人对峙片刻后，陈某一方先捡起石块扔向对方，后双方用石块互扔。在公安民警两次鸣枪制止的情况下，陈某、陈某华仍然挥手指挥后面持刀的同伙向前冲，并捡石块扔向对方。

其间，李某春、冯某司、陈某星等人向对方扔石块并持刀冲向对方，林某进持长柄弯钩刀在现场助威，李某春等人持刀砍中对方。不久，王某再、王某镇被打倒在地，并分别被陈某一方多人持刀围砍。后陈某挥手指挥队伍撤离，各被告人遂逃离现场。王某再、王某镇经抢救无效死亡。

窝藏主谋

2011年1月20日，苏某娇按照陈某华的指示用假名购买手机卡，并在海口市一宾馆开房供陈某华等人躲藏。当晚，苏某娇得知陈某华、陈某昌等人打架致人死亡后，将购买的手机卡交给陈某华。次日，苏某娇受陈某华之托将案发时使用的手机丢弃。

2011年1月25日，苏某娇租赁位于海口市义龙路的一公寓供陈某昌躲藏。入住前，苏某娇与王某忠在明知陈某昌犯有罪行的情况下，一起打扫房间、采购生活用品。同年1月27日，苏某娇与陈某昌搬入该房躲藏。2月14日23时许，苏某娇将3部手机夹藏在陈某昌的衣物中交给正在逃亡中的陈某昌。

王某雄明知陈某昌参与石山镇打架致人死亡，仍留陈某昌在自己家中躲藏 3 天，并主动给陈某昌 1500 元，同时还购买两部手机和 3 张手机卡供陈某昌藏匿时使用。

2011 年 2 月 10 日，经王某雄联系，陈某昌在"阿奥"家躲藏过夜。同年 2 月 18 日晚，蔡某雄在明知陈某昌犯有罪行的情况下，仍然亲自开车将陈某昌从琼山接回石山，并留陈某昌在自己家中过夜躲藏。

法院认为，陈某、陈某昌等 27 人共同持刀、石头殴打王某再、王某镇并致 2 人死亡，其行为均已构成故意伤害罪。苏某娇明知陈某昌、陈某华是犯罪的人而为其提供隐藏处所，帮助其 2 人逃匿，王某忠、王某雄、蔡某雄明知陈某昌是犯罪的人而为其提供隐藏处所、财物，帮助其逃匿，梁某照明知陈某、孔某是犯罪的人而为其提供隐藏处所、食物，帮助其逃匿，苏某娇等 5 人的行为均已构成窝藏罪。遂作出上述判决。

宣判后，5 人表示要上诉，11 人表示保留意见是否上诉，16 人表示不上诉。

稿件来源：2013 年 2 月 7 日《法制日报》案件版 作者：吴晓锋 邢东伟 胡坤坤

刘汉的黑金帝国

2014 年 8 月 7 日，湖北省高级人民法院在咸宁市对刘汉、刘维等五上诉案依法公开宣判，维持一审对刘汉、刘维的死刑判决。此判决为终审判决。

刘汉、刘维等特大黑社会性质组织犯罪案于 2014 年 5 月 23 日一审宣判。刘汉、刘维被咸宁市中级人民法院一审判处死刑。湖北省高级人民法院于 7 月中旬在咸宁市对刘汉等 10 人上诉案、刘维等 7 人上诉案进行公开开庭审理，对桓立柱等 3 人上诉案、旷晓燕等 3 人上诉案、刘学军等 3 人上诉案进行书面审理。

2014 年 8 月 7 日上午 9 时，湖北省高级人民法院分别在咸宁市中级人民法院、咸宁市咸安区人民法院、赤壁市人民法院、嘉鱼县人民法院同时公开宣判刘汉、刘维等五上诉案。

湖北省高级人民法院认为，上诉人刘汉、刘维伙同他人网罗上诉人唐先兵等，形成较稳定的犯罪组织。该犯罪组织依法应认定为黑社会性质组织。一审判决认定的上诉人刘汉犯组织、领导黑社会性质组织罪，故意杀人罪，故意伤害罪等 13 项罪名；上诉人刘维犯组织、领导黑社会性质组织罪，故意杀人罪，故意伤害罪等 12 项罪名，认定事实清楚，证据确实、充分，定罪及适用法律准确，审判程序合法，量刑适当，其上诉理由不能成立，予以驳回，维持原判。唐先兵、田先伟、张东华等 14 名上诉人上诉理由不能成立，分别驳回上诉，维持原判。

湖北省高级人民法院有关负责人介绍，针对上诉人的上诉理由，二审本着实事求是、客观公正、严格依法的原则，并根据二审庭审查明的事实，对刘汉等人的部分次要犯罪事实、个别罪名及其量刑进行依法改判。

上诉人刘汉为偿还境外赌债的兑换外币行为，因不具有营利目的，不属于经营行为，不构成非法经营罪；刘汉骗取贷款、票据承兑、金融票证罪由有期徒刑 6 年、并处罚金 5000 万元改为有期徒刑 4 年、并处罚金 1000 万元。上诉单位汉龙集团已经归还和有足额担保的贷款从犯罪数额中予以核减，原审量刑偏重，予以改判。对汉龙集团所犯骗取贷款、票据承兑、金融票证罪罚金由 3 亿元改为 1 亿元。对上诉人刘小平、旷晓燕的部分犯罪事实、个别罪名及其量刑进行依法改判。

鉴于上诉人缪军、李波认罪、悔罪态度较好，二审法院采纳检察机关的适当从轻量刑建议，分别决定将有期徒刑 20 年改为 19 年、15 年改为 13 年。

湖北省高级人民法院有关负责人表示，虽然部分次要犯罪事实、个别罪名及其量刑发生变化，但并不影响死刑的适用，因刘汉、刘维所犯组织、领导黑社会性质组织罪、故意杀人罪等罪，罪行极其严重，数罪并罚，维持一审对刘汉、刘维决定执行死刑，剥夺政治权利终身，并处没收个人全部财产的判决。同时，二审法院依法维持了一审对唐先兵、张东华、田先伟的死刑判决。

死刑判决将报请最高人民法院复核。

至此，刘汉、刘维等 36 人犯组织、领导、参加黑社会性质组织罪以及故意杀人罪等案件审结。

这是党的十八大以来判处的性质最为严重的黑社会性质组织犯罪案件。一组数字记录下此案的非比寻常：历经近 1 年的侦办，多达 800 余册的罪证材料，历时 17 天的一审庭审，20 名证人的当庭陈述，20 项起诉罪名和数十起违法犯罪事实，27 位公诉人与刘汉等 36 名被告人及 49 位辩护人的激烈交锋……

指控罪案

◎自 1993 年以来，该组织实施故意杀人、故意伤害 5 起，致 7
　人死亡、2 人受伤；实施非法拘禁 1 起，致 1 人死亡

◎上述多起命案的犯罪嫌疑人在刘汉、孙某某、刘维等人的包庇下，
　或逃脱惩处，或重罪轻判，或长期无法到案，以致多年来案件
　悬而未决

2014 年 3 月 31 日清晨，湖北省咸宁市中级人民法院大门两侧站满了围观的人群，多辆押解车辆鱼贯驶入。第一审判庭旁听席上，人们静静地等待着……

8 时 31 分，审判长绳万勋敲响法槌，宣布开庭。"传被告人刘汉、唐先兵、刘岗、刘小平、孙华君、缪军、李波、车大勇、仇德峰、肖永红到庭。"在法警押解下，10 名被告人依次进入法庭。走在最前面的刘汉身穿深褐色外套，眼神有些落寞迷离，向旁听席环望了片刻，随后又低下头，在法警押解下进入被告席。

由于本案涉案人数多，指控的犯罪事实复杂、罪名较多，为依法查清案件事实，充分保护被告人的合法权益，提高庭审效率，公诉机关对本案分为刘汉等 10 人案、刘维等 7 人案、曾建军等 5 人案、陈力铭等 5 人案、桓立柱等 3 人案、旷晓燕等 3 人案、刘学军等 3 人案共 7 案起诉。咸宁中院分别在咸宁中院及咸安、通山、赤壁、嘉鱼 4 个基层法院的 7 个审判法庭同时公开开庭审理。

——指控刘汉涉嫌组织、领导黑社会性质组织及多起严重犯罪

在刘汉等 10 人案的庭审上，首先由公诉人耗时 1 个小时 20 分钟，宣读厚达 37 页、近 2 万字的起诉书，对刘汉等被告人涉嫌的多起严重犯罪事实进行指控：

"被告人刘汉，四川汉龙（集团）有限公司董事局主席，四川省商会原副会长，曾任九届四川省政协委员，十届、十一届四川省政协常委。"公诉人指控，自 1997 年起，刘汉、孙某某在四川省绵阳市注册成立四川汉龙（集团）有限公司（简称"汉龙集团"），并以汉龙集团及其他经济实体为依托，伙同刘维先后网罗了被告人唐先兵、仇德峰、刘小平、缪军等人，逐步形成了较稳定的犯罪组织。

起诉书指控，该组织人数众多，组织者、领导者明确，骨干成员固定。刘汉、刘维、孙某某为该组织的组织、领导者；被告人唐先兵、刘小平、孙华君、缪军和旷晓燕、陈力铭、曾建军、文香灼、旷小坪、詹军等为骨干成员；被告人刘岗、李波、车大勇、仇德峰、肖永红和王雷、田先伟、桓立柱、刘光辉、钟昌华、王万洪、张伟、曾建、袁绍林、张东华、孙长兵、闵杰、李君国、黄谋、田伟等为一般成员。

公诉人认为，刘汉、刘维等人无视国家法律，有组织地通过违法犯罪活动获取巨额经济利益并用以支持该组织的活动，同时以暴力、威胁等手段，有组织地多次进行故意杀人、故意伤害、非法拘禁、敲诈勒索、寻衅滋事、非法买卖枪支等违法犯罪活动，为非作恶，欺压、残害群众，称霸一方，严重破坏经济秩序和社会生活秩序，社会危害极大。

按照刘汉在组织中提出的"为公司利益要敢打、敢冲；打架要打赢"等规约，被告人唐先兵起意报复被害人熊伟，于1998年8月13日在绵阳市凯旋酒廊持刀将其捅死。

刘维因争夺势力范围与被害人周政发生冲突，指使曾建军邀约曾建、张伟、闵杰、李君国共谋杀掉周政。1998年8月18日，在广汉市一夜宵摊门前，曾建、张伟将周政当场枪杀。

1999年初，时任汉龙集团总经理的孙某某听说被害人王永成（绰号"大叫花"）扬言要炸汉龙集团保龄球馆，告知刘汉，刘汉指使孙某某找人将王永成"做掉"。孙某某将刘汉指示告诉孙华君和缪军，2人通知唐先兵、刘岗、李波、车大勇具体实施。后唐先兵等枪杀王永成。

被害人陈富伟与刘汉、刘维素有矛盾。刘维授意文香灼、旷小坪把陈富伟"做了"。2人安排袁绍林、张东华具体实施。2009年1月10日，陈富伟等3人在喝茶时，被张东华等人当场枪杀。

起诉书指控，自1993年以来，该组织实施故意杀人、故意伤害5起，致7人死亡、2人受伤；实施非法拘禁一起，致1人死亡。其中被告人刘汉、另案犯罪嫌疑人孙某某指挥、组织、策划了故意杀害王永成和史俊泉（犯罪中止）等犯罪行为；被告人刘维直接组织、指挥了杀害周政、陈富伟等人。

公诉人指出，上述多起命案的犯罪嫌疑人在刘汉、孙某某、刘维等人的包庇下，或逃脱惩处，或重罪轻判，或长期无法到案，以致多年来案件悬而未决。

——刘汉否认指控

在刘汉等 10 人案法庭调查中，多数被告人对指控罪名无异议，而刘汉、刘小平等被告人否认指控。

"这人我不认识""这件事我不知道""这是其他人干的，后来才有人告诉我""这都与我无关"……这些否认指控的话，被刘汉经常挂在嘴边。

对多起命案的举证质证，刘汉对指控及相关证据依然否认。对熊伟被害案，他表示"从来没有听说过，我也不知道他们为什么要杀别人"；对周政被害案，他表示"和我无关，事前不知道这个事，事后也不知道这个事"；对于陈富伟等 3 人被害案，他表示"我根本不知道这个事，我是在事情发生以后在报纸上看到过，我怀疑是刘维干的，我询问过刘维，他否认了。"

这与此前多数被告人的当庭陈述不符，甚至相互矛盾。旁听席上传来一阵低语声，人们感到有些意外。

在刘维等 7 人案庭审中，刘维曾对起诉书中对他的大部分指控内容予以否认，反复表示他与其他 30 多名被告人很多都不认识，或者认识但无法指挥他们，不可能存在组织黑社会的情况。此外，刘维及其辩护人还对部分证据的合法性、真实性表示质疑，向法庭提出启动非法证据排除程序。

罪证如山

◎ 使用枪支刀具，采用暴力、威胁等手段，有组织地多次实施故意杀人、故意伤害等多项违法犯罪活动

◎ 通过多种非法手段形成强大经济实力；组织所获经济利益部分用于支持该组织活动，以黑护商、以商养黑

◎ 采用暴力威胁手段，破坏公平竞争的市场规则；贿赂拉拢国家工作人员，形成保护伞

◎ 人数众多，组织领导者明确，骨干成员固定；分工明确，层级明确；具有不成文的规约和纪律

关键证人出庭作证、公诉人从黑罪到个罪逐一举证、控辩双方质证……随着庭审向纵深推进，刘汉等 36 名被告人构建的黑社会性质组织所具备的组织特征、经济特征、行为特征、危害性特征逐渐清晰。

行为特征——使用枪支刀具，采用暴力、威胁等手段，有组织地多次

实施故意杀人、故意伤害等多项违法犯罪活动。

刘汉、刘维和孙某某三人被指控为黑社会性质组织的组织、领导者。前两人分别在庭上受审，孙某某是另案犯罪嫌疑人。

法庭上，公诉人当庭宣读孙某某证言：我把此事（"大叫花"王永成扬言要炸汉龙公司）向刘汉汇报了，我还跟刘汉讲了"大叫花"是操社会的，手下有很多兄弟，刘汉听了以后非常生气，让我不要怕，找几个人把"大叫花"做掉，让他以后不再找公司的麻烦。

孙某某的多份证言被公诉人当庭宣读，以指证刘汉涉嫌组织、领导黑社会性质组织以及故意杀害王永成犯罪。对于刘汉来说，前罪一旦成立，他将对组织所犯的故意杀人等所有罪行承担刑事责任；后罪是全案中唯一指控他直接指使杀人的案件，如果罪名成立，他也将面临最严厉的刑罚。

"我强烈要求法庭让孙某某出庭，与我当面对质，很多事情就清楚了。"在4月3日的庭审上，被告人刘汉突然提出这一要求。刘汉及辩护人对孙某某证言的真实性、合法性表示质疑。

孙某某能否出庭作证，成为本案的关键。

经法庭查明，孙某某身患疾病正住院治疗，不便出庭。但刘汉及辩护人仍然坚持认为孙某某必须出庭。公诉人也认为，如果孙某某本人能出庭，将有利于查明事实。最终，根据孙某某的身体状况，经多方协调，孙某某确定能出庭作证。

"请法警带另案犯罪嫌疑人孙某某到庭。"4月12日8时36分，审判长话音刚落，全场鸦雀无声。一个坐在轮椅上的中年男子由法警带入法庭。他面色蜡黄、不住咳嗽，看起来十分虚弱。无论是公诉人，还是被告人刘汉及其辩护人，都等待着他的出现。

法庭调查焦点集中在刘汉涉嫌授意、指使杀害王永成一案上。此前，刘汉及辩护人一直辩称，该案是孙某某指使他人所为，与刘汉无关。

孙某某说，杀害王永成的起因是汉龙集团一名员工与人发生冲突，打伤了王永成的小弟。王永成扬言要炸掉汉龙集团的保龄球馆、办公室和配给孙某某的车。孙某某向刘汉作了汇报，刘汉指示不要怕，找人把王永成做掉。

关键证人当庭证言，对刘汉是沉重一击——

孙某某清楚地指明了刘汉下达"做掉"指示的具体时间、地点。他还证实，事发后，在刘汉授意下，他安排实施杀人的被告人孙华君、唐先兵、缪军等人去深圳，到刘汉的朋友范某某处躲藏，并分别给予了这些人奖励。

孙某某当庭回忆的一些细节也与其他证言、证据相印证。例如，缪军在案发后躲藏期间碰见刘汉，刘汉拥抱了缪军，嘱咐他"注意安全"。孙某某说，刘汉的这个举动令他印象比较深，"刘汉从来没有拥抱过谁。那种动作，我感觉对'汉哥'来说，比给几十万元更隆重。比如我们做生意赚了10个亿，他也没有拥抱过我。"

刘汉向孙某某发问："我跟你说叫你去教育他，还是我跟你说叫他们去教育他？"孙某某回答："你说叫我去把他做掉。"

正是这一问话，刘汉露出了马脚。公诉人明确指出："这足以证实，刘汉已经承认孙某某向他汇报过王永成准备炸汉龙，而且对孙某某作了明确指示。"

对刘汉一系列发问，孙某某均作了明确回答。刘汉多次语塞，手中拿着一大沓儿提问材料却不知从何问起，只好深深叹气。出人意料的是，此时孙某某突然安慰刘汉："汉哥，我觉得（你要）选择面对。"

刘汉默然不语。这是两人在庭上的最后一句话。刘汉被带出法庭的那一刻，还在庭上的孙某某转过头，看了一眼刘汉，低头抹去夺眶而出的泪水。或许，这是跟随了刘汉17年的他，看到"汉哥"的最后一眼。

曾建军等5人案的庭审中，周政被害案是关键。公诉人当庭讯问被告人曾建军——

公诉人：刘维为何要杀周政？

曾建军：周政当时的势力比刘维大，周政也想收保护费。刘维说，要我找几个人干掉周政。

公诉人当庭讯问被告人张伟——

公诉人：杀害周政前，你们如何商量分工的？

张伟：1998年夏天，我们商量去搞死周政，当时没说用什么工具，后来曾建军安排我和曾建开枪，闵杰开车。当时我和曾建一人一支滑膛枪，就是后来杀周政的那两把枪。

公诉人：枪是谁提供的？

张伟：我和曾建军去刘维那里拿的。我们用车上的报纸遮住号牌，闵杰开车，我和曾建上车时，枪就在后座上。到了夜宵摊点附近，我和曾建一起拿枪下车，我开了两三枪，周政倒地后，我们上车离开。

一起起命案摆在眼前，一桩桩事端公诸于法庭——

2001 年 10 月，刘汉等人在成都红顶夜总会娱乐时，与同在此处娱乐的史俊泉发生纠纷，刘汉提出出资人民币 1000 万元杀死史俊泉，后放弃杀人行动；2008 年，刘维以广汉一加油站油品存在质量问题为由，安排曾建军等人堵塞加油站入口，随意殴打加油站员工；1999 年，汉龙集团下属小岛公司在工程开发过程中，与当地村民产生矛盾，田伟带人对村民进行殴打；2000 年 10 月的一天，刘维带人持枪在广汉市帕提亚大酒店的游戏机厅内借故闹事……公诉人在法庭上出示了大量指控该组织寻衅滋事和多起欺压群众违法事实的证据。

法庭调查中，法警抬着陈列在展板上的枪支，向被告人、辩护人、审判席展示。在刘汉等 10 人案的庭审中，公诉人出示了涉案的冲锋枪、"六四"式手枪等枪械以及制式子弹、钢珠弹等物证及照片。

公诉人指出，该组织非法买卖、持有枪支弹药数量很大，危害极大，后果极其严重。这是黑社会性质组织犯罪的典型特征之一。

经济特征——通过多种非法手段形成强大经济实力；组织所获经济利益部分用于支持该组织活动，以黑护商、以商养黑。

起诉书指控：从 1993 年开始，刘汉、刘维、孙某某等人先后在四川省广汉市、成都市、什邡市、绵阳市等地实施开设赌场、敲诈勒索、串通投标、骗取贷款等非法敛财行为。刘汉和刘维等人还分别依托汉龙集团等经济实体的经营活动，不断壮大经济实力，获得巨额资产。

公诉人当庭出示了司法会计鉴定意见书、大量证人证言，以证明汉龙集团及其关联企业，向金融机构骗取贷款、票据承兑、信用证等资金总额为人民币 38.3493 亿元、美元 1.4 亿元；出示被告人供述、证人证言，证明刘维垄断当地赌博游戏机厅、河道采砂权，获利 400 余万元，通过暴力行为垄断广汉市赌博游戏厅获利数千万元。

法庭调查显示，被告人旷晓燕等人先后在境内邀约刘汉等 20 余人赴澳参赌，并安排被告人刘淼在澳门为赌客提供出码、换码等服务以获取洗码佣金。旷晓燕当庭供认，刘汉曾在成都向他支付赌债 2 亿余元，尚欠 5 亿余元。

在多个合议庭的法庭调查阶段，多组证据证明该组织利用所获利益，为组织成员提供逃跑经费、给予经济补偿、发放工资奖金、偿还赌债、购买住房和租房等，强化控制和维系组织生存发展。

检方指控，2002年5月，被告人桓立柱与仇德峰等人在成都"卡卡都"俱乐部与人发生争执后将尚东泉杀死。刘汉派人疏通关系，桓立柱、王宏伟在被关押36天后释放，仇德峰被判刑4年。

汉龙集团副总裁刘某证言称："卡卡都案发后，公司没有开除他们，我记得公司一直在给他们发工资。"证人张某证言称："仇德峰服刑后，我按集团领导的安排去给他送过钱和生活物资。后来我才知道他是刘汉的保镖。集团负责出生活费，让他在监狱里过得舒服点。"

危害性特征——以暴力手段对当地群众形成心理震慑；采用暴力威胁手段，破坏公平竞争的市场规则，影响当地经济秩序；贿赂拉拢国家工作人员，形成保护伞。

起诉书指控：该组织通过打压竞争对手，垄断广汉市赌博游戏机厅等地下赌场；插手什邡市采砂行业，破坏采砂权的公平交易环境；在四川省广汉、绵阳、什邡等一定区域和部分行业内形成非法控制和重大影响。

在刘维等7人案庭审中，公诉人举证证明，1996年至2000年，刘维、曾建军到游戏机厅收取"保护费"、起哄闹事砸毁游戏机、敲诈勒索等犯罪事实。

检方出示多份证据指控该组织成员采取暴力威胁等手段，破坏公平竞争的市场规则，影响当地经济秩序。

2005年年底，从事砂石经营的黄某欲竞拍什邡市马井镇金桥村河段采砂权，通过刘汉给刘维打招呼帮忙。后刘维安排手下到拍卖公司报名并交纳保证金，要求其他人退出竞拍。全场仅黄某一次举牌即以280万元的价格成交。

巩某某证言证明，其参加竞拍并缴纳60万元保证金后，刘维手下要求其退出竞拍。"他们扬言，举一次牌挨一刀，举两次牌挨一枪！""几分钟后又有人打我电话，他说他是刘维，并说马井金桥河段竞拍是他哥刘汉的关系，叫我退出来。因此我没有去举牌。""刘家的势力太大了，他们手下小弟很多，这次我要是不退出，不仅直接得罪刘维，还得罪刘汉。我敢得罪他们？命都没有了。"

该组织通过贿赂、拉拢腐蚀等手段，利用国家工作人员的庇护，帮助组织成员逃避法律追究、重罪轻罚或轻罪快放。在刘学军等3人案中，检方出示了被告人供述、证人证言和皮衣、手表等物证，以证明该组织一直寻求"保护伞"。

检方指控并出示证据，证实刘维通过过年发红包，出资购车，多次给予现金、皮衣和手表等方式拉拢、腐蚀刘学军（四川省德阳市公安局刑侦支队原政委）、刘忠伟（四川省什邡市人民检察院原副检察长）和吕斌（四川省德阳市公安局装备财务处原处长）的犯罪事实。

组织特征——人数众多，组织领导者明确，骨干成员固定；分工明确，层级明确；具有不成文的规约和纪律。

公诉人指出，该组织内部分工明确，刘汉负责决策和指挥整个组织的运转，孙某某负责执行刘汉指示以及汉龙集团日常经营管理，刘小平负责汉龙集团财务管理，通过汉龙集团及其关联企业的经营活动聚敛钱财；刘维主要负责领导曾建军、陈力铭、文香灼等人充当打手或保镖，为该组织排挤打击对手。

在刘汉等10人案庭审中，公诉人出示了被告人刘汉、缪军、孙华君、唐先兵、车大勇、仇德峰等人的供述，曾某、李某等人的证言等100多份证据。

公诉人当庭宣读被告人缪军的供述称："刘汉是老大，公司员工要为公司的事敢打敢杀，出了事由公司出面搞定。人在外面躲藏，公司给发工资、费用。"

从公诉人与被告人缪军当庭的问答中，刘汉对组织成员的控制与威慑可见一斑——

公诉人：你在归案后并没有马上供出刘汉的指使行为，有什么原因吗？

缪军：因为当时很害怕。

公诉人：怕什么？

缪军：刘汉黑白两道都能搞定，我不敢说。如果说了，我怕他出去以后，我家人生命受到威胁。我参与杀死王永成杀史俊泉，我和他们无冤无仇，是受到刘汉、孙某某的指使才去做的。杀害王永成的案子，搞得我妻离子散。

在刘汉等10人案庭审中，另案被告人田伟出庭接受调查，证明孙某某和刘汉都说过"要敢打、敢冲，打架必须打赢，出了事公司会负责"的话。多名被告人的多份供述显示，为公司利益打架公司会管，有功的奖励、提拔重用，但当刘汉被史俊泉用枪顶着头威胁时，保镖张某某因不敢拔枪，不久刘汉授意将其开除。

在刘学军等3人案中，公诉人当庭出示了揭示其组织层级的重要证据——刘学军的4本工作笔记。泛黄的笔记本上，以日记的形式记录着刘学军从警期间，曾详细勾勒出了刘汉、刘维、孙某某、曾建军、陈力铭等人的层级结构。公诉人指出，刘学军包庇刘汉等人，未将该记录按规定提交归档。

公诉意见书指出，刘汉、刘维等人为首的犯罪组织，不仅符合刑法规定的黑社会性质组织的四个特征，而且作恶累累，严重破坏社会秩序，依法应以黑社会性质组织罪进行判处。

法庭激辩

◎ "组织成员互相不认识"，究竟是黑社会性质组织，还是共同犯罪集合体
◎ 能否认定刘汉、刘维是首犯
◎ 是否必须"明知黑社会性质的组织而加入"才符合黑罪条件
◎ 是兄弟亲情，还是犯罪组织关系

在审判长的主持下，控辩双方围绕黑社会性质组织的四个特征及各被告人的具体犯罪事实，充分举证质证。法庭辩论阶段，公诉人与被告人及其辩护人唇枪舌剑，就多个核心问题展开交锋。

——"组织成员互相不认识"，究竟是黑社会性质组织，还是共同犯罪集合体？

被告人刘汉自行辩护："敢打敢冲"等黑社会性质组织规约，是不存在的。熊伟被害案等故意杀人案件，唐先兵等人可能为了公司利益去实施了个案，但不能借此给我戴上"黑社会"的帽子。

刘汉辩护人：是否认定一个组织为黑社会性质组织，其组织特征方面应以是否具有稳定性、严密性为判断标准。此案中，很多骨干成员相互不认识、组织领导者也不认识骨干成员，因而该组织不具有稳定性。这个案件没有形成一个稳定的组织，它是多个人为各自目的而实施的多个共同犯罪的集合体。

公诉人：黑社会性质组织可以无名称、可以不宣称存在、可以没有明显性质转变的时间节点、可以不履行手续、可以是主流社会不认可的组织形式。此外，组织成员不可能均处于同一层级，因而各成员之间也可能不认识。本案中，成员间不熟悉，充分证明了该组织管理严格、层级清楚、结构稳定，是一级管一级，上一层级安排的事由下一层级具体负责并实施。

公诉人：汉龙集团作为正规企业，有正常的企业文化。汉龙集团的广大员工是守法的。但大量证据证实，刘汉身边的保镖、工作人员大多好勇

斗狠、身负命案，是暴力文化的感染者。这种黑色文化被刘汉企图以正常的企业文化所掩盖和混淆。

——能否认定刘汉、刘维是首犯？

刘汉辩护人：指控的 12 个罪名 19 起犯罪事实，这些犯罪行为都并非刘汉实施，他既未指使也没有参与。如果说存在黑社会性质组织，可能是两个：一个是以孙某某为首的隐藏在汉龙集团内部的黑社会性质组织，一个是以刘维为首的活动在广汉一带的黑社会性质组织。刘汉和刘维是亲兄弟，刘汉和孙某某在汉龙集团"搭班子"。这两个涉黑组织利用了刘汉的名声而已。刘汉是"被组织"，并非黑社会性质组织的组织者、领导者。

公诉人：刘汉的客观行为足以证实其是涉黑组织的组织者、领导者。刘汉如果作为一个正当、合法的企业家，需要刘维提供枪支，由组织成员带枪保护吗？当被害人王永成只是扬言要炸汉龙集团保龄球馆时，刘汉不选择报警，而是指使杀害王永成，这难道不是涉黑组织的组织特征和暴力性特征吗？唐先兵、缪军等人为维护该组织利益持刀杀害他人后，刘汉等给予赞赏、资助并安排藏匿，这难道是对企业员工进行管理的正当做法吗？

公诉人：刘汉不仅是组织者、领导者，而且在该组织及运行、活动中起着决策、指挥、协调、管理作用，并直接组织、策划、指挥故意杀害王永成等严重暴力犯罪案件。尽管该组织在具体的犯罪中分中有合、合中有分，但是整个组织的违法犯罪活动是紧紧围绕着刘汉、刘维、孙某某三个人展开的。刘汉是其中关键的纽带，把整个组织紧密链接在了一起。

——是否必须"明知黑社会性质的组织而加入"才符合黑罪条件？

刘汉辩护人：认定黑社会性质组织罪，特别是要满足犯罪主观要件，才能为其定罪。对于组织成员来说，缺乏"明知黑社会性质的组织而加入"这个构成要件，就达不到构成犯罪的标准。

公诉人：根据相关司法解释和规范性文件，在认定黑社会性质的组织成员时，并不要求其主观上认为自己参加的是黑社会性质组织，只要其知道或者应当知道该组织具有一定规模，且是以实施违法犯罪为主要活动的，即可认定。

在被告人桓立柱、詹军、王雷 3 人案审理中，辩护人称：被告人进入公司时，并不知道其是黑社会性质组织，不构成参加黑社会性质组织罪。

公诉人：3 人作为刘汉的管家、保镖，跟随其多年，对刘汉、刘维等人实施的部分违法犯罪活动，以及刘汉、刘维、孙某某等人在组织中的地位均心知肚明。即便他们开始不知道是黑社会性质组织，但知道真相后没有退出，而是在组织领导下先后实施了非法持枪保护刘汉、故意伤害他人等违法犯罪行为。3 人已经以自己的实际行动接受了该组织领导管理，应认定为参加黑社会性质组织。

——是兄弟亲情，还是犯罪组织关系？

刘汉自辩：刘维的事与我毫无关系，他做过的事我不知道。没有伙同他人犯过任何罪。

刘汉辩护人：刘汉和刘维一年仅见几次面，刘维的活动他清楚吗？刘维派人保护刘汉，有的是公开保护，有的是暗中保护。刘汉让刘维走正道，合法经营。这都是亲兄弟之间的亲情。

公诉人：在组织中，刘汉负责决策、管理、指挥，更多体现在经济上、社会关系上的组织与发展作用，而刘维则是发挥武力保障与推进作用。他们在兄弟情谊之外，还有共同犯罪中"上令下从"的关系。两人在发展方向、地域上互为补充、互为支持，在组织活动中既相对独立，又紧密联系。该组织成员多人均证实，"孙某某、刘维平时都听刘汉的，刘汉就是他们的'哥佬倌'。"刘汉对整个组织的发展壮大及协调、运转发挥着最重要的作用，对组织成员有绝对控制力，在组织的多起违法犯罪活动中，指挥实施或事后提供支持，足以认定系组织者、领导者，应对全部组织犯罪承担责任。

在刘维等 7 人案中，法庭就被告人刘维及其辩护人申请非法证据排除进行调查，公诉人出示了刘维身体检查证明、看守所狱医、管教干警及同监号人员的证言等证据。应公诉人申请，并经法庭许可，公诉人有针对性地播放刘维在咸宁市咸安区看守所接受讯问过程的录音录像，证明咸宁办案人员在审讯过程中没有对刘维刑讯逼供。针对上述证据，刘维作了陈述，刘维的辩护人发表多轮质证意见，公诉人多次作出具体说明。

在刘汉等 10 人案的法庭辩论阶段，控辩双方还就刘汉是否构成立功的行为进行了辩论。辩护人提出，刘汉被抓获到案后，向侦查机关提供了抓获刘维的重要线索等，应认定为立功，有从轻处罚情节。公诉人认为，作为犯罪嫌疑人，我国刑诉法规定应当如实供述自己的犯罪事实，上述是与其密切相关的事实，属于应当如实供述的内容，不具有立功情节。

刘汉等涉黑案的各法庭庭审过程中，辩护人对多名被告人是否具有酌定从轻处罚、减轻处罚的量刑情节等问题发表了辩护意见，并向法庭提交了相关证据。公诉人也对量刑情节等问题发表了意见。

庭审过程中，在大量证据面前，多数被告人当庭认罪、悔罪，对被害人及其家属表示歉意，恳请法庭从轻处罚。被告人刘维在最后陈述中说："我对自己犯下的罪行，接受法律对我的任何审判结果，还死者一个安息。"

被告人孙长兵向法庭深深鞠躬后说："我自愿认罪并悔罪，希望法庭对我处罚的同时，给予我挽救、教育和帮助，依法从轻判处。"被告人闵杰还当庭提交了悔罪书。被告人旷晓燕当庭悔罪，坐在旁听席的旷晓燕妻子闻言落泪。

被告人刘学军恳请法庭作出客观公正的判决。被告人刘忠伟当庭表示认罪，希望法庭从轻处罚。被告人吕斌、孙华君、缪军、车大勇、旷小坪、刘光辉、袁绍林、曾建、张东华、仇德峰、陈力铭、钟昌华、王万洪、黄谋、郑旭等当庭表示认罪、悔罪，恳请法庭宽大处理。

咸宁市中级人民法院一审判决指出，刘汉等人组织、领导的黑社会性质组织在广汉市、绵阳市、什邡市等地存续近 20 年，成员多达 30 余人，实施故意杀人、故意伤害等违法犯罪活动数十起。刘汉指使、纵容、认可其组织成员实施故意杀人犯罪 5 起，主观恶性极深，手段特别残忍，社会影响极其恶劣，后果和罪行极其严重，应依法惩处。刘汉作为黑社会性质组织的组织者、领导者和首要分子，应当对该组织所实施的全部罪行负责。

正义终至

◎ 控辩双方虽然观点激烈交锋，但庭审过程是依法、理性的

◎ 这次审判充分体现了法律的公平正义，以刘汉为首的黑社会性质组织作恶多年，应该受到法律严惩

庭审期间，部分被告人亲属、人大代表、政协委员、媒体记者、群众代表共 6000 余人次旁听了庭审。

刘汉等 36 人涉黑案，经依法指定管辖，咸宁警方进行了缜密侦查，咸宁市人民检察院严格审查、监督和起诉，咸宁市中级人民法院 3 月 31 日起依法公开开庭审理。

2013 年 4 月中旬，咸宁市公安机关依法接受侦查任务，400 多名民警，先后奔赴四川、贵州、深圳等地调查取证，行程数十万公里，依法询问证人 1000 多人，采集、调取大量证据资料。

依据法律规定的公诉引导侦查原则，在公安机关侦查过程中，咸宁市检察机关提前介入，对侦办过程全程监督，共给公安机关提出 1000 多条补充侦查意见。对辩护人提出的合理合法申请给予许可，并将所有案卷材料对辩护人一律公开，尊重被告人及其辩护人行使合法权利。

负责审理此案的法庭给予被告人充分的质证、自行辩解的时间和机会，在刘汉等 10 人案法庭辩论中，被告人刘汉结合个人经历，作了长达 140 多分钟的自行辩护。辩护人的辩护权得以在法庭上充分行使，辩护意见可以充分表达，审判长很少打断，即使打断也是提醒辩护人"发表新的辩护观点"。

旁听了庭审的咸宁市人大代表朱晓明说，控辩双方虽然观点激烈交锋，但庭审过程是依法、理性的，法庭充分听取了控辩双方的意见，给了被告人及辩护人很多时间发表意见。我通过庭审看到了司法的公平公正、阳光透明。

咸宁市民魏小俊在旁听宣判后说，这次审判充分体现了法律的公平正义，以刘汉为首的黑社会性质组织作恶多年，应该受到法律严惩，这是对受害人和他们家属的交代和抚慰，也会让人民群众对依法治国更有信心。

稿件来源：2014 年 5 月 24 日、2014 年 8 月 8 日《法制日报》案件版、要闻版

作者：新华社记者

第二章　分析

涉黑犯罪活动交织腐败日趋复杂

2014 年 11 月 12 日，山西省公安厅通报全省打黑除恶专项斗争战况，山西警方公布了十起典型的涉黑涉恶案件，这些涉黑涉恶犯罪对当地人民群众的社会安全感造成很大危害。

在此前的 2014 年 9 月 12 日，国务委员、中央政法委副书记、公安部部长郭声琨在全国继续推进打黑除恶专项斗争电视电话会议上强调，各地区、各有关部门要充分认识打黑除恶专项斗争的长期性、艰巨性、复杂性，以对党和人民高度负责的精神不断推进专项斗争向纵深发展。

近年来的危害公共安全犯罪案件发现，涉黑涉恶犯罪活动较为突出。

打黑降低刑事犯罪率

李振刚，广东省茂名市人，以他为首的涉黑团伙涉嫌故意杀人、诈骗、敲诈勒索、非法拘禁、非法侵入住宅、行贿、洗钱等犯罪事实 30 宗，涉案金额达 4 亿元。

2011 年 5 月 19 日，警方打掉以李振刚为首的特大涉黑组织，抓获犯罪嫌疑人 29 名，同时挖出充当李振刚团伙的"保护伞"多名，破获敲诈勒索、诈骗等案件 30 宗，查封、冻结该团伙非法所得涉案金额总值达 4 亿元。

2011 年 12 月，李振刚等 20 余人涉黑案在广州市中级人民法院异地审理后一审宣判。李振刚因犯组织领导黑社会性质组织罪、非法拘禁罪、行贿罪、非法经营罪等共计 7 宗罪被判处有期徒刑 20 年，罚金 1.003 亿元。

2014 年 9 月 19 日，经广东省高级人民法院发回重审，广州市中级人民法院重审宣判：因法律适用等问题，李振刚所涉的非法经营等 3 宗罪名未被认定，李振刚被改判有期徒刑 12 年；取消逾亿元罚金仍追缴全部违法所得。李振刚团伙案中 2 名被告人因证据不足被宣判无罪。

法院判决书披露，李振刚等人放高利贷的对象涉及茂名、广州等地，其中以建筑行业的包工头老乡为主，也有参与赌博、涉嫌诈骗的嫌疑人，甚至包括投资亏损处于资金困局中的企业老板。李振刚等人放贷 300 万元，不到半年就会形成 2000 多万元的债务。当欠债方还不起高额债务时，李振刚团伙便采取威胁、恐吓、殴打、非法拘禁等方式追债。对于有固定资产的欠债人，李振刚团伙会威逼对方将高利贷写成欠条，然后以伪造证据等方式，虚构成普通债务问题，侵吞借款方的房产、股权等财产。

2011 年，全国"打黑办"统计，自 2006 年中央部署打黑除恶专项斗争 5 年来，全国公安机关共打掉涉黑组织 2131 个，铲除恶势力 2.4 万多个，破获各类刑事案件 17 万多起，扣押涉黑资产 100 多亿元；检察机关公诉涉黑案件 1779 起，人民法院宣判涉黑案件 1462 起；司法行政机关跨省异地关押黑社会性质组织头目及骨干 518 名。

公安机关每铲除一个称霸一方的黑恶势力，都会连带破获几十起甚至上百起刑事案件。随着打击涉黑犯罪的深入，绑架、伤害、涉枪等严重暴力案件发案率持续下降。

涉黑犯罪手段更加隐蔽

2011年7月8日上午，湖南省众一集团公司董事长、总经理李湘铭涉黑团伙案由湘潭市雨湖区人民法院公开宣判。法院以被告人李湘铭犯15宗罪，一审判处其有期徒刑20年，剥夺政治权利2年，并处罚金152万元；对涉案其他26名被告人分别判处有期徒刑1年2个月至14年6个月不等，并处罚金共计127.7万元。对涉案的被告单位湖南众一房地产开发有限公司，以骗取贷款罪判处罚金100万元。

随着法院一审判决的下达，这起备受社会关注的涉黑团伙案，逐渐向世人掀开了黑色的面纱。

"湖南众一集团"是一家多元化企业，主要从事房地产开发、土木建筑、锰矿等矿产品采掘加工、商铺管理和经营等业务。"黑老大"李湘铭也曾是"商界新锐"。

从2006年开始，李湘铭在开发"通苑佳园"商品房项目时，就与施工队伍、工地周边产生了很多矛盾。李湘铭认为，请求相关部门出面解决问题程序复杂，而由社会上的人来出面，事情反而"处理得快，处理得好"。于是，李湘铭就产生了类似"黑社会带小弟"的想法，希冀以暴力为"资本"，在经营活动中压制竞争对手，收"四两拨千斤"之效，进而以较小资本牟取暴利。

据查，李湘铭团伙组织层次比较分明：李湘铭系该组织的组织领导者，是该组织的第一层成员。团伙成员殷亮、黄辉、罗睿、王海全、罗学军系李湘铭的得力干将，是该组织的第二层成员。李湘铭将要进行违法犯罪活动时，都是下令给他的第二层成员，由第二层成员殷亮等人再去组织人员具体实施。团伙成员黄雄伟、张昊等16人是该组织的第三层成员。在该组织形成发展过程中，李湘铭还为该组织确立了一些"组织成员"必须遵守的"规矩"，比如对上一律喊"哥哥"，小弟必须听"哥哥"的话。

法院查明，除犯有组织、领导、参加黑社会性质组织罪外，李湘铭还分别犯有强奸罪、贩卖毒品罪、容留他人吸毒罪、虚报注册资本罪、抽逃出资罪、骗取贷款罪等。检察机关起诉书上列举的罪名多达15项。从2008年至2010年，被李湘铭团伙成员先后寻衅滋事致伤在案的被害人达11人之多。

梳理近年来的涉黑案件发现，类似李湘铭团伙，以合法公司为外衣的涉黑案件不少。

来自全国"打黑办"的分析称，目前，黑恶势力主要盘踞在建筑、运输、商品批发等各类市场，歌舞、洗浴等娱乐休闲场所和餐饮业，有的还渗透到有色金属、煤矿等能源领域，黑恶势力的犯罪手段更加隐蔽。

西南政法大学教授汪力认为，无论黑社会性质组织如何包装、隐藏，其惯用的通过非法手段逐利性质很难完全消失，在特殊时刻仍会出现。当然，也有一些新的黑社会性质组织处于原始积累阶段，依然摆脱不了暴力手段。

打黑和反腐相互关联

2014 年 5 月 23 日，审判长的宣读声回荡在湖北省咸宁市中级人民法院第一审判法庭内。

"被告人刘汉犯组织、领导黑社会性质组织罪，判处有期徒刑 15 年，并处没收个人全部财产……犯故意杀人罪，判处死刑，剥夺政治权利终身，决定执行死刑，剥夺政治权利终身，并处没收个人全部财产。"

至此，刘汉、刘维等 36 人犯组织、领导、参加黑社会性质组织罪以及故意杀人罪等案件完成一审法律程序。这是党的十八大以来判处的性质最为严重的黑社会性质组织犯罪案件。

在刘汉、刘维涉黑组织背后，有一张错综复杂的权力关系网。

中南财经政法大学教授乔新生认为，当前，一些地方的黑社会性质犯罪之所以长期存在，是因为不法分子编织了一张非常复杂的社会关系网。在市场经济条件下，涉黑组织必然会与权力相互勾结，并且通过不正当竞争或者垄断拓展生存空间，为了达到自己的目的无所不用其极。

汪力也持类似观点，他认为，从客观上看，没有"保护伞"，黑社会性质组织很难在当地做大做强。打掉黑社会性质组织也就自然顺带着挖出其背后的"保护伞"，一批被腐化拉拢的官员也就落马。从这点上看，打黑和反腐相互关联，打黑能牵出一些腐败官员，揪出一些腐败官员也能顺带挖出黑恶势力。

也正因为如此，在 2014 年 9 月 12 日的打黑除恶专项斗争电视电话会议上，郭声琨要求，要加强社会治安形势分析研判，准确把握黑恶势力犯罪出现的新情况、新动向，对可能滋生黑恶势力的重点行业、重点领域、重点地区，认真抓好摸底排查，明确工作重点，深入开展专项打击，做到有的放矢、精确打击、打出实效，解决突出问题。要坚持除恶务尽，对充当黑恶势力"保护伞"等突出问题，坚持党纪国法面前人人平等，不管涉及什么人，不论职务高低，都要发现一起、查处一起，坚决清除害群之马，绝不姑息迁就。

稿件来源：2014 年 11 月 15 日 《法制日报》案件版

第三章　网络非法外之地

"矩不正,不可为方;规不正,不可为圆。"

世上万物多有规矩可言,互联网络、电信通信亦如是。

本章集纳法院判决典型案例,告诫世人:不守规矩、僭越秩序,法理不容。

揭秘网络传销产业链

百度一下"网络资本运作",跳出约 260 万个网页链接,其中很多涉及一种新型违法犯罪活动——网络传销。

作为传统传销的变种,网络传销往往化身资本运作、投资加盟、网络购物等藏身于网络之中,伺机开展传销活动。

当前,网络传销已成为传销犯罪的主要形态之一,大案要案频发,对群众利益、市场经济秩序、社会稳定都造成了严重危害。如何有效遏制网络传销成为各执法部门亟须探索解决的难题。

号称"点广告就赚钱"

2009 年 12 月,湖南省常德市公安局根据群众举报,以涉嫌传销犯罪对澳洲 AD 网络媒体广告公司立案侦查。

经侦查发现,澳洲 AD "成名"于 2008 年。当时,其网站主推的"点击网络广告赚钱"的"盈利"模式在网络中疯传。

在这种模式中,网站的注册会员依照缴纳会员费的多少,区分为普通代理、金级代理、钻石代理、超级代理、商务代理。圈内将会员费称为"报单数",每单为 490 元,金级代理为 3 单 1470 元,顶级的商务代理则为 63 单 3 万多元。

而会员的盈利则依靠直接或间接发展下线,发展的下线越多,自身级别越高,提成也越多。最终该组织发展为一个金字塔结构。

2010 年 1 月,湖南省常德市公安机关抽调由特警、经侦、刑侦、网侦部门组成的 40 名警力,赶赴澳洲 AD 总部所在地深圳,成功捣毁了这一传销团伙,抓获赵某等主要犯罪嫌疑人 13 名,追缴涉案资产 2600 余万元。

据赵某交代，2008年下半年，他与犯罪嫌疑人何某邀请有电脑网络技术专长的人士加盟，着手建立网站。网站以推广"点击网络广告赚钱"为幌子，以发展会员提成和点击广告奖金为诱饵，吸引参加者缴纳会费，从而骗取高额会员费。

因网站并无产品可卖，赵某等组织者为避传销之嫌，在网站植入网上购物内容，并租用美国服务器，提供国外第三方网络的网址传给会员自行链接，给他人造成一种公司在国外，且国外会员众多的假象。

网站运行期间，为吸引更多的会员，2009年7月23日，网站又公布促销通知，宣传提高会员点广告计奖标准，同时承诺将点广告计奖时间延长至6年。促销通知对新成员具有极大的诱惑性，注册会员人数快速增长。至案发时，该网站已经发展会员逾万人。

2011年7月1日，法院开庭审理此案。2011年12月23日，常德临澧县人民法院对此案作出一审宣判，以组织、领导传销活动罪判处赵某有期徒刑9年6个月，并处罚金500万元；以组织、领导传销活动罪判处其他8名被告人有期徒刑5年至1年5个月不等，并处罚金30万元不等，此案所有涉案赃款赃物予以全部追缴国库。

"拉人头"骗取加盟费

和澳洲AD案类似，江苏省镇江市公安局破获的世界通传销案同样为近年来影响巨大的网络传销案。

2007年1月，施永兵在香港注册成立世界通公司，谎称开发的普通手机通信给软件"Link-World"是由美国投资公司加盟研发的高科技产品，以"点广告、有钱赚"的口号对外宣传，介绍他人加入成为公司代理商。

施永兵等人设计了"协同分销代理制"的营销模式，将代理商分为6个级别，规定至少一次性买5件软件卡，缴纳4496元才能成为代理商，代理商则根据发展下线代理商的数量及售卡总量晋升级别，按比例提成，从而刺激代理商不断发展下线，引诱他人参加。

在不到两年的时间里，施永兵等人在全国共发展各级代理商13.5万余人，销售软件卡480多万张，非法经营额达10亿元。

目前，施永兵被以组织、领导传销活动罪判处有期徒刑9年，并处罚金1000万元。

近年来，网络传销案层出不穷。公安部经侦局涉众型经济犯罪侦查处相关负责人接受《法制日报》记者采访时指出，网络传销不管披着怎样的外衣，其本质还是以"拉人头"骗取加盟费。

洗脑以说教诱惑为主

"与传统传销相比，网络传销具有的一些新特点，加大了公安机关的侦破难度。"这位负责人介绍说，网络传销的参加者缴纳入门费或者购买网络服务、网络产品的付费方式大都是网上支付，虚拟性强，也更加隐蔽；有时公安机关在沿资金链条顺线倒查时，发现大量涉案资金通过地下钱庄进行周转，给资金追缴工作带来了很大困难。

同时，网络传销在网上发展人员，各自身份往往是假名或代号，操纵者也由明转暗，躲在幕后，下线一旦被执法部门查获，上线能马上逃无踪迹。

"在一些传销网站中，还可以看到其为证明自身不是传销所做的长篇大论，有的还冒用或歪曲国家产业、金融政策，在网站上粘贴伪造的国家机关公文，披上'合法外衣'，来诱骗他人加入。"这位负责人说，参与其中的一些人被抓后，还认为这是正常的商业经营，是一种新的电子商务。

据介绍，相比传统传销，网络传销还有传播蔓延快的特点。由于互联网具有跨地域性，使得网络传销突破了地域甚至国界的限制。为逃避打击，传销人员经常"打一枪换一个地方"，在全国各地流窜作案，频繁变换服务器地址，给公安机关调查取证工作带来了挑战。

除此之外，网络传销有别于传统传销的一个重要特征是它几乎不限制参加者的人身自由。虽然两者都需要对参加者"洗脑"，但手法不同，传统传销以限制人身自由加暴风式"填鸭"灌输方式，而网络传销则以说教诱惑为主。

"在加入后，只要能上网，能通过网络传递信息，网络传销者就可以在任何地方、任何时间从事传销活动，不受时空限制，也不受任何人的直接干预。"这位负责人表示。

根据公安机关的调查，网络传销犯罪已形成上下链产业结构。网络中有人在销售传销组织常用的制度定制版本和网站模板，同时为购买人提供在线试用等服务。

"对于这些人，如果他们是明知对方从事传销活动，依然提供服务，将会视为共犯予以打击处理。"这位负责人说。

稿件来源：《法制日报》综合报道

网络赌博代理商拉亲娘亲姨入伙

被告人阮伟与国外一家赌博网站勾结，成为国内的一级代理，短短十余天时间，其代理账号下的会员参赌资金数额达上亿元，运营4个月内滚动押注达到11亿元人民币，获利上百万元。

2011年3月2日，安徽省合肥市庐阳区人民法院开庭审理以阮伟为首的合肥特大网络赌博案，该团伙14名团伙成员涉嫌开设赌场罪出庭受审。

大肆发展代理商

据检察机关当庭指控，2010年年初，阮某获得设在柬埔寨的"迪威娱乐"赌博网站一级代理身份及"王浩东3"账号后，发展会员进行赌博活动。黄某某（系阮某妻子）负责管理赌博来往账目，雇佣被告人陆某等人进行维护、管理赌博账号的后台，为下级代理及会员的赌博活动提供开设赌博账号和上分、销分、押注、结算、核对、交接赌账等服务。

2010年5月17日至5月30日期间，"王浩东3"账号下的赌资数额累计为63371000元。同时，阮某还利用其一级代理账号发展被告人刘某（系阮某母亲）、费某、王某、刘某（系阮某四姨）、刘某（系阮某五姨）等29名二级代理，召集大量参赌人员登录"迪威娱乐"赌博网站参与"百家乐"赌博，聚集赌资上千万元，从中获取洗码费从几万元到几十万元不等。

家庭成员成骨干

2010年年初，一家位于柬埔寨名称为"迪威娱乐"的境外赌博网站进入中国警方的视线，警方发现该网站在合肥有为数众多的涉案人员。随后，公安部将侦办和破获位于柬埔寨的"迪威娱乐"赌博网站的专案交给了合肥市公安局。经过前期的大量侦查工作，一个隐藏在合肥市地下多年、以家庭主要成员为骨干力量的庞大赌博团伙逐渐浮出水面。

经查，该赌博网站在合肥的涉案人员分4个级别：股东、总代理、代理、会员。各级代理及股东根据其占股的多少从下线会员输的金额中提取各自所获得利润后，由股东将剩余赌资通过银行汇往境外赌场。"迪威娱乐"赌博网站俨然成为安插在中国境内的一根根"吸血管"。

该案主犯阮伟自 2008 年以来一直在合肥秘密经营地下网络赌博业务，曾为境外"迪威娱乐""东方明珠""蓝盾"等多家赌博网站担任境内代理人。

2010 年 2 月，阮伟亲赴柬埔寨与"新迪威娱乐"赌博网站的经理人联系后，获得"迪威娱乐"赌博网站一级代理身份，在合肥市直接发展大量会员后，在该网站进行"百家乐"赌博活动。该赌博团伙最大的特征是以家族式犯罪为主，在阮伟发展下线过程中，他将其母亲、四姨、五姨拉入二级代理，将其妻子黄某安排打点阮伟赌场内的来往账目。

押码高达六千万

《法制日报》记者从检察机关指控中得知：

在 2010 年 5 月 17 日至 30 日短短 14 天里，阮伟及其下线总押码就达 6337 万元人民币，其个人获利约 70 万元人民币（含洗码费）。阮母二级代理账下赌资数额达 1128 万余元，四姨二级代理账下赌资达 1012 万余元，五姨二级代理账下赌资达 938 万余元，"合伙人"赵玲账户下赌资数额 1895 万余元。

在 2011 年 3 月 2 日进行的法庭审理中，14 名被告人对公诉机关指控的涉罪事实供认不讳，并表示"认罪"。然而，当主审法官和公诉人问及每名被告人到底赚了多少钱时，多数被告人都表示"记不清"，很多被告人异口同声宣称对于自己做的事情并不了解。

法官问阮母有几个二级代理账号，阮母反问道："什么是账号，我没有文化，不知道。"

负责上分记账的被告人黄某、沙某声称："不知道赌场是否每天运营。"二级代理人费某则回复法官说："盈利是'抽水钱和洗码费'，但是洗码费怎么计算却不知道。"

《法制日报》记者旁听庭审知悉，此案没有当庭宣判。而根据法律相关规定，检察机关指控 14 名被告人行为构成了开设赌场罪，此罪名最高刑期为 10 年。

稿件来源：2011 年 3 月 3 日 《法制日报》案件版 作者：李光明 王鹏

"老友 QQ 群"竟成黑枪交易站

一个声称找老乡、交朋友的网络 QQ 群，实际上却是一个枪支弹药交易平台——近日，广西壮族自治区南宁市公安局公布了破获的一起网络贩卖枪支弹药案的详细情况。

据了解，2011 年 4 月以来，南宁警方在全市范围内开展了涉爆涉枪重点地区专项打击整治行动，至今共抓获涉嫌非法持有枪支弹药人员 12 名，缴获自制单管猎枪 1 支，各类气枪 13 支，气枪铅弹 1400 多发，各类枪支配件和组装工具一批。

网络 QQ 群"以枪会友"

2011 年年初，一个使用区外 ID 注册的网络用户在网上发布各类枪支配件、弹药、火药的非法贩卖信息，引起了公安部门的注意。

据统计，在这个虚拟身份发布的信息中，涉及枪支配件、弹药等交易多达数十笔，涉及金额达到 17 万余元。其中，一个注册使用南宁 ID 的网民，跟此虚拟身份长期有交易往来，多次购买枪支配件。

南宁警方很快查到了这个南宁网民的一些信息：赵某，活跃在"广西老友 QQ 群"中。

警方进一步侦查发现，"广西老友 QQ 群"并非一个简单的 QQ 群。表面上看，该 QQ 群的目的是"找老乡、交朋友"。实际上，它是"以枪会友"，是一个枪支弹药及配件的信息散布和交易平台。

经过一系列细致的前期摸排，该 QQ 群里涉案人员的真实身份基本确定。

欧某是该群创建者、管理员；黄某在群里发布装配枪支的知识，可谓"技术顾问"；赖某是典型的"消费者"，今年初加入该群后，在群里花了 1800 元，向另一名群友购买了一支自制枪；赵某则把自己从外地买来的枪支拍成图片后，发到该群上"炫耀"。

警方 48 小时辗转 4 地追枪

赵某拥有一家机电公司，产业遍及广西区多个城市，在南宁亦有分支机构。起初，由于弄不清楚赵某的具体落脚点，3 名侦查员在南宁连夜搜寻 8 家旅馆，也未发现赵某踪迹。侦查员转变策略，乔装成业务员，拨通了赵某公司的客服电话，提出要上门联系业务。随后在赵某公司门口，侦查员敏锐地将他控制住，并从他车内搜出一颗小口径步枪子弹，以及一台存有涉及枪支信息的手提电脑。

赵某交代，他还拥有数百枚弹壳、弹杯和枪支配件，藏在了老家大新。侦查员立即奔赴大新展开追缴工作，果然从赵某家中搜出多个用于网络购物的包装盒，赵某交代那些盒子均为枪支配件的包装盒。但除此之外，侦查员在赵某家中并无进一步斩获。

不过，侦查员发现赵某的姑姑有些心神不定，经做思想工作，赵某的姑姑终于坦陈，家中原来的确有数百枚弹壳、弹杯，但已经在自家的机电厂里与废旧金属一起熔掉了，还有一支枪藏在大新县城农机公司修理厂的仓库内。

侦查员寻址而去，查获了一支崭新的加压气枪成品。

侦查员还获悉，赵某的堂兄弟林某也掌握了一些非法枪支弹药的去向，于是追捕小组又立即奔赴柳州追截林某，谁知林某刚刚转移到来宾市。侦查员又马不停蹄转战来宾，成功截获林某，并在其公司二楼搜出了一支废旧气枪，一支 755 苏式气枪半成品，以及数百枚铅弹。

48 小时内，警方转战 4 个城市，查获了赵某持有的 3 支气枪，近 300 粒 4.5mm 口径的气枪铅弹，还有一些猎枪的子弹弹壳、弹杯。据赵某供述，他所拥有的枪支弹药均通过网络购买。他自幼喜欢枪支这类"大玩具"，平时会约有共同兴趣爱好的好友出去打鸟，从未想过会因此触犯法律。

衣柜里包藏着一把猎枪

2013 年清明节前后，同样是"广西老友 QQ 群"群友的樊某，以另外一个虚拟身份，在某论坛与一个售卖打猎器具的卖家达成了一笔枪支配件交易。获知樊某的主要活动区域在马山后，马山县公安局刑侦大队立即在全县展开摸排。很快，樊某的信息被警方掌握。

4 月 27 日中午 12 时许，侦查员在白山镇新兴街一栋 4 层建筑附近伏击守候。

这是一栋双门面的楼房，一楼的门面是家正在营业的大排档，有一定的人流量，且里里外外有 20 多间房，樊某在哪间房很难断定。

接近傍晚时，侦查员决定智取——乔装成消费者进入一楼大排档，并通过暗中观察和询问，确定了樊某的具体位置。晚 7 时许，樊某被控制住。

在樊某卧室的衣柜里，侦查员拨开层层衣物，搜出了一支 110 厘米长的自制单管猎枪，并在其床头柜、书柜等处搜出了管制刀具一把、铜弹壳百余枚、弹杯百余枚、底火和底火帽近千枚以及无烟火药、铅珠一批。

目前，樊某因涉嫌非法持有枪支、弹药罪被公安机关刑事拘留，检察院已经对樊某批准逮捕。

玩枪不干坏事也违法

"广西老友 QQ 群"的另一名群友李某在群里异常活跃，也引起了警方注意。经调查，李某是横县人。

4 月 27 日早晨，横县公安局刑侦大队的侦查员来到李某家所在的清江村布控。当天下午 7 时许，侦查员将正在家中的李某抓获，并当场从李某家中搜出一支气枪及一批枪管、扳机、枪托、铅弹、钢珠等气枪零件，还有用于自制气枪的千斤顶、氧气瓶、电钻等工具。

据李某供述，他 2005 年购买一支废旧气枪进行维修，修好后对枪械的组装产生了浓厚兴趣，常到废旧店购买废旧气枪及零部件，尝试组装气枪，但一直没有成功。此后，他又对火药枪产生了兴趣，从网上找到制造火药枪的技术知识后，便潜心研究，买回铁管着手制造火药枪，还买了猎枪弹的弹壳打算制造弹药。2010 年年底，李某加入"广西老友 QQ 群"，在群里与网友交流制造枪支的经验。由于是刚加入的新成员，李某在群里级别较低，为了炫耀，他曾经编造说自己拥有一支五四式手枪。其实 5 年来，无论是组装气枪还是制造火药枪，李某始终没有成功过。

面对公安机关的依法处置，李某懊恼道："我只是觉得组装枪支很好玩很威风，又没有拿去做什么坏事，没想到这样也是违法的。"

最终，南宁市公安局同时在多个区、县展开抓捕，共抓获涉案人员 12 人，其中包括"广西老友 QQ 群"成员 11 人。目前，南宁警方已对涉嫌非法制造、买卖、持有枪支弹药犯罪的赵某、樊某、李某等 6 名嫌疑人进行了刑事拘留，对其余未达追究刑事责任条件的人员依法进行了治安处罚。

南宁市公安局副局长王义介绍说，我国法律对枪支实行严格管制，对枪支的制造、配售实行特别许可制度，未经许可，任何单位或者个人不得制造、买卖枪支。

"发展个人的兴趣爱好要在法律允许的范围内。"王义说，从此次南宁警方抓获的涉案人员情况看，其枪支来源或是通过购买、收集枪支的零部件自行组装，或是通过对废旧枪支进行维修改造，即便他们仅将持有的枪支用于收藏、打鸟、捕鼠，尚未造成直接或重大的社会危害，他们的行为也同样违反了枪支管理法的相关条款。警方告诫忽视法律和存在侥幸心理的人员，切勿以身试法。

稿件来源：2011 年 6 月 11 日《法制日报》案件版 作者：莫小松 农媛

公安部披露最大规模跨境电信诈骗案

2011 年 6 月 11 日晚上 10 点 30 分许，北京首都国际机场专用停机坪，一架国航大飞机缓缓落地。在对工作组民警代表进行了简单而隆重的迎接仪式后，77 名犯罪嫌疑人戴着手铐、套着黑头罩，在民警押送下走下飞机，登上一旁等候多时的大巴，赶往看守所。

2011 年 6 月 9 日上午，海峡两岸警方与柬埔寨、印度尼西亚等国警方开展统一收网行动，成功摧毁了一个特大跨境、跨国电信诈骗犯罪集团，一举抓获电信诈骗犯罪嫌疑人 598 名（其中大陆居民 186 名、台湾居民 410 名、柬埔寨居民 1 名、越南居民 1 名），捣毁诈骗窝点 106 处，缴获银行卡、电脑、手机等一大批作案工具。

上述 77 名犯罪嫌疑人就是从印尼押解回国的。

人数之多前所未有

2011 年 6 月 11 日晚上 8 点左右，《法制日报》记者就赶到了位于首都机场 2 号航站楼西南角的专用停机坪。在候车室，看到了早已在此等候的公安部刑事侦查局局长白少康。

据记者观察，从 8 点到 11 点半左右接机结束，白少康始终一脸笑容。当然，他有理由如此高兴——本案侦破行动，是公安机关目前侦破的最大规模的电信诈骗犯罪案件，打掉的犯罪窝点之多、抓获的犯罪嫌疑人数量之大都是前所未有的。

白少康还透露，这起案件是在国务委员、公安部部长孟建柱直接指挥下，公安部和台湾警方联合作战，联手柬埔寨、印尼警方，组织开展的集中统一收网行动，给予了电信诈骗犯罪活动以沉重打击。

实际上，对于近年来不断涌现的电信诈骗犯罪，孟建柱一直高度关注，并多次强调，各级公安机关要认真研究当前电信诈骗犯罪的新情况、新特点，总结在不同环境和条件下开展打击、预防工作的经验，坚持标本兼治，在加强与电信、金融、外交等部门密切配合的同时，要进一步加强区域合作和国际执法合作，不断提高跨区域和跨境、跨国打击犯罪的能力，维护好人民群众的切身利益。

嫌疑人多数为女性

《法制日报》记者发现，这次押解回国的 77 名犯罪嫌疑人，虽然都套着黑头罩，但从衣着打扮来看，多数是女性。本次去印尼开展警务活动的工作组组长、公安部刑侦局副巡视员陈小坤证实，其中 50 名为女性。

"电信诈骗犯罪一大特点便是，犯罪嫌疑人女性居多，主要从事一线'话务员'工作，即给广大群众打电话进行诈骗。"陈小坤说，这些人都是台湾人在大陆组织招募的，招募时，她们大多是了解出境后去实施违法犯罪活动的，但在利益面前，还是通过旅游签证等形式，欣然前往。

"'话务员'月工资基本在 2000 元至 3000 元，如果诈骗成功，可按比例提成。去年我们打掉一个电信诈骗团伙，其中最高一单骗取受害人 1300 多万元，那名打电话的女性'话务员'一次提成 24 万元。"陈小坤介绍说。

冒充国家工作人员

据了解，本案涉及电信诈骗数百起，被骗区域涵盖我国近 30 个省份。群众受骗金额目前正在进一步侦查和统计中，但总数额绝对不小，其中最大一笔金额为 400 多万元，2011 年 5 月发案于山东省。

电信诈骗虽然是近年来兴起的一种新型诈骗，但已呈泛滥趋势，各地公检法、银行、电信等部门时常进行预警提示，媒体也作了大量相关报道。为何仍有那么多民众上当受骗呢？

公安部刑侦局程警官结合本案介绍说，当前电信诈骗最流行的手法是犯罪嫌疑人冒充国家机关工作人员进行诈骗，以增强其欺骗性和可信度，让很多缺乏防范意识的群众受骗上当。

"比如'话务员'冒充金融机构的工作人员，称受害人的银行卡异地消费了，账户存在风险。受害人一看电话号码为 95588；回拨 95588 或通过网络查询发现，该号码确为银行号码。等'话务员'紧接着用'95588'打来电话时，受害人已深信不疑，将自己账户中的钱转移至所谓'安全账户'，之后钱立即被犯罪分子取走。"程警官说，其实，"话务员"的号码显示为 95588，是使用了网络电话"任意显"功能，不仅可以显示金融单位的号码，公检法等机关的号码都能显示。

跨境追赃并非易事

纵观近年来的电信诈骗案件，几乎无不"涉外"，犯罪嫌疑人为逃避打击，常常跨境、跨国实施犯罪。本案也不例外，经警方缜密侦查，本案诈骗犯罪集团幕后组织者在台湾，话务诈骗窝点和转账、洗钱窝点在柬埔寨、印尼等国以及广东、重庆等地。

为侦破此案，公安部与台湾警方及时交换情报，多次磋商协调，联合办案，共同开展侦查工作；在与台湾警方加强合作的同时，公安部还加强了国际警务合作。

6 月 9 日，抓捕行动开始，大陆警方抓获犯罪嫌疑人 26 名，台湾警方在台抓获犯罪嫌疑人 162 名。柬埔寨、印尼警方根据通报，同步开展收网行动，柬埔寨抓获犯罪嫌疑人 188 名，印尼抓获 177 名。马来西亚、泰国警方也同步开展打击行动，分别抓获 37 名和 8 名犯罪嫌疑人。

"这起案件的成功侦破，是两岸警务合作的一个成功范例，也是国际警务合作的一个成功典范。此案的侦破再次证明，无论犯罪分子在什么地方实施侵害人民群众利益的犯罪活动，中国公安机关都有能力将他们缉捕归案，依法惩处。"白少康说。

从 2010 年年底，大陆警方与台湾、菲律宾警方同步展开打击电信诈骗行动，并于 2011 年 2 月初从菲律宾押解 24 名犯罪嫌疑人回国，到如今两岸与印尼等其他 4 国携手打击电信诈骗，民众也感受到我国警方打击电信诈骗犯罪越来越从容有力。

当然，正如现场一位公安部刑侦局人士所言，由于电信诈骗往往是跨境犯罪，追赃上存在的难题还有待破解。

稿件来源：2011 年 6 月 13 日《法制日报》司法版 作者：周斌

全国首例网络吸贩毒案

2011年9月8日零时34分，江苏南京，一间单身公寓的房门被敲开，3位民警冲了进去，三四秒钟后，嫌疑人被控制。

嫌疑人是名女性，长发凌乱，急促地喘着粗气，年轻的脸上满是汗水。床头柜上，一个巴掌大小"心形"盒子里，有5个透明袋，其中3个装着少量"味精状"物品。一旁沙发脚下，两个塑制饮料瓶盖上，分别插着几根吸管。

尿检呈阳性！她是一名吸毒者。"味精"就是冰毒，别样的饮料瓶是用于吸毒的自制"冰壶"。

在如此私密的单身公寓里，南京警方如何知道里面住着一名吸毒女？房间茶几上的手提电脑屏幕此刻亮着，显示着一家国内知名视频聊天网站的界面，这就是她"露馅"的根源。

据公安部统计，截至2011年10月27日16时，和这名吸毒女一样因此被查获的涉毒违法犯罪嫌疑人员达12125名，涉及全国31个省、市、自治区。

视频聊天网站涉毒

据警方介绍，涉毒的视频聊天网站是一家集多人视频、交友即时通信、网络卡拉OK等功能的网站，为国内较大的视频互动网站。

但就是这样一家网站，却成了吸毒人员的重要聚集地。

2011年3月，甘肃省兰州市公安禁毒部门在处理一起吸毒案件时，吸毒人员交代，自己曾在一家知名视频聊天网站上与他人一起吸毒；与此同时，陕西省西安市公安禁毒部门也接到群众举报称，一大批青年男女公开在一网站上吸毒、贩毒。

"在网络上怎么吸毒？这事还头一回遇到。"西安市公安局禁毒支队二大队教导员潘锋回忆说，经过进一步侦查才搞清楚，原来是吸毒人员聚集在该网站，通过视频实时互动吸毒，吸食的主要为合成毒品——冰毒。

据浙江省公安厅禁毒总队总队长蒌牛介绍，吸毒从现实社会转移到网络，与合成毒品特点有关，也与我国公安机关对合成毒品严打管控有关。他解释说，海洛因等传统毒品为抑制类毒品，通常在家中等私密场所独自

113

吸食，而合成毒品为兴奋类毒品，吸食后有社会交往的冲动和欲望，通常是集体性吸食。以往吸食地点多发生于休闲娱乐场所，随着公安机关打击力度加大，逐渐转移至宾馆、出租屋等更加私密的场所，并最终出现在网络中。

网上公开表演吸毒

实际上，不仅仅是西安公安禁毒部门，包括公安部禁毒局在内的全国公安禁毒部门对网络吸毒案件相对都是陌生的。但个案反映到公安部后，公安部敏锐地意识到，这是一起性质恶劣、涉及面广的新型涉毒案件。

2011 年 4 月，公安部将此案立为部毒品目标案件，指挥甘肃、陕西两地警方网上网下开展侦查工作，掌握了大量网络涉毒证据材料。据介绍，涉毒网站分十人房、百人房，涉毒房间主要是十人房。房主花钱开通十人房并设置密码，只有熟人或经熟人介绍才能进入房间，在里面吸毒并交流感受，也有少数涉毒人员在任何注册网友都能进入的百人房公开表演吸毒，谈论吸毒感受。

"最多时，该网站涉毒房间达 3 位数，一些涉毒人员将十人房房间起名为'17666'（谐音一起溜溜溜，吸毒人员称吸食冰毒为'溜冰'）之类。"潘锋说。

警方向《法制日报》记者提供的视频材料显示：在涉毒网站的房间里，很多吸毒人员穿着暴露，拿着"冰壶"吞云吐雾；有人怂恿别人再吸一口，有人不断询问：感觉怎么样？爽不爽？一网名为"花开花落"的年轻女性房主，每天绝大部分时间都在房间里，要么呆呆地看别人吸毒，要么自己吸毒，表现亢奋。

让人担忧的是，该涉毒网站注册极为方便，没有任何限制，任何年龄段的网友都能进来，也就有可能见到吸毒表演。

梳理百万涉毒线索

案情重大！公安部领导先后多次作出重要批示，要求统一指挥协调，加强警务合作，确保打击成功。公安部禁毒局、网络安全保卫局随即抽调精干力量，组成联合专案组，组织开展侦查工作。

2011 年 8 月 31 日，公安部在北京召开"8·31"特大网络吸贩毒案全国统一行动部署会议，向各省区市公安机关下发了前期查实的线索，之后一个月内又陆续下发了侦查所得的新线索；各省区市公安厅进一步甄别后，将线索再分给管辖地公安机关。

2011年9月2日零时，全国31个省市区统一行动，当天便查获涉毒人员959人。民警冲进现场时，很多涉毒人员正对着涉毒网站视频吸毒，被抓了个现行。

公安部禁毒局局长刘跃进告诉记者，专案组还约谈了涉毒网站负责人，筛选网站服务器视频有关线索100多万条，排查发现涉毒ID1236个。

9月8日中午12时50分，《法制日报》记者来到专案组前线指挥部，看到十多位民警正对着电脑开展侦查工作。其中一位民警介绍说，自8月24日前线指挥部成立以来，60位民警分成3班，24小时不间断在涉毒网站收集线索证据。

据了解，目前查获的12125名涉毒违法犯罪嫌疑人员中，多数为新发现的未登记在册吸毒人员，35岁以下青少年为主，年龄最小的吸毒人员仅14岁。

斩断网络贩毒链条

吸毒人员是违法者也是受害者，罪魁祸首是那些毒品制造者、贩卖者。因此，各地警方在查获吸毒人员的同时，特别注重涉毒网站中买卖毒品线索，以及吸毒人员网下毒品来源，打击制贩毒犯罪凸显快、准、狠。

抓捕战役开展当天上午，江苏省苏州市公安局禁毒部门便破获了一起贩毒案件，当场缴获冰毒200余克。

苏州公安局禁毒支队支队长李轫介绍说，苏州警方通过ID查到嫌疑人李某，将李某的手机号码在信息化大平台上进行研判后发现，号码实际使用者为乔某。之后，民警立即走访乔某居住地周边群众，得知该人经常昼伏夜出，没有工作且经济状况反常，有吸贩毒嫌疑。进一步侦查发现，乔某的吸贩毒上线为宋某，而宋某正在从四川往苏州返回途中，身上可能携带大量毒品。

2011年9月3日上午8时许，苏州警方在高速路口将宋某及其四川上线郭某抓获。并根据宋某交代，抓获其合伙人及下线9人。

说到打毒品贩卖网络，江苏省无锡市公安局禁毒支队支队长周杰颇为自豪地对《法制日报》记者说，无锡警方在5个小时内，打掉4层贩毒网络，将无锡市内一条贩毒链条整个铲除。

周杰说，在9月2日零时行动查获吸毒人员张某后，无锡警方立即开展现场审讯工作，根据其交代深挖上家，至当日凌晨5点，共打掉吸毒—零包（贩卖少量毒品）—小型批发商（有固定客源）—较大量贩毒人员共4层网络。

苏州、无锡只是全国警方深挖线索斩断制贩毒链条的一个缩影。截至10月27日，全国公安机关在"8·31"专案中延伸查获制贩毒人员1604名，破获制贩毒案件496起，打掉制贩毒团伙144个、制毒工厂（点）22个，缴获各类毒品308.3千克。

稿件来源：2011年10月31日《法制日报》司法版 作者：周斌

"玉林网络赌球第一案"黑幕披露

当世界杯、欧冠杯，乃至意甲、西甲、英超等赛事成为相当一部分人的狂欢盛事，当互联网的触角延伸到世界每一个角落的时候，网络赌球悄然寄托了一些人的发财梦想。然而，网络的虚拟性以及庄家的煽动性，决定了这样的博彩只是个请君入瓮的蚀钱游戏。

网络赌球，只有陷阱，没有馅饼。广西玉林的陈伟军等5人就是一个实例。他们利用互联网"永利高"赌博网站开设的3个股东级赌博账号，疯狂诱惑众多网民参与网络赌球，赌注总额达2.14亿元。2011年9月，玉林市容县人民法院对该案作出一审判决，判处陈伟军等5人有期徒刑1年至3年不等。

夫唱妇随

陈伟军算得上是玉林商界颇有名气的成功人士。他与人在玉林市开了一家装修豪华、档次颇高的夜总会，生意异常红火，几年下来，陈伟军与他的合作伙伴赚得盆满钵满。锦衣玉食、夜夜笙歌的日子过腻了，陈伟军便寻思找些又刺激又来钱的事情做做。

2009年夏末，陈伟军在广东省深圳市偶然认识了一个叫"凡"的澳门人。"凡"说："搞足球外围赌博和'六合彩'很容易赚钱，你那里如果有人赌球，可以给你一个'永利高'赌博网站的股东级账号接受赌球投注……"

"凡"的话让陈伟军怦然心动。他想，自己在玉林交际广、熟人多，凭此不仅能够招揽朋友来赌球，还可以开辟一条新的发财途径。陈伟军很快从"凡"的手上要了一个号码为wjx777的股东级账号，并从2009年开始，通过"永利高"赌博网站与"凡"联手进行网上赌球。2010年南非世界杯期间，参赌的人一下多了起来，陈伟军又向"凡"要了另两个股东级账号，用于接受足球赌博投注。

一时间，钞票源源不断地滚进陈伟军的几个赌球账号中。

层级严密

鼠标一点，就有收入。看到自己的丈夫如此轻松赚钱，陈伟军的妻子罗坚不仅没有丝毫反对，反而甘当陈伟军的得力助手，经常帮忙接受投注以及从股东级账号分出下级账号，以便更多的人参与投注。后来，由于参与赌博的人实在太多，单靠他们夫妻俩确实忙不过来，陈伟军便每月花1500元雇请张瑞伟帮忙分出子账号，并且专门负责帮他核对赌客下注情况、银行转账和现金结算等。

利用"永利高"赌博网站从事网络赌球，由上而下共分为大股东、股东、总代理、代理和会员5个层级，呈"金字塔"式，并从下到上层层接受投注，层层收取佣金。但是，根据赌博网站设定，"代理"级以上账号均不能直接下注，只能查看相关资料，只有"会员"级账号才能下注。因此，发展会员成了整个赌博网络赖以生存和上层管理人员提取佣金的途径。

在陈伟军组织开展的网络赌球活动中，"凡"是大股东，陈自己属于股东，他从"凡"那里得到wk303a、wjk777、wj399a 3个股东级赌博账号后，在妻子罗坚和张瑞伟的帮助下，从3个股东账号分出若干个总代理账号，除了他自己作为总代理外，还发展了黄干、谭启旺以及蒋某、陈某（两人均另案处理）担任总代理。

从股东账号分出总代理账号，然后从总代理账号分出代理账号，最后从代理账号分出会员账号，如此级级分号，层层发展下线，这是陈伟军在短时间内能够吸引大批赌客加盟、扩大"会员"队伍、"业务"得以迅速扩张的主要原因。

分出各层级账号后，陈伟军等人纷纷接受下线及会员的投注，并在短短的半年多时间里，共接受投注赌资达2.14亿元，参与人员之多，投注额度之大，着实令人咋舌！特别是随着南非世界杯接近尾声，各路赌客下注更是疯狂。其中在 2010 年 6 月 14 日至 20 日的短短 7 天时间里，陈伟军所利用的 wj399a 股东级账号便接受投注金额 6526 万余元，日均吸收赌注932 万余元。

铤而走险

为了逃避打击，陈伟军等人作案具有极强的隐蔽性，他们惯用的方法主要有 3 个方面：一是经常变换赌博网址、账号和密码；二是发展下线和接受赌客投注时，都是网上进行或者通过电话联系，很多"上下线"之间素未谋面；三是赌博资金通过银行转账方式进行，很少直接接触和交易。

陈伟军等人通过网络赌球来赢利的方式主要有 3 种：第一种是赚取佣金。其中"凡"与陈伟军约定，从其下线成员投注金额总数给予 0.75% 的"抽水"，按此比例至案发时止，陈伟军净赚了 160 多万元。

同样，总代理给代理、代理给会员的佣金比例也限定为各自下线成员投注总额的 0.75%，因此很多会员在自己投注参赌的同时，也帮其他人报数投注，从中获取一些"水钱"。

第二种是多开账号。因为陈伟军从"凡"给的股东级账号中，无论开出多少个账号，"凡"都要占投注的两成，其余八成由其分配，为了多赢利，他就通过新开账号来与别人共同吃注。

第三种是占一定份额充当庄家与下线对赌。如张某在参与投注的同时，还与别人直接对赌，结果在南非世界杯期间，他投注和对赌共输掉了 70 多万元。

陈伟军等人的非法行径最终东窗事发。2010 年 5 月，公安机关根据群众举报，一举端掉这一团伙。2011 年 9 月 8 日，玉林市容县人民法院一审宣判，以开设赌场罪判处陈伟军有期徒刑 3 年，并处罚金 20 万元；判处黄干有期徒刑 1 年零 6 个月，并处罚金 10 万元；分别判处罗坚和张瑞伟有期徒刑 1 年零 3 个月，并各处罚金 5 万元；判处谭启旺有期徒刑 1 年零 3 个月，缓刑两年，并处罚金 5 万元。

稿件来源：2011 年 12 月 12 日《法制日报》案件版 作者：莫小松 张仕 潘潮才

诈骗与反诈骗"电话暗战"大戏上演

序幕

2013 年 6 月的一天,《法制日报》记者接到一个电信诈骗电话。电话里诈骗分子以记者医保卡异常消费,牵涉洗钱大案为由,不停地扮演着"医保人员""警官""检察官",对记者进行诱骗、恐吓。

为了深究骗子的伎俩,记者佯装上当,沿着对方的圈套一一应对,和骗子唱了一出"对手戏"。

第一幕 抛饵

家中座机电话响起,"喂,您好,这里是武汉市医保中心,您的医保卡消费异常,已欠费 21090 元,如有异议,请按 1 号键",一段提前录制的女声在电话那头响起。

不如来个将计就计,看看骗子究竟是怎么骗到我们的?记者按照提示按了"1"号键,对方线路接通了,传来略带南方口音的女声,"女 1 号"出场了:"你好,我们这里是武汉市医保中心,请问有什么能帮到您的?"

"我刚刚接到电话,说医保卡异常,不知道是啥原因?"

"好的,那您提供一下您的姓名和身份证号,我帮您查一下。"

记者将编好的假姓名和身份证号报给对方:"我叫张艺青,身份证号 61040219710325121X。"

电话那头经过短暂又显忙碌的查询,反馈回来信息:"你好,张艺青先生,经过我们在系统里查询,你的医保卡在武汉市有异常消费,目前已经欠费 21090 元,请您尽快缴纳,不然会有滞纳金!"

"我都没有去过武汉,怎么可能在武汉市消费呢?再说了医保卡也一直在我手中。"记者问。

"那不可能!我们的系统中明明显示你在武汉市用医保卡刷卡消费了,您确定身份证没有丢失过?""女 1 号"坚决地说。

在几经确认之后,"女 1 号"给出了结论:"可能是你的信息被盗用了,有人盗用你的信息在武汉办理了医保卡，盗刷现金，之前也遇到过这种情况，您尽快向公安机关报警，我们可以帮您把电话接到武汉市公安局。"在得到许可后，"女1号"将电话转接到"武汉市公安局"。

警方画外音：这一环节可总结为"抛饵"环节，犯罪嫌疑人一方面套取你的个人信息；另一方面以医保卡透支为诱饵，引你步入圈套。有的时候还会以你家的有线电视欠费、信用卡透支、电话欠费、法院领取传票等为由。形式不同，目的一样。

第二幕　取信

"我是武汉市公安局的王警官，请问您有什么事？"

在似乎有公安局接警部门背景声音的电话那头，"男1号"出场了。在接受医保卡信息被套用的报警后，"王警官"又询问了一次姓名和身份证号，并煞有介事地用对讲机向同事报告："张队、张队，你帮我查一下，张艺青，身份证号：61040219710325121X 这个人的情况"。

"张艺青，你提供的身份证号不对！希望你能如实地，好好和公安机关配合，你再说一遍身份证号码？"狡猾的"王警官"杀了个回马枪。

"怎么会不对呢？身份证号 61040219710325121X，姓名张艺青。"还好，记者也是提前有准备的，沉着应答。

"那好，我再帮你查查。张队，经过核实，张艺青身份信息没有问题。"又在一番貌似忙碌的查询中，"王警官"很快回复了："张先生，你不仅医保卡有问题，而且还涉及很麻烦的问题，我等一下给你打过来，在此期间希望你拨打 0591-114 查询一下我们武汉市公安局的电话。"言罢就挂断了电话。

记者按照"王警官"的提示拨打了电信查号台电话"0591-114"询问了武汉市公安局的电话，工作人员回复了一个号码："0591-87557705。"

没等两分钟的工夫，电话又一次响起，赫然显示一个号码："0591-87557705"——武汉市公安局在电信部门登记的号码。"张艺青先生，我是武汉市公安局的王警官，刚刚你给我们来过电话。从我们目前掌握的情况来看，你不仅是医保卡透支的问题，而且你已经卷入一桩特大洗黑钱的犯罪，目前在你的名下还有好几张银行卡，涉案金额 800 多万元，您能给我解释一下这是怎么回事吗？"

在一番询问解释之后，"王警官"表示相信只是身份信息被套用，也是一个"受害者"，但他同时表示，目前这个案子已经移交检察院"李检察官"办理，建议尽快向检察官澄清一下，并表示可以帮忙接通检察官电话……

警方画外音：这一环节可总结为"取信"环节，犯罪嫌疑人一方面会多次验证你的个人信息；另一方面让受害人查询掌握政法机关的电话，之后利用第三方软件对来电显示进行修改，以博取受害人的初步信任，之后骗子会以你涉及大案要案为由，引起你的恐慌。

第三幕　恐吓

电话接通，"这里是李检察官电话，刚才王警官已经把你的基本情况告诉我了，你就是不打电话，我们也要去找你的。""女2号"——"李检察官"在被种种修饰之后粉墨登场。

"今年初，我们查获了一个银行高管洗黑钱案，犯罪嫌疑人林波是农业银行的高管，他涉嫌贪污公款并洗黑钱上亿元。搜查他的家里时，发现80多个银行账户，其中有你名下的好几个银行账户，涉及资金800多万元，林波供述这些账户是你以每本1万元的价格提供给他使用的，你怎么解释这个事情？"

"我不认识这个林波，也没有办过什么银行卡，更没有参与什么洗黑钱的活动，可能是我的身份信息被套用了。"记者极力辩解。

几经周折，"李检察官"发怒威胁道："检察院随后就会派人去拘捕你过来和林波对质。告诉你，目前从我们掌握的情况看，所有的证据都对你不利，物证方面有搜查出你名下的银行卡，人证方面有犯罪嫌疑人林波的供词，另有800多万元不知去向，罪名成立最少判你25年，你去和公安局的人讲去吧，我没空听你辩解！"言毕，又将电话转给了"王警官"。

"王警官"得知检察官发怒后，不禁埋怨道："我不是和你讲好的嘛，对检察官好好讲，不然你的情况就复杂了，把你拘捕过来，就算能澄清也要费大周折，好歹都要吃官司。"

记者假意慌张向"王警官"求助，"王警官"叹了口气，一副无奈的口气说："算了，看在你也是受害者的分上，我再向检察官求求情，你一会儿好好对她讲，好吗？"说罢，他又在电话那头和"李检察官"通电话："李检，这个张艺青确实是被人把信息套用了，你看我们能不能简易处理一下，不要拘他过来，他还要上班的嘛……嗯，好的，我把电话接过来，您对他讲。"

于是，电话又被接到"李检察官"线上："你是不是王警官的亲戚呀？

不是，他为什么会为你求情呢？这样吧，我相信你是受害者，也看在他的面子上，我给你简易处理一下，你配合不配合？"

"我配合。"

警方画外音：这一环节可总结为"恐吓"环节，犯罪嫌疑人软硬兼施对受害人进行恐吓，从心理上压制受害人，便于对其进行支配，以达到开展下一步的目的。

第四幕 篡密

"李检察官"："张艺青，我问你，你现在在银行有多少存款？你要如实回答。"

"大约12万元吧。"记者顺口编了一个数字。

"这样吧，我们很快就要对涉案人员的银行卡资金进行冻结、没收，也包括你名下所有的银行卡上的资金。为了区分你的合法所有资金和林波犯罪团伙套用你身份信息涉及的资金，现在建议你将自己所有的存款取出，到工商银行开一个新账户，并把这个卡号提供给我，我们将记录在案，设立一个安全账户，对这个账户不进行冻结。另外，为了便于和我们办案系统对接，你办理新银行卡时记住一定要申请一个密码器，不要申请U盾，同时留联系电话时，把我检察官的联系电话1378939****留上，便于银行方面和我沟通。

"因为这个林波，他是银行高管，这个案件涉案人员很多，目前还在秘密侦办过程，包括你们那边的部分银行工作人员和公安人员都有涉案，所以希望你在办理过程中要严格保密，和任何人都不要讲这个事情。""李检察官"再三叮嘱并要走了记者的手机号码，很快又将电话打到了手机上："你快去离你最近的银行办业务，手机不要挂断，我们的话费国家会报销的。"

记者假意答应去取款，顺手将手机放在了阳台上。半个小时后，记者拿起电话，对方显然已经被快到手的钱冲昏了头脑，显得有些急躁："张艺青，办得怎么样了？"

"哎呀，我的钱在长安银行存着，可我家附近的这个长安银行没开门，钱取不出来呀。"记者知道，长安银行是咸阳本地的一家银行。

"你去秦皇中路的那家长安银行办理，我让办案人员打过电话问了，那里上班着呢。""李检察官"的服务相当到位。

半个小时后，记者又拿起电话："哎呀，款已经取了，可这家工商银行办理密码服务的工作人员又不在……"

"你去新兴路上的那家工商银行办理，我让办案人员打过电话问了，那里可以办密码器服务。""李检察官"一扫刚才的威风，焦急道："你打的去好吗？"

警方画外音：这一环节可总结为"篡密"环节，是最终指向的环节，犯罪嫌疑人使出的障眼法也最具欺骗性，首先他以案件保密为由不让你同外界沟通，避免家人、银行、民警等给受害人提醒；另一方面，犯罪嫌疑人利用人们"银行卡是我开，银行卡在我手，密码只有我掌握就绝对保险"的传统观念，利用预留的手机号和密码服务器更改密码后，采取网上银行转账等方式，很快就将你账户上的现金划走，有的甚至直接划往境外。

剧终

终于，历时 4 小时左右，记者将戏收场："好了，别演戏了，你们就是一群骗子，刚才我把你们的骗术悉数录下，等着在媒体上和群众见面吧。"

"男 1 号""女 1 号"也同时出现在线上，"王警官"登场谢幕，嚣张地说："那我可不可以唱首歌给观众？"而"李检察官"气急败坏地反问："你凭什么说我们是骗子，我们骗到你的钱了吗？"

此后，嚣张的骗子狂打记者手机近百余次，来电显示号码均为："0591-87557705"，来电中心意思只有一个，问记者是如何识破骗局的，他们要吸取教训，改进诈骗形式。

警方画外音：由于电信诈骗的犯罪嫌疑人身处异地，有的身处境外，加之使用网络电话、电话修改软件、"黑卡"等通信工具，都有恃无恐，警方打击困难重重，因此重在防范，直接挂掉电话是最有效的办法。

稿件来源：2013 年 6 月 20 日《法制日报》案件版　作者：台建林　张斌

全国最大网络传销案宣判

2013 年 6 月 18 日，浙江亿家电子商务有限公司及旗下的"万家购物"网站组织、领导传销活动案在浙江省金华市婺城区人民法院开庭审理，应建成等 15 名涉案公司高管集体受审。此案涉及金额高达 240.45 亿元，涉案人员近 200 万人，遍布全国 31 个省（区、市）的 2300 多个县（市），是目前已知全国最大的网络传销案件。

2012 年 6 月 11 日，金华市公安局会同相关部门，对"万家购物"网站涉嫌组织、领导传销活动案开展统一收网行动，抓获应建成等多名主要犯罪嫌疑人，追缴、查封、冻结大量涉案资金、资产。2012 年 12 月 25 日，金华市婺城区人民检察院就应建成等 15 人涉嫌组织、领导传销活动犯罪案提起公诉。

据金华市婺城区检察机关依法审查查明：2010 年 5 月，应建成、杨江峰、邵康、胡伟（另案处理）4 人组建金华亿家电子商务有限公司。2010 年 12 月，新增叶飞林等 8 名股东。2011 年 7 月，公司名称变更为浙江亿家电子商务有限公司。

2010 年 7 月以来，亿家公司以"万家购物"返利网站和"百业联盟"加盟店网络为平台，打着"满 500 返 500"等幌子，开展"消费＝存钱＝免费"等煽动性宣传，以"一元返利""消费＝存钱＝免费"等超高额返利诱使他人消费，要求参加者购买商品、发展会员、发展加盟商等，并按入会资格和条件，分为普通会员、VIP 会员、金牌代理、金牌代理商、区域代理商、公司管理层等级，按其注册加入的时间顺序形成上下层级关系并实行"六代计酬"和"区域计酬"。

从 2010 年 7 月到 2012 年 6 月 11 日，亿家公司利用这种经营模式在全国发展会员总数 190 万多个，其中普通会员 110 万多个，VIP 会员 75 万多个，金牌代理 5000 多个，金牌代理商 6000 多个，区域代理商 2000 多个；发展百业联盟商户 10 万余家。应建成等作为公司高层从中牟取暴利，仅应建成一人就获利 374 万多元。

经查证，至 2012 年 6 月 11 日查封时，万家购物平台运营应偿付会员的债务为 7.73 亿元，最终将会形成对会员的待分配分红返利债务为 240.45 亿元。案件涉案人员近两百万人，遍布全国 31 个省（区、市）的 2300 多个县（市）。

检察机关起诉意见认为：应建成等人以推销商品为名，要求参加者以缴纳费用或购买商品的方式获得参加资格，并按照一定顺序组成层级，以直接或间接发展人员数量作为计酬依据，骗取财物，严重扰乱市场经济秩序，应当以组织、领导传销活动罪追究其刑事责任。

2013 年 8 月 7 日，婺城区人民法院作出一审判决：被告人应建成犯组织、领导传销活动罪，判处有期徒刑 10 年，并处罚金 200 万元；犯故意伤害罪，判处有期徒刑 7 年；两罪并罚，决定执行有期徒刑 15 年，并处罚金 200 万元；其余被告人根据具体情况，分别判处有期徒刑、缓刑或免于刑事处罚，并处相应数额罚金。

宣判后，应建成等人提出上诉。

2013 年 11 月 1 日，浙江金华市中级人民法院对"万家购物"网络传销案作出二审裁定，驳回上诉，维持原判。应建成获刑 15 年，并处罚金 200 万元。

稿件来源：《法制日报》综合报道

网络传销案涉案金额过亿元成常态

冒充国外知名公司名义，以高额返利和分红为诱饵，在境外架设服务器逃避打击，通过互联网发布产品广告、招募代理商、收取转移资金、联络管理会员，吸纳大量"发财心切"的会员，成百上千万的财富通过网络支付平台迅速聚集。这是《湖北省传销犯罪形势分析》报告中对网络传销模式的介绍。

2013 年 7 月 29 日，湖北省公安厅经侦总队向《法制日报》记者独家披露了这份报告。报告称，据不完全统计，网络传销案件已占全部传销案件的 60% 以上，其涉案人往往数以万计，涉案金额以亿元计，社会危害大。

网络注册会员动辄上万

《湖北省传销犯罪形势分析》指出，传销犯罪屡禁不止的主要原因是很多人一旦加入传销组织，被成功"洗脑"后，就会被所谓的创业传奇、致富神话所蒙蔽，入脑入心，导致其走上一条不归路，终生无法脱离传销活动。

湖北省公安厅经侦总队一支队支队长陶三院告诉《法制日报》记者，相较于传统聚集型的传销，网络传销人员发展更快且不限于亲戚朋友，传播地域也更广。

"只要建个网站、租台服务器，网络传销就可以很便捷地进行。通过广泛宣传，吸引大量会员加入。由于网络的便捷性，这些互不认识的人，在同一个网络平台上迅速聚集，动辄上万人。"陶三院说。

据介绍，湖北省公安机关经侦部门近年来主办或参与侦办的多起网络传销案中，注册会员上万人的并不在少数。

2012 年，湖北省武汉市公安局经侦处六大队侦办了聚通控股网络传销案，其传销组织涉及浙江、广东等 28 个省市，会员达 6000 余人，其中仅武汉就有 206 人；同年，湖北省枣阳市公安局经侦大队发起的"金路游戏网络传销集群战役"中，涉案人员达 1 万余人，涉及全国 31 个省市。

成本低敛财过亿成常态

《湖北省传销犯罪形势分析》提到，随着网络技术、电子支付工具的发展和出现，为掩盖资金轨迹、逃避侦查打击，网络传销组织往往开设多个交易账户，通过转账汇款、网上银行、第三方支付工具等方式转移资金，最终达到非法敛财的目的。

"网络传销涉案金额过亿元已是常态。目前，全省查办的 30 多起网络传销案中，涉案金额基本上均超亿元。不过，他们一般只能维持一两年；暴露后，改头换面继续做。"陶三院介绍说。

如"乐众国际"一案，乐众国际集团（香港）有限公司在香港设立网站服务器，开办"乐众国际"网站，对外宣称公司在马来西亚有众多投资项目，以原始股英国伦敦上市、增值预期高为诱饵，吸引投资者购买，缴纳 3.5 万元成为皇级会员、缴纳 45 万元成为尊级会员，并以其发展下线的业绩进行不同比例的返利，在湖北、广东、广西、浙江、四川、重庆等 10 多个省（区、市）发展会员 5274 名，涉案资金约 1.8 亿元。

"相对于传统聚集型传销，网络传销根本不用租房子，而参与人员也不用千里迢迢跑到某个地方去听课，只要在网上注册后交钱就行，这使得网络传销的成本低廉、危害更大。"湖北省公安厅经侦总队调研员武烈超说。

隐蔽性强呼吁加强网络监管

湖北警方的这份调研报告认为，网络传销后来居上，愈演愈烈，原因在于其隐蔽性更强，要求会员必须通过网站注册方能加入，每个会员都有个人登录账号和密码，只有网站管理员掌握，一般人难以进入，相关执法部门和侦查机关一般很难发现。

2011 年，湖北省荆门市公安局经侦部门捣毁一个假冒全球知名私募股权公司 KKR 集团进行传销的犯罪网络。警方查明，广西壮族自治区南宁市的梁某等人，建立与 KKR 集团中文网站高度相似的网址，以投资 KKR 私募股权可获高额回报为诱饵，在武汉、京山、荆门、钟祥、潜江等地发展下线人员数百人，涉案金额数千万元。

"目前，对于网络传销的定性、管辖、追诉标准、侦查程序等司法执法问题，已基本解决，这方面不存在打击难度。关键是，各警种与全国各地公安机关要加强配合，及时发现并打击网络传销犯罪。"陶三院认为。

此外，传销手段和手法更加隐蔽，导致参与者对传销违法犯罪存在认识误区，担心司法机关查处后收不回投资、自身利益受损等，极易诱发群体性事件。

湖北省公安厅经侦总队建议，各地加大对非法传销网站和网络服务运营商的监管，促使网络运营商加强自律，抵制和远离网络传销活动，发现涉嫌为传销组织提供帮助和不正当服务的，立即关停网站，依法进行查处；同时，还要让群众了解传销特别是网络传销的欺骗性、隐蔽性，提高群众识别、防范、抵制传销的能力。

稿件来源：2013 年 7 月 30 日《法制日报》案件版　作者：刘志月　彭志云　李巍

网络推手公司造谣传谣难逃法网

当前互联网上制造传播谣言等违法犯罪活动猖獗，网络谣言已经成为一种社会公害，不仅严重侵害了公民切身利益，也严重扰乱网络公共秩序，直接危害社会稳定，广大群众强烈呼吁要整治网络乱象。为回应百姓关切，公安部根据广大人民群众积极举报的线索，结合党的群众路线教育实践活动，部署全国公安机关集中开展打击网络有组织制造传播谣言等违法犯罪专项行动。

2013 年 8 月，北京警方按照公安部统一部署，根据群众举报，依法立案侦查，一举打掉一个在互联网蓄意制造传播谣言、恶意侵害他人名誉，非法攫取经济利益的网络推手公司——北京尔玛互动营销策划有限公司（以下简称"尔玛公司"），抓获秦志晖（网名"秦火火"，男，30 岁，湖南省衡南县香花村人，高中毕业，曾是尔玛公司员工）、杨秀宇（网名"立二拆四"，男，40 岁，吉林省白山市七道江镇人，系尔玛公司创办人）及公司其他 2

名成员。

　　记者了解到，前不久，一则严重诋毁雷锋形象的信息在互联网上迅速传播，雷锋的光辉形象迅即遭到部分网民的质疑。许多网民向北京公安机关报警，要求彻查诋毁雷锋形象的谣言制造者。北京警方立即开展工作，通过缜密侦查，一个以"秦火火""立二拆四"为首，专门通过互联网策划制造网络事件，蓄意制造传播谣言、恶意侵害他人名誉、非法牟取暴利的网络推手公司浮出水面。

　　警方在调查中发现，为提高网络知名度和影响力，非法牟取更多利益，秦、杨等人先后策划、制造了一系列网络热点事件，吸引粉丝，使自己迅速成为网络名人，如"7·23"动车事故发生后，故意编造、散布中国政府花2亿元天价赔偿外籍旅客的谣言，两个小时就被转发1.2万次，挑动民众对政府的不满情绪；编造雷锋生活奢侈情节，污称这一道德楷模的形象完全是由国家制造的；利用"郭美美个人炫富事件"蓄意炒作，编造了一些地方公务员被要求必须向红十字会捐款的谣言，恶意攻击中国的慈善救助制度；捏造全国残联主席张海迪拥有日本国籍，并将著名军事专家、资深媒体记者、社会名人和一些普通群众作为攻击对象，无中生有编造故事，恶意造谣抹黑中伤。秦、杨二人公开宣称：网络炒作必须要"忽悠"网民，使他们觉得自己是"社会不公"的审判者，只有反社会、反体制，才能宣泄对现实不满情绪。必须要煽动网民情绪与情感，才能把那些人一辈子赢得的荣誉、一辈子积累的财富一夜之间摧毁。他们公开叫嚣："谣言并非止于智者，而是止于下一个谣言。"他们不惜一次次突破法律和道德的底线，制造传播各种谣言，扰乱网络秩序，甚至使用淫秽手段对多位欲出名女孩进行色情包装，"中国第一无底线"暴露车模、"干爹为其砸重金炫富"的模特等均是他们"引以为豪"的"杰作"。他们的行为严重败坏了社会风气，污染了网络环境，造成恶劣影响，有网民称其为"水军首领"，并送其名字"谣翻中国"。

　　据办案民警介绍，秦、杨等人组成网络推手团队，伙同少数所谓的"意见领袖"、组织网络"水军"长期在网上兴风作浪、炮制虚假新闻、故意歪曲事实，制造事端，混淆是非、颠倒黑白，并以删除帖文替人消灾、联系查询IP地址等方式非法攫取利益，严重扰乱了网络秩序，其行为已涉嫌寻衅滋事罪、非法经营罪。秦志晖、杨秀宇二人对所做违法犯罪事实供认不讳。目前，二人已被北京警方依法刑事拘留。

　　北京市公安局有关负责人表示，网络空间是公共场所，网络社会是法治社会，网民必须遵法守法，在互联网上有组织制造传播谣言违法犯罪活动严重侵害了公民切身利益，严重扰乱了社会秩序，公安机关将予以坚决打击，依法惩处。同时，希望广大网民在网络活动中要坚守法律道德底线，坚决抵制、积极举报造谣、传谣等违法犯罪行为，共同维护健康有序的网络环境和社会秩序。

稿件来源：2013 年 8 月 21 日《法制日报》要闻版 作者：李恩树

且看"谣翻中国"者的劣行丑态

"用炒作的眼睛看世界"，网络名人"立二拆四"在自己的微博签名中这样写道。

"立二拆四"是拥有 54 万新浪微博粉丝的"大 V"，其新浪认证是"尔玛互动营销创始人、执行董事杨秀宇"。

实际上，这句调侃之言也正是杨秀宇的真实生活写照。他成立公司以"炒作"为生，自诩为"中国第一代网络推手"。干露露、"富豪重金包养模特"事件主角杨紫璐等网络红人，皆出自他的"炒作"之手。

在他和另一个网络名人秦志晖（网名"秦火火"）因涉嫌扰乱网络秩序被北京警方刑拘后，一个以在网络上制造传播谣言为手段、非法获取经济利益的网络推手组织浮出水面。

2013 年 8 月 21 日，《法制日报》记者在北京市第一看守所采访了这两个"谣翻中国"的网络"红人"杨秀宇、秦志晖，请读者细观其劣行丑态。

炒作丑剧

杨秀宇的微博账户虽然粉丝众多，但关注他的人数始终是零。

何以如此？用他的话说，他开微博的动机，"只需要粉丝，不需要关注"。在杨秀宇看来，只要有了足够多的粉丝，就能源源不断地为自己带来丰厚利润。

杨秀宇创办的北京尔玛互动营销策划有限公司（以下简称"尔玛公司"）在工商登记中的营业范围为"广告销售"。但据北京警方查证，该公司实际上是一个人员充足、结构完整、运作成熟的网络推手公司。

2011 年 2 月 14 日情人节,一段名为《母亲冲进澡堂为女儿拍视频征婚》的视频在网上广为流传,内容是一位母亲为给单身的女儿拍视频征婚,竟举着摄像机走进浴室拍摄全裸的女儿。这起事件被网民称为"浴室征婚门",视频的主角干露露迅速蹿红。

很快,便有网民推测,"浴室征婚门"是一起网络炒作闹剧。

据侦办杨秀宇案的民警介绍,这确实是"尔玛公司"策划的一起网络炒作事件,甚至成为了"尔玛公司"的一个经典炒作案例。

办案民警告诉记者,"尔玛公司"之后又为模特杨紫璐策划了"干爹砸重金炫富"事件,迅速使其成为舆论焦点。

"像干露露征婚、杨紫璐炫富等事件,都不是真实的,是为了炒作编造的。"面对民警的提问,杨秀宇承认。

变本加厉

杨秀宇现年 40 岁,1997 年从东北大学材料工程专业毕业后,进入家乡一家国企工作。企业倒闭后,他来到北京闯荡。很快,他瞄准网络潜在的推广营销空间,于 2006 年 9 月成立了"尔玛公司"。

"一开始,我们还致力于做'最美清洁工''最美售楼小姐'这种传播'正能量'的包装策划,力图打造一个真善美的网络环境。"杨秀宇称,"但随着网民口味的变化,为了哗众取宠,我们开始制造一些'负能量'的东西,一步步走上了一条不归路。"

操作理念由传播"正能量"变为制造"负能量",杨秀宇称,这种 180 度的转变源于 2006 年的一起事件。

2006 年 9 月,杨秀宇策划了一起"女毕业生通过别针一步步换别墅"的创业秀,但他很清楚,如果按常规操作很难引起媒体和网民的关注,于是就在"女孩用别针换了玉佛,然后又用玉佛换了一名外国女性的手机"的过程中"作了假"。

"当时我们在街头拦住一名外国女性,谎称拍视频,请其配合,于是就有了玉佛换手机这一幕。我们拍下照片后,便宣称是这名老外自愿用手机换玉佛。"杨秀宇说,"这样我们就完成了用价值很小的别针交换价值几百元手机的'秀'"。

相关照片传到网上后,不出杨秀宇所料,两小时内便不断有媒体向其提出采访要求。

"这起事件当时引起巨大舆论效应,向媒体隐瞒 100 天后,我和合伙人闹掰,真相才被揭开,当时媒体称我为'骗子',这让我深受刺激。我开始变本加厉制造诸如炫富炒作等各种虚假新闻,看到媒体一窝蜂地追踪报道后,我很有一种成就感。"杨秀宇说。

长期制造虚假新闻的杨秀宇也承认自己活在"谎言"中,在他看来,"网上没有真实的事件",而这也正契合了他"用炒作的眼睛看世界"的心态。

"谣翻中国"

2010 年 7 月 23 日,秦志晖加入"尔玛公司",负责文案策划工作。

但仅仅 1 年后,秦志晖就离开了"尔玛公司",原因是他认为"杨秀宇的炒作理念不行,不适合长期发展"。

2010 年 8 月 24 日,一段"秦火火"跳舞的视频曾在网上广为流传。视频中,"秦火火"身着一身白色西服,在大秀歌声之后,又跳起了所谓的"无敌咸蛋超人舞",甚至边跳边脱裤子。

"这就是'秦火火'。"有网民在视频跟帖中称,"真是朵万年一开的奇葩"。

当时,秦志晖刚到"尔玛公司"就职。秦志晖如今辩解道:"这全是'尔玛公司'授意的,按照我的理念,根本不会用这种脱裤子的炒作方式。"

虽然这两人的炒作理念不同,但他们的目的并无二致:先挣名,再挣钱。

"秦火火"网名的寓意正是如此。按秦志晖的说法,"自己姓秦,又想火,就起名'秦火火'"。

秦志晖出名的炒作手段是,"颠覆名人,围绕热点事件编造虚假新闻,迅速提高关注度"。为此,秦志晖每个小时都会发一条微博,他申请注册的 12 个新浪微博账号共计有约 12 万名粉丝。

但当有网民给他起了"谣翻中国"的绰号后,他感到可能会因此惹上麻烦,其粉丝量的逐渐增多,也让他觉得"自己是在钢丝绳上跳舞,一不小心就会掉下去"。

警方认为秦志晖、杨秀宇涉嫌的违法犯罪行为还包括:伙同少数所谓的"意见领袖"组织网络"水军"长期在网上兴风作浪、炮制虚假新闻、故意歪曲事实、制造事端、混淆是非、颠倒黑白,以删除帖文替人消灾、联系查询 IP 地址等方式非法攫取利益,严重扰乱网络秩序。

采访中,杨秀宇不断重复"自己是一个负面典型",他劝告其他网民:

"大家不要像我一样制造谣言，希望重获自由后能从事一个阳光行业，走出谎言，诚实生活。"

稿件来源：2013 年 8 月 22 日《法制日报》要闻版 作者：李恩树

"网络斗士"嬉笑怒骂只为钱

时评人、知名网络写手、"网络维权斗士"、专栏作家、现代鲁迅、民族英雄……有太多的标签贴在 28 岁的周禄宝身上。2013 年 8 月 9 日被江苏省昆山市人民检察院批捕后，他的标签又多了一个——涉嫌敲诈勒索的犯罪嫌疑人。

《法制日报》记者了解到，继"秦火火""立二拆四"等网络名人的真实面目被揭穿后，随着这起利用互联网实施敲诈勒索犯罪案件的告破，又一张隐藏在"网络维权斗士"面具后的嘴脸暴露在公众面前。

网络名人

在互联网中，周禄宝是拥有"百度名片"的名人。百度百科这样介绍：专注于网络反腐、维权领域，系国内 100 家以上网站论坛实名写手，情感、专栏作家。

但实际上，周禄宝只有初中文化，他的文字功底得益于其曾在甘肃某部队服役 4 年并担任部队通讯报道员的经历。当时，他的多篇通讯报道被上级单位采用、发表。退役后，周禄宝先后到北京、上海、武汉、杭州等地打工。随后，周禄宝开始从事网络写作。

据悉，周禄宝喜欢网络写作且颇为勤奋，曾在网上发表《泣血流泪：杭州史上最牛发廊女写给派出所的一封公开信》《怒问苍天：陕西渭南警方进京抓作家是谁的悲哀》《一介布衣写给美女作家铁凝的一封公开信》等。

网络写作锻炼了周禄宝的文字组织能力，但真正让其爆红的是几起事件。

据百度百科显示，2012 年 6 月 14 日，周禄宝在其个人博客发出《甘肃陇西一教师性侵 8 名小学生"被冷漠"，最小者仅 9 岁》一文，当天，周禄宝就接受多家媒体的采访。周禄宝爆出这一事件，该事件也"捧红"了周禄宝。

2012 年 8 月，陕西省安监局原局长杨达才因在交通事故现场微笑，在网络中爆红。在百度百科中记载，2012 年 9 月，周禄宝发帖称"表哥"杨达才"至少有 83 块名表"，引发事件进入新一轮舆论高潮。网友对周禄宝的关注逐渐增加。

此后，周禄宝又爆料"兰州高官佩戴 20 万元名表""珠海国企老总'洋酒哥'"等多起成为当时舆论热点的事件。

这些事件之后，周禄宝人气暴涨，其微博粉丝达到 100 多万。许多网友开始追捧其为"网络反腐斗士""民间英雄"，但周禄宝隐藏在这些"光环"背后的一面却鲜为人知。

毫无原则

据侦办周禄宝案的民警于警官介绍，2011 年 6 月 27 日，周禄宝去广西壮族自治区桂林市阳朔县旅游，在逛一家寺庙时认为其存在欺诈行为，就在网上发布题为"杀机重重，桂林某某寺和尚吃人不吐骨头让谁蒙羞"的文章。

此后，身为多家论坛版主的周禄宝又在国内 17 家知名论坛上陆续发帖，称"桂林山水甲天下，桂林和尚假天下"，还向国家信访局、国家宗教协会、广西旅游局等单位频繁举报。

"周禄宝以每天发表一两个帖子的做法，连续两个月给该寺庙施压。"于警官说，此期间，周禄宝多次寻找该寺的负责人，提出以 4 万元了结此事，并进行正面宣传。

于警官介绍，周禄宝收到该寺负责人在 8 月 3 日打到其指定账户的 4 万元后，随即在多家论坛发表名为"小三致桂林某寺及一个美女的公开致歉信""桂林某寺直面网事，成就网络监督"的文章，一改之前的负面抨击，转而大肆赞扬。在文中，周禄宝说："笔者在此对之前发帖行为表示深深歉意。"

"周禄宝毫无原则，其目的就是为了钱。"办案民警说，只要能搞到钱，他那"维权斗士"的面孔早就抛到一边。

警方调查还发现，2012 年，某地一小区居民与开发商因噪声问题发生矛盾，该小区居民代表联系到周禄宝请求帮助，周禄宝表示同意但要支付费用。双方经反复商定，由居民集资 22 万元给周禄宝，先期支付 6 万元，待"维权"成功后，再补齐余额。

办案民警介绍说，6 万元到手后，周禄宝随即在多个网站发帖攻击开发商。迫于巨大压力，开发商找到周禄宝进行谈判，但周禄宝提出要价100万元。经讨价还价，"这笔买卖"最终以80万元成交。为表明诚意，周禄宝给开发商亲笔写下保证书，承诺"本人保证以后不再无理参与维权发帖工作"，并签名按下手印。

"钱到账后，周随即为开发商在网上发布正面帖文，引起小区居民的普遍不满，并找其退钱，但这6万元钱一直未退。"办案民警说。

自投罗网

"我是周禄宝。我在网上发了很多文章，你们看一下。"2011年8月15日，江苏省昆山华夏周庄文化旅游发展有限公司副总经理陈国顺突然接到一个自称"周禄宝"的人的电话。

从2011年7月开始，署名为"周禄宝"的人开始以"江苏省昆山市周庄镇全福寺非法外包、假和尚骗取香客钱财"为名，不断向相关行政部门反复投诉，并在一些知名论坛中发帖"批评"全福寺。

陈国顺对"周禄宝"发帖的行为早有耳闻，并且表示"这些内容已经对游客产生了误导"，"给全福寺的正常营运带来很大影响"。但让他意想不到的是，"周禄宝居然主动打电话找上门来"。

"此后，周禄宝又多次打来电话，称可以删掉那些批评全福寺的网帖，并且帮我们消除不良影响，还可以作正面宣传，但需要20万元费用。"陈国顺对记者说。

据警方介绍，周禄宝一开始要求华夏周庄公司捐114万元到中国红十字会，后改为捐20万元到其个人账户，最后要求付款8万元。

不过，这一次，周禄宝的如意算盘落空了——就在全福寺准备打款时，被当地政府获知，提醒管理方及时报案。已经写好正面宣传帖子的周禄宝，还没来得及发表，就被公安机关以涉嫌敲诈勒索刑事拘留，后被取保候审。

挑衅社会

对于这次被刑拘，周禄宝一直心怀不满。

2013年7月24日，苏州政府网"市长信箱"收到一封署名为"周禄宝"的邮件，信中的话语充满着狂妄和挑衅："我会在适当的时候拿点炸药出现在北京……走着瞧！"

"去年被公安机关采取强制措施后，周的粉丝从 100 多万迅速掉落至 10 多万，这使得周禄宝对公安机关存有不满。"苏州市公安局刑警支队支队长段晴毅说。

此情况上报公安部后，公安部部署相关地方公安机关迅速启动相关工作程序，7 月 29 日在北京将周禄宝控制，并依法予以刑事拘留。当时，并未从周禄宝住处搜出炸药，他对办案人员称"向市长信箱发信只是说说而已"。

经公安机关侦查，自 2012 年以来，周禄宝以"反腐、平冤"为名，在互联网上共发布攻击、诋毁北京、江苏、甘肃、新疆等 15 个省区市有关部门人员、普通群众的帖文 1.5 万余篇（条）。并涉嫌对北京、河北、安徽、甘肃等地 23 个单位和有关人员、普通群众实施网络敲诈勒索。

目前，公安机关已对周禄宝涉嫌编造虚假恐怖信息罪案与涉嫌敲诈勒索案并案侦查。

"周禄宝案反映出当前互联网上新出现的一批'黑势力'，他们以'网络反腐、维权'为名，通过有计划、有目的地制造传播谣言，实行网上攻击抹黑，以达到敲诈勒索、牟取非法利益的目的。"公安部专项打击行动办公室相关负责人称，下一步，公安机关将按照集中打击网络有组织制造传播谣言等违法犯罪专项行动的总体部署，依法打击处理一批网络"黑势力"，有效净化网络环境，使各类网络违法犯罪行为无所遁形，建设法治、安全、和谐、有序的网络环境。

稿件来源：2013 年 8 月 26 日 《法制日报》政法司法版 作者：李恩树

造谣诋毁"高手"终自毁

受贿逾 20 亿元、房产 60 多处、十几名情妇、谋杀企业家……2013 年 8 月 5 日，一则指向上海市某区副区长兼公安分局局长的网帖在网上风传。

8 月 20 日，始作俑者、江苏东海人傅学胜，被上海警方以涉嫌诽谤罪刑事拘留，这则拥有多个抓人眼球噱头的信息，最终被证实为谣言。

《法制日报》记者获悉，上海警方抓获傅学胜后发现，其还是去年年底"中石化非洲牛郎门"谣言的制造者。

编造"谋杀"谣言

"8月5日上午9时30分左右,举报人少妇陈萍来到某报社,自称是上海某区副区长、公安分局局长的情人,向报社提供材料和线索称马某某贪污受贿20多亿元,拥有房产60多处。陈萍还向记者提供了其中31套房产证的复印件。"2013年8月5日,一则名为"情妇爆料上海某公安分局局长贪20亿谋杀人大代表"的帖子,出现在互联网各大论坛中。

帖子称,该公安分局局长与人合谋杀死某亿万富翁,伪装成其失足摔死的假象,并下令定性为意外死亡,借此瓜分亿万富翁数亿财产。这则融合了贪腐、情色、高官、谋杀等噱头的帖子,迅速在网络上发酵,引起网友围观。

据统计,截至8月16日,境外30余家媒体就此事刊文报道近50篇,该官员名字的关键词曾连续5天位于新浪博客"时事热搜榜"前十名,境内出现相关主帖1150余条,网友阅读点击1000余万次,转发5.3万余次,网友评论8000余条,且绝大部分为负面评论和人身攻击,引发极大负面影响。

事件发生后,相关部门立即介入调查。很快查明,该网帖所描述信息并不属实。

8月9日,事件当事人报案。上海警方接案后立即开展调查,通过侦查,确认在上海居住的傅学胜有重大作案嫌疑。8月19日,上海警方刑事拘传傅学胜;20日,将其刑事拘留。

经查,1988年至2001年,傅学胜先后在广州、北京工作,2002年到上海注册上海雷波信息技术有限公司,任董事长兼法定代表人。

据上海市公安局网安总队总队长曹忠平介绍,2006年,傅学胜与上海市一家室内设计装饰有限公司发生经济纠纷,并与该公司法定代表人黄成(化名)结怨,遂先后注册大量虚拟身份在互联网上对该公司进行负面炒作。2007年7月,傅学胜被该公司诉至法院,并最终败诉。

败诉后,傅学胜一直耿耿于怀。在得知黄成于今年5月意外死亡后,傅学胜自认为当地公安机关认定排除他杀、系意外死亡的结论"太仓促",有许多"疑点"可以做文章。办案民警介绍说,傅学胜把黄成意外死亡和最能吸引公众眼球、引发轰动效应的"官员贪腐""谋杀"等结合起来,这样既能搞臭黄成,也可攻击政府和司法机关。于是他在网上搜索并迅速"锁定"黄成公司所在地某副区长、公安分局局长为攻击目标,编造了所谓《"情妇"举报副区长、公安分局局长》帖文发布到网上。

傅学胜承认，"没见过、也不认识"帖子中所提的公安分局局长。办案民警透露，举报人、"情妇陈萍"也是傅学胜为了吸引眼球杜撰的。

泄愤报复雇水军

上海警方在傅学胜案取证过程中发现，傅学胜还是曾经轰动一时的"中石化非洲牛郎门"事件的始作俑者。

2012年12月，一篇名为"俄罗斯艳女门续集：中石化再曝非洲牛郎门"的帖子出现在网络论坛中。帖子称，美国安捷伦科技有限公司利用"非洲牛郎（男妓）"对负责招标工作的中国石油化工集团公司国际事业公司招标处领导张慧（化名）实施"性贿赂"，才得以在中石化武汉乙烯项目招标中中标，并获利40万美元。

该网帖迅速在网上引起关注。自2012年12月30日天涯社区论坛网站发布网帖至2013年1月3日，百度搜索"中石化非洲牛郎"达11万余条，新浪微博搜索近10万条，腾讯微博搜索近1.5万条。

上海警方向中石化求证后，中石化在2013年8月23日向上海市公安局发送"情况说明"，称关于当事人的相关行为描述以及武汉乙烯招标过程暗箱操作的相关描述等，均为虚假不实信息。

据曹忠平介绍，经查，帖文内容子虚乌有，为傅学胜所编造，其中的图片也是傅学胜用网上搜到的图片PS合成的。

当事人张慧在接受记者采访时称，"只见过傅学胜一面"，"实在想不通为何他会捏造事实发文攻击"。张慧说，她和傅学胜的"一面之缘"是在谈武汉乙烯项目时，有过不到1小时的接触。张慧对傅学胜的唯一印象是，"发现他的授权（涉及该项目）有些问题"。

据办案民警透露，实际上，2012年，傅学胜曾参与中石化武汉乙烯项目招标，并且是安捷伦的分包商。正是张慧对傅学胜"授权有问题"的质疑，成为傅学胜失去和安捷伦合作机会的诱因之一，这让傅学胜"损失"70万美元。

"为了泄愤报复，他受之前的'俄罗斯艳女门'启发，编造出'非洲牛郎门'谣言。"办案民警透露，2013年1月起，傅学胜主动与媒体联系，要求爆料中石化"非洲牛郎门"事件。同时，傅学胜还花5000元雇了一批"网络水军"在天涯论坛顶帖，有组织地在网上进行炒作。

"在过去8个多月，200多天里，我每天都是强打精神，面对来自社会各方的不理解和偏见，在痛苦和眼泪中生活，正常工作被严重干扰。"张慧对记者说，"现在，公安部门终于还我清白，使我感到了正义和来自社会的正能量。"

"在这件事上我又是幸运的，可能还有很多和我一样被网络谣言诋毁和伤害的人，至今仍然无法申冤、洗刷。"张慧呼吁每一位网络谣言受害者，勇敢地站出来，配合公安机关，让网络造谣者们无处藏身。

边造谣边抹痕迹

办案民警发现，傅学胜所涉的两起案件，作案手法如出一辙。

据上海市公安局闸北分局刑侦支队副支队长姚勤介绍，傅学胜在上海陆家嘴的一个高端写字楼中，以每月3400多元的价格，租用了走廊尽头的一个工位，仅一桌一椅，专门用于编造传播谣言。而高价租用工位的原因是"作案更加隐蔽"。

上海市公安局闸北分局局长冯斌元接受记者采访时介绍，傅学胜计算机技术不俗，编造谣言后，傅学胜还不停"抹掉"上网痕迹，他甚至认为自己"不会被发现"。

"警方拘传傅学胜时，他还觉得警方无法掌握证据。实际上，我们已经有了其犯罪的完整证据链条。"冯斌元说，傅学胜所涉两起案件造成的影响恶劣，破坏了正常网络秩序，网络秩序也是社会秩序，所以他的行为均已造成严重危害社会秩序和国家利益的后果。据此，公安机关依法对其立案侦查。

曹忠平表示，网络空间也是社会公共场所，网络社会也是法治社会，建设文明、健康、法治的网络环境，是所有组织和个人的共同责任。任何在网上编造、传播谣言，寻衅滋事，敲诈勒索，扰乱社会秩序等违法犯罪行为，警方都将坚决依法惩处。

稿件来源：2013年8月26日《法制日报》政法司法版　作者：李恩树

"薛蛮子"招嫖跌下"道德神坛"

2013年8月23日这一天，网络名人"薛蛮子"在新浪微博总共发布和转发了132篇微博，始于凌晨3时18分，终于16时47分。

作为拥有 1200 多万粉丝的"大 V","薛蛮子"的微博内容以公益和批评社会恶习等"正能量"为主。这让他颇受粉丝欢迎,其每条微博几乎都得到大量转发和评论。

但"薛蛮子"的另一面却甚少被网友所知——在 23 日高频率发博的前后,"薛蛮子"却在高频率招嫖。

8 月 23 日当晚,"薛蛮子"因涉嫌卖淫嫖娼被北京警方依法拘留,之后警方查明,其又涉嫌聚众淫乱。28 日,《法制日报》记者采访了北京市公安局相关办案民警以及事件当事人,还原"薛蛮子"案背后的细节。

微博"定格"

2013 年已 60 岁的"薛蛮子"是美籍华人,2007 年来华,曾用中文名"薛必群",住在北京顺义。"薛蛮子"在微博中极为活跃,其新浪认证是"天使投资人、微博打拐发起人之一",拥有 1200 多万粉丝。

8 月中旬,"薛蛮子"曾出席一个"网络名人社会责任论坛"的活动,被称为"最具正能量的网络名人"。

8 月 23 日下午 16 时 47 分,"薛蛮子"就"东北水灾"转发了一条微博,转发时仅用了两个字"关注",就引发了网友的 737 条转发。

但"薛蛮子"的微博也定格于此。被称为微博"刷屏狂人"的"薛蛮子"停止刷屏,去了哪里?

8 月下旬,北京警方接到举报,称安慧北里一带有人从事卖淫嫖娼活动。接报后,北京市公安局朝阳分局迅速组织精干警力采取行动。

23 日晚 18 时左右,根据群众举报线索,办案民警在安慧北里某小区的一间出租屋内,抓获两名卖淫嫖娼人员,其中一个头发花白的人正是"薛蛮子"。

"当时,我们办案人员并不知道这人是谁,后来经他自己供述,我们才知道他就是网络中有名的'薛蛮子'。"北京市公安局治安总队行动支队支队长张晓光介绍说。

一面是"正能量"网络名人;另一面则是出租屋内的嫖客——随着"薛蛮子"被抓,其两面性迅速在网上引起热议。

据"薛蛮子"自述,1980 年,其到美国加州大学伯克利学校自费留学,在美国生活了 33 年,并且在 1988 年成为美国公民。

"我在海外工作期间,曾接触过卖淫嫖娼的现象,也曾有过这种行为,染上这个恶习。"薛蛮子"称，其回国后经他人介绍也曾多次嫖娼或短信招嫖。

据办案民警透露，自 2011 年开始，"薛蛮子"逐渐沉迷于此，更加频繁招嫖，对嫖娼和淫乱活动几近痴迷。

生活堕落

近来，北京警方连续采取行动，在安慧北里一带打掉多个卖淫嫖娼窝点，先后抓获 27 名 (9 男，18 女) 包括"薛蛮子"在内的违法犯罪嫌疑人。

23 日晚，和"薛蛮子"进行性交易的是河南淮阳人"小云" (化名)。"小云"曾在深圳打工，2013 年 5 月左右，经老乡介绍到北京，目前无业，租住在安慧北里小区的楼房内。

据办案民警介绍，"薛蛮子""小云"供认，2013 年 8 月初，二人通过中间人介绍建立联系，不到 20 天时间里，先后 3 次在中间人及"小云"暂住地进行卖淫嫖娼活动。其中，前两次每次付嫖资 1000 元，抓获当日嫖资为 1500 元。

警方审查在行动中抓获的其他人员时，多名涉案人员指认，除"小云"外，"薛蛮子"还与数名卖淫女存有卖淫嫖娼关系，并存在聚众淫乱行为。特别是自 2013 年 5 月中旬以来，"薛蛮子"至少与 10 名以上卖淫女频繁接触，进行卖淫嫖娼、聚众淫乱活动。

据涉案人员柴某向警方供述：其自 2013 年 5 月中旬开始，先后介绍马某、王某等人，多次与"薛蛮子"进行卖淫嫖娼活动。

涉案人员马某称，就在 8 月 22 日，即"薛蛮子"因嫖娼被抓获的前一天下午，他还电话联系马某，要求马某找"女孩"供其进行嫖娼活动。但马某嫌"薛蛮子"经常欠付嫖资，没有答应。薛心有不甘到马某住处，马某无奈之下找来 4 名"女孩"，"薛蛮子"就在马某住处与其中 3 名卖淫女进行了聚众淫乱活动。

据警方透露，根据涉案人员供述，"薛蛮子""眼光很高"，要求"女孩"年轻、性感、苗条，并喜欢在固定地点一次连续招嫖，或同时与多名"女孩"聚众淫乱。

北京警方介绍，由于"薛蛮子"满头白发的体貌特征明显、嫖娼活动频繁、有特殊性癖好并且经常拖欠嫖资，在卖淫女圈中有较高知名度。但据这些涉案女性交代，"薛蛮子"是她们的常客，被称为"老顽童"，并不知道其就是在网上大名鼎鼎的"大V""薛蛮子"。

因"薛蛮子"系美国公民，8月24日下午，北京市公安局出入境部门按照有关规定，已将"薛蛮子"因涉嫌嫖娼被警方依法拘留的情况通报美国驻华使馆。27日下午，美使馆已派员对其进行了领事探视。

稿件来源：2013年8月29日《法制日报》政法司法版 作者：李恩树

网络屡爆猛料实施敲诈勒索

继"秦火火""周禄宝""傅学胜"等"网络名人"涉罪落网后，2013年8月，江苏徐州警方在公安部统一部署和江苏省公安厅直接指挥下，侦破系列网络敲诈勒索案。多个由爆料人爆料、枪手加工材料、网络推手水军炒作、网站管理者发帖删帖、幕后策划者实施敲诈勒索的完整犯罪链条浮出水面。

据悉，此案是全国公安机关集中打击网络制造传播谣言等违法犯罪专项行动中，抓获人数最多、涉案价值最高的网络敲诈勒索案。

假记者办网站作案61起

行动中，公安机关打掉4个犯罪团伙，抓获16名犯罪嫌疑人，破获涉及7省27个市县的120起网络敲诈勒索案，涉案金额约300万元，打掉专门用来敲诈勒索的"社会焦点网""环球视点网"等11个网站。

江苏金湖县人仲伟有13部手机，40多个号码，每部手机都应对不同的来电。仲伟自称"中国今日焦点编委会华东区委主任"，他名片上印有"中华新闻集团委员会"以及"中国书记市县长编委会"的名头。名片背面写有"中国今日焦点编委会是由全国人大、中纪委、中华新闻集团等8家单位联合组办，由全国人大常委会主管"。

实际上，这些"名号"全部子虚乌有，仲伟的真正身份是"今日焦点网"注册人。

号称"独家报道各地热点消息"的"今日焦点网"定位为新闻资讯网站。自2012年3月注册至2013年8月19日，该网站共发帖文7340条，最多时每天发布180条。

"但网站其实是亏本的。"徐州市公安局网安支队民警发现，与传统靠影响力吸引广告商的新闻门户网站盈利模式不同，"今日焦点网"似乎并不想扩大影响力。

"仲伟以网站为平台，专门利用发布负面新闻进行敲诈勒索。"民警表示，网站影响力不温不火可以收放自如，既能随意发布负面网帖，又可随意删帖。

8月23日，公安机关在仲伟家里将其抓获，搜查发现大量假"新闻工作证"。

经查，仲伟45岁，高中毕业。2010年和2012年，他通过虚假注资，分别注册南京卓讯文化传媒有限公司和纬业焦点北京文化传播有限公司。除"今日焦点网"外，仲伟以公司名义同时注册了"社会焦点网""社会网""时代焦点网""今日视点网""现代焦点网"5家网站。

据主办此案的徐州市公安局刑警支队大队长孙睿介绍，2010年至2013年间，仲伟伙同他人，在江苏徐州、安徽淮北、山东菏泽等地共作案61起，涉案200余万元。

政府人员变身媒体掮客

2010年，仲伟应聘至《今日中华》杂志销售部门后，代理该杂志江苏片区销售。

当时，《今日中华》杂志还有一家名为"中国今日焦点网"的网站，仲伟也是该网站的工作人员。据孙睿透露，仲伟正是在该网站供职期间，慢慢开始实施敲诈勒索的。

警方介绍，2010年8月，"中国今日焦点网"给徐州市经济技术开发区管委会发去一封"核稿函"，指出开发区一家机械有限公司"未经审批，违法占地"，该网站准备在网上对此进行披露。开发区管委会将此事交由管委会政宣办处理。随后，政宣办原工作人员窦玉刚联系上仲伟，赶到北京"协商处理此事"。

按照窦玉刚的说法，双方"协商"的最终结果是：仲伟收了5万元，并签写一个"不予刊发报道"的回执。但实际上，仲伟最终获利2万元，剩下的3万元被窦玉刚扣下。

自此，仲、窦两人建立起联系，窦玉刚慢慢成为仲伟团队中不可或缺的"爆料人"。曾长期在政府宣传部门工作的窦玉刚，当时主要负责舆情处置，和媒体熟络，深谙"媒体掮客""危机公关"之道。

窦玉刚和仲伟时常电话联络。在一次通话中，仲伟称愿意为窦玉刚提供的爆料线索支付两成回扣，窦玉刚"当时没有直接答复，也没有当场拒绝"。

徐州警方介绍，2013 年 5 月左右，窦玉刚给仲伟打电话爆料称，徐州经济技术开发区大庙镇一个地产开发项目未建先售期房，并把资料拷贝给了仲伟。随后，仲伟冒充"赵姓记者"以"中国焦点新闻网"名义将稿件传真给大庙镇政府办公室和该项目开发商以曝光相要挟，最终获利 5 万元。但窦玉刚觉得"5 万元太少"，让仲伟再以"镇政府工作人员非法集资"负面新闻敲诈。仲伟如法炮制，窦玉刚得到 5 万元。

孙睿说，窦玉刚与仲伟相识后，先后参与实施涉及徐州市经济技术开发区的 7 起敲诈勒索案件，非法获利 73 万余元。

在窦玉刚看来，和假记者仲伟合作"可以名利双收"，"既能挣些钱获得高品质生活，也能挣一点政绩，因为只有自己才能搞定负面舆情"。

受害方破钱消灾鲜报案

半个月里，被仲伟点名的大庙镇地产开发项目负责人魏全（化名），从徐州往北京跑了 4 趟"灭火"。

"应'赵记者'（仲伟）要求，我们每次到北京时，针对他报道中反映的问题，带齐了所有手续材料，但他根本不看，还威胁说要把这些问题全部发到网上，要把企业名声炒坏，除非给他 20 万元。"魏全一行觉得要价太高，没答应回了徐州。

两天后，魏全接到仲伟的电话，称"一定会把该报道发到网上，并且还会发到上级主管部门"。之后，魏全等人又专程到北京找仲伟"协商"，双方仍然没谈妥价钱。

警方介绍，最终，仲伟成功要到 5 万元。之后，又化身"今日焦点网""韩记者"，将原报道改动后发在"今日焦点网"头条位置再次讹钱，该项目开发商又付了 5 万元。

至今，这条攻击大庙镇该地产开发项目的网帖，仍然挂在"今日焦点网"首页醒目位置。

为何一直坚称"自身手续没有任何问题"的受害人，却一再主动找对方，甚至不惜以金钱解决？

"企业好不容易做起来，假如因一个小网站发帖破坏了形象，太不值。"

魏全说。

持这种心理的单位不在少数。许多单位担心任何负面新闻，因为不管新闻是真是假，都可能在网络中引起舆情危机。据徐州警方介绍，2011年9月，安徽淮北一家公司被仲伟以"违规建别墅"为由敲诈了20万元，此后，该公司又被另外两个团伙使用相同手段各敲诈10万元。

谈到被3个团伙轮番敲诈的原因时，该公司彭姓副总经理表示："我们并没有问题，他们纯属造谣。但网上负面信息传播很快，我们没办法控制，只能破财消灾。""受害人息事宁人心理给了犯罪分子机会。"办案民警说，在诸多案件中，鲜有受害人报案。

犯罪手法成熟各有分工

2013年8月，徐州公安机关接连接到群众举报，称有人以"记者""编辑"的身份，以发负面稿为由，索要"封口费"。徐州市公安局迅速将警情上报至江苏省公安厅。

8月19日，徐州市公安局成立由徐州市经济技术开发区公安分局牵头、市局多警种、多部门联合组成的"8·19"网络犯罪专案组。

8月23日，专案组兵分两路，先后在淮安金湖县、徐州市区抓获犯罪嫌疑人仲伟、窦玉刚。之后，又陆续抓获仲伟团伙另两名关键成员——负责发帖、删帖的网站管理员黄某和修改稿件、扮演编辑的阮某。

据警方介绍，仲伟团伙的犯罪手法运用成熟：用来敲诈的帖文一般由爆料人窦玉刚提供，或者从网上负面帖文中摘取，仲伟进行修改；向被敲诈单位发核稿函或告知其此负面新闻已在网络上发表，施压敲诈勒索，或是将这些负面帖文交给其犯罪团伙的网管发帖，利用网络推手进行炒作，扩大影响，敲诈勒索。如果敲诈成功，仲伟团伙会删帖或不予刊登。如不成功，仲伟会利用网络推手扩大炒作范围，以此报复被敲诈单位。

端掉仲伟团伙后，警方循线侦查，又打掉另外3个类似犯罪团伙。警方发现，仲伟等4个团伙互相交织，有时相互爆料，共同或分别实施敲诈犯罪；有时一个团伙成功后，又爆料给另一团伙，再次实施敲诈。

"4个团伙也有交叉结伙现象，如一个犯罪嫌疑人既是仲伟团伙的成员，又以自己为中心实施团伙犯罪。"孙睿说。

稿件来源：2013年9月9日《法制日报》政法司法版　作者：李恩树

"网络黑势力"兴风作浪政企民通吃

他不是记者，却到处以"记者"和"媒体"名义大肆敲诈勒索；他自封"全媒体记者"、网络"意见领袖"，却只将网络作为非法获取名利的工具；他利用网络影响力在当地兴风作浪，让人闻之色变，成为"网络黑势力"；他从未在党政机关任职，却试图插手当地项目审批、人事变动……

在全国公安机关集中打击网络有组织制造传播谣言等违法犯罪专项行动中，湖南省衡阳市公安机关破获格祺伟假冒记者敲诈勒索寻衅滋事犯罪团伙案件。警方掌握其200多起犯罪线索，已初步查证36起，受害对象涉及全国10多个省市的企事业单位和干部群众，涉案金额数百万元。2013年10月，格祺伟等5名犯罪嫌疑人已被依法逮捕。

"负面炒作"横行当地

2010年以来，格祺伟长期假冒记者，四处收集党政机关、企事业单位和普通干部群众的"负面信息"，以在网上曝光、负面炒作为要挟，或以帮助删帖为名，提出以"广告费""宣传费"或送高级礼品等方式进行敲诈勒索，金额、价值动辄数万、数十万元。

"找到这个人的电话，给他发短信，把有关内容、我是谁、写过哪些报道发给他，要他回复我这个事情。他要是回复，我就要求见面并让他支持一下；要是不理我就继续发帖报道咯。"短短两三年时间，格祺伟以这种成熟的"套路"横行当地。

2013年4月，格祺伟根据湖南某报驻衡阳记者站记者匡某（另案处理）提供的线索，在网上散布"贫困县贱卖土地给开发商抵债"，称祁东县政府未经合法手续，将一块土地低价卖给某公司。

随后，格祺伟联系该公司负责人彭某，称自己是湖南某报驻衡阳站记者，帖文系其所发，要求对方出面"协调"此事。彭某回复称该地通过合法手续竞拍取得，帖文内容纯属子虚乌有，拒绝见面。遭拒后，格祺伟继续发帖负面炒作，彭某被迫答应见面。

"我在网上发布正面报道没人理会，反而报道这些负面新闻，立马就与我联系。"格祺伟面对彭某质疑其在网上散布虚假新闻时这样回答。随后要求彭某在湖南某报社做广告"摆平"此事，否则继续爆料。彭某只能向格祺伟支付6万元"广告宣传费"，但广告根本未做。

警方查明，格祺伟为扩大自己的影响力便于进一步敛财，多次以新闻报道形式在网上散布失实帖文、虚假信息，造成恶劣社会影响。其中，"衡东交警打人"的失实报道，致使正当执法交警成为媒体炒作下的受害者和牺牲品。

2011年5月11日,事件发生当天,格祺伟与多家媒体记者到衡东采访，但因其不能出示记者证采访被拒。据介绍，格祺伟"非常不满，认为没给他面子，对此怀恨在心"。

5月13日,格祺伟以中国网湖南之声全媒体记者的身份在网上散布"湖南衡东交警打人遭千人围堵掀翻警车"的失实报道，多家知名网站进行转载，其中仅人民网转帖的点击率就达到107.5万余次。

根据有关部门事后的调查报告，交警上街执勤是正常的执法行为。在执法过程中有执法依据，执法程序符合规定。没有发生打人行为，也没有千人围堵。但迫于压力，衡东有关部门劝说当事交警接受处分，以息事宁人。

"当时领导找我谈话，让我接受处分，谈话一直持续到夜里一点多，我就不明白，既然我没做错，为何要受到处分。"一名当事交警告诉记者，到现在他还感到"有些委屈"，这件事情打击的不只是受罚当事交警，而是整个衡东交警的工作积极性，严重影响了当地道路交通安全管理和正常执法活动。

"二干部"谋求更大利益

"人在一些唾手可得的利益面前，变得过于贪婪了，有些忘乎所以。"随着一次次敲诈得手，格祺伟不再满足于仅仅获得一些经济利益和虚名。他曾试图插手党政人事调整，并试图为自己获取一个"光明正大的合法身份"，但被有关领导严词拒绝。

许多受害干部群众反映，格祺伟平时行事张扬，多次在数人在场的情况下索取、收受敲诈钱款，并要求有关部门为其在宾馆、饭店消费付账，甚至威胁、"绑架"个别党政领导干部打招呼、批条子谋求更大利益，民间称其为"二干部"。

"在祁东，敢不回我短信、不接电话的，也只有那个省人大代表周江森了。"嚣张跋扈、横行祁东的格祺伟，曾多次试图以负面报道炒作对湖南远见房地产开发集团负责人周江森进行敲诈，周江森均置之不理。但格祺伟还是找到机会让周江森"出了一次血"。

2011年，湖南映武黄花集团负责人李某找到格祺伟和匡某，称与远见集团在一块土地上存在经济纠纷，请格祺伟等人炒作此事。格祺伟随后歪曲事实散布"衡阳国省代表之争"等多条微博，引起各大网站转载和传统媒体报道。其后，不少合作企业质疑、暂停与远见集团的合作。迫于压力，远见集团向黄花集团支付120万元"捐助款"。格祺伟从中非法获利20万元。

"3年来，格祺伟针对我发布了36篇负面报道，前后给我打过多次电话，问我'你想不想风平浪静'。但我和他是一个县的人，了解他的底细，知道他不是真记者。"周江森向记者介绍说，他完全可以继续不理睬格祺伟，但企业还要发展，没时间与其纠缠，只好息事宁人出钱"捐助"。

"搞定"周江森后，在当地"罕有对手"的格祺伟把目光转向省外，伙同张桓瑞（原现代消费导报社副社长，注册成立北京亿豪鼎业网络传媒科技有限公司，已被依法批准逮捕）组成犯罪团伙，实施更大范围的敲诈勒索。

2012年11月，张桓瑞获悉浙江省杭州市余杭区供电局在建办公楼可能违规的信息后，未作核实就安排格祺伟在现代消费网上发表题为《杭州余杭区供电局违规建办公楼》的不实报道，称供电局建设豪华办公楼，配备健身房，超过现在办公面积19倍等。然而据警方介绍，当时办公楼主体都没有完工，更谈不上什么豪华。

12月初，格祺伟等人到余杭以核实网帖内容为名向供电局施加压力。同时表示，"报道虽然造成了影响，但还有可操作空间，可以派人到北京协商处置"。

记者了解到，对于这篇报道，供电局也曾咨询过律师，希望通过法律途径解决，但律师表示，当时的法律对如何处理虚假新闻未作明确规定。"发帖人是'网络大V'，在网上一呼百应，怕自己有理说不清，澄清反而可能越描越黑。"就这样，余杭供电局被迫以"广告费"名义支付格祺伟、张桓瑞20万元。

监督维权置换个人私利

打着监督维权的旗号，抓住一点点问题将其无限放大，格祺伟发帖炒作的目的就是获取名利。他不仅敲诈党政机关、企事业单位获取大额财物，任何一点小利都不放过，普通群众的一些不当行为也被他拿来威胁获取利益。

有的居民因通风需要，自行给房屋加了窗户，或者因担心漏雨在楼顶加隔热层，格祺伟知道后就说这是违建要"报道出去"，居民只好请其吃饭、送礼"摆平"此事。

曾有领导告诫格祺伟：衡阳是你的家乡，你要把你的聪明才智用到正道上，不要只盯着这些负面东西；确实有问题的，可以通过正常渠道反映，由有关部门按照正规程序调查处理，你要用积极的方式为衡阳发展作出应有贡献。然而格祺伟却回答，我要不这样弄，领导怎么知道我？

"一直以来，这种所谓的影响力、知名度，这些虚荣是我最终迷失的主要原因。"格祺伟在他写的《上网，触网，落网》的悔过自白告网友书中忏悔说，作为拥有数十万粉丝听众的所谓微博大号、意见领袖，却没能更好地把握自己，仅凭一些并不严谨的信息来源，未作更为细致的调查就肆意传播，利用影响力通过一些违法行为牟取不正当利益，给社会及舆论都带来极其负面的影响。

"我就像已经深陷旋涡，却未能看清只要一个风浪打来就会让自己彻底崩溃。"格祺伟表示，愿意为自己的违法行为承担法律责任，同时希望通过自己告知更多网友，要正确合法地使用网络，利用这个自由、平等的平台为社会贡献正能量。

衡阳市副市长、市公安局局长周学农接受记者采访时说，法律真空、管理漏洞、人们的放纵心理，再加上个人主观牟利心态，多种因素让格祺伟越做越大。

"为什么这么多人最终拿钱消灾？一是没有办法，再就是即便你把事情原原本本公之于众，但你已经遍体鳞伤、伤痕累累，企业也已停滞不前。"周江森作为受害人，对于格祺伟的行为方式和伤害有着足够的体会和认识，他说，网络、论坛在一定时间内被这些人左右，而老百姓也没有时间、没有渠道去搞清信息是真是假，再加上水军混淆视听、操控舆论，老百姓不经意间就迷失了方向，选择相信"网络大V"，认为他们说的就是事实。

周学农表示，以前打击这种网络违法犯罪存在法律障碍，最高人民法院、最高人民检察院相关司法解释出台后，公安机关就能理直气壮地依法管理、打击，更好地保护群众在网上的合法权益了。同时，受害人要大胆举报、勇于举报，及时向公安机关报案并协助开展工作，净化网络环境，让网络更好地服务群众生活。

稿件来源：2013 年 10 月 22 日《法制日报》政法司法版　作者：蒋皓

网络"大V"上演"空手套白狼"

明知自己不具有投资能力，仍与地方政府签订10亿元投资协议，然后假借项目运作虚构项目招标，骗取被害单位标书款和投标保证金。2013年11月26日上午，"微博大V"禹晋永合同诈骗案在北京市海淀区人民法院一审宣判，法院认定禹晋永犯合同诈骗罪，判处其有期徒刑11年、罚金10万元、剥夺政治权利2年，并责令其退赔被害单位经济损失52.2万元。

项目未获审批即招标

2003年3月，禹晋永代表北京凯爱投资有限公司与山东省梁山县政府签订《梁山凯爱国际高科技工业园区投资开发经营合同书》，约定由凯爱投资公司投资10亿元，用于开发梁山高科技工业园区项目，梁山县政府出让1500亩土地给凯爱投资公司使用。

同年5月，在上述项目及土地没有获得合法审批、没有落实资金来源，不符合招投标条件的情况下，禹晋永便以凯爱投资公司的名义发布了招标公告，对梁山高科技工业园区项目进行招标。

中科软科技股份有限公司是此项目招标的投标人之一，其参与了保安监控、Internet无线网络覆盖和楼宇自动系统三个方面投标，为此向凯爱投资公司分三次汇入标书款和投标保证金共计52.2万元。可同年6月至7月，上述钱款被陆续提现，而到了8月，凯爱投资公司因未年检而被吊销营业执照。

即使这样，禹晋永也没有停止项目的运作。其在根本没有履行开标、评标等程序的情况下，就换以北京凯爱投资顾问有限公司的名义向中科软股份公司发送了中标通知书。由于对招标主体和程序的怀疑，中科软公司多次要求禹晋永返还已付款项，可禹晋永的回复却是，"由于中科软公司中标后不在法定期限内签署正式合同，已经构成违约，投标保证金依法没收"。

2004年9月，中科软公司向公安机关报案。2012年7月13日，禹晋永被抓获归案。

10 亿项目仅纸面运作

"这是我所经手的项目中手续最完备的一个。"对于检察机关对其合同诈骗的指控，禹晋永在法庭上表示异议，始终称自己无罪。

但是法院在审理过程中发现，禹晋永所提供的看似一一对应、环环相扣的梁山高科技工业园区项目文件，实则存在诸多矛盾。例如，凯爱投资公司的多份文件编号与时间颠倒，部分文件内容雷同，向梁山县报批总体规划方案的报告比总体规划方案本身还早了四个月。不仅如此，梁山县政府及下属部门的多份批复，对土地手续办理情况的表述与事实不符，建设用地规划许可证、建设工程规划许可证和建设工程开工证等均与正规样本有较大差距。更有甚者，梁山经济开发区管委会给凯爱顾问公司的关于对外发售标书价目表的批复，甚至比凯爱顾问公司的成立还要早。

由此可见，禹晋永所谓的梁山高科技工业园区项目仅仅是纸面运作。且签订合作协议后，禹晋永以要去北京注册公司为由，要求梁山经济开发区给他越权办理了国有土地使用权证，并为其开具了一张总金额为 1.93 亿余元的山东省行政事业性收费发票。但这张发票，禹晋永并未付款，只打了一张欠条，直到最后他也没有向开发区投资过一分钱。这个土地证和收据最终被禹晋永以个人资产的名义用于公司增资，从而使其原出资 50 万元的凯爱置业公司获得了上亿元的注册资本。

法院认定无投资能力

据了解，所谓的梁山高科技工业园区项目，所涉土地连相关的征收手续都未能有效落实，根本不具备进一步开发的基础。而禹晋永号称的多种资金来源也都没有实际落实，其个人及公司名下的资产总额远达不到其承诺的投资数额，其所称的其他融资方式要么无从查证，要么根本不具备可行性。

法庭上，对于招标程序的质疑，禹晋永曾解释说，"项目招标是全权委托代理公司具体负责的"，从而将责任全推给了代理公司。但据法院介绍，禹晋永及其辩护人虽坚称依法履行了招标程序，却无法提供凯爱顾问公司的标书、无法列举参与投标的其他单位、无法指出投标开标的具体时间、无法说明评标委员会的具体成员及评标决标的具体过程。即使是辩方认为能够证明招标过程的重要证据——凯爱顾问公司于 2003 年 10 月给梁山经济开发区的招投标备案报告，也没有对上述问题进行明确记载。

因此，法院认为，从现有证据看，禹晋永及其辩护人所谓的招标、评标、定标过程并不存在。禹晋永明知自己及其公司并不具有相应的投资能力，仍与梁山县政府签订投资协议，假借运作梁山高科技工业园区项目为名，采用虚构项目招标的手段骗取被害单位的标书款和投标保证金非法占为己有，其行为已经构成合同诈骗罪。

稿件来源：2013 年 11 月 27 日《法制日报》案件版 作者：黄洁

广西首例"伪基站"案侦破纪实

2014 年 2 月，广西壮族自治区柳州市公安局城中分局五星刑侦大队侦破广西首例破坏公用电信设施案。此案中，一男子利用"伪基站"狂发垃圾广告 13 万余条牟利，致 13 万余人手机通信中断。该男子因涉嫌破坏公用电信设施罪被警方依法刑事拘留。

2014 年春节前后，柳州市城中区龙城路星河大厦一带的手机用户时常发现一个怪现象：自己的手机会突然莫名其妙地打不出电话，伴随而来的是一些高仿名牌提包、手表、鞋子的广告短信。他们陆续向通信营运商投诉，营运商派出技术人员进行检测，没有找出原因。

2014 年 2 月 10 日 16 时许，该区域手机用户再次出现通信中断情形，技术人员迅速赶到现场，通过测试定位，发现一辆红色雪佛兰微型轿车中发出很强的通信信号，疑似装有"伪基站"，通信公司人员当即报警。

五星刑侦大队迅速出警赶至现场。民警发现，嫌疑车辆一直没有熄火，而是走走停停，民警驾车尾随其后伺机抓捕。一路上，嫌疑车辆先后在人流量较大的中医院、步步高广场等地停留了一段时间，当行至雅儒路一海鲜酒楼门前时，嫌疑车辆上的男子下车，民警迅速上前将其控制，并从车内查获作案设备"伪基站"一套、笔记本电脑一台、手机一部。

经审查，嫌疑人为 29 岁男子李某，曾于 2011 年 12 月因涉嫌入侵计算机信息罪被江苏省南京市下关区人民法院判处有期徒刑 3 年，缓刑 2 年 6 个月。

李某称，2014 年 1 月初，朋友"阿龙"找到他说，可以在他的车上装一套设备帮忙发送广告，发一条信息可以得到 0.1 元的报酬。"阿龙"将设备拿来装好后，很快就教会李某如何操作。之后，一接到客户的广告单子，李某就开车到市区繁华路段通过设备向手机用户发送广告短信。每到一个地方，他都利用手机软件侦测出移动基站的数据，并输入笔记本电脑，再把屏蔽信号的机器（伪基站）连接至笔记本电脑，然后强行占用某通信公司使用的频率，将短信息发送出去。仅在落网当天，李某就在星河大厦、中医院、步步高广场等地发送 1 万多条广告信息。警方查明，李某累计发送信息 13 万余条，造成大面积手机用户信号频繁中断，不能正常通信，扰乱了该区域人员的日常生活和工作。

据通信公司技术人员介绍，"伪基站"是通过一种解码软件，实现电信运营商公用基站的一部分功能，形成一个虚拟基站。"伪基站"的存在对国家通信秩序和群众生命财产安全造成严重威胁。柳州警方表示，将与通信公司展开合作，严厉打击"伪基站"，发现一起查处一起。

稿件来源：2014 年 2 月 21 日《法制日报》案件版

作者：莫小松 马艳 秦付林 陈方

"伪基站"黑色利益链揭秘

"丹东出大事了！"来自陌生号码短信中的这 6 个字和一连串的惊叹号，让正在和家人享受周末快乐时光的辽宁省丹东市公安局刑侦支队大队长马志军心里"咯噔"一下，他急忙向下翻看，却发现只是某房产公司发送的促销广告。

"现在的广告咋这么多，信息都是从谁那儿泄露的？"家人的这句抱怨，也给马志军一个提醒：收到垃圾短信就一定是信息泄露吗？

答案是否定的。近年来，一种能够搜取一定半径范围内的手机信息，可任意冒用他人电话号码强行向用户手机群发各类短信息的非法设备，成为不法分子发送诈骗、推销等垃圾短信的新手段。据不完全统计，每年通过这种设备发送诈骗、赌博、推销、中奖等短信近千亿条，这种设备被称为伪基站。

2014 年以来，公安部等 9 部门联合部署开展了打击整治非法生产、销售和使用伪基站专项行动。行动中，辽宁和河北警方通过深挖细查不法分子违法犯罪的套路，揭开了伪基站的神秘面纱。

群发短信一年获利千万

"开车到指定地方,打开电脑输入内容发送,到时间就收工,很简单也很清闲。"在沈阳某广告公司工作的孙某,一星期只干一天活,动动手指每个月就能拿 3500 元,他对自己发送短信的工作十分满意。但只做了不到半年,他就和同事、老板一起被丹东警方抓获。

原来,马志军收到的短信就是这家公司指派孙某去丹东发送的,而这条短信也成警方抓获该犯罪团伙主要成员的突破点。

王某是该犯罪团伙的技术总监,从网上联系购买设备、与销售管理人员沟通业务、审查广告短信内容、联系像孙某一样的"司机"发送短信,向公司老板李某反馈发送数量和效果等都由他负责。

"这种设备我们之前都称为区域性短信群发设备。"王某说,他知道利用伪基站群发短信广告是违法行为,也曾和李某探讨是否继续从事这种违法行为,但面对巨大的利益诱惑,两人选择了继续干。

伪基站发送广告短信利益究竟有多大?

据李某交代,广告短信的市场需求很庞大,但当地主要通信运营商要么已停止提供短信群发业务,要么业务费用比较高。他们以每条 0.04 元的价格提供业务很有市场,仅丹东 2013 年 10 月的销售额就有 30 余万元。

据马志军介绍,该犯罪团伙有 10 余套伪基站,一台伪基站每天工作 8 小时,每小时能发送 1 万条短信,一天就有两三万元进账。

根据警方掌握的情况,从 2013 年年初至今年 2 月,该犯罪团伙利用伪基站发送短信 3 亿余条,获利 1000 余万元,业务已覆盖辽宁全省、内蒙古自治区和吉林省部分地区。

"伪基站的滥用让群众在正常生活中收到大量垃圾短信,也助长了诈骗短信的发送,滋生电信诈骗等犯罪案件。"马志军说,这次 9 部门联合打击整治行动,就是要还人民群众以干净的通信网络和生活环境。

利益驱使"黑手"再延伸

2013 年 12 月以来,河北衡水许多市民反映,他们的手机短时间内会接收到同一垃圾短信,并且手机都无法正常使用。

"又是伪基站在捣鬼。"衡水警方经侦查发现,犯罪嫌疑人郭某是使用伪基站设备群发垃圾短信的始作俑者。据郭某交代,自己的设备是通过互联网向故城县苑某购买的。

故城县警方顺藤摸瓜，于 2014 年 1 月 8 日成功抓获苑某、闫某、胡某、白某 4 名犯罪嫌疑人，缴获伪基站 1 台，射频主板 92 块。

与苑某邻县的刘某 2008 年开了一家广告公司，去年 8 月偶然在网上看到苑某那里有可以群发短信的设备，不用通过通信运营商就可以"零成本"发送短信，效率很高。

"联系苑某后，他第二天就把设备带到了门店，并向我演示了操作方法和效果。"刘某说，他在苑某指导下操作一遍就会了，全部过程不过两三分钟。

刘某说，以前通过通信运营商给客户发短信每条要 0.07 元，现在则收 0.03 元，一些房产公司、家居商场、金玉店都来找他。在租用一段时间后，刘某以 1.7 万元的价格向苑某购买了一台设备。

故城县公安局刑侦大队民警陈冬对记者说，苑某在某小区设立了窝点，通过 QQ 群和手机短信联系买家，销售伪基站设备。同时，他还在石家庄租房开设一个网店，组装伪基站整机对外销售。

警方统计，2013 年 8 月到 2014 年 1 月，苑某和该犯罪团伙成员就以每台 1.2 万元至 3 万元不等的价格卖出伪基站整机 55 台，涉案金额 85 万余元。

由明转暗网上销售设备

"苑某在 2013 年 7 月通过网络结识了广东深圳的老侯，并从老侯处购买了第一批伪基站零配件和组装图纸。"陈冬告诉记者，设备多是由广东、浙江等沿海地区的地下工厂生产，再通过网络经销商销往全国各地。

随着案件的深挖，一条非法生产、销售伪基站设备的犯罪网络浮出水面。为了打击源头，2014 年 2 月 16 日，公安部组织河北警方奔赴深圳，很快将老侯抓获。

老侯原名张某，他 2013 年从一家通信公司辞职后，便和郭某、陈某一起非法生产销售伪基站零配件，并向伪基站零部件的购买者提供技术指导。截至目前，已经向全国多地非法出售 400 多块主要零配件射频主板，涉案金额 100 余万元。

据张某交代，伪基站与之前广泛用来发送垃圾短信的短信群发器不同，不用通过通信运营商网络，在人流、车流密集的地方就可以实时发送，成本低，发送量大。

"把设备装在车上，在人员密集的小区、商业中心边走边发，不仅发送面更广，还不容易被发现。"张某交代说，他通过网络发布需求广告，网上联系，提供虚假姓名和地址物流发货，防止被公安机关查出。

警方在侦查苑某案过程中，还排查出江苏省淮安市的金某从张某处购买零配件。警方立即转战淮安，并快速查明，自 2013 年 10 月以来，金某和岳父孙某一起购买零配件组装伪基站并且出售牟利。截至今年 2 月底，金某共销售了伪基站 54 台，涉案金额 150 万元。同时，经他们证实，深圳老侯就是零配件和组装技术的提供者。

"许多人在暴利诱惑下以身试法，逐渐形成一条生产、销售、使用伪基站的黑色产业链。低成本、高收益是伪基站猖獗的重要原因。而购买途径方便快捷方式，又为伪基站泛滥提供了条件。"陈冬进一步说，随着有关部门打击力度的加大，伪基站违法犯罪活动正由明转暗，披着区域短信群发设备、基站小区短信等伪装在网上热销，给打击整治带来一定困难。

据了解，最高人民法院、最高人民检察院、公安部和国家安全部近日出台了《关于依法办理非法生产销售使用伪基站设备案件的意见》。意见明确非法生产、销售、使用伪基站违法犯罪行为，可依法以非法经营罪、破坏公用电信设施罪、非法获取公民个人信息罪、虚假广告罪等 8 项罪名追究刑事责任。对此，公安部有关负责人表示，9 部门联合对伪基站开展专项打击整治行动，从源头斩断伪基站的黑色利益链条，规范通信秩序，公安机关也将持续不断组织开展打击行动，坚决维护公共通信秩序和人民群众的切身利益。

稿件来源：2014 年 3 月 26 日《法制日报》政法司法版 作者：蒋皓

"秦火火"忏悔：网络不是法外之地

因数次在网络上发表不实言论，被告人秦志晖（网名"秦火火"）被控犯诽谤罪、寻衅滋事罪。2014 年 4 月 11 日上午，秦志晖在北京市朝阳区人民法院受审。据了解，这是去年全国公安机关集中开展打击网络有组织制造传播谣言等违法犯罪行动和最高人民法院、最高人民检察院出台《关于办理利用信息网络实施诽谤等刑事案件适用法律若干问题的解释》以来，第一起依法公开审理的案件。

4 月 11 日 8 时刚过，朝阳区法院大门外就已聚集了不少前来旁听的记者。距离正式开庭还有 20 分钟，法庭内的 50 个旁听席已被秦志晖的几名家属和数十家媒体的记者坐满。

4 月 11 日的庭审由朝阳区人民检察院指派两名检察官出庭支持公诉；为被告人秦志晖辩护的则有两名辩护律师，均身着律师袍出庭辩护；合议庭由两名法官和一名人民陪审员组成。朝阳区法院官方微博对此次庭审进行了微博图文直播。

9 时，秦志晖身着一件灰色衬衫被法警带入法庭，案件正式开审。

谣言是否由他发布

在今天的庭审中，公诉机关针对秦志晖使用不同微博账号发布的 5 起谣言进行了举证，包括"罗援将军哥哥任西门子公司副总裁""杨澜在网上虚假捐赠""全国残联主席张海迪是外国国籍""兰和律师被人包养"以及"动车事故中意大利遇难者茜茜协议赔偿 3000 万欧元"。

法庭上，秦志晖对自己发微博的时间都还记得十分清楚，并能准确说出相信自己所传播谣言的网友比例以及半信半疑者的比例。他承认，所有涉案微博都是自己发的，表示自己对起诉书中指控的犯罪事实没有意见，也认可对自己诽谤、寻衅滋事罪的指控，还向被他诽谤过的几位名人表示了歉意。

尽管秦志晖自始至终没有否认涉嫌诽谤的几条微博是自己所发，但他的辩护律师张晓洋还是努力从各种证据中寻找发微博者另有其人的可能。

辩护律师认为，涉案的账号中有些账户的注册地址和 IP 地址未得到查证，不能认定是秦志晖在使用这些账号，其中有个账号在秦志晖被公安机关依法逮捕后，还在持续对外发布信息。律师说，"江淮秦火火"账号是在上海注册，在上海发布消息的，但秦志晖本身明确表示从未去上海注册或发布过微博。

"'秦火火'这个名字有了一定影响力之后，网上出现了很多后缀为'秦火火'的账户，比如'京城秦火火'等，均不是秦志晖注册的，这些账号是有人利用'秦火火'的影响力搭便车。"秦志晖的辩护律师说。

是转发还是纯属捏造

庭审中，公诉机关展示了秦志晖"炮制"名人谣言的过程，而这些内容，都是秦志晖自己供述的。

以秦志晖捏造"张海迪是德国国籍"的谣言为例，其表示，之前看到网上有人说张海迪是日本国籍，他又看到张海迪自己在一篇文章中提到她曾在德国小住，于是秦志晖不禁心生疑惑，不知道张海迪是以什么事由在德国小住的，于是开始散布"张海迪是德国国籍"的谣言。

对此，秦志晖的辩护律师认为，秦志晖发布的所有谣言，往往都是网上盛传已久的某一谣言，他充其量是对这些已有谣言整合和再传播，是一种转发行为，而不是凭空捏造。

对此，公诉机关认为，秦志晖制造谣言是根据谣言添油加醋重新制作，几则谣言都是对原有谣言进行了实质性改变。"捏造的信息不要求是首创，即便之前存在此类谣言，只要行为人不知晓，直接进行了编造，就仍然是捏造行为。"公诉机关认为，秦志晖对网络传言作了重大修改，不能简单认定为转发。

是故意还是无心之过

庭审过程中，秦志晖的行为是否具有主观恶意也是控辩双方争议的焦点之一。

辩护人认为，关于杨澜、张海迪等人的谣言，秦志晖是先在网络上看到相关内容再发布的，自己并没有核实，因此不是明知是虚假信息而发布。对于造谣温甬动车赔偿额的事情，辩护律师也表示，秦志晖只是出于义愤发出消息，并非是明知虚假而故意造谣。

对此，公诉人认为，秦志晖对网上盛传的消息没有核实就直接发布出去，没有核实就反映了秦志晖的主观恶意。公诉机关举例证明，关于杨澜的谣言，早在秦志晖发布消息前，杨澜就已经对在传播中的谣言进行了回应与澄清，秦志晖每次"炮制"谣言，都是先在网上进行搜索，这样的习惯也说明了秦志晖本身有能力通过检索对信息进行核实。能够比较容易进行核实而秦志晖却选择了不核实，这就充分说明了秦志晖的主观恶意。

公诉程序是否适当

诽谤案件通常是自诉案件，辩护律师对此提出疑问，认为秦志晖的行为不足以构成诽谤罪，不应当由公诉机关起诉，"伤害个人不等于危害社会，公诉机关启动公诉的依据不足。"辩护律师提出，4 名受秦志晖谣言影响的名人中，仅杨澜一人曾向公安机关举报，其他 3 人都是在秦志晖到案后才向公安机关反映情况的。

对此，检方认为，秦志晖的诽谤行为次数多，针对 4 人进行，可以认定为多人，除针对张海迪的谣言外，其他几条转发、评论数量多，并且客观上造成了恶劣的社会影响。2013 年 9 月，最高人民法院、最高人民检察院颁布的司法解释明确规定，诽谤多人，造成恶劣社会影响的，应当认定为刑法第二百四十六条第二款规定的"严重危害社会秩序和国家利益"。

公诉方指出，在网络环境中，谣言的社会危害性更大、传播范围更广、造成的恶劣影响更难消除。正因为秦志晖诽谤的人数多、影响力大，依照该司法解释，足以认定为"严重危害社会秩序和国家利益"，故而在程序上应当由公诉机关以公诉方式提起诉讼。此外，检方还提出，在时间节点的选择上，秦志晖选择了温甬动车事故后，利用灾难引发公众不满，也应认定为情节恶劣。

当庭忏悔表达歉意

庭审持续了 4 个小时，在最后陈述环节，秦志晖表示，经过几个月的久久思考，主要有以下认识："第一，我的行为在法律上是不被许可的，在事实上我的确是误导了大家对公众人物和政府部门的看法；第二，我没有认识到网络不仅仅是一个虚拟空间，我越过了红线，我严重损害了他人的名誉和声誉；第三，有句话说得好，网络不是法外之地，我恰恰是忽视了这一点，也忽视了法律和道德的存在，扰乱了网络的正常秩序；最后，我想表达一个歉意。对杨澜、罗援、张海迪等人的名誉造成很大的打击，我深表歉意和内疚。名誉是无价的，是他们几十年辛辛苦苦打拼下来的，被我几条微博就给抹黑了。将心比心，谁都是不愿意的。"

随后，秦志晖一连表达了 9 个感谢，并称"网络上有我一个'秦火火'就够了，为此我付出的代价实在是太大了，我失去了自由、失去了工作、失去了与家人团聚的机会、失去了在网络世界遨游的乐趣。希望给大家以警示，希望大家珍惜在网络上的自由空间，真正做一个对社会有价值的人。我就是前车之鉴。"

一审判处 3 年有期徒刑

2014 年 4 月 17 日上午 9 时,备受关注的秦志晖(网名"秦火火")诽谤、寻衅滋事一案在北京市朝阳区人民法院一审宣判。朝阳法院以秦志晖犯诽谤罪判处其有期徒刑 2 年,以秦志晖犯寻衅滋事罪判处其有期徒刑 1 年 6 个月,数罪并罚决定执行有期徒刑 3 年。

朝阳法院经审理查明:2012 年 11 月至 2013 年 8 月间,秦志晖分别使用"淮上秦火火""东土秦火火""江淮秦火火""炎黄秦火火"的新浪微博账户,或捏造事实在信息网络上散布,或篡改不实信息在信息网络上散布,或明知系捏造的事实而在信息网络上散布,引发大量网民对杨澜等人的负面评价。相关信息累计被转发达 4100 余次。

在"7·23"甬温线动车事故善后处理期间,秦志晖为了利用热点事件进行自我炒作,提高网络关注度,于 2011 年 8 月 20 日使用"中国秦火火"的新浪微博账户编造并散布虚假信息,称原铁道部向"7·23"甬温线动车事故中外籍遇难旅客支付 3000 万欧元高额赔偿金。该微博被转发 11000 次,评论 3300 余次,引发大量网民对国家机关公信力的质疑,原铁道部被迫于当夜辟谣。秦志晖的行为对事故善后工作的开展造成了不良影响。

法院查明,秦志晖发布的涉案微博内容或无中生有,为其本人捏造、编造;或信息所涉及内容有一定来源,但经秦志晖进行过实质性篡改,以原创的方式发布;或虚假信息虽曾在网络上流传,但已经涉案被害人澄清,秦志晖仍然增添内容在网络上予以散布。法院指出,秦志晖作为网络从业人员,对信息真实性不仅未尽到基本的核实义务,反而一贯捏造、编造虚假事实,足以证明其主观上明知涉案信息的虚假性,客观上亦实施了捏造、编造虚假信息的行为。

关于公诉机关适用公诉程序追究秦志晖诽谤罪刑事责任的法律依据问题。法院指出,刑法第 246 条明确规定,诽谤他人,情节严重的,构成诽谤罪;严重危害社会秩序和国家利益的,应适用公诉程序。同时《最高人民法院、最高人民检察院关于办理利用信息网络实施诽谤等刑事案件适用法律若干问题的解释》第二、三、四条规定,同一诽谤信息被转发次数达到 500 次以上的,应认定为刑法第 246 条规定的"情节严重";"诽谤多人,造成恶劣社会影响的",应认定为刑法第 246 条规定的"严重危害社会秩序和国家利益";一年内多次实施利用网络诽谤他人行为未经处理,诽谤信息实际被转发次数累计计算构成犯罪的,应依法定罪处罚。本案中,秦志晖利用信息网络，分别诽谤杨澜等多名公民，其中3人的诽谤信息被转发次数均达到500次以上，应认定为"情节严重"；关于张海迪的诽谤信息被转发次数虽未达到500次，但根据该司法解释第四条的规定，秦志晖系在一年内分别诽谤杨澜等多人，应对上述诽谤信息的被转发次数累计计算。据此，秦志晖诽谤杨澜等人的行为构成诽谤罪，且系诽谤多人并造成了恶劣的社会影响，应当适用公诉程序追究秦志晖所犯诽谤罪的刑事责任。

关于秦志晖发布原铁道部在"7·23"甬温线动车事故中天价赔偿外籍乘客的虚假信息是否足以造成公共秩序严重混乱的问题。法院指出，"7·23"甬温线动车事故为特别重大铁路交通事故，全民关注，秦志晖在该事故善后处理期间，编造政府机关天价赔偿外籍乘客的信息并在网络上散布，起哄闹事，该虚假信息被转发11000次，评论3300余次，不仅造成网络空间的混乱，也在现实社会引发不明真相群众的不满，扰乱了政府机关的善后工作。秦志晖的该起行为足以认定为造成公共秩序严重混乱。

关于以诽谤罪、寻衅滋事罪实行数罪并罚，是否将使被告人的同一行为两次承担罪责的问题。法院指出，诽谤罪、寻衅滋事罪两罪的犯罪构成不同，诽谤罪侵犯的客体是公民的人格和名誉，寻衅滋事罪侵犯的客体是社会秩序，两罪的行为特征不同。本案中，公诉机关根据不同性质的案件事实，分别认定为诽谤罪、寻衅滋事罪，定性准确，应予支持。

朝阳法院经审理认为，秦志晖无视国法，在信息网络上捏造事实，诽谤他人，情节严重，且系诽谤多人，造成恶劣社会影响，其行为已构成诽谤罪；秦志晖在重大突发事件期间，在信息网络上编造、散布对国家机关产生不良影响的虚假信息，起哄闹事，造成公共秩序严重混乱，其行为已构成寻衅滋事罪，依法应予以惩处并实行数罪并罚。

秦志晖在较长时间段内在信息网络上多次肆意实施违法犯罪行为，根据其所犯诽谤罪、寻衅滋事罪的事实、性质、情节及社会危害程度，本应对其酌情予以从重处罚。但鉴于秦志晖归案后能如实供述所犯罪行，认罪悔罪态度较好，故对其所犯诽谤罪、寻衅滋事罪均依法予以从轻处罚。

最终，朝阳法院作出上述判决。宣判后，被告人秦志晖当庭表示不上诉。

稿件来源：2014年4月12日《法制日报》案件版 作者：李松 钟馨 冯爽

3.8 亿赌资背后的惊天大案

2014 年 6 月 18 日，广东省公安厅通报称，截至 6 月 13 日，广东警方共侦破赌博刑事案件 1651 宗，查处赌博治安案件 28715 宗，抓获违法犯罪嫌疑人 58154 人，其中行政拘留处罚 49675 人，刑事拘留 6604 人、逮捕 2798 人。

记者了解到，广东各地警方近期接连采取行动，成功侦破多宗查明涉案金额达上亿元的特大网络赌博案件，取得了重大战果。

"目前正值巴西世界杯期间，网络赌球又有抬头现象，广东公安机关对此'零容忍'，并予以重点打击。"广东省公安厅治安管理局局长郑泽晖在发布会上说。

一台电脑运作赌博网站

前不久，广东警方调查发现，有网络赌球团伙模仿境外知名赌博网站"皇冠"，组织网络赌球活动。这一赌球团伙 50 余天就接受投注达 3.8 亿元。

2014 年 5 月 25 日凌晨，广州市公安局番禺分局组织 200 名警力，在天河、越秀、黄埔等地对这一大型网络赌球团伙展开收网抓捕行动。在行动中，警方抓获谢某等 42 名犯罪嫌疑人，查获涉案电脑主机 28 台、手提电脑 17 台、iPad 台，查扣涉案银行账户 120 余个，冻结涉案金额 120 多万元。

"欧冠决赛当天，赌球的人最多，所以我们选择在那天收网。"办案民警告诉记者。

经初步审查，这一大型网络赌球团伙以谢某为首，通过赌球网站组织网络赌球活动。在这一赌球团伙中，谢某为股东、总代理，一级代理有伍某、苏某等 5 人，二级代理有韩某等 24 人。

据办案民警介绍，这一赌球团伙网站的服务器设在菲律宾和台湾。今年 4 月，团伙头目谢某在月投注额达到两千万元，并支付了 130 万元保证金后成为股东。

"以赌博为业的谢某，曾因开设赌场被湖南警方处理过，具有一定的反侦查能力。虽然用一台手提电脑就可以运作网站，接受投注、交割款项，但谢某从不在家'工作'，而是在一个高档小区内租了一套房，专门用于处理赌球网站的事宜。"办案民警介绍。

记者了解到，在不到两个月时间里，谢某代理的网站就吸引了当地不少民营企业主参与网络赌球，至案发时注册会员已过百名。

警方初步查明，2014 年 4 月 1 日至 5 月 23 日，谢某团伙通过赌球网站接受投注达 3.8 亿元。目前，广州市公安局已对谢某等 32 名犯罪嫌疑人予以刑事拘留，案件在进一步侦办中。

赌博网站每天投注超千万

2014 年 4 月 21 日，广东省汕头市公安局在潮州、深圳等地公安机关的配合下，捣毁一个开设"万利达"网站进行赌博的特大网络赌博团伙，查获涉案赌资 4525 万余元。

经初步查明，2013 年 2 月，犯罪嫌疑人陈某、杨某以股份制形式合伙，以每月 6 万元的租金在泰国租用服务器开设"万利达"赌博网站。"万利达"网站股份分为 200 股，股东按所占股份比例在每周一进行结算并通过银行账户转账支付。"他们把网络赌博当成一盘日进斗金的生意，必须是关系特别铁的人才能投资分得股份。"办案民警说。

在这一网络赌博团伙中，杨某负责总操盘，他先后在汕头市潮阳区及深圳市福田区设立赌博窝点，并召集一些人进行赌博网站的具体操盘、对数、核对、结算。这一团伙设立分公司 11 个、总代理 23 个，并大肆发展"下线"、代理、会员，接受外围"时时彩""六合彩"投注赌博。

警方在深圳窝点实施抓捕时，犯罪嫌疑人将电脑、手机扔到窗外，有的还试图跳窗逃跑，但最终都被警方抓获。民警爬窗拣获的手机、电脑，成为此案重要证据。

"用'时时彩'的方式组织赌博，24 小时都有收入，赌博网站日投注额超过千万元。"汕头市公安局濠江分局刑侦大队大队长郭春南介绍，这一网络赌博团伙累计接受投注约 60 多亿元。目前，陈某、杨某等 13 人因涉嫌开设赌场罪被依法逮捕。

网络赌博组织类似传销

据了解，广东警方开展打击网络赌博专项行动，源于广东省潮州市在 2014 年年初打掉一个重大网络赌博犯罪团伙。潮州警方破获的案件引起广东省领导的高度关注。中央政治局委员、广东省委书记胡春华，副省长、公安厅长李春生等分别作出批示，要求广东省公安厅进行认真排查研究，组织开展专项打击行动。

广东省公安厅治安管理局局长郑泽晖介绍，网络赌博利用现代通信网络技术和金融支付手段进行，具有很强的欺骗性、隐蔽性、误导性，已经成为我国赌博违法犯罪活动的主要形式之一。

"为逃避打击，国际赌博集团和境内不法人员往往将赌博网站、服务器建立在赌博合法的国家或地区，再以这些赌博网站为平台，通过在网上发布赌博广告信息、向境内传播赌博软件以及邮寄赌博光盘等方式招揽境内参赌人员，组织赌博活动。"郑泽晖说，网络赌博组织结构呈金字塔式，层级发展具有很强的隐蔽性。组织者往往以代理形式建立网络赌博的组织链条，设立多个等级，并根据级别分别给予不同的授权和奖励，组织形式类似于传销。

同时，由于赌资结算电子化，虚拟投注具有很强的误导性。"网络赌博一般是虚拟投注，参赌人员按照信用额度进行投注，不需要进行现金交易。由于没有现金投注带来的压力，只需在电脑键盘上敲几下键，几万元、几十万元甚至上千万元就秒投进去，盲目下注现象十分严重，这是网络赌博投注额巨大的重要原因之一。"郑泽晖说，赌资结算主要采取信用卡网上支付或者银行转账等方式，隐蔽性强。目前第三方支付平台已经成为网络赌博资金流转的主要渠道和工具。此外，庄家牟利方式多样，"分红、提成"具有很强的引诱性。

"网上投注、交割赌金，服务器、组织者均设在境外，资金多手转换，非接触性的网络赌博犯罪活动使得警方的打击难度大增。"郑泽晖表示，由于网络赌博技术含量高、活动手法隐蔽，对网络赌博活动的组织者打击难度很大，而其逃避打击后往往卷土重来，容易造成一个地方网络赌博活动屡打不绝。

广东省公安厅在部署开展此次专项行动时，将打击靶心对准赌博活动的庄家赌头、团伙骨干成员、获利者"三类人"。

"在侦办案件时，对这'三类人'不抓获不放过，网络赌博的利益链条不打掉不放过，有利于将网络赌博团伙连根拔起，对网络赌博团伙予以毁灭性的打击，有效解决部分重点地区赌博活动突出的问题，并以此为契机不断健全完善禁赌工作长效机制。"郑泽晖表示。

记者了解到，针对网络赌博活动反侦查意识强、打击难度大的情况，广东省公安厅在此次专项行动中，以侦查力量较强的省公安厅相关业务部门和地市公安局为主，成立工作专班开展专案侦办工作，从粤东粤西和珠三角等地的私彩赌博和网络赌博线索中分别确定重点案件，直接组织开展专案侦办。各地市公安局根据本地区网络赌博活动的规律特点，每市确定数宗影响较大的团伙案件进行重点侦办，在专项行动期间限期办结。

郑泽晖强调，广东打击网络赌博专项行动仅仅迈出了第一步。当前正值巴西世界杯期间，网络赌球活动已有抬头趋势，全省公安机关将对网络赌博保持"零容忍"态度，予以重点打击，绝不让赌博团伙在广东立足。

记者了解到，2014年4月，广东和香港警方联手打掉一网络赌博团伙。这一团伙平时进行赌马活动，但已经筹划在世界杯开赛后转入赌球活动。"我们未雨绸缪，提前筹划打掉这些团伙。"郑泽晖介绍，世界杯期间，有些酒吧为吸引球迷聚集，往往会举办竞猜之类的娱乐活动搞搞气氛，但只要是以现金下注赌输赢的就属于赌博行为。欢迎群众举报此类线索，警方对任何线索将追查并坚决打击，绝不手软。

稿件来源：2014年6月19日《法制日报》案件版

作者：邓新建 曾祥龙 李绪帅

揭秘电信诈骗背后"技术团队"

近年来，电信诈骗高发多发，但长期以来，各地警方打击的多为直接诈骗团伙，而技术支撑团伙却因隐藏极深难以触碰，无法将电信诈骗犯罪连根拔起，导致出现"春风吹又生"的局面。

2014年3月，江苏发生一起QQ盗号诈骗案件，警方在调查中发现一技术支撑团伙的踪迹。经过两个多月侦查，在广西、广东警方配合下，一举摧毁了这一技术支撑团伙。

据介绍，该团伙专门制作木马病毒、钓鱼网站，提供给5000多个直接诈骗团伙牟利。这也是全国摧毁的首个电信网络诈骗技术支撑团伙。

出租钓鱼网站

本案受害者张某的女儿在澳大利亚留学。2014年3月18日，张某向扬州市公安局江苏油田分局报警称，有一骗子盗取女儿QQ号，冒充女儿在网上与其聊天，以"老师急用钱"等借口，骗他向指定账户汇款9万元。

扬州市公安局迅速成立专案组，赶赴无锡、广西南宁等地侦查。这看似一起普通的QQ盗号诈骗案，随着线索的追踪，背后潜藏的一个QQ盗号诈骗技术支撑团伙浮出水面——该团伙在广东、广西一带经营着多个钓鱼网站，以每月800元价格租给广西南宁、柳州等地数千名诈骗犯罪嫌疑人，供骗子们盗取QQ号和密码，用来实施电信诈骗。

据江苏警方有关人士介绍，如今QQ盗号诈骗已形成产业链，但专门制作钓鱼网站提供盗号服务的团伙从未发现过，这在全国而言也是十分鲜见。

2014年4月23日，专案组在广西凭祥市抓获了该案骗子的上线、犯罪嫌疑人古某。根据前期网上侦查情况及古某的交代，专案组锁定盗号团伙核心成员真实身份及该团伙人员分工、作案手段特点等相关情况。这个隐藏在幕后的盗号团伙轮廓逐步清晰起来。

据扬州市公安局网安支队副支队长孙志惠介绍，这个盗号团伙制作"用工招聘""合租住房""网上投票"等多类别钓鱼网站模板，以每月800元的价格租给骗子们用来建立虚假招聘等钓鱼网站。骗子们在境外网站、论坛专门针对留学生发布带有盗号木马病毒的广告。一旦留学生浏览并用QQ号及密码注册，他们的QQ号码及密码立即进入骗子手中。骗子们接着对QQ好友中的人员进行身份甄别，然后编造各种借口向其亲友诈骗。

盗740万QQ号

专案组初步查明，古某团伙2013年7月以来，先后租用国外服务器建立网站，然后在网上制作销售盗号网站程序，用于租售钓鱼网站模板和存放窃取的QQ号码及对应密码。

"他们的盗号钓鱼网站模板都是租给那些骗子用的，截至目前已向5000余名网络诈骗分子提供盗号服务，共盗取QQ号码及对应密码740多万条，其中2014年就盗取28万条，非法获利300余万元。"孙志惠介绍说。

专案组将该团伙2014年盗取的28万余个QQ号码与省内发案的QQ网络诈骗案进行比对，串并出23起假冒QQ好友诈骗案，涉案金额70多万元。

2014年5月30日下午，抓捕民警在古某租住的出租房内将其擒获。其他抓捕组随即展开行动，团伙成员林某、巴某等人先后落网。

身在广东深圳的犯罪嫌疑人巴某网络技术娴熟，特别擅长篡改和隐藏钓鱼网站IP地址，在当地圈子内非常有名。远在广西的古某兄妹慕名找到他。

据巴某交代，2013年下半年，古某通过中间人与他取得联系，巴某答应帮古某团伙制作和维护网站程序。修改制作这种钓鱼网站，对巴某来说是小儿科，报酬又不菲，他也乐得赚点外快，很快成为该团伙主要技术人员。前后不到一年，他就从古某手中拿到10多万元报酬。

目前，包括古某在内的6名犯罪嫌疑人已全部被押解到江苏审查。此案还在进一步办理中。

稿件来源：2014年6月10日《法制日报》政法司法版 作者：马超 苏宫新

网络大V"边民"的线下人生

走上被告人席的那一刻，董如彬或许从没有想过会有这一天。曾经的"边民"，作为一个网络大V，他的名字和身影频频出现在各类讲台和都市媒体的荧屏上，而如今，他不得不面对6年6个月有期徒刑和35万元罚金的刑事处罚：2014年12月4日下午，云南省昆明市中级人民法院依法对上诉人董如彬、侯鹏非法经营、寻衅滋事一案进行二审宣判，裁定驳回上诉，维持原判。

一审：控辩双方激辩"边民"是否有罪

董如彬，原云南边民文化传播公司法定代表人，其在"躲猫猫""小学生卖淫案"等网络事件中表现活跃。2013年9月10日，董如彬因涉嫌虚报注册资本被昆明市公安局五华分局刑事拘留，同年10月16日经五华区人民检察院批准，同日由昆明市公安局五华分局执行逮捕。此案由昆明市公安局五华分局侦查终结，以被告人董如彬涉嫌虚报注册资本罪、非法经营罪、寻衅滋事罪，于2014年1月15日送至昆明市五华区检察院审查起诉，昆明市五华区人民法院于2014年7月23日一审审理终结。

在一审中，五华区检察院指控称：2011年3月至2013年5月，被告人董如彬、侯鹏违反国家规定，以营利为目的，通过编造虚假信息、帖文提供网络有偿服务，其中被告人董如彬参与非法经营4起，数额为人民币34.5万元，被告人侯鹏参与非法经营3起，数额为人民币25.5万元；2011年10月至2013年3月，被告人董如彬为提高其网络知名度，增加网民的关注程度，在"10·5"湄公河案件的处理过程中，利用新浪微博、腾讯微博、QQ空间、天涯社区等网络平台散布了大量编造的虚假信息和煽动性言论，恶意攻击、诋毁政府和执法机关形象，引发大量网民围观，造成极其恶劣的社会影响，严重扰乱了公共秩序。公诉机关据此指控被告人董如彬的行为构成非法经营罪和寻衅滋事罪，被告人侯鹏的行为构成非法经营罪。

在一审庭审中，公诉人当庭提出，在非法经营共同犯罪中，被告人董如彬是主犯，被告人侯鹏是从犯并具有自首情节，对被告人侯鹏应当从轻或者减轻处罚。被告人董如彬对公诉机关指控的事实有异议，认为在指控的事实中，其均不明知所发布的信息虚假，并提出其供述系侦查机关非法获取，取证程序违法；对公诉机关指控的罪名有异议，认为其行为不构成犯罪。被告人侯鹏对公诉机关指控的事实及罪名无异议，当庭表示自愿认罪。

被告人董如彬的辩护人提出此案侦查与公诉程序违法；非法经营罪中认定被告人的行为违反国家规定属于适用法律错误；公诉机关并未举证证明被告人破坏社会主义市场经济秩序的事实，故非法经营罪不能成立；控方证据无法证明被告人主观明知所发布的信息虚假；发布信息未造成社会秩序混乱的后果；董如彬行为属于言论自由范围，不具有社会危害性，故寻衅滋事罪不能成立等辩护意见。

被告人侯鹏的辩护人提出如果侯鹏被认定有罪，其同意公诉机关关于侯鹏属于从犯并具有自首情节的意见。辩护人同时提出，涉案帖文的表述并无违法之处，被告人发布未经核实的信息不等于故意发布虚假信息，且有关信息的真实性尚无定论，故侯鹏的行为不应评判为犯罪等辩护意见。

一审判决根据公诉机关当庭出示的书证、物证、证人证言、辨认笔录、鉴定意见、远程勘验工作记录、电子证据检查记录、被告人供述等证据，认定以下案件事实：2011年3月，董如彬接受公民黎某某的委托，为黎某某与黄氏四兄弟纠纷一事进行炒作。董如彬邀约并组合人员，虚构事实，撰写黄氏兄弟系黑社会性质组织成员等帖文在互联网发布。其间，黎某某向被告人董如彬支付人民币9万元；

2012年8月，董如彬接受景洪洪晟华房地产有限公司孙某、孙某某委托，伙同被告人侯鹏，虚构事实，编造晟华房地产公司员工与云南省住建厅工作人员发生冲突及冲突原因的信息在互联网发布，并收取孙某某人民币15万元；2012年11月，董如彬接受云南呈贡德华企业集团有限公司董事长张某某委托，伙同被告人侯鹏、段某某（另案处理）、王某某（另案处理）等人，以炒作宣威火电厂污染致癌为手段，以达到关停火电厂，改善委托方楼盘销售现状的目的。董如彬指使王某某杜撰帖文在互联网发布。其间，董如彬、侯鹏收取了张某某人民币 10 万元；2013 年 5 月，董如彬接受云南旅游包机公司副总经理钱某的委托，商定以人民币 8 万元的费用炒作钱某被判决一事。董如彬虚构事实撰写帖文，指使侯鹏、冯某（另案处理）将帖文发布至互联网。其间，钱某支付给董如彬人民币 5000 元；2011 年 10 月至 2013 年 3 月，董如彬为提高其网络知名度，在"湄公河中国船员遇害案"的处理过程中，利用"新浪微博""腾讯微博""QQ 空间""天涯社区"等网络平台散布了大量虚假信息和煽动性言论，引发网民围观，严重混淆视听，扰乱公共秩序。另查明，董如彬 2013 年 9 月 10 日被抓获归案，被告人侯鹏于 2013 年 9 月 12 日在昆明市治安拘留所行政拘留期间，主动交代了其参与非法经营的事实。

据以上事实和证据，一审法院认为，董如彬、侯鹏违反国家规定，以营利为目的，明知是虚假信息，通过信息网络有偿提供发布信息服务，扰乱市场秩序，其行为已构成非法经营罪。董如彬、侯鹏非法经营的数额均属犯罪情节特别严重。在共同犯罪中，董如彬系主犯，应当对其组织指挥的全部犯罪处罚；侯鹏起次要、辅助作用，系从犯，而且主动投案，如实供述自己的罪行，具有自首情节，依法应当减轻处罚并适用缓刑。董如彬编造损害国家利益和政府形象的虚假信息在网络上散布起哄闹事，被大量网民阅读和转发，使虚假信息进一步扩散，造成网络秩序混乱，引发大量不明真相群众的猜疑，造成公共秩序严重混乱，其行为已构成寻衅滋事罪。对董如彬依法应当实行数罪并罚。公诉机关的指控事实清楚，证据确实充分，指控罪名成立。依照刑法以及《最高人民法院、最高人民检察院关于办理利用信息网络实施诽谤等刑事案件适用法律若干问题的解释》相关规定，判决被告人董如彬犯非法经营罪，判处有期徒刑 6 年，并处罚金人民币 35 万元；犯寻衅滋事罪，判处有期徒刑 1 年；决定执行有期徒刑 6 年 6 个月，并处罚金 35 万元；被告人侯鹏犯非法经营罪，判处有期徒刑 3 年，缓刑 3 年，并处罚金人民币 5 万元……

上诉：请求撤销原审判决改判无罪

一审宣判后，侯鹏表示服从原审判决，未提出上诉；原审被告人董如彬不服判决，以原审判决认定事实及证据错误、适用法律不当、程序违法为由提出上诉，请求撤销原审判决，改判无罪。对非法经营部分，上诉人董如彬及其辩护人认为：董如彬对信息虚假主观不明知；其行为没有"违反国家规定"，也没有"扰乱市场秩序"；后三起事实属于公司行为，并非董如彬的个人行为；董如彬不是网络信息服务商，代人发帖的行为事出有因。对寻衅滋事部分，上诉人董如彬及其辩护人认为：上诉人董如彬对信息虚假主观不明知，其行为并非"起哄闹事"，也没有"造成公共秩序严重混乱"，按照"不溯及既往"的原则，本案不适用《最高人民法院、最高人民检察院关于办理利用信息网络实施诽谤等刑事案件适用法律若干问题的解释》定罪处罚。对原审认定的部分证据的真实性、取证程序的合法性及证明效力的完整性，上诉人董如彬及其辩护人亦持有异议，并递交了政府信息公开申请书决定告知书、论证意见等材料。

在二审审理过程中，云南省昆明市人民检察院经审查案件后，就本案提出检察意见认为：本案不符合单位犯罪的要件；二审期间辩护人递交的材料及调证申请，与本案没有关联性，不具备证据资格和调取必要，建议法院不予采信和调取；本案经原审法院公开开庭审理，所作判决认定事实清楚、定性准确、量刑适当，本案不属于应当依照二审审理程序开庭审理之情形，建议法院依法对本案进行书面审理，并维持原判。

终审：言论自由应在法律范围内行使

二审法院经审理查明，确认了一审法院认定的事实和证据，经审理认为，国家法律保障公民的言论自由，但同时规定公民的言论自由应该在法律规定的范围内行使，不得损害国家、社会、集体的利益和其他公民的合法自由和权利。网络空间并非法外之地，国家法律保护信息网络中正常的、合法的言论和信息交流活动，打击利用信息网络实施破坏社会公共秩序、市场经济秩序的犯罪行为。

上诉人董如彬、原审被告人侯鹏违反国家规定，以营利为目的，明知是虚假信息，通过信息网络提供有偿发布信息服务，扰乱市场秩序的行为已触犯刑律，均构成非法经营罪，应依法予以惩处。此外，上诉人董如彬编造损害国家利益和政府形象的虚假信息在网络上散布，起哄闹事，造成公共秩序严重混乱的行为还构成寻衅滋事罪，依法应予数罪并罚。

昆明市中院认为，原审判决认定事实清楚，证据确实充分，定罪准确，量刑适当，审判程序合法。二审法院遂作出驳回上诉维持原判的终审裁定。

观点：二审判决定性量刑合法合理

"我认真听了昆明市中级人民法院宣读的判决书，虽然法院没有开庭审理这个案件，但我认为这个案件在程序上充分保障了上诉人及其辩护人的各项诉讼权利，给了当事人充分的辩护时间，充分表达了控辩双方的意见。"宣判后，昆明理工大学法学院院长助理、副教授魏汉涛在接受《法制日报》记者采访时表示。

魏汉涛认为，从刑事实体法角度分析，该判决的定性和量刑都是合法合理的。

"例如，二审辩护人提出，董如彬的部分行为应属于单位犯罪。如何区分单位犯罪和个人犯罪，关键在于谋取的利益是属于个人所有还是单位所有。谋取的利益如果属于个人或少数人所有，即使使用了单位的名义，也要以个人犯罪论处。在本案中，董如彬利用网络发帖获取利益后，没有归其所在公司所有，而是由他们几个人私分。从利益的归属来看不符合单位犯罪的要件。再如，辩护人提出'法不溯及既往'原则的辩护意见，认为本案不能适用《最高人民法院、最高人民检察院关于办理利用信息网络实施诽谤等刑事案件适用法律若干问题的解释》。这是对'法不溯及既往'原则的误解。为了保障公民的自由，法律不得适用于实施之前的行为，因为法不禁止即为公民的自由，这是'法不溯及既往'的本来含义。但需要注意的是，司法解释不是立法活动，它仅仅是对条文含义的阐述和说明。"魏汉涛说。

云南大学法学院教授、博士生导师牟军认为，从该案的整个审判过程和结果来看，体现了司法公平正义的基本精神。被告人基本诉讼权利得到了应有保障。除被告人通过上诉得到救济机会外，辩护律师在一、二审前的阅卷得到法院的配合，甚至二审法院为满足律师的阅卷需要将审理延期两个月进行。一审中辩护律师的提证、质证等权益得到保障，二审中讯问上诉人、听取辩护律师的意见也得以落实，上诉人提交给法庭的材料也得到认真审查。

就审理方式看，审理程序合法。二审程序采用不开庭的审理方式，也符合刑事诉讼法的规定。二审采用不开庭审理方式，是节约司法成本、提高效率的体现，对公正审判也未产生实质影响。不开庭审理属于审理方式问题，无涉审判的公正价值。从该案看，法院仍保障了上诉人一方的阅卷权、提证权和建议权，且案件事实认定清楚，证据充分，适用法律适当，司法正义得到较好保障。

该案之所以引起广泛关注，在于网络这一新媒体运用所产生的社会问题。通过该案审判在分辨是非、伸张正义的同时，我们需反思网络的言论自由虽受到宪法和法律保护，但每个公民都应清楚知道在运用网络表达言论和思想时必须符合法律为其划定的边界，符合应有的社会道德规范，否则将承担相应的法律和道德责任。

稿件来源：2014 年 12 月 5 日《法制日报》案件版 作者：刘百军

第三章 分析

新型互联网犯罪呈逐渐扩大态势

2014 年 10 月 21 日，最高人民法院公布了 7 起通过网络实施的侵犯妇女、未成年人等犯罪典型案例。

在这些案例中，不法分子通过 QQ、微信等新型网络聊天工具与被害人结识，在取得信任后实施犯罪行为，目标人群锁定为沉溺网络交友等活动的年轻女性。

这仅仅是众多网络犯罪手段中的一种。随着技术的日新月异，网络违法犯罪也呈现多样化发展趋势。

网络犯罪形式日趋多样

2011 年 4 月，广西壮族自治区南宁市公安局破获一起网络贩卖枪支弹药案。

案发于 2011 年年初，一个使用区外 ID 注册的网络用户在网上发布各类枪支配件、弹药、火药的非法贩卖信息，引起了公安部门的注意。

据统计，在这个虚拟身份发布的信息中，涉及枪支配件、弹药等交易多达数十笔，涉及金额达到 17 万余元。在这些信息中，一个注册使用南宁 ID 的网民，与虚拟身份用户长期有交易往来，多次购买枪支配件。南宁警方很快查到了这个南宁网民的一些信息：赵某，活跃在"广西老友 QQ 群"中。

警方进一步侦查发现，"广西老友 QQ 群"并非一个简单的 QQ 群。表面上看，该 QQ 群的目的是"找老乡、交朋友"；实际上，它是"以枪会友"，是一个枪支弹药及配件的信息散布和交易平台。经过一系列细致的前期摸排，警方基本确定该 QQ 群里涉案人员的真实身份。

最终，南宁警方在全市范围内开展了涉爆涉枪重点地区专项打击整治行动，共抓获涉嫌非法持有枪支弹药人员 12 名，缴获自制单管猎枪 1 支，各类气枪 13 支，气枪铅弹 1400 多发，各类枪支配件和组装工具一批。

除网络贩枪外，互联网正成为吸贩毒、传销、诈骗等犯罪的载体。

2011 年 9 月 8 日零时 34 分，江苏省南京市警方在 1 间单身公寓里抓获 1 名吸毒女。

在如此私密的单身公寓里，南京警方如何知道里面住着一名吸毒女？在抓捕时，房间茶几上的手提电脑屏幕亮着，显示着一家国内知名视频聊天网站的界面，这就是吸毒女"露馅"的根源。

据警方介绍，涉毒的视频聊天网站是一家集多人视频、交友即时通信、网络卡拉 OK 等功能的网站，为国内较大的视频互动网站。然而，就是这样一家网站，却成了吸毒人员的重要聚集地。

据公安部统计，截至 2011 年 10 月 27 日 16 时，和这名吸毒女一样因此被查获的涉毒违法犯罪嫌疑人员达 12125 名，涉及全国 31 个省、市、自治区。

北京师范大学教授、亚太网络法律研究中心主任刘德良分析认为，在互联网出现早期，因互联网没有普及应用，有些人利用互联网犯罪的规模没有现在这么大，其深度和广度也没有现在的影响力大。"早期的互联网犯罪都是制造传播销售使用病毒、木马这些恶意程序，对网络实施攻击，从而使得计算机信息系统瘫痪，无法正常工作。后来，一些不法分子利用这些木马病毒来获取盗取有价值的信息，从而获利。"

随着互联网越来越深入社会，传统的银行业和互联网交融、网络购物到生活的方方面面，传统的业务都可以拓展到互联网上，在这种情况下，网络作为一种平台和环境，"可以在网上实施的犯罪就越来越多"。刘德良认为，从早期的表现形式单一到现在的互联网犯罪形态增多，互联网犯罪是一个逐渐扩大的态势。

网络犯罪手段更加隐蔽

2014 年上半年，广东警方调查发现，有网络赌球团伙模仿境外知名赌博网站"皇冠"，组织网络赌球活动。这一赌球团伙 50 余天就接受投注达 3.8

亿元。

2014年5月25日凌晨，广州市公安局番禺分局组织200名警力，在天河、越秀、黄埔等地对这一大型网络赌球团伙展开收网抓捕行动。在行动中，警方抓获谢某等42名犯罪嫌疑人，查获涉案电脑主机28台、手提电脑17台、iPad 4台，查扣涉案银行账户120余个，冻结涉案金额120多万元。

警方初步查明，2014年4月1日至5月23日，谢某团伙通过赌球网站接受投注达3.8亿元。广州市公安局对谢某等32名犯罪嫌疑人予以刑事拘留，案件在进一步侦办中。

广东省公安厅治安管理局局长郑泽晖介绍，网络赌博利用现代通信网络技术和金融支付手段进行，具有很强的隐蔽性。

"为逃避打击，国际赌博集团和境内不法人员往往将赌博网站、服务器建立在赌博合法的国家或地区，再以这些赌博网站为平台，通过在网上发布赌博广告信息、向境内传播赌博软件以及邮寄赌博光盘等方式招揽境内参赌人员，组织赌博活动。"郑泽晖说，网络赌博组织结构呈金字塔式，层级发展具有很强的隐蔽性。

作案手段隐蔽，不只出现在网络赌博犯罪中。

2013年7月，湖北省公安厅经侦总队披露《湖北省传销犯罪形势分析》报告。报告称，据不完全统计，网络传销案件已占全部传销案件的60%以上，其涉案人往往数以万计，涉案金额以亿元计，社会危害大。

湖北警方的这份调研报告认为，网络传销后来居上，愈演愈烈，原因在于其隐蔽性更强，要求会员必须通过网站注册方能加入，每个会员都有个人登录账号和密码，只有网站管理员掌握，一般人难以进入，相关执法部门和侦查机关一般很难发现。

2011年，湖北省荆门市公安局经侦部门捣毁一个假冒全球知名私募股权公司KKR集团进行传销的犯罪网络。警方查明，广西壮族自治区南宁市的梁某等人，建立与KKR集团中文网站高度相似的网址，以投资KKR私募股权可获高额回报为诱饵，在武汉、京山、荆门、钟祥、潜江等地发展下线人员数百人，涉案金额数千万元。

刘德良认为，互联网新型网络犯罪的特点是更加隐蔽、不受地域范围的限制。由于互联网本身的特点，类似案件的出现，反映出互联网出现的一种新型的犯罪形态。

互联网不是法外之地

面对互联网犯罪日益增多的趋势,打击互联网犯罪的力度也空前加大。

2013年下半年,全国公安机关开展了为期半年的集中打击整治网络违法犯罪专项行动,全面梳理排查网络诈骗、黑客攻击破坏、侵害公民个人信息、涉枪涉爆等违法犯罪活动的线索以及管理混乱、违法犯罪活动突出的网络平台。

在公安机关的专项行动中,北京警方将频频策划网络事件、恣意制造传播谣言的秦志晖(网名"秦火火")、杨秀宇(网名"立二拆四")及其他两名成员抓获。一个以"秦火火""立二拆四"为首,专门通过互联网策划制造网络事件,蓄意制造传播谣言、恶意侵害他人名誉、非法牟取暴利的网络推手公司浮出水面。

警方在调查中发现,为提高网络知名度和影响力,非法牟取更多利益,秦、杨等人先后策划、制造了一系列网络热点事件,吸引粉丝,使自己迅速成为网络名人。

据调查,秦、杨二人在"7·23"温州动车事故发生后,故意编造、散布中国政府花2亿元天价赔偿外籍旅客的谣言;利用"郭美美个人炫富事件"蓄意炒作;捏造全国残联主席张海迪拥有日本国籍,并将著名军事专家、资深媒体记者、社会名人和一些普通群众作为攻击对象,无中生有编造故事,恶意造谣抹黑中伤。

2014年4月17日,北京市朝阳区人民法院以秦志晖犯诽谤罪、寻衅滋事罪判处其有期徒刑3年。

近年来,因发布或转发微博引发的名誉权诉讼日益增多,同时非法删帖、网络水军等互联网灰色产业也大行其道,个人信息保护也面临极大危机。

2014年10月9日,最高人民法院发布《关于审理利用信息网络侵害人身权益民事纠纷案件适用法律若干问题的规定》。依据"规定",个人信息受法律保护,启动网络"人肉搜索"侵权要承担法律责任;"水军"发帖要连带担责;发帖者侵权,网站也需要承担责任。

2011年,北京警方成立网络安全保卫总队,先后开展了"春风行动""集中打击整治网络违法犯罪""打击网络有组织制造传播谣言犯罪""网上治安综合治理"等专项行动，高强度打击网络违法犯罪。

自 2011 年以来，北京警方全面清理网上有害信息，截至今年 6 月底，已处置网上各类违法有害信息 130 余万条。仅今年 6 月中旬至 9 月中旬，网络 110 违法犯罪线索举报平台共接网民举报 9500 余条，日均 90 条，比去年同期下降 16.1%。

刘德良认为，通过十多年的法律制定、修改和完善，大部分互联网犯罪可以被法律规制。当然，随着技术新形态的出现，可能有些现行的法律不够适用，需要我们进一步修改和完善。

一个比较乐观的数据是，北京警方通报称，近年来，警方严打网络有组织制造传播谣言犯罪，破获涉网案件逐年攀升，3 年抓获涉网嫌疑人 3 万余人，打击网络违法犯罪创历史同期最高水平。

北京警方提供的数据显示，2011 年破获各类涉网案件 3500 余起，抓获违法犯罪嫌疑人 3600 余名；2012 年破获涉网案件 3800 余起，抓获违法犯罪嫌疑人 4200 余名；2013 年破获各类涉网案件 7200 余起，抓获违法犯罪嫌疑人 2.3 万余名。

在这一数字的背后，折射出有关部门对网络犯罪的"零容忍"态度，而公众更期待的是一片绿色的互联网环境。

稿件来源：2014 年 10 月 30 日《法制日报》案件版

第四章　护佑民生

法律是公民合法权利最大的保障。

然而，总有一些人做着与法律相悖的事：有人僭越法律红线，制造有害食品、伪劣药物；有人窃取贩卖公民隐私。有管理者，疏于职守、怠于履职，侵害公民权利。

本章集纳典型案例警示："民者，国之根也，诚宜重其食，爱其命。"

国内最大"瘦肉精"案黑幕

2010 年，湖南省隆回县爆发一起"瘦肉精"事件，当地畜牧部门在检查经销商向某贩运的生猪肉时，意外检出"瘦肉精"成分。

该案涉及重大食品安全问题，引来社会舆论极大关注。当地警方很快立案，公安部将其列为督办案件。

随着案件调查的深入，一条来自四川的"瘦肉精"销售渠道渐渐清晰。一名曾给湖南方面提供"瘦肉精"原料的蔡姓男子，很快被纳入警方视野。

最终，蔡某向四川警方供出了该公司产销"瘦肉精"的惊天黑幕：在没有任何相关药品生产许可证或生产资质的情况下，该公司自 2002 年开始，连续 7 年以订单形式生产、销售"瘦肉精"，以每公斤 900 元至 1600 元的价格，销往江苏常州、广东广州，进而经"下家"几次转手，销往安徽、广东深圳等地，部分销往国外。

经警方初步审查，7 年间，该公司共生产"瘦肉精"12399 公斤，涉案金额 1580 多万元。

截至 2011 年 7 月，警方已抓获犯罪嫌疑人 9 人。其中，包括该公司主要负责人宁某、蔡某等人在内的 6 人被批准逮捕，另有 2 人被刑拘。

经理落网

2010 年 6 月，湖南省隆回县畜牧部门在一次检查中，发现生猪经销商向某贩运的生猪，"瘦肉精"检测呈阳性。公安机关深挖货源，发现案件涉及包括四川省在内的多个省市。

　　犯罪嫌疑人供述,一名四川籍蔡姓男子,曾向其提供过"瘦肉精"原料。

　　2011 年 4 月,蔡某被抓获归案。蔡某的身份是"成都丽凯手性技术有限公司销售部经理"。经审讯,蔡某供认,他的确向涉案的湖南方面嫌疑人提供过"瘦肉精"。"这批货,是我从外地帮他搞来的,每公斤千把块钱,我几乎没赚。"

　　蔡某称,这次之所以帮忙,只因对方是公司"老客户",此前曾找到公司,开出"瘦肉精"订单,请公司生产。

　　蔡某的落网,挖出了其所供职的成都丽凯手性技术有限公司的惊天黑幕。

销往多地

　　表面上,成都丽凯手性技术有限公司是一家生产化工产品的企业。然而,自 2002 年起,在接到第一笔"瘦肉精"订单后,公司负责人宁某在没有任何相关药品生产许可证或生产资质的情况下,伙同蔡某等人,从省内外多家供应商处购买生产"瘦肉精"所需原料"对羟基苯乙酮",利用公司生产线,偷偷摸摸间或生产"瘦肉精"。据蔡某称,出售的"瘦肉精",每公斤从 900 元至 1600 元的价格不等。

　　随着订单的增多,该公司的"销售渠道"逐渐打开。经警方调查,7 年来,该公司以"先收订单、后赶制生产"的方式,先后与六七家客户建立了关系,产品通过他们向国内、国外销售,其中,销往江苏常州、广东广州等地化工公司的"瘦肉精",部分经这些公司进行出口。

　　此外,在明知违法的情况下,公司还将"瘦肉精"销售给重庆等地的个人,纵容其在国内销售。这些产品,经多次倒手和加工,层层加价出售。

7 年产 12 吨

　　2011 年 5 月,专案组辗转重庆、陕西、江苏、广东等地,将犯罪嫌疑人蔡某、宁某、刘某、宋某等涉嫌犯罪人员抓获,成功破获成都丽凯手性技术有限公司非法生产、销售"瘦肉精"的特大案件,查处非法生产、销售生产线 1 条。

　　经查,该公司共计生产"瘦肉精"12399.3 公斤,销售金额达 1587 万余元。

据四川省公安厅党委委员、纪委书记黄一介绍，这是迄今为止，全国范围内查获的生产"瘦肉精"数量最多的案件之一。

2011年7月，6名主要犯罪嫌疑人已被检察机关批准逮捕。

调查过程中，警方发现，2009年3月，该公司已被有关部门调查，停止生产"瘦肉精"。然而，其生产量较为巨大，销售渠道较广，目前仍无法排除未在市场流通的可能。

食品安全问题关乎民生，这批"瘦肉精"是否流向了市民的餐桌？

经查，2009年5月，该公司曾将"瘦肉精"销售给重庆人刘某。

刘某通过朋友介绍，从该公司负责人宁某处购买了292.55公斤"瘦肉精"，随后将其中的150余公斤卖给了安徽人汪某。

汪某拿到货后，将其中的100公斤加工成"苯胼蒽醌"，转卖给广州的王某。

2010年，王某将这批货转卖给他在深圳的同学罗某。经四次转手，罗某最终将这批货加工成猪饲料添加剂，并命名为"猪重强"出售。

2011年5月，罗某落网。警方调查发现，近一年来，罗某将"猪重强"转卖各省，其中有少量流入四川。据罗某交代，含有"瘦肉精"成分的"猪重强"用于生猪养殖，每次在喂猪饲料时添加几克，猪会畸形快速增长，一天能长几斤肉。

2011年7月，警方抓获购买"猪重强"的两名嫌疑人，查缴10余公斤"猪重强"。这两名嫌疑人是四川省某地销售商，欲将"猪重强"卖给当地生猪养殖户。

稿件来源：2011年7月6日《法制日报》案件版 作者：马利民

调查公司"学艺"窃信息

调取话单、跟踪窃听、卫星定位、GPS追踪、调取银行账户，甚至是非法拘禁……浙江省温州市一家调查公司采取各种非法手段，开展婚姻调查、讨债、找人等业务。

2011年7月21日，温州市龙湾区人民检察院以涉嫌非法获取公民个人信息罪、非法拘禁罪，依法对该调查公司的老板王某提起公诉。据悉，这是温州市龙湾区首例提起公诉的非法获取公民个人信息案件。

高科技设备一应俱全

29岁的王某是龙湾区永中人，曾当过协警、开过鞋店，27岁那年独自创办了鹿城区南浦赛虎商务调查事务所。该事务所坐落于鹿城区下吕浦，于2009年6月1日开张营业，属个体经营，经营范围有市场调查、经济信息咨询、婚姻咨询等。

事务所的业务看似合法，却暗藏猫腻，实际经营的是婚姻调查、讨债、找人等非法业务。一个小小事务所，轿车信号屏蔽器、窃听器、GPS定位器、微型照相机、针孔摄影机、手机窃听软件、望远镜等高科技设备一应俱全。

事务所还制定了一个收费标准，比如婚姻调查，一般收订金2000元至3000元，调查完毕后收取6000元；讨债的订金由双方临时协商决定，成功后收取总债务的20%；定位找人一般收订金2000元至3000元，找到人后收取6000元。

买卖信息非法调查

一位顾客透露："在南浦赛虎商务调查事务所，他们每承接一项业务，都有一整套的高科技信息窃取流程。"

据调查，一桩业务，事务所除了要调取被调查对象的话单资料、人口基本信息外，还会对其实施人员跟踪、用窃听器窃听，甚至采取手机卫星定位、GPS追踪、拍照、调取银行账户等方式进行调查。

调取人口基本信息、手机通话清单、银行账户清单、手机机主资料都是王某通过QQ群里的人调取的。一旦接到业务后，王某就会在网上把被调查人的名字发给对方，对方调取成功后，就会把相关资料发到他的QQ邮箱里。一般来说，调取一张人口基本信息50元，调取手机机主资料一次50元，通过网银转账方式进行支付。

至于手机定位，事务所还通过"黄金眼手机卫星定位系统"网络和网名为"深圳金盾黄波"的网友调取。事务所员工潘某交代说，开展手机定位，事务所一般是从中赚取差价，给平台120元或200元不等，事务所收取委托人400元或500元不等。

经查明，2009年6月至2010年9月期间，王某通过网络QQ群非法购买郑某等15人的公安网常住人口信息；潘某等8人的手机机主资料；汤某等8人的个人航班和酒店住宿信息以及非法获取手机卫星定位8次。

"抓人"涉嫌非法拘禁

2010年8月,公司接下一单"抓人"的生意。担保公司的老板找到王某,声称:"只要能抓一个欠我1000多万元赌债的人邵某,价格怎么谈都可以。"

接单后,王某通过QQ向网友"浙江盛澳"买到一则航班信息:邵某2010年8月23日上午从成都飞往温州。23日上午,王某叫上他的哥们——24岁的龙湾人张某、35岁的泰顺人曾某、34岁的泰顺人郑某,开了3辆车在温州机场门口等候。至中午11点左右,邵某及其老婆走下飞机坐上朋友的奔驰越野车,王某等人随即开车在后面跟踪。

在途经一处高架桥边上时,王某一伙人中的一辆车开上去,故意和邵某的车子发生剐擦,而后趁邵某停车看车损情况时,强行将他推拉上车,开往温州龙湾区一处半山腰。

进入山内的一处空地,王某拿出树棍对邵某进行殴打,张某在旁边看,曾某和郑某拿了200元辛苦费后先行离开。直到当天下午1点左右,伤痕累累的邵某才被他们送到市区中西结合医院治疗。

2011年7月21日,浙江省温州市龙湾区人民检察院以涉嫌非法获取公民个人信息罪、非法拘禁罪依法对该调查公司的老板王某提起公诉。同时,该院以涉嫌非法拘禁罪对张某、曾某、郑某依法提起公诉。

稿件来源:2011年7月23日《法制日报》案件版 作者:陈东升 郁燕莉 龙轩

暴利驱动下的疯狂

河南"瘦肉精"案庭审纪实

2011年7月25日上午7点半,河南省焦作市中级人民法院门口人头攒动,人们守候在这里,等待震惊全国的河南"瘦肉精"一案5名被告人的判决结果。

经过持续8个半小时的审理后,焦作市中院作出一审判决,5名被告人因危害公共安全罪被严惩,主犯之一、被告人刘襄被判处死刑,缓期两年执行。刑罚最低的被告人刘鸿林，也被判处有期徒刑 9 年。

量刑之重，出乎现场很多人的预料，也让人切实感受到了法律的神圣不可侵犯以及人民法院打击危害食品安全犯罪，维护人民群众人身健康、生命财产安全的决心和信心。

涉案"瘦肉精"逾 2700 公斤

起诉书称，2007 年年初，被告人刘襄、奚中杰明知用盐酸克仑特罗（俗称"瘦肉精"）饲养的生猪食用后对人体健康有害，仍在未取得药品生产、经营许可证和批准文号的情况下，共谋生产、销售"瘦肉精"。

2007 年八九月份，刘襄在湖北老家试制出"瘦肉精"，并与奚中杰带着样品到河南先后找到被告人陈玉伟、肖兵进行推销，陈、肖两人试用后发现效果不错，于是向刘襄大量购买。

公诉人指出，截至 2011 年 3 月，刘襄共生产"瘦肉精"2700 多公斤，销售给奚中杰、陈玉伟、肖兵，销售金额达 640 多万元，非法获利 250 万元。

2700 多公斤是个什么概念？庭上肖兵称，其将"瘦肉精"出售给下线时，要求一头生猪摄入不能超过 1 克。如按此计算，2700 多公斤可威胁数百万头生猪。

生产销售使用者都获暴利

刘襄说，他大学专业就是化工类，1989 年便在制药行业工作。有一次与奚中杰聊天时，谈到可以通过研制生产销售"猪肉精"赚钱。随后两人各出资 5 万元，商定由刘襄研制生产，奚中杰负责销售。

短短 3 年多，刘襄便获利 250 万元。公诉人称，刘襄出售"瘦肉精"价格通常为每公斤 2000 元，肖兵期间购买了 1300 公斤，以每公斤 3000 元至 4000 元出售，非法获利 60 多万元；陈玉伟期间购买 600 多公斤，按照客户需要，将"瘦肉精"按照 1 比 30 兑入淀粉搅拌后出售，非法获利约 70 万元。

2009 年 6 月，刘襄和奚中杰因为资金投入、利润分配等问题产生矛盾，刘襄不再给奚中杰供货，奚中杰通过网络找到"瘦肉精"出售者，以每公斤 5000 元价格购入再高价卖出。奚中杰共非法获利 160 多万元。

奚中杰、肖兵、陈玉伟都是上游销售者，他们的"瘦肉精"还可能通过层层加价转手，直到养殖户手中。而用"瘦肉精"饲养的生猪，贩卖后每头能多挣 40% 至 60% 左右的利润。

生产、销售、使用者都获得了暴利，最终受害的便是广大老百姓。据了解，本案中的"瘦肉精"饲养的生猪流入全国 8 个省市。

都说不清危害如此之大

在法庭上，刘襄之妻，协助其购买原料、进行销售的被告人刘鸿林哭诉称，当初真的不知道"瘦肉精"有这么大危害，如果知道，绝对不会参与此事。其他被告人也都这样说。

刘襄坚称盐酸克仑特罗是一种药品，只知道不能随便食用，但不清楚对人体有什么危害。

当法官问奚中杰盐酸克仑特罗俗称叫什么时，连问 3 遍，保持沉默的奚中杰才回答"不清楚"。问是否考虑后果时，又是长时间沉默，然后说"知道违法，所以生意也没敢做得很大"。

而肖兵则称"根本没有预想到有任何危害性"。

"含有瘦肉精的猪肉不仅自己会吃，还分给亲朋好友吃，也没有什么不适。只要一头猪摄入量不超过 1 克，其实用量很多人都知道，瘦肉精存在很多年了，经验很成熟。"肖兵说。

但检察机关提供的中国疾病预防控制中心以及司法部司法鉴定中心的复函证明，食用含有"瘦肉精"的猪肉，可能会引起急性中毒或慢性中毒，轻则烦躁、耳鸣、颤抖，重则诱发恶性肿瘤，危及生命。

辩方称应属非法经营罪

其实，5 名被告人及其辩护律师，极力称被告人并不清楚危害有多么严重，甚至有辩护律师提出国外还有一些国家允许在一定范围内使用"瘦肉精"，主要是针对公诉方以"危害公共安全罪"控诉这一情况，该罪需要被告人主观上满足"故意"的条件，明知危害而放任。

检察机关反驳称，刘襄、奚中杰以及刘鸿林都曾在制药厂工作过，刘鸿林还有职业医师资格，应当知道危害的后果。为了掩饰生产的是"瘦肉精"，刘襄和刘鸿林购买两种原材料时，都以 A 料和 B 料代替，并将成品"瘦肉精"用"刘襄产品"这一名称代替。而肖兵从事过收售生猪行业，也应当了解其危害性。

法院审理认为，被告人为攫取暴利，放任其行为对不特定广大消费者身体健康和生命及财产造成严重危害，均有危害公共安全的主观故意。

辩护律师认为，应以"非法经营罪"对被告人进行定罪量刑，但法院没有支持这一主张。

庭审中，辩护律师普遍认为，被告人之间是单纯的买卖关系，各自独立实施违法犯罪行为，不构成共同犯罪。

是否为共同犯罪，将直接影响量刑结果。

法院判决支持了公诉方的观点。法院认为，几名被告人在主观上有共同的意思联络，共同的主观故意，客观上实施以生产"瘦肉精"方法危害公共安全的行为，均放任危害行为的发生。被告人的行为具有相互配合、相互补充的性质，构成共同犯罪。

最终，河南"瘦肉精"案首批5名被告人均受到了法律严惩。

稿件来源：2011年7月26日《法制日报》司法版 作者：周斌

假酒为何"割过一茬长一茬"

来自新疆维吾尔自治区乌鲁木齐市商务（粮食）稽查支队的统计数据显示：近5年来，该稽查支队每年都要在乌市范围内查获400余起假酒案件，涉案金额基本在几千元至数万元之间。特别是2011年，接连查获两起假酒制售大案，涉案金额都在百万元以上。

事实上，这些年，监管部门一直在重拳打击，媒体也在不断曝光批驳，可是，假酒依旧如地里的韭菜，割过一茬又长一茬。究竟是何原因造成假酒丛生的现象？

制售假酒案件逐年增多

被告人曹士龙、曹勇新、曹勇军犯生产、销售伪劣产品罪，分别判处有期徒刑5年、4年、3年，并分处罚金50万元、40万元、30万元。

被告人段辉、苟金芳、段闯闯犯销售非法制造的注册商标标识罪，分别判处有期徒刑3年、缓期3年执行；有期徒刑3年、缓期3年执行；有期徒刑 2 年、缓期 2 年执行。并分处罚金 5 万元、5 万元、3 万元。

被告人张艳梅、黄小二、席建云犯销售假冒注册商标的商品罪，分别判处有期徒刑 1 年零 6 个月，缓期 2 年执行；有期徒刑 1 年，缓期 1 年执行；有期徒刑 1 年，缓期 1 年。并分处罚金 5 万元、3 万元、3 万元。

以上 3 起案件均与制售假酒有关。《法制日报》记者从审判这 3 起案件的乌市天山区人民法院获悉，这些案件的犯罪行为呈现家族式产业化造假特点。制假手法基本是老瓶装假酒，假劣酒贴伪标。制售期选在节日期间，以期在极短的时间内，牟取暴利。

"近几年，我们审判的制售假酒案件有逐年增多的趋势。"乌市天山区人民法院法官刘文欣说。

"现在法院公开审理这类案件，也间接表明对这类犯罪的打击毫不留情、绝不手软。"刘文欣说。

假酒"产业链"如何形成

有不愿透露姓名的业内人士透露，这些年，新疆各地出产的名酒畅销疆内外市场的同时，白酒产业带业已形成，并驶入发展快车道。在这条产业带上也逐步"滋生"了一个规模愈来愈不可小觑的集假酒及商标、包装于一体的制假、售假"集团"。

这些制假窝点大多隐藏在城乡结合部的居民自建房内，通常是什么酒贵，什么酒畅销，就仿造什么酒。基本上是用几块钱的散酒，勾兑点儿真酒调味，重新灌装包装后，一瓶山寨酒就新鲜出炉了。这些假酒通常销往乌市的一些烟酒销售店和小饭馆以及南北疆偏远的农村或牧区。

一般来说，造假者为逃避打击，基本不和外界联系，所有造假材料都是从干这一行的"自己人"手里购买。并且，造假者生产的假酒和存储假酒的场所也分置在不同的地方。

记者从乌市公安局经侦部门了解到，现在制售假冒伪劣酒类产品的违法犯罪行为出现了新趋势：通过回收酒瓶、销售劣质原料酒、加工生产假冒伪劣酒类产品等已经形成一条完整的"产业链"，有的不法分子甚至"以销定产"，生产后在短时间内全部销售，手法更加隐蔽，打击难度增大。

在查处的各类酒类造假案件中，最突出的特点是，从外包装已轻易断定不出酒的真假，而酒的口感也越来越逼真，许多时候要进行理化实验才能断定酒的真伪。

制售假酒因何屡禁不绝

假酒真包装的来源只有一个——高价回收。记者联系到几个废品收购人员，都一致表示可高价收购五粮液、茅台和伊力特高端品牌白酒的酒瓶，然后卖给废品收购站，废品收购站再卖给造酒的作坊。

流失的酒瓶往往成为造假的第一环节，然而，目前规范酒瓶回收行业很难，因为这个行业除了缺乏相应的法规外，市场准入门槛也很低，随便谁都可以沿街收废品，把酒瓶收走。

从记者调查的总体情况来看，"假酒市场链条"分为回收、印制、勾兑、销售四大块，而每块又有"细分市场"和不少从业人员。造假者先用专门回收的真酒瓶以及订购的成套外包装、假瓶盖和假合格证，灌装入勾兑的白酒，再辗转运输、分销，且已经发展到跨越多个省份分工合作的阶段，加大了执法打假的难度。

新疆维吾尔自治区酒类专卖管理局局长金小平对《法制日报》记者分析制售假酒屡禁不止的原因：违法成本低，高利润驱使不法商家铤而走险；造假者"改进"技术，"克隆"产品，造假手段"高超"，做假酒很难被发现；法制不健全，相关法律滞后、不配套、威力不足。

稿件来源：2012 年 8 月 20 日《法制日报》案件版 作者：潘从武 于今

个人信息缘何频遭泄密

2013 年 1 月 14 日 9 时 45 分，公安部刑事犯罪侦查局局长刘安成在公安部指挥中心，通过视频指挥系统向全国 21 个省市公安机关发出号令："12·5"打击侵害公民个人信息犯罪专案集中行动开始！

这是继去年"2·09"专案后，公安机关针对侵害公民个人信息犯罪的又一次大规模全国统一行动。《法制日报》记者在河北战区全程跟踪采访了收网行动。

8 地 25 人落网

"12·5"专案河北警方共确定涉案人员 31 人，分布在河北 8 个地市。

2013 年 1 月 14 日 14 时，石家庄市公安局新华分局刑警在石家庄东方大厦 14 楼发现了目标人物正在自己的公司里，刑警立即冲进屋内将其控制住。

据介绍，这家注册资金 50 万元的知识产权代理公司，此前曾偷偷挂出"调查公司"的招牌，公司老板涉嫌非法获取公民个人信息。

与此同时，长安公安分局刑警在长安大厦捣毁了另一家涉嫌非法获取公民个人信息的担保公司。

此次专项行动恰逢新刑事诉讼法实施不久，记者注意到，行动中，石家庄警方非常注重对犯罪嫌疑人权利的保护。

比如，警方对重点嫌疑人采取了传唤措施，而没有采取拘留、刑拘等强制措施。"这无疑加大了侦查和取证难度。"石家庄市公安局刑侦支队副支队长孟占军表示。

河北省公安厅刑事犯罪侦查局局长王星亮介绍，河北 8 个地市 350 余名警力集中抓捕 25 名涉嫌非法获取公民个人信息的犯罪嫌疑人。最新战果显示，秦皇岛市公安机关侦破一起由侵犯公民个人信息犯罪滋生的电信诈骗案件，涉案金额 40 余万元，千余名受害人遍及全国。

物流是泄露源头

河北省秦皇岛市抚宁县留守营镇北街村，一间没有任何门牌的门面房矗立在留抚公路旁，门窗上的卷帘门始终紧闭，只有在有人进出时才将卷帘门打开一半，进入后便又迅速关闭。这种反常行为，引起了留守营派出所民警赵兴的注意。

"这间门面房此前一直闲置，去年 7 月之后就开始有多名男女在此活动。作为临街门面房，如果有经营活动的话，肯定会有招牌，但这家却异常低调。"种种迹象之下，赵兴开始怀疑其中可能存在违法行为。

2012 年 12 月 11 日，抚宁县公安局刑侦大队、留守营派出所组织民警对该场所进行突击查处。

赵兴告诉记者，当时，在这间约 140 平方米的屋内，有 12 人坐在工位上打电话。后经调查发现，犯罪嫌疑人赵某伙同邢某等 15 人在这间租来的房子内实施电信诈骗。

据抚宁县公安局刑侦大队大队长邢卫东介绍，2012 年 8 月以来，赵某在互联网上大量购买快递公司和物流公司泄露的公民个人信息，并雇佣邢某等 13 人组成话务组，通过网络购买的虚拟号码拨打电话，自称是北京电视购物会员中心，以电视购物回馈赠送金表、化妆品、电话充值卡等奖品，需邮寄费、包装费、广告扩展费等名义，实施电信诈骗活动。

赵某接受记者采访时承认，赠送的奖品都是从北京大红门市场买来的，一块"路易士"手表买入价为四五十元，"可充值 500 元"的电话充值卡买入价为 20 元，他用这些物品组合为"价值 298 元"的奖品礼包，通过物流公司快递给客户。

实施诈骗的关键在于，赵某从网上购买的有电视购物经历的 5000 余条客户信息。记者发现，这份个人信息名单有客户姓名、电话、家庭住址以及曾经通过电视购物买过的商品等信息。

邢卫东介绍，有了这份名单，不法分子便可对目标人群实施精准化诈骗。赵某坦言，这个以每条 2 分至 2 角不等价格买来的个人信息"非常重要"，而这些信息都是从网上买的，"源头则是各物流公司"。

利用这些信息，赵某通过北京某商贸公司、内蒙古某物流公司向全国 30 个省 3321 名客户邮寄了"奖品"，其中诈骗投递成功 1492 人，代收货款涉案价值 45 万余元，赵某获得总剩余代收货款涉案价值 26 万余元。

据公安部刑侦局相关负责人介绍，侵害公民个人信息犯罪可引发电信诈骗、网络诈骗等各种新型犯罪，还会与绑架、敲诈勒索、暴利追债等黑恶犯罪合流，危害很大。全国公安机关还将继续保持严打高压态势，坚决打击侵害公民个人信息安全、损害群众合法权益的违法犯罪活动。

稿件来源：2013 年 1 月 23 日《法制日报》政法司法版 作者：李恩树

上百万人成"透明人"

"无论你是谁，你的手机号码一定存在某个数据库里；无论你是谁，你的信息都可能贴上价格标签被无数次转卖；无论你是谁，你都可能在信息公路上'裸奔'多年而不知……"

正如这位网民所言，侵害公民个人信息犯罪正在让你我成为"透明人"。

2013 年 1 月 14 日，随着公安部一声令下，21 个省市警方同步展开打击侵害公民个人信息犯罪"12·5"专案抓捕行动。

当天，上海市公安局调集多警种合成作战，共抓获犯罪嫌疑人 102 名，其中 45 人因涉嫌非法获取公民个人信息罪、诈骗罪被刑事拘留。

经纪人莫名上门

随着支某非法经营现货黄金交易案的破获，一起侵害公民个人信息案浮出水面。

之前，上海市公安局奉贤分局得到的线索反映，在奉贤地区南桥镇解放东路绿地翡翠 3 号楼 212 室、南公路南方国际 21 楼等地，有人从事现货黄金非法买卖交易。

绿地翡翠 3 号楼 212 室是支威振等人 2011 年 5 月注册成立的居旭商务咨询有限公司办公地。该公司经营范围包括商务咨询、企业投资咨询、会务服务、展览服务等，并无现货黄金买卖交易资格，但该公司却自称是香港宝泰金号代理商。

现货黄金又叫伦敦金，客户可以买涨也可以买跌。交易以一手的倍数计算。该公司从事的现货黄金买卖，杠杆比例是 1∶100，就是把客户投入的资金放大 100 倍进行操作，其下属员工发展的客户每操作一手，员工最低可拿到 70 元提成，客户投资金额越大，提成越多。

南京的伍亚亮不知不觉中成了该公司客户。

2012 年的一天，伍亚亮接到自称居旭商务咨询有限公司经纪人倪冬雨的电话，称："居旭公司技术好、水平高、能帮你赚钱。"伍亚亮动心了，投入两万多元，最终却一分钱也没赚到。感觉被骗后，伍亚亮报了警。

"我很奇怪，他们是怎么知道我电话的。"在接受民警调查时，伍亚亮说。

董淑欣的被骗经历与伍亚亮一样。2012 年 3 月的一天，董淑欣接到一个陌生电话，来电者自称朱佳雨，是"上海 NFT 贵金属有限公司"经纪人，能帮董淑欣赚钱。通过网上交易，董淑欣先后向该公司指定账户汇了近 10 万元。

支某等人是如何获取伍亚亮等人信息的呢？在奉贤公安分局看守所里，记者见到了支某。

"做我们这行的，特别需要这种资源，尤其是股民信息。"支某说，公司成立之初，他就开始在网上大量购买个人信息。第一次花几百元买了 1000 条只有电话号码，没有名字的信息。

"有时我们也会要求卖家提供特定客户信息。"支某说，他从七八个上家买过上万条信息。

由于叶某提供的信息"精确度"更高，支某便和其结成了一个贩卖、购买公民个人信息网络。

"办案中我们发现，一些犯罪嫌疑人利用网上买到的公民个人信息，进行电信诈骗、暴力讨债、敲诈勒索甚至非法拘禁和绑架。"上海市公安局刑事侦查总队有组织犯罪侦查支队支队长钱海军表示，泄露公民个人信息引发的下游犯罪正呈多发态势。

追根溯源擒大鱼

叶某说，自己知道早晚会有进看守所的这天。"但利益太大了，总是抱着一种侥幸心理。"

在与叶某近两个小时的交谈中，记者大致还原了其犯罪经过。

叶某曾经办过一所职业技术学校，但最终以失败告终。其后借钱投资兰花生意，又是血本无归。2009年年底，由于无法偿还借款，叶某的生活陷入窘迫。

这时，一个朋友找到他，约他转行做贩卖个人信息"生意"。

"知道能赚钱，但没想到这么赚钱。"仅仅一个月，叶某就赚了四五千元。从此，他就像抓住"救命稻草"一样，开始疯狂贩卖个人信息。

钱海军告诉记者，目前侵害公民个人信息犯罪已经形成一个巨大交易网络。第一层是掌握大量个人信息的源头，第二层是数据平台，也称中间商，犯罪嫌疑人收买或向掌握公民个人信息的内部人员购买信息，并通过网络向有"需求"的个人或公司买卖，第三层、第四层则是从数据平台购买个人信息后从事一些非法活动的公司或个人。

叶某正是这个网络的第二层，即中间商。随着"生意"越来越好，2011年起，叶某专门租赁房屋、购置电脑，以底薪1000元加提成作为报酬，先后招募10余名人员，非法出售购得的大量公民个人信息。据初步统计，涉案公民信息达上百万条。

正当叶某的生意风生水起之时，专案组在贵州省六盘水市盘县将其抓获。

负责侦办此案的上海市公安局奉贤分局刑侦支队支队长刘峰介绍，这是一起通过下游案件深挖、侦破的侵害公民个人信息典型案例。

"我们在侦破支某非法经营现货黄金交易案件后，一直有一个疑问：这些公民个人信息，犯罪嫌疑人是怎么得到的？顺着这个线索，一点一点往上查，查出了叶某案。"刘峰说。

"上海公安机关将继续加大对侵害公民个人信息犯罪的打击力度，提高此类案件办案水平，全力维护公民信息安全。"上海市公安局刑事侦查总队总队长杨泽强表示。

稿件来源：2013年1月25日《法制日报》政法司法版 作者：赵阳

"私家侦探"的"生意经"

自己的银行账户、出行记录、酒店住宿等个人隐私，没向外人透露，却轻易被人掌握，这会不会让你感觉很吃惊？广西壮族自治区钦州市"私家侦探"张红（化名），通过网上转买转卖个人户籍、住宿、航班乘坐等信息共8000多条，一年时间非法获利10万余元。近日，张红因涉嫌非法获取公民个人信息罪，被钦州市浦北县人民检察院提起公诉。

矿场工人倒卖个人信息

2013年29岁的张红高中毕业后，进入当地一家矿场当工人。由于收入低，张红干脆辞职。2011年年初一次偶然的机会，张红发现通过网络购买个人信息再转卖，坐在家里就能赚取差价。

2011年3月开始，张红自封"私家侦探"，并在网上一些论坛发布广告。张红声称只要肯出钱，他就能购买到诸如户籍信息、银行信用报告、犯罪及在逃记录、宾馆住宿记录、航班乘坐记录、车辆信息、出入境记录等公民个人信息。同时，张红申请了"蚂蚁队长""精英之路"等6个QQ号，并加入"私家侦探"等多个专门出售公民个人信息的QQ群。

为了拓展业务，张红在网上还开了一家名为"孔方兄"的店铺，对各类个人信息明码标价销售。其中，最便宜的是个人户籍信息，一条开价50元至60元。而最贵的要数个人银行信用报告，售价高达千元。

很多讨债人看到张红在网上发布广告后，联系上张红，购买欠债人的车辆、住宿、出入等信息。而张红只要拿到对方的身份证号码，往QQ群里发布，群主就能提供对方的各种信息。

1年卖出8000余条信息

在转买转卖个人信息的过程中，远在四川成都的网名为"国帮资源"的梁兵兵(已被成都市公安机关立案查处)等人与张红联系紧密。在长达一年的时间里，张红大量购买了包括户籍、银行信用报告、宾馆住宿记录等个人信息，并出售给梁兵兵、刘锐等全国各地的买家。

2013年4月初，梁兵兵因涉嫌非法获取公民个人信息，在成都被警方抓获。顺着这条线索，4月19日，张红在钦州被警方抓获。据统计，在一年的时间里，张红非法获取公民个人信息达8000多条，从中非法获利10万余元。

浦北县检察院认为，张红的行为已触犯了刑法，构成非法获取公民个人信息罪。该案也是钦州市首例此类案件。

据主办该案的检察官李霖透露，该案为公安部督办的新类型案件。与传统犯罪不同的是，该案的当事人全部通过网络来联络交易。张红和梁兵兵都只充当"九八佬"的角色，而个人的银行信用报告、乘坐航班、通话记录等信息，内部人员泄露信息占了多数。

李霖说，公民首先要有保护意识，不要随便提供各种证件复印件给他人；同时，相关部门应加大对泄露个人信息的打击力度，对直接泄露个人信息者严查到底，追究刑事责任。

稿件来源：2013年2月19日《法制日报》案件版　作者：莫小松 李霖

"假药家族"落网记

这是一起以家族关系为纽带的特大跨省制售假药案，涉及十余种常见药物，假药流向全国16个省，涉案金额1300余万元，因案情重大被国家药监局和江苏省公安厅挂牌督办。

经江苏省睢宁县人民检察院提起公诉，该县法院于2013年3月14日对该案作出判决，涉案13名被告人被判刑。"其中一名被告人获刑11年，并处罚金70万元。如此严厉的刑罚对制售假药者必将形成有力的震慑。"睢宁县检察院副检察长张剑说。

制售假药"家族总动员"

2012 年 3 月 8 日，江苏省睢宁县药监部门在该县某药店内查获 9 个品种 13 批次"高仿"假药。

同年 4 月 9 日，向这家药店推销假药的河南人赵战胜被抓获。公安机关以涉嫌销售假药罪对其立案侦查，该案也被称为"4·09"制售假冒品牌药品案。

据赵战胜交代，这些假药来自于河南郑州的"陈经理"之手。但他与"陈经理"没见过面，只是通过电话联络。相关部门决定顺藤摸瓜，彻查这批假药的源头。

经过近两个月的侦查摸排，"陈经理"的神秘面纱被揭开。"陈经理"真名叫李保献，39 岁，初中文化，是河南省郑州市二七区侯寨乡农民。而李保献其实是给他的两个侄子李欢、李瑶"打工"的，负责"销售业务"。李欢、李瑶毗邻而居，家中都有颇具规模的制造假药"黑窝点"。

2012 年 6 月 3 日深夜，苏豫两地相关部门密切配合，将正在加班加点生产假药的李欢、李瑶、李保献等十余人一举抓获。

"这些人均有亲属关系。李欢的妻子、父亲、岳父，李瑶的父母、舅妈，还有李欢、李瑶的两个叔叔均卷入其中。"承办该案的检察官尚丽霞说。

葡萄糖淀粉明胶制假药

在李欢、李瑶家中，被当场查获的各类成品假药数量惊人，其中李欢家中未及销售的假药价值 122.5 万余元，李瑶家也有 25.5 万元。这些假药盒仿冒知名品牌药品品种 14 种。4 条假药生产流水线、11 台各类造假机器被捣毁。

现场大量物流单据显示，他们生产的假药已通过物流销售至河南、江苏、山东、河北、北京、内蒙古等 16 个省、市、自治区，涉案金额 1300 余万元。

鉴于案情重大，江苏省公安厅挂牌督办该案。2012 年 7 月 19 日，国家药监局下发了《关于挂牌督办江苏"4·09"制售假冒品牌药品案的通知》，也对该案挂牌督办。

据李欢、李瑶交代，他们生产的假药成分为葡萄糖、淀粉、明胶等。比如假冒某品牌的感冒灵冲剂，其实就是葡萄糖颗粒灌装的，对治病没有丝毫作用。

在销售方面，李瑶及两个叔叔李保献、李保军分头参加各地药品交流会，借机散发销售假药的彩页广告，然后坐等订货电话，再通过物流发货。

制售假药更专业更隐蔽

"尽管这些假药未必像毒药那样'见血封喉'，但也会延误治病的最佳时机，甚至让有些本可治愈的病人丧失康复机会，对生命健康的威胁同样很大。"睢宁县检察院检察长吴为民说，"这起制售假药案件还突出表现为这样几个特点：犯罪主体表现出地区性、家族性特征，制假售假行为更加隐蔽；制假技术更加专业化、'仿真度'更高；通过物流快递跨地区销售、渠道更加便捷等。"

2012年12月14日，睢宁县检察院对此案提起公诉。睢宁县法院经审理后，于2013年3月14日以被告人李欢、李瑶犯生产、销售伪劣产品罪分别判处二人有期徒刑11年、6年，并处罚金70万元和30万元；以被告人李保献、李保军犯销售假药罪分别判处有期徒刑两年，并处罚金10万元。其余被告人分别被法院以犯销售假药罪、生产假药罪判处1年6个月至9个月不等的有期徒刑，并宣告缓刑。

稿件来源：2013年3月20日《法制日报》案件版 作者：丁国锋 马超 王威

"根治糖尿病"的"毒药"

盐酸丁二胍，这一不太知名的化学物质，在国内主要用于制作灭火器。该物质具有较大毒性，人食用后抢救不及时可导致死亡。

然而，就是这样的物质，竟然出现在一种名为山芪参胶囊的保健品中。销售商甚至声称该胶囊为纯中药制剂，能够根治非胰岛素依赖型糖尿病这一疑难杂症。

2013年3月，公安部协调指挥江苏、北京、河北等地公安机关统一行动、集中收网，成功破获北京阳光一佰生物技术开发有限公司特大制售有害保健食品案，捣毁生产、销售、仓储窝点5个，案值3000多万元。

毒发

2012 年 5 月，江苏省扬州市药监部门接到群众举报称，服用在扬州广陵区金福海保健品商店购买的山芪参胶囊后，红细胞大幅下降。经药监部门检查发现，金福海商店涉嫌销售有毒有害食品，便将线索移交给扬州警方。

"接到移交线索后，我们迅速与药监部门对接，确认了山芪参胶囊含有一种名为盐酸丁二胍的有毒物质。"扬州市公安局广陵分局副局长方临对记者说。

方临告诉记者，警方走访的受害者反映，一些人服用山芪参胶囊后尿酸和转氨酶增高，一些人则红细胞、血小板降至极低，在住院治疗并停止服用山芪参胶囊后才恢复正常。

为查明该胶囊的生产源头，实现抓主犯、打源头、端窝点、毁网络的最终目的，扬州警方经过 3 个多月的细致摸排，查出该胶囊生产企业是位于北京市通州区的北京阳光一佰生物技术开发有限公司。后经公安部统一部署各地公安机关进一步查明，阳光一佰公司将山芪参胶囊销往全国 23 个省（区、市），共有销售点 142 个。

暴利

2013 年 1 月 29 日，公安部统一部署抓捕行动。广陵公安分局多警种配合，分赴北京、河北和扬州进行抓捕，抓获犯罪嫌疑人 6 人，其中一人便是金福海商店负责人张某。

据张某交代，他是在一次阳光一佰公司的招商会上接触到这家公司的。阳光一佰公司把经销商们安排在一家宾馆开会，"大家吃吃喝喝就签订了销售合同"。

"从 2011 年 6 月起，张某先后 4 次向阳光一佰公司汇款近 20 万元购买山芪参胶囊。张某被抓时，该胶囊几乎销售完了。"广陵公安分局治安大队大队长王友清说。

据王友清介绍，山芪参胶囊进货价格为每盒 65 元至 100 元，金福海商店零售价为每盒 498 元，促销时购买 10 盒送 2 盒。警方正在核实获利金额，初步估算有五六十万元。

该胶囊价格不菲，为何还有那么多的群众购买？

王友清解释说，张某抓住了中老年糖尿病患者求医心切的心理，通过电台和报纸做广告，或从非法医疗机构买来患者信息上门推销，宣称山芪参胶囊为纯中药制剂，对糖尿病特别是非胰岛素依赖型糖尿病可根治，如该胶囊含有西药及违禁成分，自愿赔偿100万元。同时，患者可以先免费试吃，有疗效再购买。

"服用药物的开始阶段，血糖有所下降，表象上确实有一定效果，因此蒙骗了不少群众。"王友清说，张某及其业务员进而忽悠群众一次性购买一个疗程10盒山芪参胶囊，费用为4000多元。

屡犯

记者在网上搜索北京阳光一佰生物技术开发有限公司，相关链接2.1万个。搜索山芪参胶囊，链接则近20万个。不少人都发出疑问：山芪参胶囊对治疗糖尿病有没有效果，是否有副作用？

记者登录阳光一佰公司官方网站看到，该公司在自我介绍中称是一家集产品研发、生产和网络销售为一体的多元化美容品、保健品科研创新公司。然而在网站供应信息分类中，该公司介绍的9款产品，有美白面膜、足浴宝等，并没有山芪参胶囊。

王友清说，阳光一佰企业已有较大规模，有员工30多名，负责人为习某。2010年生产山芪参胶囊，2011年开始在全国推广。

"习某应当知道山芪参胶囊含有盐酸丁二胍，也应当知道盐酸丁二胍有毒性。"王友清表示，习某将含有盐酸丁二胍的原料称为"1号药"，此外，山芪参胶囊曾因添加有毒有害物质，被药监部门查处过，但该公司未停止生产。

记者还了解到，习某在2004年时，就因在保健品中违法添加伟哥成分被有关部门行政处罚过。

我国法律规定，禁止生产经营用非食品原料生产的食品或者添加食品添加剂以外的化学物质和其他可能危害人体健康物质的食品，或者用回收食品作为原料生产的食品。

"保障食品药品安全是公安、药监、卫生等部门共同的责任，部门间必须加强联动，强化信息交换，第一时间了解到危害食品药品安全违法犯罪的新动向，重拳出击，责任追究到位，让这类违法犯罪无处藏身。"方临说。

稿件来源：2013年3月22日《法制日报》政法司法版　作者：周斌

绿色企业堕落成"黑心企业"

全国首例特大地沟油案庭审详情披露

2012 年 8 月下旬，浙江省宁波市中级人民法院对被告人柳某等 20 人生产、销售地沟油犯罪的 3 起案件进行公开审理。该系列案系全国首例特大全环节生产、销售地沟油犯罪案件，被列入公安部"打四黑除四害"专项行动第一批督办案件，最高人民法院指定该 3 件案件由宁波市中院审判。

在这 3 起案件中，柳某等 7 名被告人被指控涉嫌生产、销售有毒、有害食品罪和生产、销售伪劣产品罪；袁某等两名被告人被指控涉嫌销售伪劣产品罪；卜某等 11 人被指控涉嫌销售有毒、有害食品罪和销售伪劣产品罪。

随着 2012 年 8 月 29 日最后一天的庭审结束，这次全国首例特大地沟油系列案件审理也暂告段落。

绿色企业的堕落

2011 年 3 月，浙江宁海警方接到群众举报，称在一处靠近居民区的农田附近，经常有一种来历不明的异味传出来。警方经过几天的蹲守和走访后，发现了这对地沟油加工窝点和熬制泔水的安徽夫妇。

随后，专门从小作坊收购粗炼地沟油并贩运到外省的黄某进入警方视线。根据对黄某的跟踪和讯问，所有线索都指向了山东省的一家油脂企业——济南格林生物能源有限公司。

表面上看，格林公司是生产"生物柴油"的高新企业，可是询问周边的村民时，却发现他们都不知道企业的具体情况。还有村民说在刮风的时候会闻到一种恶心的臭味。

这家公司门卫森严，围墙上装着多个摄像头。民警发现，有装着高效活性白土的货车进入这家公司——白土作为一种吸附剂，并不用于生物柴油的生产，但却是地沟油生产环节中用于脱色的必需品。

据了解，2010 年 6 月，柳某在山东省平阴县玫瑰镇刁山坡村注册成立了济南格林生物能源有限公司，至 2011 年 4 月建成并投入生产。格林公司的经营范围和目标很清楚：年产4万吨生物柴油、1万吨油酸、1万吨硬脂酸。

格林公司是一个典型的家族企业，涉案的7名被告人，绝大部分都是亲戚。用于业务往来资金流转的银行卡，也是公司内近亲属的私人账户。

37岁的柳某算是一个"人才"，中专毕业的他攻克了不少油脂生产的技术难关，在油脂行业有着丰富的经验。2007年12月起，柳某名下的油脂公司和油脂加工厂，把从浙江等地收购来的餐厨废弃油进行加工提炼，生产出劣质成品油，并将其销往食用油市场。

地沟油处于柳某的收购环节。进入工厂设备的精炼阶段则称为"毛油"，出厂时名为"红油"，进入粮油终端市场则被冠以所谓的"米糠油"。

据柳某交代，他当初确实生产过"生物柴油"，但这项看上去前途光明的技术实际销售并不乐观。于是柳某重操旧业，这些用于生产生物柴油的设备成为提炼地沟油的工具。"绿色"的格林公司，也成为柳某生产地沟油的一家黑工厂。

宁波市人民检察院指控，自2007年12月起，柳某等人在明知他人将向其所购的非食用油冒充豆油等食用油销售的情况下，仍将从浙江等地收购来的餐厨废弃油经上述油脂加工厂或公司加工提炼，生产出含有有毒、有害物质的非食用油对外销售，从中赚取高额利润。至案发，销售额共达9920余万元。

中间商赚取佣金

中间商程某是江苏人，她在网上认识格林公司的柳某后，便为柳某牵线搭桥寻找下家。2009年6月，程某把柳某介绍给了河南一家粮油商行的女老板袁某。

公诉机关称，在两年多的时间里，通过被告人程某介绍，被告人袁某从格林公司购入大量劣质成品油，加价销往河南省新乡市、三门峡市等地的一些粮油经营部和食用油批发部。同时，袁某自己也将收购来的油经灌装零售给周边的工地食堂、大排档、油条摊业主，销售额共计人民币300余万元，已构成销售伪劣产品罪。

据程某交代，她为袁某和柳某介绍业务往来，可以提取每车油约1000元的佣金。她还为陕西的一家粮油工贸有限公司的老板李某介绍了柳某，柳某则于2011年六七月将劣质成品油销售给李某，销售额共计人民币40余万元。程某涉嫌构成销售伪劣产品罪。

袁某只是柳某销售对象的冰山一角。起诉书上显示，柳某对山东聊城的一家粮油公司的销售金额达 569 万元；对河南两家油脂公司的销售金额达 6618 万元；对山东济南一个商贸中心的销售金额达 1683 万元；对河北一个粮油经销处的销售金额达 703 万元；对陕西一家粮油工贸有限公司的销售金额达 44 万元。

利益诱惑泯灭良知

河南两家公司——河南省惠康油脂有限公司与河南庆隆商贸有限公司的董事长和员工，是这次开庭审理的第三个案件的被告人。该案的第一被告人卜某，则是上述两家公司的董事长。

公诉机关称，卜某指使公司相关人员从格林公司大量购入劣质成品油，后公司员工将其和正常豆油按照一定比例进行勾兑，并以正常豆油名义销售给下家。下家分成 3 个流向，一是诸多食品厂，销售总量达 160 吨，销售金额达 150 万元；二是一些生产饲料企业，销售总量达 1.37 万吨，销售金额达 1.54 亿元；三是制药厂商，主要是河南焦作健康元生物制品有限公司。惠康公司对其销售总量达 1.62 万吨，销售金额达 1.45 亿元，庆隆公司对其销售金额达 5515.7388 万元。两家总额共超两亿元。

在明知惠康公司采用上述手段对外销售豆油的情况下，作为公司员工的另几名被告人"通力合作"，业务员积极为公司联系业务，会计、出纳则运行财务完成交易，公司副经理和驾驶员还改装了惠康公司的几辆油罐车，以方便其在接受买方企业的抽油样检查时暗做手脚，通过检测。

辩论是否"不知道"

检察机关的起诉书中，3 个案件的 20 名被告人都有"明知"这些地沟油销往食用油市场而生产、销售的犯罪情节，而辩护人则针对这一情节发表了答辩意见。在法庭上，他们的答辩也都围绕着一个主题："我不知道"，"我并非明知"。

生产商柳某说："我不知道他们把我生产的油收购去是销往食用油市场，我以为只是作为饲料油或者化工用途。"柳某的辩护律师则认为，尽管格林公司并无生产饲料油的资质，但"无证"并不能否定其生产出来的油的本质属性——它就是饲料油。至于这些油最终销往哪个市场，柳某不可能全程追踪。

中间商程某说："我不知道下家把柳某的油销往何方，我只是做个中间人介绍业务提取佣金。"

销售商袁某说："我从柳某处收购的油绝大部分都是销往饲料油市场，极小部分才用于零售，但我并不知道柳某的油是地沟油，我听他自己介绍说是米糠油，介绍人程某也担保这些油不会对人体健康造成影响，所以我才零售给周边的工地食堂、夜排档、油条摊业主。"

柳某的主要客户，销售商卜某甚至在法庭上一问三不知。当公诉机关问及惠康公司与格林公司之间的业务往来、惠康公司拥有几辆油罐车、正常豆油和地沟油的勾兑比例等问题时，一概摇头表示"不知道"。公诉机关追问为何身为董事却对公司业务一无所知时，他辩解道："我只是大家叫叫的'董事长'，实际上不管公司业务。"

而惠康公司的员工说，我们只是打工的，不知道这个油销往何处。

公诉机关针对这些答辩指出，3 个案子的不同被告人的辩解已经出现了矛盾，并可以相互指正。

柳某一边说自己不知其产品销往食用油市场，而是用于饲料和化工业，一边却应客户的要求想方设法试图去除产品的"辣味"——对口感的要求正是食用油市场的标准。另外，其在收购地沟油原料时，也对原料进行了酸价的检测。业内人士都知道，酸价越小，说明油脂质量、新鲜度和精炼程度越高，这也是食用油的一大指标，而化工企业是不需要检测酸价的。

袁某辩称自己收购柳某的劣质油并非销售往食用油市场，而是销售给饲料油市场。但根据公诉机关提供的证据显示，当地饲料油的市场价约7700 元 1 吨，而袁某从柳某处收购的油价格约为 8200 元 1 吨，再加上运输费用等，若销往饲料油市场，做的是亏本生意，只有销往食用油市场才有利可图。另外的人证物证也佐证了公诉机关这一论点。

以假乱真成行规

据卜某交代，他们购入柳某生产的地沟油后，并非将"纯品"包装出售，而是通过勾兑后，以次充好，以假乱真，进入食用油市场。

在法庭上，有多名被告人表示，在业界，勾兑是正常现象。辩护人甚至有意识地试图将勾兑和调和油概念相混淆。

卜某则解释说，只要是在国家标准允许的范围内，把大厂油和小厂油混合、高质量油和低质量油混合，以调整油品总体的酸价等指标，这是"行业惯例"。担任仓库管理员的被告人杨某也说，在仓库，"好油"和"坏油"是分罐存储的，按照发货需要再进行勾兑。

惠康公司从柳某的格林公司处收购来的油，名义上叫"4级豆油"，经过和正常豆油的勾兑后再销往他处。卜某的妻子、被告人郑某承认，柳某的油要比市场均价每吨便宜1000元左右。经过勾兑后，再销往他处时则利益更加诱人。

卜某的下家诸多，其中不乏优质企业，这些企业对油品有着较严格的要求，几乎每次收货时都要检测验收，而卜某销售的经过勾兑的所谓豆油，很明显是达不到指标的，却为何屡屡能通过检测呢？

原来惠康公司的几名负责人和司机，对油罐车进行了改装。他们用一块隔板将油罐分成前后两部分，前部分是地沟油，后部分是正常豆油。检测的时候，一般从后部接口提取油样，这样就轻易通过检测。

在庭审中，提到"勾兑"比例时，每个被告人都讳莫如深。但被告人杨某，也就是惠康公司的仓库管理员却提到，在隔板的后部分，可以装"好油"1吨多，前部分则全部装"坏油"。由于涉案油罐车容积都在20多吨至30多吨，其勾兑比例也可见一斑。

由于3个案件案情复杂、影响巨大，宁波市中级人民法院均未当庭作出判决，或仍需择日再次开庭审理。

2013年4月16日，浙江省宁波市中级人民法院依法对该案作出一审宣判，对主犯柳立国以生产、销售有毒、有害食品罪和生产、销售伪劣产品罪判处无期徒刑，鲁军等其他6名被告人判处执行有期徒刑14年至7年不等的刑罚；对卜庆锋和袁一、陈保刚3名主犯以销售有毒、有害食品罪和销售伪劣产品罪分别判处无期徒刑和有期徒刑15年，其他10名被告人判处执行11年至7年不等的刑罚。

7名被告人均不服提出上诉。

2013年5月31日，法院二审后，当庭宣判：驳回被告人的上诉，维持原判。

稿件来源：《法制日报》综合报道

"藏药秘方"实为淀粉

2013年5月,备受关注的海南王永明、张伟、郭小龙、王飞明、任晓辉团伙生产销售假"伟哥"一案,在海南省海口市龙华区人民法院一审宣判。法院以生产、销售伪劣产品罪,判处王永明有期徒刑10年;判处张伟有期徒刑6年;判处郭小龙有期徒刑两年6个月;判处王飞明有期徒刑两年;判处任晓辉有期徒刑3年,缓刑4年。

《法制日报》记者采访多个部门,了解到这个生产、销售伪劣产品犯罪团伙制假售假的详情。

租公寓自制"伟哥"

法院查明,2007年以来,郭小勤(在逃,另案处理)负责提供资金租用厂房、购买生产设备及原料并负责联系销售客户;王永明、任晓辉负责管理制假窝点产品的生产及销售,销售利润归郭小勤所有。

"我负责用郭小勤购买的中药粉、淀粉等原料在金马大厦三楼加工生产黑色丸颗粒,并由工人用茶色塑料盒及铝膜板包装成'纯天然'、'藏药秘方'等产品。"主要负责制假窝点生产管理的王飞明对检察官说,任晓辉负责在某大厦一楼用六味地黄丸粉、淀粉等制假原料搅拌制成黑色颗粒,并由工人用白色塑料盒包装成"壮阳极品"等产品;而郭小龙负责对任晓辉销售产品收取的货款做账管理并转账支付原料款等。

2007年以来,张伟租用海口市一处别墅作为生产伪劣产品的窝点,向郭小勤大量购买该团伙生产的黑色丸颗粒等作为原料加工成"伟哥"等40多种壮阳保健产品,并销售到全国多个省市。

2011年1月至11月期间,郭小勤及任晓辉等人在海口市大量生产各种伪劣产品,包装成箱后销往全国多个省市。

"我们这里拥有一个产销一条龙的'产业链',分工协作,从来不担心销路问题,我们会通过正规物流途径将成品或半成品运销全国多个地方。"王永明供述。

法院查明,王永明生产销售伪劣产品金额为300.7677万元,张伟生产销售伪劣产品金额为66.3939万元,任晓辉、郭小龙生产销售伪劣产品金额为 48.6512 万元，王飞明生产伪劣产品金额为 25.3565 万元。

团伙五人均获刑

2011 年 11 月 17 日，公安机关抓获任晓辉、郭小龙、王永明、王飞明，并从制假窝点查获该团伙用于加工生产产品的生产设备、原材料、包装材料一批及大量各种黑色丸粒等产品，其中，查获白色蜡丸 14 箱共 35000 粒，经鉴定属伪劣产品，价值 11550 元。

警方在海口市某大厦三楼的制假窝点，查获成品、半成品产品共 1696626 粒，经鉴定属伪劣产品，价值人民币 253565 元；在海口市一出租房内查获成品、半成品产品共 196215 粒，经鉴定属伪劣产品，价值 25509 元。

同日，公安机关抓获张伟，并从海口市一别墅内查获其加工生产的各种丸粒、胶囊及产品包装盒、生产药品设备一批，其中查获"快勃"等产品 1644 盒，"健肾生精极品"等半成品 607900 粒，经鉴定属伪劣产品，货值 64524 元。

庭审中，王永明辩称，他只是为老板郭小勤打工，每月 2500 元工资，并不知道郭小勤生产销售的产品系伪劣产品。

经查，王永明作为制假窝点的管理者，且管理时间较长，管理工作不可能不涉及产品或者企业的工商登记、生产许可、卫生许可以及纳税情况等问题，而这些条件均不具备，且王永明托运产品均用化名，因此，王永明不知道产品系伪劣产品的辩解意见不符合事实。

稿件来源：2013 年 5 月 22 日 《法制日报》案件版

作者： 邢东伟 吴晓锋 翟小功 白文英

千万余条个人信息变"商品"

2013 年 8 月 9 日 12 时左右，在河北省张家口市宣化区，张家口市公安局刑警支队四大队民警周志全带队冲入一民房，屋内两人被民警控制，在屋内的电脑中，民警发现重要证据：一排排罗列的手机号码。

"经过前期侦查，我们发现他们在这间房内利用这些个人信息进行电话推销。"周志全说。

据介绍，自 2013 年 3 月开始截至 8 月 9 日上午，张家口公安机关共抓获非法买卖公民个人信息犯罪嫌疑人 33 名，查获 1000 余万条公民个人信息，缴获 500 余张银行卡，近百台电脑。随着侦查的深入，一个涉及全国 5 省市的个人信息庞大交易网络逐渐浮出水面。

干电话推销都买个人信息

2012 年 12 月 28 日，张家口市公安局刑警支队获得线索：高新区财富中心一家公司涉嫌非法获取公民个人信息。张家口市公安局迅速抽调刑警支队、网安支队等 30 余名警力成立专案组，展开深入侦查。

在掌握犯罪嫌疑人利用非法获取的他人个人信息，非法从事推销药品、保健品、收藏品等电话销售经营活动的证据后，专案组在 2013 年 3 月 4 日展开集中抓捕行动。

随着嫌疑人逐渐落网以及案件的继续深挖，此案背后庞大的公民个人信息交易网络逐渐显现。

据张家口市公安局刑警支队四大队大队长谷颜春介绍，2012 年 4 月，犯罪嫌疑人杜建国等 3 人合伙成立廊坊市天锐元通科技发展有限公司和张家口博藏工艺品销售公司，先后招募 30 余名员工，通过电话推销保健品和收藏品。

"电话销售的成功率取决于个人信息的准确性，干这行的都在买信息。"杜建国听同行说，有人利用买来的信息推销，成功率达到 50% 以上，如今已经发了财。

于是，杜建国的另两位合伙人在网络中化名"电购小王子"，在网上搜索关键词"数据""信息"等，加入数十个与此相关的聊天群，求购曾买过保健品或收藏品的消费者的个人信息。

杜建国称，加入这些聊天群后便会看到，有人在群中求购信息，也有人在群中贴广告卖信息，"信息的种类多种多样"。

但"网上卖信息的，10 个有 8 个是骗子"。杜建国说，其合伙人也上过几次当，交了几百元订金后，对方却没有"发货"。

吃过亏后，"电购小王子"在网上寻找卖家更加谨慎，终于，杜建国等人找到了靠谱的卖家，先后从若干上线中买了数万条个人信息，用于其电话推销业务。

利用呼叫记录可精准营销

安徽宿州人郑强，既是"电购小王子"的上线之一，也是个人信息的使用者。他在 2011 年注册了一家网络科技有限公司，主要推销点读笔等儿童用品。

和杜建国等人面临的情况相同，为了节省成本，郑强也开始盘算起利用有意向购买儿童用品的个人信息精准营销。

一次，在看电视购物时，郑强想到，电视购物卖家会留下买家的电话号码，如果能知道谁曾拨打过这个电话，就能知道谁有意向购买这类商品。于是，郑强在网上求购可以找到拨打这些电话的信息。

郑强在网上偶然认识了辽宁省丹东人王炳义，王称自己有郑强需要的这些信息。之后，王炳义以 1 万多元的价格卖给郑强两万余条公民个人信息，郑强在使用完后，又转手卖给了同样在网上认识的"电购小王子"。

王炳义的信息从何而来？专案组侦查发现，信息源头来自山东青岛人王启云。

33 岁的王启云毕业于西安邮电大学，主修通信工程，是中国电信山东分公司运维部网管中心负责核心网维护的员工，可以很方便地接触到用户呼叫记录。

正是这些呼叫记录，在倒卖个人信息的掮客手中变成了看得见的利益。

2012 年 3 月，王启云通过朋友介绍认识了王炳义。12 月，王炳义求王启云帮忙搞到指定的"400"被叫号码。

起初，王启云担心对方利用这些信息搞诈骗、非法定位等违法犯罪行为牵连自己，便一直犹豫。"但后来，王炳义一再承诺，只是帮朋友做精准营销，我便放松了警惕，利用职务之便给他提供呼叫记录。"王启云说。

据谷颜春介绍，从 2012 年年底到 2013 年 3 月，王启云以每条 0.4 元的价格，卖给王炳义 10 万余条公民个人信息。一条由王启云提供信息（源头），王炳义担任信息掮客（上线），郑强、杜建国等人购买使用（下线）的交易网络就此形成。

借聊天群交织成庞大网络

王启云告诉记者，他向王炳义提供的信息包括指定电话的呼叫时间点、主叫号码、被叫号码。

　　这些用户的隐私信息并非简单易得。王启云称,电信公司中的不同部门按职级权限,会接触到不同的用户信息,除负责网络维护的运维部外,一般部门的普通员工很难接触到大量的用户核心信息。

　　此外,"公司在新员工入岗前都要进行保密方面的培训","电信公司也有涉及用户个人隐私的管理规定,明确规定用户的呼叫记录不能随意泄露"。

　　但据王启云所讲,负责维护工作一共有40多人,能或多或少接触到不同用户信息,"从技术上很难防范有人泄露信息,要想不泄露用户信息,只能对人进行管理"。也就是说,用户的信息是否泄露,完全取决于员工个人的法律意识和道德操守。

　　正是源头上的泄露导致网络中大量个人信息的流转。张家口警方在侦查中也发现,由杜建国等案牵涉出的诸多交易网络中,源头不止王启云一家,还包括快递公司等从事不同行业中的人。

　　杜建国等人作为下线,警方由其追踪扩展出多条上线,涉及至少4个交易网络,涉北京、辽宁、安徽、湖北、广东5个省市。

　　谷颜春介绍,涉案犯罪嫌疑人所使用的每个聊天号码都加入了数十到上百个聊天群,大部分为非法买卖公民个人信息交易平台。每个聊天群成员少则数十人,多则数百人,遍布北京、天津、上海等全国14个省市。

　　据警方介绍,在这些交易网络中流转的信息,包括房产、社保、医院、院校、电信、交通、物流等部门登记的公民个人信息。

　　"这些人利用聊天群平台大肆从事非法买卖公民个人信息的违法犯罪活动,活动极为猖獗,形成庞大的非法买卖网络市场。"谷颜春说。

　　警方发现,利润促成庞大的地下市场。经查,信息掮客黄凡成在网上专职买卖信息,他和朋友自建4个聊天群,专门交流买卖信息,以每条0.2元的价格买入,再以0.3元的价格卖出,每条盈利0.1元。从2012年年底开始,黄凡成和两个朋友通过聊天群购买20余万条个人信息,牟利5万余元。

　　据张家口市公安局局长王玉洁介绍,非法买卖公民个人信息的违法犯罪极易引起诈骗、暴力伤害等下游犯罪,不仅事关公民个人隐私,也关乎老百姓的生命财产安全。张家口公安机关要坚决打击此类犯罪,不让公民个人信息被犯罪分子所掌握。

　　(文中犯罪嫌疑人均为化名)

　　　　稿件来源:2013年8月13日　《法制日报》政法司法版　作者:李恩树

新型地沟油"进军"正规粮油店

鸡毛油、鸭毛油、猪毛油、牛毛油甚至狐狸毛油，在江苏省东海县康润食品配料公司都能被加工成"食品油"，继而销往安徽、四川、重庆、北京、江苏等地的大中型食用油、食品加工企业及个人粮油店，堂而皇之地走上百姓的餐桌。2013年9月2日，经江苏省连云港市人民检察院提起公诉，连云港市中级人民法院开庭审理了这起特大新型地沟油案，16名被告人出庭受审。

2013年10月9日，江苏省连云港市中级人民法院对江苏康润食品配料有限公司特大跨省产销地沟油案作出一审宣判，康润公司法定代表人、被告人王成奎因犯生产、销售有毒、有害食品罪被判处无期徒刑，剥夺政治权利终身，并处没收个人全部财产；康润公司副总经理李树圣等15名被告人因犯生产、销售有毒、有害食品罪，分别被判处15年至1年不等的有期徒刑，并分别处罚金。

加工地沟油牟取暴利

江苏省康润食品配料有限公司的前身是宏泰油脂厂，由东海县人王成奎、李树圣和武金华于2004年成立，主要从事油脂加工生意。2009年，武金华因病退出股份，由王成奎、李树圣各占一半股份。2010年该企业更名为江苏省康润食品配料有限公司。王成奎为公司的法定代表人，主要负责销售；李树圣为公司的副总经理，负责原料采购和生产。

据办案机关介绍，康润公司分为两个厂，一厂主要生产食用性动物油脂，二厂主要生产汤料。最初，康润公司从一些厂家购进动物油脂，经过加工后销往各地，油的质量也还不错。但渐渐的，王成奎、李树圣发现这些质量好的油虽然销量好，但成本太高，赚不了什么大钱。经过多方打听，他们得知山东临沂等地有厂家可以进到廉价的火炼毛油(俗称地沟油)，这种油经过提炼深加工可以以假乱真，从外观上看与正品油差别不大。

2011年1月，王成奎联系到山东省临沂市曹县个体户马先龙，开始从他那购进火炼牛毛油、鸭毛油，提炼加工后，冒充食用油贩卖。

利润巨大一发不可收拾

口子一开，王成奎和李树圣的胆子渐渐大了起来。办案机关查明，从2011年1月到2012年3月，康润公司共从山东临沂、安徽、浙江等地购进地沟油约2000余吨。按照当时的价格标准，从正规厂家购进合格的生油原料每吨约1万元，除去生产加工费用以及生产过程中损耗、员工工资、运输等费用，生产1吨合格的猪油，成本在每吨11500元以上，而利润却只有200元至400元，而使用地沟油作为原料，成本则仅需7000元左右，利润极大。

高额的利润刺激着地沟油原料的生产，一些商贩供货商利字当头，源源不断地为康润公司供货。这些商贩大多不具备相关资质，他们将一些不新鲜的肉制品、废弃的油脂甚至腐烂变质的动物内脏熬制成火炼毛油。这些油脂因含有较多的杂质，色泽混浊，异味扑鼻。

康润公司将这些用编织袋、油桶简单包装的火炼毛油收购后，进行简单的检测，通过水洗、脱色、脱臭等一系列步骤，使这些原本应该丢弃的废物摇身一变，成为堂而皇之走上餐桌的"精制油"。

记者从办案机关了解到，康润公司逐步扩大了经营范围，将加工后的成品油大量销售到安徽、四川、重庆、北京等多家大中型食用油、食品加工企业以及个人粮油店，销售额达数千万元。

尽管"事业"做得风生水起，但康润公司却非常谨慎，在收购地沟油时，对外声称是生产饲料油，并且一再声明公司有正规的生产许可手续，但是公司内却赫然高耸着生产食用油的精炼塔。生产车间外，大油罐、成品油使用的纸箱、铁桶等包装随处可见。

刚开始，有些地沟油生产商看到这一情形大惑不解，他们觉得这些包装肯定不是用于饲料油生产。有人好奇地上前询问或借故进车间查看，都被康润公司的工作人员以涉及商业秘密为由加以阻拦。但是，由于康润公司在收购火炼油时，总是事先提出火炼毛油的酸度、水分、成色、脂肪等标准要求，久而久之，康润公司使用地沟油生产食用油便成了公开的秘密。

然而，供货商们虽然明知提供地沟油原料是违法行为，但提供原料的行为却一刻也没有停止：有的供应商睁一只眼闭一只眼，以康润公司自称是生产动物饲料并有生产许可证为由，佯装不知道其是用来生产地沟油；有的供应商把康润公司当作"大客户"，只关心能将地沟油售出而不关心康润公司的非法用途。

生产销售隐蔽逃脱监管

据办案机关介绍，为了躲避政府有关部门的监管，也为了逃避日后的法律惩处，康润公司通过两名公司普通员工的私人账户进行交易，其中一名刘姓员工的私人银行账户，仅从 2011 年 11 月至 2012 年 2 月，就与山东临沂一名蔡姓商户交易 22 次，总金额达 400 余万元。

由于多数地沟油生产商是遍及各地的家庭黑作坊，生产条件脏、乱、差，生产规模小、地域分散，且多隐藏在偏远农村或者城市郊区，有的还只在晚上生产并为康润公司供货，因此极具隐蔽性，政府有关部门难以有效对其监管和打击。

一些个体粮油店从康润公司购买"食品油"后，对外声称是从正规的大型粮油企业购进，并冒名顶替棕榈油、色拉油批发或者零售给食品店、饭店以及家庭使用。食品加工企业购买以后则用于面包、月饼、油炸、火锅底料、调味品等食品的生产，最终还是流向了百姓的餐桌。

据办案机关介绍，为了掩盖生产地沟油的犯罪事实，在销售的过程中，康润公司还应客户要求向客户提供 QS 生产许可证、外检报告、出产检验报告等证书。"客户要什么证明，我们就提供什么证明。"该公司一名员工说。

从外观上看，康润公司生产的成品油与合格的食用油并没有区别，看上去"成色很好，很干净，酸价度也很低"，但正如该员工所说，"厂里的人从来不吃那油，毕竟厂里的生产卫生方面都不符合卫生标准"。

2012 年 3 月，在浙江省金华市公安局办理李某生产、销售有毒有害食品一案时，东海县公安局发现江苏省康润食品配料有限公司的王成奎、李树圣等人有生产、销售地沟油的重大嫌疑，遂于 2012 年 3 月 23 日立案侦查，后将犯罪嫌疑人王成奎、李树圣等人抓获归案。至此，这起特大制售新型地沟油案浮出水面。

聘请师傅教授如何炼油

受审的 16 名被告人全部为男性，绝大部分为农民或无业人员，大多数是初小文化，其中，年龄最大的 56 岁，年龄最小的 28 岁。

法庭上，据第二被告人李树圣陈述，其在公司主要负责采购原料和生产，其原料主要是从肉联厂、个体和私人手里收购来的猪油、牛油、鸡油、鸭油等半成品，然后进行加工。

"我们公司专门从广东等其他地方请来师傅，教员工如何炼油。我们炼好的油都销售给了一些粮油店，我知道的大约有三四十家，能记得住比较大的有四川嘉里粮油有限公司、重庆红九九食品有限公司、安徽汇阳食品有限公司。"李树圣供述说。

据李树圣供述，该公司生产加工的所有产品均经过有关部门检验，检验结果全部达标。"我们公司生产的'食用油'全部送外检，有的打企标，有的打国标，全部合格。"

而另外一名被告人王佃生则在供述中说："知道火炼的鸭毛油等只能作饲料油用，不能食用，但是卖给康润他们干什么我就不知道了。"

样品合格没有说服力

经法院审理查明，王成奎、李树圣及王佃生等被告人均供述康润公司购买的"火炼油"是使用各类肉及肉制品加工废弃物等非食品原料炼制，只能用于生产饲料，不能用于生产食用油。根据相关法律规定，王成奎、李树圣将非食品原料加工生产成"食用油"销售，依法应当以生产、销售有毒、有害食品罪定罪处罚。

被告人王成奎、李树圣在侦查机关均供述康润公司生产的汽炼油为可食用的油，但其系用有毒、有害的非食品原料加工而成，而后再和其他精炼油混合调制后包装出厂，康润公司提供的部分检验报告，试图证明其出厂的产品检验合格，因样品检验方式是送检，该部分检验报告只能证明其送检的样品合格，并不能推翻对被告人王成奎、李树圣用可食用的油与国家明令禁止不能食用的其他精炼油混合调制成有毒、有害"食用油"事实的认定，故上述辩护意见不能成立，法院不予采纳。遂作出上述判决。

一审宣判后，被告人王成奎当庭表示要上诉，其余15名被告人，少数几人当庭表示要上诉，大多数人则表示要考虑。

稿件来源：2013年9月3日、2013年10月10日《法制日报》案件版

作者：丁国锋 马超 驯犀 孙洋

谁在倒卖公民个人信息

刚报名参加考试，培训机构的招生短信就发到手机上了；刚把房子委托给某中介公司出售，全市的中介公司都会来电关心"房子卖了没有"；各种形式的诈骗电话里，对方竟然能准确说出你的名字、家庭成员甚至购房购车信息……我们的手机、电子邮箱几乎每天都能收到形形色色的垃圾短信、邮件。

2013年12月，《法制日报》记者从广东省广州市法院了解到，这些属于隐私的公民个人信息，正成为各类商家甚至不法分子的敛财工具。而在公民个人信息泄露的种种渠道中，"私家侦探"正成为倒卖公民个人信息的专业户。

收购个人信息"发财"

坐在被告人席上的周某低着头，双手来回搓着。

"被告人周某私自开设私家侦探事务所，并从互联网上向不法分子收购他人户籍资料、手机通话资料等公民个人信息，以此获利5万余元，应以非法获取公民个人信息罪追究其刑事责任……"

公诉人宣读完起诉书后，审判长问周某："你对公诉人指控的事实和罪名有什么意见？"

"我的获利并没有这么多，很多业务都是我自己贴钱的……"周某说。

34岁的周某和老婆阿琳来自安徽，两人几年前曾在上海开过一家商务咨询公司，因为一直没赚到什么钱，于是把公司关了，来到广东。

到了广州后，阿琳在淘宝网上开了家网店，周某则在一家公司跑业务。一天，周某从报纸中缝里看到一则广告："寻人寻址、调查婚外情、通话记录查询，请找13×××××××××。"周某认为，这种"私家侦探"生意成本低、收益大、来钱快，还能帮助别人，于是便照葫芦画瓢，成立了以"婚姻不忠调查、寻人查址取证、债权债务收讨"为主营业务的"中国金雕商务咨询有限公司"。

2012年5月，周某在广州市天河区租了一间办公室，并用自己和老婆阿琳的QQ号注册了"金雕商务""正义调查""中国金雕"等QQ昵称，开设"中华爱国侦探联盟"等QQ群，用于"同行"间的交流。

为了宣传自己的公司，他在多个搜索引擎上做推广并在报纸上登广告，还精心设计了公司网站，宣称"以最新高端科技"为客户"调查事实真相"。为了让客户对自己的调查能力更有信心，周某还从电脑城购买跟踪器、偷拍器、手机定位仪等工具。

公司成立后不久，周某就接到了几宗调查婚外情的业务。周某根据"客户"提供的基本信息，通过跟踪、偷拍等方式完成了"任务"，每宗业务大概收取4000元至5000元。

而对于查找债务人下落的任务，周某则用另外的方法完成——他将需要调查的信息发布到"同行"交流的QQ群里，很快便有人主动跟他联系，将"目标人物"的户籍资料发给他，周某则向对方支付150元至350元不等的费用。通过这种途径，周某做成了8宗生意，获利5万余元。

正当周某的"私家侦探"生意做得如火如荼时，他被人举报，在自己的办公室被抓获。

2013年11月30日，广州市天河区人民法院对周某作出一审判决，以非法获取公民个人信息罪判处周某有期徒刑1年，并处罚金两万元。

与周某同一天被宣判的，还有另一名"私家侦探"缪时瑞，他同样因从网上购买大量公民个人信息用于跟踪、调查业务，被天河区法院判处有期徒刑10个月，并处罚金1万元。

各类公民信息均被倒卖

据统计，天河区法院近两年共审理非法获取公民个人信息案件7宗8人，其中涉及公民个人信息条数最多的达1000多万条，被告人最高被判处有期徒刑两年3个月，最轻的被判处有期徒刑8个月。7宗案件的被告人基本是以非法获取公民个人信息为职业，有的是从网上购买信息后进行倒卖牟利，有的是开设调查公司，通过收购公民信息开展跟踪、调查、追债等业务。

天河区法院相关负责人介绍，从目前审理的案件分析，非法获取公民个人信息犯罪有以下几个特点：犯罪对象范围广泛；信息倒卖主要通过网络完成，具有较强的隐蔽性；专业化程度高，形成了行业利益链条；信息倒卖与下游犯罪密切关联。

据介绍，非法获取公民个人信息犯罪涉及个人信息种类十分广泛，涵盖了股民资料、车主名单、银行卡会员名单、小孩出生资料、股民名录、高收入人群、楼盘业主资料、银行账户、房产户籍情况、通话详单、短信记录、车辆车主信息、身份登记信息，甚至还有高考考生信息。在大部分案件中，犯罪嫌疑人获取的信息种类并不单一，通常是几种信息兼而有之。

"公民个人信息的泄露主要经过信息源头、网络平台、调查公司（私家侦探）这3个环节，各个环节之间都是通过网络、电话进行交易，上下家之间互不相识，甚至网络平台上的昵称、交易信息都以暗号表示，一定程度上增加了破案的难度。"该负责人说。

另外，还需重视的是，网络平台上出现了五花八门的公民个人信息库，如"手机号码""户籍信息""某地车辆登记信息""某市学生家长名单"等，根据行业、地域划分的不同，这些信息库可以"整库销售"，每条信息大约可卖到数百元。

"由于利润巨大，也为了实现信息共享，处于最后一个环节的调查公司往往也会通过数据互换、金钱交易的形式进行信息倒卖。"这名负责人说，同时，一些不法分子和非法讨债公司，利用非法获得的公民个人信息进行电话诈骗、敲诈勒索、暴力讨债等违法犯罪活动。特别是在电话诈骗中，由于不法分子根据被害人的个人信息有针对性地编造事实，被害人往往深信不疑，最终损失巨额钱财。

稿件来源：2013年12月6日《法制日报》案件版　作者：章宁旦 田青

"毒豆芽"难绝迹皆因诱人暴利

租用城中村的偏僻民房作为"黑作坊"，使用豆芽生长剂和防腐剂等非法添加剂，3年内共计生产销售"毒豆芽"80余万斤，从中获利70余万元，销售范围涉及浏阳多个菜市场和餐饮单位。2014年春节前夕，湖南省浏阳市人民检察院依法批捕了生产销售"毒豆芽"的4名犯罪嫌疑人。

2014年2月7日，《法制日报》记者从浏阳市检察院了解到此案详情。

"黑作坊"藏身城中村

2014年1月1日，有群众举报，反映浏阳市部分菜市场内销售的豆芽在生产过程中添加了有毒有害成分——AB粉水（俗称无根水）、多菌灵等。据了解，AB粉水是一种植物生长调节剂，属低毒农药，缺乏食品添加剂工艺必要性，不得作为食品用加工助剂生产经营和使用，而多菌灵是一种杀菌低毒农药，这种经过无根水处理的豆芽就是人们常说的"毒豆芽"，经常食用会对人体健康造成损害。

了解情况后，浏阳市检察院立即指派侦查监督科干警提前介入、引导侦查，帮助固定关键证据。警方侦查发现，一个生产加工毒豆芽的作坊藏身于浏阳关口街道城中村的一间民房，位置十分偏僻，平时房门紧闭，只在每天凌晨时分才有人用三轮摩托车将加工好的"毒豆芽"拉走，拖到市场上批发销售，有时还会应客户要求，给一些夜宵、早餐店送货。他们使用豆芽生长剂和防腐剂等非法添加剂，每天能生产千余公斤"毒豆芽"，销售范围涉及浏阳多个菜市场和餐饮单位。

查明案情后，警方迅速将龚某等犯罪嫌疑人抓获。

"4年前，我和儿子及弟弟合伙，租用了关口街道某村民的房子生产豆芽，一共有5间房用于生产豆芽，有34个恒温箱。"据犯罪嫌疑人龚某供述，做豆芽要经过泡豆子、发豆芽、洗豆芽几个工序，在这几个工序中分别添加多菌灵、AB粉水等非法添加剂。每次培育豆芽时，每个箱子里放6斤左右的豆子，就可长出40公斤左右的"白白胖胖"豆芽，每天可生产"毒豆芽"1000多公斤。

经检测，生产豆芽现场恒温箱内提取的绿豆芽及生产出来的豆芽成品中检验出4-氯苯氧乙酸钠成分，其生产豆芽过程中使用的混合水剂主体成分为6-苄基腺嘌呤及4-氯苯氧乙酸钠水溶液。

据了解，4-氯苯氧乙酸钠、6-苄基腺嘌呤是国家明令禁止使用的激素类添加物，超量摄入会使儿童发育早熟、女性生理发生改变、老年人骨质疏松，甚至诱发致癌、致畸的严重后果。此外，培育豆芽过程中使用的赤霉素等农药成分，对人体同样有毒，同样存在致癌、致畸、致突变的危害。

经查明，在3年时间里，该团伙共计生产销售"毒豆芽"80余万斤，从中获利70余万元。

见利忘义制"毒豆芽"

在审查批捕关口街道龚氏"毒豆芽"案时，浏阳市古港镇、永和镇、沿溪镇、大瑶镇的"毒豆芽"案同样进入审查批捕阶段。

"我知道用AB粉水生产出的豆芽有毒，但是我认为毒不死人，只是低毒。"犯罪嫌疑人唐某在接受讯问时供述，他从事豆芽生产已有近10个年头，之所以使用 AB 粉水，主要是因为 AB 粉水有去根、增白、提高产量的作用，市场销量一直看好，利润可观。"正常情况下 1 斤绿豆只能发芽到五六斤，经过 AB 粉水浸泡的绿豆可以发芽到 10 斤左右。"

目前，关口街道、古港镇、永和镇的案件已经审查完毕，龚某等 4 人因涉嫌生产、销售有毒、有害食品罪被浏阳市人民检察院依法批准逮捕，其余案件正在审查办理之中。

据办案人员介绍，查获的"毒豆芽"从表面来看，大多都有 10 多厘米长，个别的近 20 厘米，个头均匀，颜色白净，且绝大多数没有根须，看起来很漂亮。

"正常情况下生产出来的豆芽没有这么长，除非是畸形豆芽，而且健康的豆芽还应该有根须，根须处尖细，颜色略微泛黄。如果豆芽长得太漂亮，是不正常的。"对此，有农业专家介绍说，辨别豆芽是否使用了添加剂，主要有以下五种方法：一看豆芽秆，自然培育的豆芽，芽脚不软、脆嫩、色泽白，而用添加剂发制的豆芽，芽秆粗壮发水，色泽灰白；二看豆芽根，自然培育的豆芽，根须发育良好，无烂根、烂尖现象，用化学制剂浸泡过的豆芽，根短、少须甚至根本无须；三看豆粒，自然培育的豆芽，豆粒正常，而用添加剂浸泡过的豆芽，豆粒发蓝；四看水分，折断豆芽秆，无水分冒出的是自然培育的豆芽，有水分冒出的是用化肥浸泡过的豆芽；五是闻气味，如果豆芽有刺鼻气味，则应该是经过化学处理的，千万不要购买。另外，买回豆芽后，最好多次进行泡洗，尽量减少化学物质的残留。

稿件来源：2014 年 2 月 8 日《法制日报》案件版 作者：阮占江 罗炼

假冒伪劣产品"转战"农村偏远地区

近年来，随着农民生活水平的提高，一些不法分子纷纷将制假售假犯罪的市场转移到农村。2014 年 3 月，《法制日报》记者从广西壮族自治区警方了解到，非法经营者将制假售假转向农村边远山区，除了兜售假化肥、假农药等农资产品外，农村地区的日用品、食品也难逃厄运。由于农村群众鉴别能力差、维权意识薄弱以及相关部门多头管理各自为政等原因，涉及农村的制假售假犯罪成为一个社会顽疾。

农村老人最易受害

根据广西河池市大化县公安局的最新统计，2011 年以来，大化县公安局经侦大队共立涉假刑事案件 150 起，其中涉及假冒商标案件 22 起、贩卖假币案件 1 起、假药假种子案件 4 起，其他经济案件 123 起。这些案件的侵害对象主要是农民。此外，警方还协同工商、技术监督、农业等部门查处涉假行政案件 28 起。

据了解，目前农村涉假产品出现品种多样化的趋势。"涉假产品包括伪劣农药、化肥等生产资料，还有烟、酒和家用厨卫等生活消费，主要还是集中在销售伪劣农药、化肥、种子等侵害农民利益的犯罪。"大化县公安局有关负责人说。

在农村，中老年群体是制售假犯罪的重要目标。根据大化警方的分析，农村地区防控力量弱，而生产、流通成本低，农民特别是留守老人文化水平偏低、辨别真伪能力差，并且许多群众有贪图便宜的心理，不法分子就是利用这些特点向农村地区销售假冒伪劣商品。

广西百色市农村地区的涉假案件近年也在逐年上升。据百色市公安局经侦支队副支队长林钢介绍，农村涉假犯罪还出现了专业化趋势，集中表现在品种丰富、以次充好、以假乱真。

这些假冒伪劣商品对农民群众生活有哪些影响？林钢说，假冒伪劣商品严重损害了农民的利益，影响当地经济健康发展。一般来说，农村涉假日用品多为高仿成品，其中的化学成分对人体健康有危害，但危害不大，比如洗发水不出泡沫、香味不够或是异常香浓等；在食品中添加工业硫黄等。此外，在农村还经常出现一些因为使用假农药、假化肥、假种子等导致农产品减产减收的情况，这种危害要一个耕作季后才显现出来，等到案发时不法分子早已人去楼空，农民诉求无门。

涉假产品以假乱真

农村涉假产品究竟假在哪里？假到何种程度？

广西柳州警方 2013 年 8 月捣毁一个制售假酒窝点，现场查获包装好准备销售的金锅米酒、糯米酒、红葡萄酒等 9 种共计 800 多件以及近 5000 瓶伪劣假酒和大量的包装纸箱、商标和化工原料，抓获嫌疑人 1 名。警方发现，这些假酒的制作工艺竟然是用水配合工业色素和化工原料勾兑的。

除了"三无"产品,"贴牌"也是不法分子的惯用伎俩。

家住河池市罗城县黄金镇寺门村的覃某,窜到来宾市、南宁市等地,利用从网上学到的"技术",从外地买来原材料及加工工具等,加工、包装成假冒某品牌的假化肥,销售给当地的一些农户,先后销出假化肥200多吨,牟取利益达60多万元。

河池市南丹县一涂料加工厂老板自行研发配方,利用双飞粉、石灰粉等原料混合加工成腻子粉投放市场。为加大销售量,这名老板到南宁市一厂家印制"嘉宝莉""立邦"等知名品牌包装袋,然后安排工人把自己加工厂生产的腻子粉装进假冒的品牌包装袋内。

警方介绍,对于这些以次充好的假冒产品,消费者有时根本无法辨别。这些假货具有很强的蒙蔽性和欺骗性,无论是商标图案还是包装效果,足以在市场上以假乱真。

农村打假亟须合力

农村涉假案件为何屡打难绝?大化警方分析称,涉假案件追查源头难是一个重要原因。销售假药、假农资、假烟的涉案人员多为外地流动人员,行踪不定,给公安机关追查源头增加了难度。许多群众对涉假物品没有识别能力,往往上当多时才醒悟过来报案,而此时犯罪嫌疑人大多已逃遁,给公安机关的取证工作也带来难度。

此外,百色警方认为,作案方法隐蔽、案发时间长、分销渠道多也是打击的难点。农资产品涉假案件多半发生在农耕季节,需要很长时间才案发;日用品、食品分销渠道一般从市县一级分销到乡镇一级,从乡镇一级再到农村的小卖部或农资商店,最后转到农民手上,链条长、环节多。另外,分销渠道广也是一个问题,售假情况在多地存在,但金额都不大,且首次发现的一般是行政执法部门,公安机关难以串并案立案侦查。

2013年4月,在河池市罗城县的怀群、天河、宝坛、黄金等乡镇,有个体户涉嫌无烟草专卖许可证从事卷烟经营行为,而且他们所出售的卷烟中多是假冒伪劣产品。警方根据线索深挖,发现一个人员涉及半个广西、作案长达5年之久、涉案价值达3000万元的贩卖假冒卷烟的犯罪团伙。罗城警方经过近8个月的跟踪调查,足迹涉及南宁、贺州、桂林、柳州、防城港、河池、来宾等地,行程近10万公里,走访数十家银行、调查100多个账户,排查各种车辆300多辆、人员500多人,最终才获得大量证据一举打掉该团伙。

如何有效打击农村地区制假售假犯罪？广西警方认为，当前农村地区打假的模式基本上是由当地人民政府牵头，工商、公安、技术监督、农业等部门协调配合。但在执行中，工商、技术监督、农业等部门由于各自主管业务部门的不同，往往存在各行其政的情况，导致一些刑事案件被降格成行政案件处理，一些行政案件又因不及时移交或不处理，导致违法人员侥幸逃脱法律的制裁。加强农村经济犯罪的防控，需要各级党委政府的高度重视和大力支持，需要各有关部门充分发挥职能作用，密切配合，形成合力。

稿件来源：2014 年 3 月 3 日《法制日报》案件版

作者：莫小松 马艳 覃宏浩 赵紫余

全国首例"兽药添加瘦肉精案"

2013 年 7 月，公安部统一指挥浙江、江西等 21 省市区警方，联合捣毁了涉嫌生产、销售假兽药的江西海联动物药业有限公司。此案被称为我国破获的首例兽药非法添加瘦肉精案，也是我国警方首次全环节摧毁的食品源头性犯罪案件。2014 年 5 月 22 日，此案在浙江省嘉兴市中级人民法院开庭审理。

站在被告人席上的 5 名被告人是：海联公司实际负责人熊海兵、技术总监周树兴、生产车间主任詹洪群、销售主管周国强、销售人员王春兵。

检察机关指控：从 2012 年 1 月开始，被告人熊海兵组织周树兴、詹洪群、周国强、王春兵等人，擅自更改兽药组方或在兽药中添加违禁成分，生产、销售不符合国家标准的假兽药。从 2012 年 1 月到 2013 年 2 月，不符合国家标准的重症绝杀、超强克拉风暴、克拉克、氟莱克、特效阿莫先、克拉阿莫先、阿莫先、第二代克拉阿莫先、高热蓝耳抗毒清、混感全能等兽药的累计销售金额为 1729.97 万元，其中天星系列售药的销售金额为 531.04 万元，天星系列售药在浙江地区的销售金额为 58.93 万元；添加违禁成分盐酸氯丙那林的兽药品种超强多抗、超能金尊、咳喘停、特效咳喘宁的累计销售金额为 28.12 万元。

检察机关认为，5 名被告人生产、销售假兽药，应当以生产、销售伪劣产品罪追究其刑事责任。熊海兵参与的销售金额为 1758.09 万元，周树兴参与的销售金额为 1555.61 万元，詹洪群参与的销售金额为 1729.97 万元，周国强参与的销售金额为 531.05 万元，王春兵参与的销售金额为 58.93 万元。在共同犯罪中，周树兴、詹洪群、周国强、王春兵系从犯，周树兴、周国强、王春兵能如实供述自己的罪行，应当从轻或减轻处罚。

在庭审过程中，熊海兵当庭翻供，称自己不怎么管公司的事，什么都不知道。周树兴则称，公司需要生产新药的时候，他就从网上、书上找一下资料，在兽药中添加盐酸氯丙那林是从网上搜索到的。

法院审理后判决：5 名被告人均犯生产、销售伪劣产品罪，一审判处熊海兵无期徒刑，剥夺政治权利终身，并处没收个人全部财产；一审判处周树兴有期徒刑 11 年，剥夺政治权利 1 年，并处罚金 120 万元；一审判处詹洪群有期徒刑 11 年，剥夺政治权利 1 年，并处罚金 120 万元；一审判处周国强有期徒刑 7 年，并处罚金 60 万元；一审判处王春兵有期徒刑 1 年 6 个月，并处罚金 10 万元。

稿件来源：2014 年 5 月 23 日《法制日报》案件版 作者：王春 鲁英 田舍郎

保护公民隐私中国没有法外之地

聚焦我国首起在华外国人非法获取公民个人信息案一审

2014 年 8 月 8 日 22 时许，上海市第一中级人民法院第一法庭内，人们屏声静气，等待着被告人作最后陈述。

"我们希望法庭接受我们的忏悔，我为我们的所作所为进行道歉。"被告人彼特·威廉·汉弗莱面带悔意，说出了上述话语。

当日，备受境内外关注的汉弗莱、虞英曾非法获取公民个人信息罪一案一审公开开庭审理，并当庭宣判。被告人彼特·威廉·汉弗莱、虞英曾因非法获取公民个人信息罪，分别被判处有期徒刑 2 年 6 个月并处罚金人民币 20 万元及驱逐出境、有期徒刑 2 年并处罚金人民币 15 万元。

值得注意的是，这是我国审理的首起在华外国人非法获取公民个人信息案件，也是首次对庭审进行微博直播的在华外国人犯罪案件。近年来，我国持续不断打击侵害公民个人信息犯罪，包括此案在内的大量案件告破及审判，向外界发出庄严宣告——保护公民个人信息安全，中国不存在任何法外之地。

被控犯罪

曾接受葛兰素史克委托开展非法调查

2014年8月8日9时许，上海市第一中级人民法院的三楼大厅人头攒动。30多家境内外媒体记者，还有关注此案的社会各界人士，早早赶到此处，等待着庭审开始。

大家的目光集中于大厅前方的大屏幕。屏幕上滚动着该院官方微博的庭审直播页面，实时播报庭内最新情况——

此刻，在庭内，被告人亲属，英国、美国领事工作人员，部分人大代表、政协委员、市民以及媒体记者等40余人已在旁听席就座。审判人员、公诉人、辩护人和翻译人员各自入席。

"传被告人到庭。"9时30分许，审判长敲响法槌。

身着黑色夹克的被告人汉弗莱和身着红色外套的虞英曾在法警押解下进入被告席。汉弗莱转头看了看旁听席，又看了看身旁的虞英曾，表情比较平静。二人均未戴戒具。

按照被告人的意愿，被告人在庭审过程中使用英语，并为他们提供翻译人员。

审判长首先向汉弗莱、虞英曾分别发问，确认相关信息，并告知其合法权利。随后，庭审进入事实调查环节。

"被告人彼特·威廉·汉弗莱，Peter William Humphrey，男，生于1956年3月，大不列颠及北爱尔兰联合王国国籍，摄连咨询（上海）有限公司总经理。虞英曾，Yu Yingzeng，女，生于1953年8月，美利坚合众国国籍，摄连咨询（上海）有限公司法定代表人。"公诉人宣读起诉书。

宣读起诉书期间，因汉弗莱患有旧疾，审判长让其和虞英曾一起提前坐下。

起诉书指控，2009年4月至2013年7月，被告人汉弗莱和其妻子被告人虞英曾利用在上海注册成立的摄连公司，接受境内外客户委托，对多家公司或个人进行"背景调查"。两名被告人按每条人民币800元至2000元不等的价格，先后向周某某（另行处理）、刘某和蔡某某（均另案处理）购买公民的户籍、出入境记录、通话记录等信息资料累计达256条，并在制作"调查报告"后卖给委托客户。

公诉人当庭出示的多组证据显示，汉弗莱、虞英曾获得公民个人信息的手段中，除了非法向他人购买，还有五花八门的非法手段——在代号为"黑刺李""丑角""鹅"的一个个调查项目中，他们或使用跟踪、监控等手段，或冒充公司员工、客户、投资者甚至快递员的身份秘密走访、偷拍。

汉弗莱、虞英曾的供述也显示，其客户主要为在华大型跨国公司，包括制造业企业、金融机构及其他机构，涉及16个国家。

据了解，这其中也包括外界关注的接受葛兰素史克中国公司委托开展非法调查一事。2013年4月，葛兰素史克中国公司业务总经理马克锐（Mark Reilly）、法务部总监赵虹燕等高管主动联系汉弗莱，委托其对那些被怀疑举报葛兰素史克中国公司商业贿赂问题的所谓"举报者"进行非法调查，并预付10万元人民币订金。当时，马克锐并未将举报内容透露给汉弗莱，但保证这些举报是"子虚乌有的"。随后，汉弗莱以"蝎子计划"为代号展开了为期近两月的非法调查。等到他将"调查报告"完成并提交给马克锐后，葛兰素史克中国公司才向他透露所谓的举报内容。根据十多年的从业经验，汉弗莱认为这些举报大多是有根据的。不久后，得知葛兰素史克中国公司涉嫌严重经济犯罪被中国警方调查，汉弗莱感到非常震惊，觉得自己被"欺骗了、利用了"。他强调，"调查报告"结果显示，葛兰素史克中国公司对所谓"举报者"的怀疑是毫无根据的。此外，汉弗莱还承认，在完成这项调查的过程中，他使用了非法购买以及跟踪、偷拍等手段，以获取多名调查对象的公民个人信息。

控辩交锋

侵犯人权的调查乃是"毒树之果"

被告人汉弗莱、虞英曾当庭表示，对起诉指控的事实、罪名基本无异议。其辩护人就部分证据发表了质证意见。在法庭辩论环节，控辩双方围绕一系列焦点问题展开交锋。

——是否达到"情节严重"？

辩护人提出，汉弗莱、虞英曾非法获取公民个人信息的数量不多、目的性不强，且未造成危害后果，不应认定为情节严重。

对此，公诉人认为：两名被告人非法获取公民个人信息持续时间长、数量较大、信息种类多样。被告人将非法获取的公民个人信息用于制作"调查报告"卖给委托客户，非法牟利数额巨大。根据二人供述，他们的公司近几年每年利润达数百万元人民币。

"公民个人信息可能在不知不觉中被他人解密、买卖，更无法知道信息泄露会带来什么可怕后果。公民生活在这样的环境里，何来安全、自由和人权？"公诉人辩驳。

——是单位犯罪，还是个人犯罪？

被告人及其辩护人提出，被告人非法获取公民个人信息的行为是以公司的名义实施，利益也归属于公司，应认定为单位犯罪。

公诉人表示：首先，从被告人获取信息的行为来看，是由汉弗莱、虞英曾个人实施的，公司员工并不参与。其次，汉弗莱、虞英曾以个人账户和中慧公司的账户支付款项购买信息，也是个人行为。从本案中不能体现单位犯罪，因为仅是被告人个人与三名上家联系，所以可以确定是个人犯罪，不是单位犯罪。

——调查对社会有益？应减轻处罚？

汉弗莱、虞英曾及其辩护人辩称，主观上并不明知其行为违反中国法律，其调查行为是在帮助客户内部反腐败、反欺诈，其目的是合法、正当的，对社会是有益的。

"被告人的这种行为，与私设公堂有什么区别？"公诉人指出，被告人以反腐败、反欺诈为名，化身正义卫士，但从被告人开展调查的过程和手段来看，其从事的调查并不是其所称的尽职调查，而是在利益驱动下通过非法手段获取他人户籍资料、家庭信息、通信记录等，这完全是对公民人权的侵犯。

公诉人进一步指出，我国法律明确限制或禁止外商投资企业从事市场调查、社会调查。汉弗莱、虞英曾二人超越商业咨询的经营范围，在长达十年的时间里从事非法调查，"难道能说违法行为是对社会有益的行为吗？"

认罪悔罪

"为我们的所作所为道歉"

应被告人请求，庭审当晚继续进行。2014年8月8日21时许，庭审进入被告人最后陈述阶段。

"我们不了解2009年刑法修正案,被捕以后才知道。我们希望遵守法律,但我们不知道业务中的一部分根据刑事法律规定是不允许的。我和妻子仍然热爱、尊重中国。我的儿子今天来旁听,我教育他继续热爱、尊重中国。我们也会继续积极对社会作贡献。"汉弗莱在最后陈述中再次表示,"我为我们的所作所为进行道歉。"

被告人虞英曾也表示,"我对于我们所犯的罪行感到后悔,请求法庭能够原谅我们。"

40分钟的休庭后,合议庭宣布返回法庭进行宣判。

合议庭评议后认为,两名被告人在从事非法调查活动过程中,明知涉案的公民个人信息不能通过合法渠道取得,为完成客户委托以牟取非法利益,以向他人购买的方式获取公民个人信息,且在明知刘某因非法提供公民个人信息被公安机关处理的情况下,仍积极联系蔡某某购买所需的个人信息。两被告人的行为足以表明两被告人对非法获取公民个人信息具有主观明知。两名被告人为进行非法调查牟利而非法向他人购买公民个人信息,其犯罪行为不仅持续时间长、行为次数多,而且涉及公民个人信息数量大。两名被告人利用非法获取的公民个人信息,制作成"调查报告"后出售给境内外多家委托客户,从中获利甚巨,其行为严重侵害了公民的个人信息安全,应认定两人的行为属于情节严重。汉弗莱、虞英曾共同在我国境内非法获取公民个人信息,情节严重,其行为均构成非法获取公民个人信息罪。公诉机关指控的罪名成立。两名被告人共同实施非法获取公民个人信息的行为,构成共同犯罪,但两人在共同犯罪中具体实施的行为和所起的作用尚有区别,在量刑上应予体现。两名被告人系外国人,依法均可附加适用驱逐出境,但考虑到被告人虞英曾的犯罪情节和个人情况,对虞英曾可不附加适用驱逐出境。据此,法院作出前述判决。

一审宣判后,两名被告人当庭未提出上诉。

案件警示

法律必将让违法者付出代价

庭审中,公诉人说出了这样一段话——

"中国主张对外开放,欢迎境外人士,但绝不是开放法律禁区,更没有治外法权。任何在华人员都要遵从中国的法律，任何企业都必须守法经营，绝不允许以侦探自居，以涉廉为名开展非法调查。法律必将让违法者付出代价。"

近年来，上海公安机关集中打击非法获取公民信息、非法调查公司等违法犯罪，奔赴广东、北京、浙江等地，行程数万公里，破获非法获取公民个人信息、非法使用、买卖窃听窃照器材案件以及利用非法获取的信息实施敲诈勒索、电信诈骗等犯罪案件 400 余起。此案正是其中之一。

2013 年 7 月，汉弗莱、虞英曾二人因涉嫌非法获取公民个人信息罪，被上海市公安局刑事拘留，同年 8 月被批准逮捕。2014 年 1 月，上海市公安局将此案移送上海市人民检察院第一分院。2014 年 6 月，该院将被告人以非法获取公民个人信息罪向上海市第一中级人民法院提起公诉。

汉弗莱、虞英曾均表示，在看押期间，自己的合法权益得到了充分保障；看守所的管教民警、医生很亲切，对自己很好；多次会见过律师，英国、美国使领馆也派员定期进行领事探视；原有身体疾病得到了积极治疗。此外，他们还能与家人保持书信往来。

上海检察机关受理本案后，依法向被告人告知了委托辩护人、申请回避等诉讼权利，听取了其对翻译人员安排、领事会见等方面的意见，对其合理合法的要求予以满足；为辩护人提供了所有的案件材料，供其阅卷、复制；在听取辩护人对本案的意见的基础上，复核了本案的证据材料，要求侦查机关作了补充侦查。

结束庭审后，汉弗莱的辩护人翟建说，庭审过程是理性、平和的，审判长对被告人给予了人道主义关怀，让被告人和辩护人充分发表了意见，也充分听取了控辩双方的观点。"这样的法庭环境令我们感到满意。"

观看庭审微博直播的上海市民张枫表示，庭审全程通过微博直播，让公众第一时间了解现场情况，控辩双方的观点都得到充分展示，让人看到了中国司法的公开透明，也看到了中国司法的自信，这会让人民对法治中国建设更有信心。

"我特别支持政府对侵犯个人隐私行为的坚决打击，希望能进一步加大依法保护公民合法权益的力度。"旁听了庭审的上海市人大代表冯红梅说，中国是法治国家，也是注重保护人权的国家，将尊重和保障人权、人格尊严不受侵犯写进了宪法。本案的公开、公平、公正审理，让我们感受到了中国推进司法体制改革、保护公民合法权益的决心和能力，期待党的十八大以来的司法体制改革进一步加快步伐，让法治成为中国文明进步的基石。

稿件来源：2014 年 8 月 9 日《法制日报》要闻版 作者：刘建 孟伟阳

"牛肉干"里竟是病死猪肉

"被告广安恒宏食品有限公司犯生产、销售伪劣产品罪，判处罚金400万元；犯虚开用于抵扣税款发票罪，判处罚金100万元。"

2014年9月11日，四川省广安市中级人民法院审结广安建市以来涉案金额最大、影响最广的危害食品安全案。

被告人莫三平、伍正会系再婚夫妻，莫安安系莫三平之子。2011年4月，莫三平、伍正会投资成立了广安恒宏食品有限公司，莫三平、伍正会分别持股51%、49%，该公司经营范围为肉食品加工。

恒宏公司成立后，莫三平担任公司法定代表人，主要负责原材料采购；伍正会负责财务管理、生产技术、产品销售等事项；莫安安负责配料采购以及送货。

自2011年8月开始，为牟取巨额利润，莫三平代表广安恒宏食品有限公司，以远低于市场平均价格购买病死猪肉、狐狸肉、母猪肉共计388吨；伍正会以广安恒宏食品有限公司的名义安排公司员工将其中的357吨生产成肉干，并将该肉干以"牛肉干"的名义按每吨48000元、52000元不等的价格销售给成都金太阳食品开发有限公司，销售金额高达523万元。

同时，自2011年7月起，在与刘兴涛、陈章萍、刘静、周开建、伍正纯等60余人无真实牛肉交易的情况下，莫三平、伍正会采取虚构采购牛肉652吨的事实，虚开农产品收购发票546张，票面金额达1333万元，抵扣税款173万余元。

根据莫三平、伍正会指认的存货地点，公安机关从广安市心动食品厂李定光冷藏库以及4号冷藏库内查获广安恒宏食品有限公司尚未生产的冻肉9087公斤、生产完成尚未销售的肉干440公斤。经四川省出入境检验检疫局检验检疫技术中心检验，这批冻肉中含猪源性等成分。随后，公安机关又从广安市广安区方坪乡五方村生育文化大院内门市内查获广安恒宏食品有限公司已经生产完成尚未销售的肉干11010公斤。经四川省出入境检验检疫局检验检疫技术中心检验，这批肉干中菌落总数、金黄色葡萄球菌不符合要求；肉干中含牛源性、猪源性、鸡源性、鸭源性成分。

法院经审理后认为，广安恒宏食品有限公司将病死猪肉、母猪肉、狐狸肉等非牛肉生产的肉干以"牛肉干"的名义销售给成都金太阳食品开发有限公司，销售金额高达 523 万元，其行为已构成生产、销售伪劣产品罪，应当依法追究其刑事责任，并对实际控制和经营管理该公司又直接负责的主管人员莫三平、伍正会和直接负责的莫安安以生产、销售伪劣产品罪追究其刑事责任。被告广安恒宏食品有限公司虚构采购牛肉事实，虚开农产品收购发票，抵扣税款 173 万余元，其行为已构成虚开用于抵扣税款发票罪，应当依法追究其刑事责任，并对直接负责的主管人员莫三平、伍正会以虚开用于抵扣税款发票罪追究其刑事责任。

法院判决：判处被告广安恒宏食品有限公司罚金 500 万元；判处被告人莫三平有期徒刑 19 年，并处罚金 300 万元；判处被告人伍正会有期徒刑 16 年，并处罚金 300 万元；判处被告人莫安安有期徒刑 3 年，并处罚金 5 万元。

稿件来源：2014 年 9 月 15 日《法制日报》案件版 作者：杨傲多

第四章 分析

危害民生案件多发亟须综合治理

民生一直是中央高度关注的问题。为保障民生，中央从政策安排到法律保障，不断推出新举措。然而，总有一些不法分子为利益而不顾良知、不顾法律，屡屡制造一些危害民生的案件。

梳理近 3 年来涉及民生领域的案件可以发现，食品安全、公民隐私是危害民生案件的高发区，这两类案件为群众深恶痛绝。

进一步保障食品安全、进一步保障公民隐私权利，不妨来看看近 3 年来危害食品安全、威胁公民隐私案件的一些特点和趋势。

食品安全
案件大幅上升处罚日趋严厉

2011 年 7 月 25 日 7 点半，河南省焦作市中级人民法院门口人头攒动。人们守候在这里，等待震惊全国的河南"瘦肉精"案 5 名被告人的判决结果。

在庭审中，公诉人指控，从 2007 年八九月份至 2011 年 3 月，被告人刘襄共生产"瘦肉精"2700 余公斤，销售给奚中杰、陈玉伟、肖兵，销售金额达640余万元，非法获利250万元。

2700余公斤"瘦肉精"是个什么概念？肖兵在法庭上称，其将"瘦肉精"出售给下线时，要求一头生猪摄入不能超过1克。如按此计算，2700余公斤可威胁数百万头生猪。

经过持续8个半小时的审理后，焦作市中院作出一审判决：5名被告人因危害公共安全罪被严惩，主犯之一、被告人刘襄被判处死刑，缓期两年执行。刑罚最低的被告人刘鸿林，也被判处有期徒刑9年。量刑之重，出乎现场很多人的预料，也让人切实感受到了司法机关打击危害食品安全犯罪，维护人民群众人身健康、生命财产安全的决心和信心。

最高人民法院的统计数据显示，2010年至2012年，全国法院共审结生产、销售不符合安全（卫生）标准的食品刑事案件和生产、销售有毒、有害食品刑事案件1533件，生效判决人数2088人。在这些案件中，2010年、2011年和2012年，全国审结这两类刑事案件数分别为119件、333件、1081件，生效判决人数分别为162人、421人、1505人。

在此前的2008年，全国法院审结这两类案件84件，生效判决人数101人；2009年审结两类案件148件，生效判决人数208人。

2010年之后，食品安全犯罪案件大幅升高的一个重要原因是，2011年2月通过的刑法修正案（八），对食品安全犯罪加大处罚力度，意图通过严刑峻法来威慑和遏制相关食品安全犯罪。

此后，最高人民法院和最高人民检察院又联合发布《关于办理危害食品安全刑事案件适用法律若干问题的解释》，解释于2013年5月4日实施，明确了危害食品安全相关犯罪的定罪量刑标准，并提出了相关罪名的司法认定标准。

从解释的内容来看，总体上体现了"从严"的刑事司法政策导向。

正如最高人民法院刑二庭庭长裴显鼎所说，司法机关将为捍卫"餐桌安全"承担更多责任。

梳理近年来发生的危害食品安全犯罪案件不难发现，小作坊、小企业违法犯罪现象突出。

租用城中村的偏僻民房作为"黑作坊"，使用豆芽生长剂和防腐剂等非法添加剂，3年内共计生产销售"毒豆芽"80余万斤，从中获利70余万元，销售范围涉及湖南省浏阳市多个菜市场和餐饮单位。2014年春节前夕，湖南省浏阳市人民检察院依法批捕了生产销售"毒豆芽"的4名犯罪嫌疑人。

在此案中，警方侦查发现，一个生产加工毒豆芽的作坊藏身于浏阳关口街道城中村的一间民房，位置十分偏僻，平时房门紧闭，只在每天凌晨时分才有人用三轮摩托车将加工好的"毒豆芽"拉走，拖到市场上批发销售。

2014年8月，江苏省昆山市人民检察院以涉嫌生产、销售有毒、有害食品罪，依法批准逮捕犯罪嫌疑人胡某和陈某。陈某、胡某经营着一家高筋生面店，生产的多种面条主要销往一些面馆。然而，为了使面条更筋道、卖相和口感更好，夫妇二人竟然在制作过程中添加有毒物质硼砂。短短3个月时间，二人生产的11500余斤"毒面条"流向了百姓餐桌。

有食品安全领域专家认为，微小型企业和小作坊占我国食品行业的90%左右。尽管公众往往将目光聚焦于大企业，但食品安全监管最富挑战、最艰巨的部分还是这90%。

中国法学会食品安全法治研究中心副主任王伟国也曾撰文指出，食品安全事件主要集中在基层，但监管人力和设备却主要集中在省、市层面，全国80%以上的县乡镇没有专职人员和机构负责食品安全监管。

王伟国认为，面对复杂的食品安全状况和有限的管治能力，强调食品安全的社会共治，既理所当然，也势在必行。

公民隐私
信息泄露严重亟待从严惩处

2013年1月14日9时45分，公安部刑事犯罪侦查局局长刘安成在公安部指挥中心，通过视频指挥系统向全国21个省市公安机关发出号令："12·5"打击侵害公民个人信息犯罪专案集中行动开始！

"12·5"专案河北警方共确定涉案人员31人，分布在河北8个地市。河北省公安厅刑事犯罪侦查局局长王星亮介绍，河北8个地市350余名警力集中抓捕25名涉嫌非法获取公民个人信息的犯罪嫌疑人。最新战果显示，秦皇岛市公安机关侦破一起由侵犯公民个人信息犯罪滋生的电信诈骗案件，涉案金额40余万元，千余名受害人遍及全国。

同在2013年1月14日这一天，上海市公安局调集多警种合成作战，共抓获犯罪嫌疑人102名，其中45人因涉嫌非法获取公民个人信息罪、诈骗罪被刑事拘留。据警方介绍，在一起案件中，涉案公民信息达上百万条。

2013年8月9日12时左右，在河北省张家口市宣化区，张家口市公安局刑警支队四大队民警周志全带队冲入一民房，屋内两人被民警控制。在屋内的电脑中，民警发现重要证据：一排排罗列的手机号码。

"经过前期侦查，我们发现他们在这间房内利用这些个人信息进行电话推销。"周志全说。

据介绍，自 2013 年 3 月开始截至 8 月 9 日上午，张家口公安机关共抓获非法买卖公民个人信息犯罪嫌疑人 33 名，查获 1000 余万条公民个人信息，缴获 500 余张银行卡，近百台电脑。随着侦查的深入，一个涉及全国 5 省市的个人信息庞大交易网络逐渐浮出水面。

2011 年，广东省深圳市罗湖警方抓获一名贩卖个人信息的女子刘某。经查，刘某掌握了深圳市 15 万名新生婴儿的详细资料。警方在这名女子家中还搜查出深圳市楼盘业主、车主名单等数十万份个人信息。

在刘某家的电脑 E 盘的新建文件夹里，子文件夹命名令人触目惊心"6 岁至 9 岁小孩名单 5 万条""2010 年生的小孩 12 万条""140 万小孩""深圳车主 35 万"……

据深圳市卫生与人口计生委统计，2010 年新生儿的总量接近 15.8 万人，这就是说信息贩子几乎把深圳新生儿的资料差不多一网打尽。

在深圳刘某案发后，《法制日报》曾就公民个人信息泄露问题展开网络调查，在回答问题"你是否怀疑自己的个人信息泄露了"时，有 80.4% 的被调查者表示"肯定泄露了"，有 18.09% 的被调查者表示"不确定"，被调查者认为"没有泄露"的只有 1.53%。

北京师范大学法学院教授刘德良认为，要遏制滥用个人信息的侵权行为，就要加大他的侵权成本，就要必须让他承担财产责任。在我们国家，个人信息买卖和滥用都被认为是侵犯隐私权，侵害的是人格权，不能要求财产损害赔偿。所以未来就要承认个人信息的商业价值是个人的财产，个人发现信息被非法买卖以后就可以主张财产侵权。还有非法滥用个人信息，也应该认为是侵害财产权，可以对信息的买卖者和滥用者要求财产赔偿，这样就加大了侵权行为的成本。而从个人来讲，就是打官司的成本降低了，可以弥补成本支出。总体而言，打击侵害公民个人信息犯罪，仅仅从刑法上是不够的，还要从民法、行政法的角度来进行综合治理。

稿件来源：2014 年 11 月 5 日 《法制日报》案件版

第五章　生态之殇

"青山清我目，流水静我耳。"人类善待自然，就是善待自己。惩治污染环境行为，国家出重拳，法律亮利剑。剑气扫过，还一个"美丽中国"。

本章集纳惩治污染环境犯罪典型案例，警醒世人：人类的最后一滴水，将是环境破坏后悔恨的泪。

紫金山铜矿污染环境案审判详情披露

2011年1月，福建省龙岩市新罗区人民法院对紫金矿业集团股份有限公司紫金山金铜矿重大环境污染事故案进行了一审宣判。

《法制日报》记者从一审法院获悉，该院分别以重大环境污染事故罪判处紫金矿业集团股份有限公司紫金山金铜矿罚金人民币3000万元，紫金矿业集团股份有限公司原副总裁陈家洪等5名责任人被判处3年至4年6个月有期徒刑，并处20万元至30万元不等的罚金。

2011年2月13日，一审法院向《法制日报》独家披露了案件审判的详情。

9176立方米废水

2010年12月22日，福建省龙岩市新罗区人民检察院就紫金矿业集团股份有限公司紫金山金铜矿重大环境污染事故向新罗区人民法院提起公诉。该法院于2010年12月28日受理此案后依法组成合议庭，并对此案公开开庭进行了审理。

新罗区人民检察院在起诉书中指控：被告单位紫金山金铜矿于2008年3月在未进行调研认证的情况下，违反规定擅自将6号观测井与排洪涵洞打通；在2009年9月福建省环境保护厅对紫金山金铜矿进行环保突击检查，明确指出"集水井所在的排洪洞与日常雨水排入汀江的排洪洞连通，在暴雨季节若抽水来不及，将出现渗出液连同雨水一并排入汀江"的问题，并要求彻底整改后，仍然没有引起足够的重视，整改措施不到位、不彻底，仅在排洪涵洞内砌了一堵 2.5 米高的挡水墙，未作完全封堵，造成隐患仍然存在。

起诉书指出：2010 年 6 月中下旬，上杭县降水量达 349.7 毫米。2010 年 7 月 3 日，被告单位紫金山金铜矿所属铜矿湿法厂（前称紫金山金铜矿铜选冶厂）污水池防渗膜破裂造成含铜酸性废水渗漏并流入 6 号观测井，再经 6 号观测井通过人为擅自打通的与排洪涵洞相通的通道进入排洪涵洞，并溢出涵洞内挡水墙后流入汀江，泄漏含铜酸性废水 9176 立方米，造成汀江紫金山金铜矿铜矿湿法厂下游水体污染和下游养殖鱼类大量死亡的重大环境污染事故。

检察机关对被告单位紫金矿业集团股份有限公司紫金山金铜矿和紫金矿业原副总裁陈家洪、紫金山金铜矿环保安全处原处长黄福才等 5 名被告人提出指控，称这 5 名被告人均犯有重大环境污染事故罪。

责任人担罪责

新罗区人民法院在对这起重大环境污染事故案下达的判决书中指出：

被告单位紫金矿业集团股份有限公司紫金山金铜矿违反国家规定，在生产过程中对企业存在的环保安全问题重视不足，没有从根本上采取有效措施解决存在的环保隐患，继而发生了危险废物泄漏至汀江，致使汀江河水域水质受到污染，造成渔业养殖户养殖的鱼类死亡，损失价值人民币2220.6 万元，福建省上杭县城区部分自来水厂停止供水 1 天，破网放生的鱼类达 3084.44 万斤，后果特别严重。

法院经审理认为：被告人陈家洪、黄福才是应对该事故直接负责的主管人员，被告人林文贤、王勇、刘生源是该事故的直接责任人员，对该事故负有直接责任，其行为均已构成重大环境污染事故罪。

法院确认：本案事故发生后，在尚未有司法机关介入之前，被告单位就向政府主管部门作了口头、书面的报告，且在司法机关立案之前或之后所接受调查、询问的被告单位的负责人、被告人都如实陈述和供述了案件的事实经过，具有投案的主动性和自愿性，依法应当认定为单位自首。对于如实供述案件事实的 5 名被告人，依法亦应认定名为自首。

但是，针对单位自首和 5 名被告人的自首事实，该院认为：鉴于此案所造成的重大影响及特别严重的后果，对被告人不能减轻处罚而仅予以从轻处罚。根据各被告人在此案犯罪中各自所起的作用、悔罪表现，以及考虑此案所造成的重大影响及特别严重的后果，分别予以不同程度的从轻处罚。对于被告单位已赔偿了渔业网箱养殖户的经济损失，对被告单位及 5 名被告人均酌情予以从轻处罚。

未采纳"立功"意见

《法制日报》记者了解到，被告单位紫金矿业集团股份有限公司紫金山金铜矿和紫金矿业原副总裁陈家洪、紫金山金铜矿环保安全处原处长黄福才等 5 名被告人均分别委托名律师作为辩护人出庭。

被告陈家洪的委托代理人认为：发生事故后，陈家洪积极抢险，应认定为有重大立功表现。

对此，新罗区人民法院认为：积极抢险本应是其应尽的义务，其在抢险过程中的突出贡献也只能说明被告人陈家洪有较好的悔罪表现，并不是刑法意义上的立功，故其辩护人提出其有重大立功的意见，理由不充分，不予采纳。

被告紫金矿业铜矿湿法厂原厂长林文贤的委托代理人提出，林文贤只应承担部分责任、作用较轻，建议法院对其减轻处罚并适用缓刑。

被告紫金矿业铜矿湿法厂原副厂长王勇的委托代理人为其作了无罪辩护。

被告紫金矿业铜矿湿法厂原环保车间主任刘生源的委托代理人认为：刘生源对事故所起的作用显著轻微，在 5 名被告人中情节最轻，他也有立功情节。

针对所谓"重大立功表现"和"立功情节"的辩护理由，新罗区人民法院在一审判决中分别以理由不成立和与所查事实不符为由不予采纳。

3000 万元罚金

新罗区人民法院在 2011 年 1 月 30 日下达的一审判决书中，以重大环境污染事故罪对紫金矿业集团股份有限公司紫金山金铜矿判处罚金 3000 万元，原已缴纳的行政罚款 9563130 元予以折抵。

据《法制日报》记者了解，2010 年 9 月 26 日，福建省环境保护厅就针对紫金矿业污水渗漏事件，对被告单位紫金矿业集团股份有限公司紫金山金铜矿作出了罚款 9563130 元的行政处罚。2010 年 7 月 3 日案发后，被告单位紫金山金铜矿分别委托上杭县人民政府、永定县人民政府，赔偿了相关渔民养殖户的经济损失共计 2220.6 万元。

新罗区人民法院对涉案 5 名被告人下达了一审判决。该院以重大环境污染事故罪判处紫金矿业原副总裁陈家洪有期徒刑 3 年,并处罚金 20 万元;紫金山金铜矿环保安全处原处长黄福才有期徒刑 3 年 6 个月,并处罚金 20 万元;紫金山金铜矿铜矿湿法厂原厂长林文贤有期徒刑 4 年,并处罚金 30 万元;紫金山金铜矿铜矿湿法厂原副厂长王勇有期徒刑 4 年,并处罚金 30 万元;紫金山金铜矿铜矿湿法厂环保车间原主任刘生源有期徒刑 4 年 6 个月,并处罚金 30 万元。

稿件来源:2011 年 2 月 14 日《法制日报》案件版 作者:刘百军

云南首例涉刑事环保公益诉讼案

云南省昆明市第二例环保公益诉讼案,同时也是首例追究被告人刑事责任的环保公益诉讼案,在 2011 年 7 月有了最新结果。昆明安宁市人民法院经过审理后,对在安宁市非法采矿的浙江人戴望相等 5 人,刑事部分分别判处缓刑。而民事诉讼部分,经法院主持调解,戴望相等 6 人向"昆明市环境公益诉讼救济专项资金"赔偿经济损失近 50 万元。

据悉,云南省之前环境公益诉讼的受案范围仅限于环保案件,即涉及生态环境、生活环境保护的案件。而云南省 9 个环保法庭一直面临着"无米下锅"的困境,有人就提出应该将土地、矿产等资源类案件也纳入环境公益诉讼的受案范围。此案的受理,可以说开启了云南环保法庭受理资源类案件的先河。此外,这还是云南省首例涉刑事的公益诉讼案。

非法采矿毁坏林地

2009 年 6 月,浙江人戴望相和一广西朋友班志华,从安宁市小箐口村小组副组长李绍奎处得知,小箐口村落水洞山坡的地表下有大量的磷矿。同年 10 月,两人与该村小组签订承包 260 亩荒地的合同。

2010 年 1 月 13 日起,两人邀约杨勇等人,以种桉树挖树塘为由,在没有办理林地证、占用手续和采矿许可手续的情况下,进行破坏林地、非法采矿的违法活动。其中,戴望相负责组织挖机;杨勇负责运送平时日常所需生活物资和过磅验收；毕加文负责看守工地和开具从落水洞山场运输磷矿的单据；张洪新负责所开采磷矿的品位、指挥挖机采矿、发运矿石；班志华负责协调、办理采矿许可手续，摆平关系等。

2010年2月1日，安宁市国土资源局执法人员发现戴望相等人的非法行为，立即对形成的1号采点进行制止，并下发了违法行为通知书。次日，执法人员现场扣押了戴望相等人非法盗采的磷矿1014.01吨，价值9.09万元。然而他们仍未停止非法行为，继续采磷矿量达7500余吨。2010年8月，6名被告人相继被逮捕。

经云南省云林司法中心鉴定，6人非法采矿的地方属于生态公益林，林种为水源涵养地，林权归集体所有，优势树种为地盘松。而云南省矿业协会司法鉴定所鉴定，戴望相、班志华等人非法开采的磷矿价值46.45万元，盗采的磷矿先后销往昆阳、二街等地。案发后除国土部门扣压的磷矿外，大部分未能追缴，林地大面积被毁坏后至今未能恢复。

公诉方称，6名被告人造成林地大量毁坏及矿产资源严重破坏的行为已构成非法采矿罪。

庭审中，曾任村民小组副组长的李绍奎称指控的不是事实，自己没有参与采矿，不应该受到法律的追究。而其他5名被告人均认罪，请求法院从轻处罚。

安宁市法院经审理后宣判：公诉机关指控李绍奎的证据不足，判其无罪。判处戴望相有期徒刑3年，缓刑5年，并处罚金2万元；判处班志华有期徒刑3年，缓刑3年，并处罚金5000元；分别判处杨勇、张洪新、毕加文有期徒刑1年，缓刑1年，罚金5000元。

国土局提起诉讼

与此同时，安宁市国土资源局作为公益诉讼人对戴望相等人提起民事诉讼，安宁市人民检察院出庭支持起诉。

原告认为，6被告的非法采矿行为给国家矿产资源造成了巨大损失，除涉嫌刑事犯罪，应承担刑事责任外，还应承担民事赔偿责任，安宁市国土资源局请求判令6被告承担因非法采矿造成价值44.3512万元的国家矿产资源破坏的损失赔偿，并判令6被告将该笔赔偿款项支付到昆明市环境公益诉讼救济专项资金管理账内；承担因非法采矿造成以上矿产资源破坏的价值鉴定费、诉讼费、律师费等费用。

经法院主持调解，被告戴望相、班志华、李绍奎、张洪新、杨勇、毕加文6人自愿赔偿因破坏国家矿产资源造成的经济损失人民币44.3512万元，并于调解书生效之日起5日内向"昆明市环境公益诉讼救济专项资金"支付；并赔偿鉴定费、律师费、诉讼费等44201.34元。

稿件来源：2011年7月30日《法制日报》案件版 作者：储皖中 施怀基

紫金溃坝 事故背后"三宗罪"

2011年8月5日，广东省信宜市人民法院对信宜紫金矿业尾矿库溃坝特大事故系列刑事案进行一审宣判，以重大责任事故罪、工程重大安全事故罪、故意销毁会计凭证罪等罪名分别对信宜紫金矿业有限公司原总经理、原工程师、原总监理等10多名高管判处有期徒刑1年6个月到6年不等刑罚。

法院经审理查明，2010年9月21日，因台风"凡亚比"引发强降雨导致信宜紫金矿业有限公司所属银岩锡矿高旗岭尾矿库发生溃坝事故。事故中，信宜市钱排镇达垌、双合两村死亡22人，房屋、道路、桥梁、农田、水利灌溉设施多处被毁，财物损失重大。

事故发生后，广东省委、省政府"9·21"信宜市钱排镇银岩锡矿高旗岭尾矿库溃坝事件调查处理组邀请省内外5位专家成立专家调查组，对溃坝原因进行了调查，分析认为超设计标准强降雨是该起溃坝事故发生的诱因，排水井施工过程中擅自抬高进水口标高、矿山企业尾矿库运行管理不规范，是导致洪水漫顶、尾矿库溃坝的直接原因。另尾矿库设计方面也存在不尽合理的地方。

案发后，信宜紫金矿业有限公司有关人员分别因涉嫌触犯上述3宗刑法罪名而被提起公诉。其中，总经理王辉、副总经理陈喜有、总经理助理邓炳焜、安全环保部经理王建华、保障部经理蔡剑平、环保车间副主任赵国辉等因涉嫌重大责任事故犯罪；分管尾矿库建设工作的原副总经理李永信、原总工程师夏倩和尾矿库工程总监理张立鹏因涉嫌工程重大安全事故犯罪；财务经理游明祥涉嫌故意销毁会计凭证犯罪分别被检察机关提起公诉。2011年7月19日到21日，信宜法院公开开庭审理了上述案件，并于2011年8月5日作出一审判决。

一宗罪：降低矿库调洪能力

法院经审理查明，王辉、陈喜有等 6 名被告人在管理公司生产、作业过程中，违反《尾矿库安全监督管理规定》《尾矿库安全技术规程》等有关安全管理的规定，使用未持有特种作业资格证的看坝工管理尾矿库坝；没有按照规定针对尾矿库重大事故应急救援方案组织相关人员进行演练，以提高在紧急情况下的应急救援能力；尾矿库在汛期或台风雨来临前，没有按规定全部打开排水井进水口的挡板，把水位降到最低，严重影响尾矿库初期调洪能力，造成超蓄而降低尾矿库防洪标准。

法院认为，6 被告人在组织、指挥或管理公司生产、作业过程中，违反有关安全管理的规定，因而发生重大伤亡事故，情节特别恶劣，其行为均已构成了重大责任事故罪。王辉作为公司总经理，是尾矿库安全生产的第一责任人，对此次事故发生负主要领导责任；陈喜有、邓炳焜负直接领导责任；王建华、蔡剑平、赵国辉 3 人负直接管理责任。其中，王建华、赵国辉构成自首，依法可减轻处罚。鉴于各被告人在尾矿库溃坝前及时通知当地政府安全转移群众，在溃坝后积极参与抢险救灾工作，并安排信宜紫金矿业有限公司于 2010 年 9 月 23 日给灾区捐款 100 万元；紫金矿业集团有限公司于 2011 年 1 月 6 日给灾区捐款 5000 万元，且各被告人归案后均能如实供述自己的犯罪事实，认罪态度较好，依法可酌情从轻处罚。

综上，法院判处王辉有期徒刑 6 年，陈喜有有期徒刑 4 年 6 个月，邓炳焜有期徒刑 4 年，蔡剑平有期徒刑 3 年，王建华有期徒刑 2 年 6 个月，赵国辉有期徒刑 2 年。

二宗罪：擅自变更防洪施工降低质量标准

信宜紫金矿业有限公司在建设银岩锡矿尾矿库过程中，2008 年 3 月 20 日，作为建设工程主管的公司原副总经理李永信在没有取得原设计部门南昌有色冶金设计研究院重新设计、签发变更设计通知书，并报尾矿库建设项目安全设施设计原审批部门批准的情况下，为便于施工，擅自决定将一号排水井第一层井架按井座一样浇铸圈围起来，以堵住周边泥石，并指示总工程师夏倩具体实施。夏倩叫工程技术人员羊水平起草设计变更通知单交给其签发。总监理张立鹏没有依法认真实施监理，而是同意长春黄金设计工程建设部监理人员也在该设计变更通知单上签字，最后交给施工单位福建金马建筑工程公司进行工程变更施工，将一号排水井第一层井架按井座一样浇铸圈围，使一号排水井井座加高了 2.597 米，抬高尾矿库一号排水井最低进水口标高，大大降低了一号排水井的排洪能力。

法院认为，被告人李永信、夏倩、张立鹏违反国家有关工程建设的规定，降低工程质量标准，造成重大安全事故，后果特别严重，其行为均已构成工程重大安全事故罪。法院遂依法根据各被告人自首、坦白等情节判处李永信有期徒刑 5 年 6 个月，并处罚金 5 万元；判处夏倩有期徒刑 4 年，并处罚金 3 万元；判处张立鹏有期徒刑 3 年，并处罚金 2 万元。

三宗罪：掩盖行贿销毁会计原始凭证

法院审理查明，2007 年至 2010 年 8 月，被告人游明祥在任信宜紫金矿业有限公司财务经理期间，该公司为办理事务的开支中用 80 万元用于行贿时任钱排镇镇委书记的温平生和镇长李平。被告人游明祥为掩盖此款项开支真相，先后虚构事实，伪造五单支付"陈中维"土地补偿费单据冲入账内进行平账，且于 2010 年 4 月和 2010 年 8 月，将上述办理事务支出的原始凭证全部销毁。

2010 年 10 月 19 日，游明祥向办案部门主动交代了故意销毁会计凭证的犯罪事实，还交代了与公司领导一起送钱给有关领导的违法事实，使办案部门在办案中及时发现和掌握他人的犯罪事实。信宜市公安局于同年 10 月 23 日立案侦查，同年 10 月 26 日游明祥因涉嫌犯故意销毁会计凭证罪被逮捕。

法院认为，被告人游明祥故意销毁依法应当保存的会计原始凭证，情节严重，其行为已构成故意销毁会计凭证罪。结合被告人自首及悔罪等情节，法院依法判处其有期徒刑 1 年 6 个月，并处罚金 5 万元。

稿件来源：2011 年 8 月 6 日《法制日报》案件版 作者：邓新建 林劲标 李迪

"紫金矿难"民事索赔案法律援助始末

这是广东省乃至全国目前最大的一次法律援助行动，它开创了国内以诉讼手段解决重大安全责任事故善后赔偿的先河，成为国内法制史上具有里程碑意义的案件；它为广东化解各类大规模损害赔偿纠纷、维护社会和谐稳定进行了有益的探索和尝试，为将来处理类似问题提供了有效的解决模式。

2010年"9·21信宜紫金矿难"发生后的民事索赔，开创了数个全国之最。这个民事索赔系列案，由76名律师组成的法律援助律师团无偿奋战760多个日夜，历经数百场次调解，最终以调解圆满结案，受灾群众共获赔近2亿元，创下了中国诉讼史上的一个奇迹。

中央政治局委员、广东省委书记汪洋作出批示，盛赞律师团"案件办得漂亮"，广东省委副书记、政法委书记朱明国高度评价"司法厅主动、热情、专业、积极、到位，全体法律工作者不辞劳苦、甘于奉献，值得表扬"。

2497宗民事索赔系列大案

2010年9月21日，台风"凡亚比"带来的大暴雨席卷广东大部分地区。当天9时，位于信宜市钱排镇达垌村后面的信宜紫金矿业银岩锡矿尾矿库大坝突然崩塌，泥流倾泻。溃坝给信宜市钱排镇带来的人员财产损失是致命的——共造成22人死亡，523户房屋全部倒塌、815户房屋受损，公路、水利、电力、通信等大量公共设施以及农田、农作物严重损毁，受灾面涉及8个村委会80多个自然村18000多人。

这个不到6万人的乡镇就有三分之一的村民遭受灾祸，造成的直接经济损失高达6.5亿元。"一堆堆的石头和尾矿砂、一栋栋倒塌了的房屋，都在清晰地告诉我们，这里曾经经历过怎样的灾难。每位成员的心都揪得紧紧的，我们深深地感受到了肩上的责任。"法律援助律师团总指挥张洪杰对《法制日报》记者说出了组建律师团进入灾区时的感受。

"9·21信宜紫金矿难"发生后，广东省委、省政府领导高度重视并立即前往灾区看望，组织救援抗灾，并迅速成立调查组对事件进行调查。经调查认定，信宜紫金溃坝属于重大生产安全责任事故。

复产重建成为了灾区工作的重中之重。然而，对另一个问题的争论却越来越大了。那就是，该如何索赔？要不要通过法律途径？这对于中共信宜市委、市政府来说，是个令人头痛的大难题。

"确定走法律途径来解决纠纷，是我们市委、市政府反复研究的慎重决定。"信宜市委副书记张火炎告诉《法制日报》记者。

2010年10月9日，信宜市政府一纸诉状将信宜紫金公司和信宜市宝源矿业公司告上法庭，索赔 1950 万元。

2010 年 11 月 23 日，数百名受灾群众涌向了信宜市政府，他们希望要一个明确的答复。如果没有，他们要走法律途径。

"我们是明知不可为而为之。大规模纠纷由人民法院来解决并不现实，也没有先例。"信宜市人民法院院长梁旭有对于接下来的诉讼案件的审理难度有所估计，但却没想到会那么艰难。"一旦受理了这批案件，那么所有的压力都将转移到法院身上。但法院不能拒绝裁判，受理这批案件没有退路"。

记者了解到，矿难发生后，法院受理的民事赔偿案件共达 2497 宗。

10 吨证据材料提起诉讼

矿难发生后，广东省司法厅立刻牵头茂名市、信宜市司法局，迅速从茂名市司法局法律援助处、公职律师事务所、市区 10 个律师事务所以及信宜市抽调了 51 名办案经验丰富的律师，组建成立了 "9·21 信宜紫金矿难" 灾区法援律师团。同时，向社会发出号召律师参加法律援助行动的消息。广州、茂名等地不少知名律师纷纷自愿加入律师团，免费为受灾群众提供法律援助服务。

"一切为了 18000 多名受灾群众的合法权益。"律师团成员马晓艳向记者回忆办案的感受时说，"每一次感到疲惫快撑不住时，想到那些受灾群众期待的眼神，自己就会重新打起精神，和同事们一道继续奋战。"

为了维护受灾群众的合法权益，76 名律师团成员先后奔赴信宜，开始了持续近 2 年的艰苦工作。

从 2010 年 10 月起，茂名、信宜两地法援律师便开始配合钱排镇政府及信宜当地有关政府部门准备证据材料。法援律师团分成 5 个小组开展工作，一户一户进行登记、取证，确定原告的损失数额，并固定了初始证据。

2011 年 4 月 8 日至 11 日，为了确保损失数据更翔实、全面，"9·21 溃坝事故"法援律师团总指挥张洪杰、副总指挥彭华再次率领法律援助团成员 20 人共 8 次进驻钱排镇灾区。走访了达垌、双合、白马、钱排等 8 个村委，核查了 290 多户村民的受灾资料，并对 580 多户受灾情况登记进行了细化，核查房屋、财物损失情况及权属关系。

"白天进村入户开展工作，晚上整理当天收集的资料，遇到问题就立即开会研究解决。"律师团彭华律师讲述，调查取证最艰苦的那段日子，没日没夜的 4 天 3 夜，从信宜市区到钱排镇 44 公里的崎岖山路，来回 8 次，常常是去时晕车呕吐、回时疲惫昏睡，但法援律师团成员没有一个人退缩，没有一个人抱怨。

经过几个月的奋战，法援律师团帮助受灾群众向信宜法院提起索赔诉讼2497宗，索偿标的总额达3.4亿元。

2497宗案件，重达10吨的受灾群众受损记录、照片以及各种评估鉴定材料，背后的工作量、工作的复杂程度可想而知。

此时，另一个难题摆在了律师团和法院的面前：将近10吨的证据材料，从地板一直堆到了天花板，要在法庭上一份一份地出示和质证显然不现实。

"能否将证据进行归类，先由各方当事人提出书面的质证意见，然后法院再将这些意见以电子邮件的方式进行交换，并再次质证、辩证。"梁旭有认为，做好证据的庭前交换和质证工作是打赢这场审判的关键一步。

通过充分的七八次的往返反复的质证工作，证据被进行了分类：一类是各方都没有异议的证据；另一类就是有争议的证据。对于无争议的部分，法庭将只简单宣读证据名称；而对于有争议的部分，则在法庭上逐一出示，但双方当事人只阐述新的意见。

两千多件案件分批审理

2000多件案件，怎么开庭？如果一件一件开，恐怕3年也开不完。

为了顺利进行庭审，法院采取了"分批审理、集中庭审、集中举证、个案结合"的方式。按照先人身后财产的审理原则，结合法律关系的相似程度，全部的案件分为三类：第一批是地处尾矿库下方的达垌村5名死者的5件案件；第二批是加入石花地水电站因素的，涉及双合村17名死者的15件案件；剩下的则是，有关公共财产和受灾群众个人财产损失的部分，合计2477件。

记者了解到，3批案件审理的跨度从2011年7月11日开始到2012年4月19日结束。

2011年7月11日，首批5宗生命纠纷权案件在信宜市人民法院首次公开合并开庭审理，历时5天。5名遇难者家属以侵犯生命权，要求信宜宝源公司、信宜紫金公司、紫金矿业集团等7被告，连带赔偿原告死亡赔偿金、丧葬费、精神损害赔偿金、抚养费合计约326万元。

庭审中，信宜紫金公司和紫金矿业集团辩解称溃坝是天灾，调查组出具的《调查报告》不能作为民事诉讼证据使用，并对紫金矿业集团需要承担连带法律责任予以否认。对此，早已做好应对准备的法援律师团成员沉着应战，一针见血地指出，信宜紫金公司在尾矿库排水井施工过程中擅自抬高进水口标高 2.597 米以及没有落实尾矿库运行管理安全责任是尾矿库溃坝的直接原因。

5 个多月后的 12 月 27 日上午，法院再次开庭审理该案。法庭上，原告代理律师以法律为依据，从事实证据出发，陈述了起诉理由："在我们面前是 5 位失去亲人的受灾群众。没有了家园，可以重建；没有了土地，可以重垦；可是没有了亲人，谁，能让他们重生？"说到这里，肃穆的法庭上，在场旁听的群众都开始悄悄抹掉眼角的泪水。最后，被告方主动提出调解，与 5 宗死亡类案件的原告达成调解协议，赔偿 318 万元。

2012 年 1 月 4 日，15 宗死亡类案件开庭。由于涉及在溃坝下游的石花地水电站应否承担责任的问题，被告信宜紫金公司追加了石花地水电站及其合伙人作为被告，被告人数一下增加到了 28 个，案件更加错综复杂。

法援律师团讨论总结当天开庭情况，研究对策，调整分工。每一位法援律师团的成员都行动起来：有人负责提出假设问题、有人分析案件找突破口、有人整理证据材料、有人寻找法律依据……最终，依靠扎实的证据，律师团与信宜紫金和紫金集团达成了调解协议，受灾群众再次获得总计约 949 万余元的赔偿款。

之后的 5 个月，律师团继续奋战与对决，最终促使原被告达成调解协议。经过 10 多次修改完善，达成了一揽子理赔协议。至此，法援律师团圆满地完成了"9·21 溃坝事故"的受灾群众法律援助工作。

法援律师每天工作 17 个小时

"9·21 信宜紫金矿难"民事索赔系列案件，开创了广东一个事项法律援助工作多个之最：立案数量最多——2497 宗；出庭律师最多，原被告各方前后出庭律师超过 50 人；开庭时间最长——开庭时间达 50 余天；证据资料最重——达 10 吨重；原被告最多——涉及原告 1.8 万名受灾群众、上游案件被告达 11 个、下游案件被告达 28 个。

18000 名受灾群众，2497 宗案件，3.4 亿元索赔金额，前后 8 次庭审，超过 10 吨的证据材料。这组数据的背后，是 76 名律师团成员顶着压力，挤在狭小的办公场地换来的；是每月 30 个工作日、没有一天休息日换来的；是早晨 7 点到晚上 12 点每天 17 个小时超负荷工作换来的。

法律援助律师团在调查取证阶段，共走访达峒、双合、钱新、白马、钱排等8个村委，调取受灾群众受损登记表、财物损失表、灾情核查登记表、户籍证明信等资料18500多份，录入和核对受灾群众房屋损失、财产损失等数据18万多页，冲洗和复印损毁房屋照片近2.5万张，为受灾群众撰写起诉法律文书2501份，复印通用与专用证据资料重达10吨。

2012年9月12日，律师团经过10多次修改完善，紫金公司与受灾群众代表、政府代表就理赔协议的具体条款达成一致意见，签订"一揽子"财产损害理赔协议。赔偿受灾群众个人财产损失1.85亿元，赔偿公共财产损失0.58亿元，紫金公司另行承担法院诉讼费用200万元，理赔金额总计2.45亿元，受灾群众共得到1.976亿元赔偿。

来回奔波报废四条轮胎

《法制日报》记者采访了法律援助律师团的成员，回顾这两年多的历程，他们百感交集。在律师团驻扎信宜办案期间，有5位律师在亲人去世后，强忍悲痛坚守在办案一线；有一位律师，亲哥哥突发交通事故却无法前往照料；有两位律师因办理案件一再推迟婚期；一些律师在家人生病或手术、孩子高考时，无暇照顾，任劳任怨；许多律师带病坚持工作。

曹红茜，茂名市公职律师事务所的一名实习律师，律师团的一名成员。2011年春节过后，她被分配到5个工作组中案件数量最多的第一小组，负责双合村委会受灾群众634宗案件的调查取证工作。开始阶段这个组只有4人，其中一位还是退休后才从事律师职业工作的老同志。作为组里最年轻的成员，她义不容辞地主动承担了更多的工作量。

工作任务再多都无所谓，但有一件事却让曹红茜真真切切地怕了——晕车。每天乘车往返钱排灾区40多公里的崎岖山路，曹红茜上车没多久就开始呕吐。硬是如此，曹红茜还是扛了下来，常常是在车上还呕吐不止，一下车便投入工作。在2011年中秋节过后的开庭准备案件分配中，她一个人负责了181宗案件调查取证，硬是没有出任何差错。

律师团总指挥张洪杰，正式职务是广东海法律师事务所主任、茂名市律师协会会长。在法援工作的关键时期，他连续60多天坚守在灾区。在整个办案过程，他为诉讼、调解、取证等问题自驾车往返奔波于茂名、信宜、钱排镇、广州等各地，行程超过6万公里，报废轮胎4条。

为了这次援助项目，张洪杰舍去了茂名市区优越的生活、牺牲了与家人团聚的时光以及放弃丰厚的律师业务收入。张洪杰说："别人以为律师只知道赚钱，但其实很多律师都很乐意站出来服务社会，回馈社会，实现更崇高的社会价值。"

稿件来源：2012 年 11 月 16 日《法制日报》案件版

作者：邓新建　章宁旦　丘伟平

泥浆偷排近乎毁灭城市排水系统

"偷排一车泥浆，只需 3 分钟左右的时间，而清理下水道所需的费用，却在数万元甚至十万元以上。堵塞下水道造成内涝，将给市民的工作和生活带来极大的危害。"广东省深圳市公安局交警支队大队长朱滨近日在接受《法制日报》记者采访时说。

2012 年，广东省深圳市人民检察院、市交警局联合行动，成功打掉一个偷排泥浆犯罪团伙，共查扣泥浆车 43 辆，抓获嫌疑人 12 人，其中行政拘留 6 人、批准逮捕 3 人。

长期以来，深圳市一些在建工地泥浆车向市政管网偷排泥浆的行为时有发生，为严厉打击这种具有社会危害性的违法行为，深圳市交警局于 3 月起开展打击泥头车偷排泥浆违法犯罪专项行动。

雨水管道偷排泥浆

2012 年 3 月 28 日，深圳市交警局在宝安区新区大道发现一辆车牌号为桂 KU8108 的大型货车，正在向下水道偷排泥浆，犯罪嫌疑人余某和林某被当场抓获。

据了解，自 3 月开始，在朱某的指使下，余某驾驶厢式大货车，林某跟车，3 人从深圳市龙岗区民治水库旁的工地装载泥浆，分别运到宝安区新区大道雨水管道的多个井口位置，将车上所载泥浆偷排到雨水管道。3 人之所以这么做，是为了降低淤泥、泥浆运输成本，以此提高市场竞争力。

深圳一名建筑业内人士告诉记者，处理施工场地的建筑泥浆是一笔不小的费用。仅 1 吨泥浆的运输费用就要五六十元，如果是施工单位自己偷排，就可节省一部分费用；如果是承包者在运输过程中偷排，就能轻松地获得这笔费用。

严打偷排泥浆行为

2012 年 5 月 14 日，深圳市人民检察院以故意毁坏罪批准逮捕 3 名实施偷排泥浆行为的犯罪嫌疑人朱某、林某和余某。据深圳市检察院侦查处处长黎胜向记者介绍，这是深圳市以刑事手段打击淤泥渣土运输领域偷排泥浆违法行为的首宗案例。

据了解，深圳市对淤泥渣土的运输、堆填、排放都有明确规定，对违反有关规定的偷排行为一经发现予以重罚。但这种现象仍屡禁不止，甚至愈演愈烈。

深圳检察机关认为，非法在市政道路和排水管道排放淤泥渣土、泥浆的行为，公然违反有关主管部门的规定，造成市政道路和市政设施严重堵塞和破坏，给附近地区的交通管理秩序和人民群众的生命及财产安全带来严重损害，其行为具有我国刑法中犯罪概念的社会危害性、刑事违法性和应受刑罚惩罚性。

此案中，3 名犯罪嫌疑人在主观上明知将泥浆排放到排水管道是违法的，明知其行为会导致排水管道堵塞，毁坏排水设施或丧失设施的排水功能和使用价值，但为了减少经营费用支出，降低淤泥、泥浆运输成本，意图以这种非法排放的手段提高其市场竞争力；多次共同实施非法排放泥浆的行为，客观上造成排水管道堵塞、排水功能丧失，有关管理部门的修复费用达 11 万余元。

犯罪嫌疑人的行为符合刑法第二百七十五条故意毁坏财物罪的构成要件，以故意毁坏财物罪定性是恰当的。检察院以涉嫌故意毁坏财物罪依法批准逮捕犯罪嫌疑人朱某、林某、余某。

堵塞整个排水系统

深圳市水务局水政监察支队有关负责人表示，施工泥浆偷排偷倒进市政雨污管网的现象影响面广、危害深重，近乎会毁灭整个排水系统。特别是工地上的泥浆有可能混杂水泥，那么就会在管道内凝结，这样的管道可能会完全丧失排水功能。汛期一旦遇到大暴雨，会造成严重的道路积水。

同时，偷排泥浆给水务执法部门的日常工作也带来了极大的困扰，造成了严重的经济损失。

"倾倒一车泥浆到雨水管道里,可以赚到一两百元,但我们清理的成本可能要 10 万元以上,造成社会资源的严重浪费。"深圳市水务集团有关负责人说,部分废弃泥浆需进行药物处理后方可排放,建设单位及外包方出于经济因素不愿对泥浆进行处理。

此外,有些泥浆还直接流入水库、湖泊等饮用水源,对其造成污染,给市民的用水也带来一定的影响。偷排泥浆的违法行为严重扰乱了深圳市泥浆排放的正常秩序。

每天偷排高达 200 车

据警方调查,在此次行动之前,深圳每天偷排的建筑泥浆高达 200 车左右,很多地下管网遭偷排泥浆阻塞,对城市防涝防洪造成极大安全隐患。

多年来,泥浆偷排屡禁不绝,其中也存在着多头管理的难题:泥浆若未出工地,则归属住建部门管理;泥浆若由泥头车运送上路,则归交警管理,泥头车的运营资质则归属交委;一旦违法排放泥浆,则归水务执法部门处理;施工工地余泥渣土的受纳场所又归城管负责。

由于偷排只需几分钟,改装的泥浆车往往于夜深人静时在隐蔽处偷排,深圳市水务执法部门常常感慨"末端执法"难度很大,倘若缺乏各个部门有效配合,很难对泥浆偷排形成有效遏制,特别是暴力抗法事件时有发生,更增大了执法的难度。

这次行动,对规范淤泥渣土运输领域的市场秩序以及运输、堆填、排放等具体经营行为具有重要的警示意义。

稿件来源:2012 年 8 月 2 日 《法制日报》案件版 作者:游春亮 惠珍

200 吨受污染淤泥引发环境公益诉讼

2012 年 10 月,一场历时 4 个月的环境公益民事诉讼,在江苏常州溧阳市人民法院水资源保护巡回法庭以调解的方式审结。被告高某为自己破坏环境的行为付出了沉重的经济代价。据了解,这是常州市审结的首例环境公益诉讼案。

200 吨受污染河道淤泥

2012 年 2 月 24 日，溧阳市戴埠镇红武村的一些村民突然发现，村里一废弃鱼塘内发出刺鼻的怪味，而且散发出的怪味随风飘散，整个村庄几乎都能闻到。村民们一打听，原来是高某将从溧城镇戴埠港桥河段清淤后的 200 多吨淤泥倾倒在这个鱼塘内，随后村民向环保等部门举报。

溧阳市环保局接到举报后赶赴现场调查，并对污泥渗出液采样分析。随后作出了检测报告：淤泥中化学需氧量浓度为 303 毫克每升，氨氮浓度为 18.2 毫克 / 升，挥发酚浓度为 48.7 毫克 / 升，石油类浓度为 3.11 毫克 / 升，均超过国家规定的相应标准。

污染事件发生后，当地村民意见很大，很长一段时间内，村民经过那个鱼塘的时候都要捂着鼻子。在环保部门及当地政府部门的协调下，2012 年 3 月 31 日，高某承诺，在 4 月 5 日前处置清理完该环境污染损害，同时赔偿损失。

但是直至 2012 年 6 月 13 日，溧阳市检察机关、当地环保部门、村民代表等赶赴被污染的鱼塘现场时，发现鱼塘还是没有完全清理干净，而且在场人员仍然闻到了刺鼻的气味。对于此次现场检查，到场单位的人员均签字并形成了书面证据材料。第二天，常州市环境公益协会向溧阳法院提交了"环境民事公益起诉书"。

是否仍存在环境损害

溧阳法院水资源保护巡回法庭受理此案后，依法组成了由行政审判庭法官、民事审判庭法官和水利局特邀陪审员为成员的合议庭。2012 年 7 月 20 日，该案在位于溧阳市水利局内的水资源保护巡回法庭公开开庭审理。

庭审中，常州市环境公益协会认为，被告高某倾倒含挥发酚污泥的行为，给当地居民生活和生态环境造成极大的损害，根据相关法律规定，被告应承担恢复原状、消除环境污染损害危险和赔偿损失等侵权责任。

被告高某就损害是否仍然存在、清理污染范围、对处置结束之后再次进行评估以及对今后可能会产生的损害承担责任等问题，与原告方进行了激烈的辩论。

最后，在合议庭的主持下，双方将争议焦点集中为被告侵权事实所造成的影响是否还存在以及存在什么程度的影响。庭审结束时，原、被告均表示愿意庭后调解处理此案。

利于环境恢复是前提

2012年8月9日，溧阳法院水资源保护巡回法庭召集原、被告以及溧阳市检察院、溧阳市环保局等多家单位召开调解座谈会。

座谈会上，原、被告双方对庭审中的争议焦点分歧仍然很大，最终在合议庭的主持下，双方一致同意由被告高某委托常州市环境科学研究院对倾倒污泥的影响进行评估，并以常州环科院的评估结果为准。

2012年8月27日，常州环科院对废弃鱼塘内的土壤和表层水样采样检测，并进行数据评估与分析。9月29日，常州环科院作出了戴埠镇红武村倾倒污泥区域土壤调查项目技术评估报告。

报告称，场地堆积污泥增加了场地污染物种类，个别点位数据超标，污泥堆放增加了背景污染物的因子数量，场地受污泥堆积的影响，仍存在一定风险，但堆积污泥区域水体质量经监测分析达标。

报告建议，禁止该废弃鱼塘短期内用作鱼类养殖和食用类农作物的生产，充分利用该场地类似于自然湿地生态系统的优势，加强生态修复，建议种植芦苇等非食用类经济作物，使该场地污染物得以自然衰减。

经合议庭及多方做思想工作，被告高某与对废弃鱼塘拥有承包经营权的农户协商续签了两年的合同，以确保短期内不将此污染地用于种植或养殖。2012年10月25日，溧阳法院水资源保护巡回法庭又一次召开调解会，双方在合议庭的主持下自愿达成协议：被告高某在鱼塘租用期限内不得将该鱼塘用地用于食用类农作物种植或鱼类等养殖；被告高某自愿捐赠两万元给常州市环境公益协会，用于今后的环境保护公益诉讼；原告常州市环境公益协会放弃其他诉讼请求。

被告高某在调解会上表示，其前期因清理污泥并送交环保公司处理花费了70多万元，环保部门也对其环境违法行为进行了相应的行政罚款，代价惨痛，其承诺并呼吁大家做个环境守法公民，从自身利益和他人利益出发，珍惜和保护我们赖以生存的环境。

稿件来源：2012年11月6日 《法制日报》案件版
作者：丁国锋 马超 王云兰 周超

陕西首例环境公益诉讼案始末

历时一年多，陕西省首例环境公益诉讼案落下帷幕——2013 年 3 月 20 日，陕西省韩城市人民法院作出判决：判处韩城白矾矿业有限责任公司支付环境污染损害费用 100.5 万元。被告未提起上诉。

2012 年 2 月 16 日，作为原告，韩城市环保局将排污企业韩城白矾矿业有限责任公司告上法庭，请求赔偿 160 万元。

三大违法问题破坏生态

白矾矿业建于 1994 年 11 月，位于韩城市龙门镇白矾村。

原告法定代表人、韩城市环保局局长孙仲民认为，白矾矿业主要存在三方面问题。

问题一：拒不执行环境监管要求。韩城市环保局提供的环境资源民事公益诉讼状显示：自 2007 年 12 月开始，韩城市环保局就多次接到群众举报，称韩城白矾矿业有限责任公司未按环评文件及环评批复的要求妥善处置尾矿渣，将生产过程中产生的尾矿废渣排放到白矾岸边或河道，导致周边生态环境破坏，并潜伏着一定的环境安全隐患。

韩城市环保局多次进行实地调查取证，发现违法行为确实存在，生态破坏和安全隐患明显。环保局下达责令整改通知，然而该企业却继续将尾矿渣排入白矾河道。

问题二：未按环评要求做好防护措施。据韩城市环保局介绍，企业在排渣过程中，没有按照环评要求做好导排工程和设置拦截坝等防护设施，因此造成尾渣在雨水冲击后进入河道。

问题三：擅自向白矾河治理工程排放废渣。2010 年，为了解决白矾河长期积累的环境问题，韩城市政府启动了白矾河治理工程，在白矾河河道首尾造两座拦渣坝，两坝之间加固涵洞以排上游山坡的汇水。

据此，白矾矿业向韩城市环保局、水利局申请向治理工程库区排渣。出于环境安全和投资方等多方面的考虑，韩城市环保局和水利局并未同意白矾矿业的申请。

在申请未得到同意的情况下，白矾矿业仍向白矾河库区排渣约 7.8 万立方米。韩城市环保局认为，白矾矿业环境违法行为，已经导致白矾河河道和周边地区生态破坏，并且潜伏着一定的环境安全隐患，对下游村庄、村民的生命财产安全造成影响。

首例环境公益诉讼立案

2011 年 11 月，陕西省环境监察局也接到关于韩城市白矾矿业污染环境的群众举报。举报称，白矾矿业将选矿废渣通过河道护坡排放，影响了下游村庄耕地和居民的生命财产安全。

陕西环境监察局立即进行现场调查。发现该企业确实将大量废渣倾倒在白矾河治理工程内的河道及护坡上，有少量废渣已进入白矾河上游河道水体。

环保部门多次责令限期治理、停产整顿、行政处罚，但问题迟迟得不到解决。

陕西省环保厅作出决定，将其列入陕西省三大环保重点关注问题之一，并在韩城开展环境资源民事公益诉讼试点工作。

陕西省环保厅政策法规处处长宋东刚告诉《法制日报》记者："环保部门已经限期治理、停产整顿、行政处罚，依然无法阻止企业破坏生态环境，只能诉诸法律，用法律的手段来制止其环境违法行为。"

"此外，虽然对企业进行了行政处罚，但处罚与企业造成的生态环境损害不对等。并且，以往进行的生态修复最终都是由公共财政埋单。提起环境公益诉讼，就是要改变这种状况。要遵循'谁污染谁治理'这一原则，由违法者来弥补公共环境的损害。白矾矿业的违法问题就具有这样的典型性。"

被告质疑原告诉讼资格

2012 年 2 月 16 日上午，韩城市环保局一纸诉状，将韩城市白矾矿业有限责任公司推上被告席，请求法院判令被告立即停止违法排渣行为，彻底消除已倾倒的尾矿渣对环境造成的污染危害，并进一步实施拦渣、阶段护坡和导排工程。此外，请求法院判令白矾矿业赔偿因侵权行为造成的损失及修复费用共计人民币 160 万元，并承担诉讼费。

当日，韩城市人民法院正式受理了该案，这标志着陕西省首例环境保护民事公益诉讼进入司法程序。

但白矾矿业董事长刘忠贤认为，公益诉讼要有受害主体；另外，原告并没有明确指出白矾矿业具体污染了哪里，造成多大的污染范围。

环保执法部门是否具备公益诉讼资格，成为韩城、渭南、陕西三级环保部门此次公益诉讼解决的首要问题。为此，三级环保部门多次邀请专家、学者、律师、人大代表、政协委员，召开研讨会、座谈会，最终一致认为：韩城环保局具备该案的诉讼资格。

征求韩城环境保护民事公益诉讼原告、被告意见，受渭南市中级人民法院委托，2012年7月9日至11日，陕西省环境风险与损害鉴定评估研究中心一行8人依法前往评估区域，开展现场调查、实地勘察、采集废矿渣、土壤和矿石样品等工作。

2012年10月，鉴定评估报告完成，最终确定韩城市白矾矿业有限责任公司本次环境损害费用(包括河道废渣清理、植被恢复和废石场隐患消除)共计100.5万元。

2012年12月4日上午9时，韩城环境保护公益诉讼一案开庭审理，原告韩城市环保局代理人及代理律师、被告韩城市白矾矿业有限责任公司法定代表人均按时出庭，韩城市人民检察院作为支持起诉机关也出席了本次庭审，依法支持韩城市环保局作为原告，对公益诉讼被告韩城市白矾矿业有限责任公司违法排放尾矿渣、损害环境公益的行为，提起要求消除损害和污染修复的民事诉讼。

庭审中，被告承认自己的行为对环境造成影响，但就原告是否具有主体资格、公益诉讼的法律支持、鉴定单位是否具有资质、尾矿库是否存在安全隐患、评估预测不合理、损害目前是否仍然存在及清理污染范围等问题与原告方进行了激烈的庭审辩论。

韩城市环保局局长孙仲民认为，环境民事公益诉讼中的原告资格设置应该把握好两点，一是有法律依据；二是经得起实践的检验。从法律依据层面来说，我国宪法第二条规定："中华人民共和国的一切权力属于人民。人民依照法律规定，通过各种途径和形式管理国家事务，管理经济和文化事务，管理社会事务。"环境保护法第六条规定："一切单位和个人都有保护环境的义务，并有权对污染和破坏环境的单位和个人进行检举和控告。"因此，从法律角度来看，任何单位或个人成为环境民事公益诉讼资格主体都是应该的。其次从实践层面来看，放宽环境民事公益诉讼原告资格主体，是国家公共管理和法制建设的必然要求。

此案当日未宣判。

2013 年 3 月 22 日，韩城市人民法院作出一审判决：被告严重违反了环境保护法规定，破坏了白矾河及其周边的生态环境，并造成一定的环境安全隐患。被告依法应承担民事责任，判处被告支付环境污染损害费用 100.5 万元。

2013 年 4 月 7 日，记者电话联系到白矾矿业负责人。他表示：对于法院的判决，他没有上诉的想法。

　　稿件来源：2013 年 4 月 10 日《法制日报》案件版　作者：台建林　刘晓军

18 车有毒化学品排入城市污水管网

为了节省运输费用，通过伪造收货证明及检斤单，湖北省 6 名犯罪嫌疑人仅用井水进行简单稀释，就将 18 车四氯化硅排入城市污水管网，造成 470 余万元的损失。

2013 年 5 月，湖北省高级人民法院公布了这起环境污染案的详情。

为节省费用排毒物

倪泉，长期从事危险品运输。为了能节省运输费用，2011 年 3 月，在运输四氯化硅时，他向湖北晶星科技股份有限公司、江西诺贝尔（九江）高新材料有限公司提供了伪造的吉林省吉林市华夏化工厂收货证明及检斤单。

为处理大量的四氯化硅，倪泉与无处理四氯化硅资质的被告人王建国商议，由王建国在湖北省随州市周边地区找一个能排放四氯化硅的场地，王建国每处理一车四氯化硅，倪泉付给其 5500 元处理费。

王建国又与被告人陈江波联系，租用其位于湖北省钟祥市西环一路 43 号的场地排放四氯化硅，双方达成协议：王建国每月付 3 万元场地费给陈江波。

2011 年 4 月初，王建国与其弟王建琪、陈江波在排放场地安装了简易的排放设施。随后，倪泉便安排王永强等人，先后从湖北晶星科技股份有限公司拖运 15 车四氯化硅，从诺贝尔（九江）高新材料有限公司拖运 3 车四氯化硅，共计 18 车四氯化硅交给王建国等人进行排放处理。

四氯化硅运抵位于钟祥的排放场地后，王建国安排王建琪等人用井水进行简单稀释，随后直接向钟祥市城市管网排放。同时，王建国安排被告人张国清在该排放场地负责看门、做饭等事宜，人手不够时也帮忙排放四氯化硅。

王建国等人所排四氯化硅经城市管网流入钟祥市污水处理厂，造成污水处理厂菌种死亡、设备受损而无法对污水进行处理；未经处理的污水又流入钟祥南湖，致使南湖水域发生大面积污染，导致鱼类大面积死亡。

造成 470 余万元损失

经评估，该事件给钟祥市污水处理厂造成损失 1363816 元，给南湖渔场造成 2011 年度渔业直接经济损失 3371816.2 元。案发后，被告人倪泉赔偿了 8 万元。

此案先后经钟祥市人民法院一审判决、荆门市中级人民法院二审裁定。

法院认为，倪泉从事危险物运输业，应当预见其行为会发生严重污染环境的后果，其为节省运费伪造收货证明及检斤单，未按四氯化硅运输及处理合同的约定将四氯化硅运送至指定厂家，其明知四氯化硅属于危险化学品不能随意排放，且王建国无处理四氯化硅的资质，违反国家规定，将四氯化硅交由王建国处置，造成了严重污染环境的后果，其行为构成污染环境罪。案发后，倪泉赔偿了经济损失 8 万元，且自愿认罪，可对其酌情从轻处罚。

王建国无处理四氯化硅的资质，违反国家规定，擅自将四氯化硅随意处置，安排王建琪等人将四氯化硅掺水稀释后直接排放，造成了严重污染环境的后果，其行为也构成污染环境罪。

王建琪违反国家规定，将四氯化硅掺水稀释后直接排放，其实施了主要的排放行为，造成严重污染环境的后果，其行为构成污染环境罪；王永强具有运输危险品的上岗资质，且知道所运送的四氯化硅不能交由无处理资质的王建国等人处置，但仍然接受倪泉的聘请运输四氯化硅给王处置，导致其运送的四氯化硅违规排放，造成严重污染环境的后果，其行为构成污染环境罪。

陈江波为王建国提供排放场地且收取场地费，为排放四氯化硅提供了便利，其行为构成污染环境罪；张国清在王建国、王建琪排放四氯化硅的过程中，负责看门、做饭，参与少量的四氯化硅排放，其行为构成污染环境罪。

据此，法院依法判决：6 名被告人均构成污染环境罪，根据情节轻重分别判处倪泉有期徒刑 5 年，并处罚金人民币 30 万元；王建国有期徒刑 4 年 6 个月，并处罚金人民币 25 万元；王建琪有期徒刑 4 年，并处罚金人民币 20 万元；王永强有期徒刑 3 年，并处罚金人民币 10 万元；陈江波有期徒刑 3 年，缓刑 5 年，并处罚金人民币 10 万元；张国清有期徒刑 3 年，缓刑 4 年，并处罚金人民币 5 万元。

法院同时依法追缴倪泉等 6 名被告人的违法所得。

稿件来源：2013 年 5 月 21 日《法制日报》案件版 作者：刘志月 胡新桥

康菲漏油 艰难索赔路

2011 年 6 月 4 日，国家海洋局北海分局接到康菲石油公司报告，在蓬莱 19-3 油田 B 平台东北方向海面发现不明来源的少量油膜。6 月 8 日，康菲公司再次报告，在 B 平台东北方向附近海底发现溢油点。北海分局此后组织专家进行分析，认为根据 6 月 11 日卫星遥感结果、油指纹鉴定以及专家会商结果，确认溢油来自蓬莱 19-3 油田。6 月 17 日，北海分局接到在蓬莱 19-3 油田巡视的海监 22 船报告：C 平台及附近海域发现大量溢油。随后康菲公司报告，蓬莱 19-3 油田 C 平台 C20 井在钻井作业中发生小型井涌事故。

截至 2011 年 7 月 5 日，蓬莱 19-3 油田溢油事故已形成劣四类海水面积 840 平方公里，对海洋环境造成了一定程度污染损害。

专家支着

渤海油田漏油事故再次成为环保组织以及专家关注的焦点。

2011 年 7 月 5 日，自然之友、中国政法大学污染受害者法律帮助中心、公众环境研究中心以及达尔问自然求知社等 11 家民间环保组织发表《就渤海湾漏油事故致中海油和康菲公司的公开信》。公开信要求，中海油尽快说明此次事故详情，并就污染环境和瞒报事故的行为向公众道歉。

中国政法大学环境法学教授王灿发 7 月 5 日在接受《法制日报》记者采访时表示，按照《中华人民共和国海洋环境保护法》，国家海洋局应当抓紧调查此次事故的污染情况，并对污染损失尽快进行评估，根据其所造成的损失大小，向中国海洋石油总公司（以下简称中海油）以及美国康菲石油中国有限公司（以下简称康菲公司）提出索赔，如果两家石油公司拒绝赔偿，国家海洋局应该依据法律规定，向人民法院提起环境公益诉讼，要求法院责成两大石油公司进行赔偿。

"作为上市公司，中海油涉嫌瞒报海上油污渗漏事故，违背了上市公司信息披露的要求，同时也违背了企业社会责任的原则要求。"11家环保组织表示，依据惯例，海上原油泄漏事故的作业方是直接责任者。作为作业方的康菲公司，竟然在因自身操作造成原油渗漏后，长时间向公众隐瞒污染事故，性质之恶劣尤为令人震惊。

"我们向康菲公司表示抗议，要求康菲公司尽快说明此次事故详情，并就污染环境和瞒报事故的行为向公众道歉。"11家组织表示。

王灿发告诉《法制日报》记者，中海油作为上市公司，按照我国有关证券法律法规规定，在漏油事件发生后，中海油应该第一时间公开信息。对于中海油的违法行为，除了依照有关证券法律法规规定对其进行处罚外，作为监管部门国家海洋局也负有监管的义务。

"按照《中华人民共和国海洋环境保护法》的规定，即使两家石油公司没有公开漏油信息，国家海洋局也有义务在第一时间，公开中海油漏油事故的信息。"王灿发认为，国家海洋局可依照《中华人民共和国海洋环境保护法》第73条、第74条、第85条等多个条款处罚两家石油公司。

王灿发主张，国家海洋局在向两家石油公司进行索赔的同时，还应要求两家石油公司对污染的环境进行修复。如果两家石油公司拒绝修复环境，国家海洋局也可一并向人民法院提起诉讼。

渔民索赔

蓬莱19-3溢油污染事件给河北省乐亭县的王爱文、段金宗、高维华、荀绍斌等在内的107位渔民造成的损失，他们估算超过4.9亿元。

2011年12月13日一早，4位受害渔民代表与其代理律师北京盈科律师事务所律师赵京慰以及环保部下属机构中华环保联合会诉讼督察部部长马勇，一起来到天津海事法院，正式向法院递交了起诉状。起诉状五项诉讼请求中，包括了向康菲索要49064.89万元损失赔偿。

天津海事法院立案庭有关负责人在对乐亭县渔民诉康菲石油案进行了

较详细的询问后，接下了诉状。

荀绍斌是乐亭县107位受害渔民之一。他告诉《法制日报》记者，他们这107位渔民主要是从事海参及扇贝养殖。"海参不像别的水产品，前期投入非常高。"荀绍斌说，他们这些养殖户大多拿不到银行贷款，通常都是向亲戚、朋友借款进行水产养殖。

荀绍斌称蓬莱19-3溢油污染事件给他们带来的是灭顶之灾。"扇贝基本都死了，海参本身是软体动物，一遇到油就化了，有时候连尸体都找不到。"

在起诉书中，王爱文、段金宗等107位受害渔民提出，"请求判令被告赔偿原告截至当前因溢油事故所致的水产品减产的损失（每一名原告的具体损失见《损失赔偿清单》），具体额度以将来评估鉴定的数额为准，目前暂按累计额22586.35万元计算；请求判令被告赔偿原告因近海养殖区生态环境破坏而遭受的预期经济损失（每一名原告的具体损失见《损失赔偿清单》），具体额度以将来评估鉴定的数额为准，目前暂按累计额26478.54万元计算。"

就4.906亿元损失，赵京慰告诉天津海事法院立案庭有关负责人，这只是初步估算的损失。在法院受理案件后，他们将提请法院指派专门的鉴定机构对损失情况进行鉴定，到时索赔的数额有可能会有一些变化。

"起诉前，我们分别向国家海洋局和农业部提出过信息公开申请。"赵京慰及马勇告诉《法制日报》记者，他们的信息公开申请进行得还算顺利，国家海洋局和农业部对他们的申请分别给出了答复。

赵京慰透露，根据国家海洋局政府信息公开答复书显示，蓬莱19-3油田溢出的油污已经在河北省乐亭县养殖区周边登陆。农业部办公厅的答复函也排除了由已知细菌、寄生虫和病毒等病原微生物所导致的水产品大量死亡，确认了赤潮、石油污染等原因可能导致了水产品的滞长和死亡。

乐亭县多个镇渔民受害事件发生后，在京著名高等院校的知名法学家对此案给予了高度关注。

中国政法大学教授曹明德，北京大学教授潘剑锋，清华大学教授王明远，中国人民大学教授杨立新、周珂等专门出具了法律意见书。五位法学家认为，蓬莱19-3油田溢油事故所引起的养殖损害纠纷属于人民法院的受案范围，希望有关法院应予受理。

赵京慰认为，目前，这一案件已完全具备了进入司法程序的条件。

马勇表示，中华环保联合会一直非常重视蓬莱19-3溢油事件，这次与律师配合担任诉讼代理人也希望能尽可能为养殖经营者挽回损失。与此同时，也希望能通过本案，确立一种在法律框架下解决环境污染群体性案件的机制，引导公众理性、平和地运用法律武器维护自身合法权益。

一审开庭

原告栾树海等21人诉被告康菲石油中国有限公司、中国海洋石油总公司海上污染损害责任纠纷一案，于2014年12月9日至10日，在天津海事法院第一法庭公开开庭审理。

原告诉称，21名原告在河北省乐亭县海域从事海参养殖，共计拥有海参养殖池2905.99亩，工厂化养殖5727平方米。2011年6月，两被告所属的蓬莱油田C平台发生溢油事故，造成渤海湾发生大面积环境污染。由于被告没有及时向社会公布溢油事故，致使原告误将混有油污的海水纳入海参养殖区，造成大量海参死亡。为此，21名原告请求被告连带赔偿原告损失1.41亿余元和鉴定费用703万元，并承担本案诉讼费用。

被告答辩认为，原告未依法取得养殖证，不是适格原告。原告提供的证据不能证明蓬莱19-3油田溢油事故对其养殖区域造成污染。原告主张的损失与蓬莱19-3油田溢油事故没有法律上的因果关系，原告主张的损失不具有客观真实性。据此，请求法院驳回原告诉讼请求。

根据双方诉辩意见，合议庭归纳了案件5大争议焦点。即原告是否具有合法的养殖权利和索赔权利；蓬莱19-3油田溢油事故是否对原告的养殖区域造成污染；原告主张的损失与蓬莱19-3油田溢油事故是否具有法律上的因果关系；原告遭受损失的程度和具体数额；中海油公司是否就本次事故承担赔偿责任。双方就此进行了充分的举证、质证、辩论，合议庭对相关问题进行了庭审调查。

稿件来源：2011年7月6日、2011年12月14日、2014年12月11日《法制日报》政府法治版、政法司法版 作者：蔡岩红 郄建荣 袁定波

第五章　分析

生态环境司法保护不断发力

2014 年 11 月，国务院办公厅印发《关于加强环境监管执法的通知》，部署全面加强环境监管执法，严惩环境违法行为。

这一通知被视为向日益多发的危害生态环境行为"宣战"。

梳理近 3 年来的危害生态环境案件发现，危害行为多发、交织职务犯罪，是当前危害生态环境犯罪较为突出的特点。

犯罪多发手段隐蔽

2010 年 6 月中下旬，福建省龙岩市上杭县降水量达 349.7 毫米。2010 年 7 月 3 日，紫金山金铜矿所属铜矿湿法厂污水池防渗膜破裂造成含铜酸性废水渗漏并流入 6 号观测井，再经 6 号观测井通过人为擅自打通的与排洪涵洞相通的通道进入排洪涵洞，并溢出涵洞内挡水墙后流入汀江，泄漏含铜酸性废水 9176 立方米，造成汀江紫金山金铜矿铜矿湿法厂下游水体污染和下游养殖鱼类大量死亡的重大环境污染事故。

2010 年 12 月 22 日，龙岩市新罗区人民检察院就紫金矿业集团股份有限公司紫金山金铜矿重大环境污染事故向新罗区人民法院提起公诉。该法院于 2010 年 12 月 28 日受理此案后依法组成合议庭，并对此案公开开庭进行了审理。

2011 年 1 月，龙岩市新罗区人民法院对紫金矿业集团股份有限公司紫金山金铜矿重大环境污染事故案进行了一审宣判。法院分别以重大环境污染事故罪判处紫金矿业集团股份有限公司紫金山金铜矿罚金人民币 3000 万元，紫金矿业集团股份有限公司原副总裁陈家洪等 5 名责任人被判处 3 年至 4 年 6 个月有期徒刑，并处 20 万元至 30 万元不等的罚金。

福建紫金山铜矿污染环境案，是近年来发生的一起较为严重的污染案件。梳理近 3 年来的环境污染案件可以发现，此类危害严重、影响恶劣的大案数量并不多，但小案件却时常发生。

为了节省运输费用，通过伪造收货证明及检斤单，湖北省 6 名犯罪嫌疑人仅用井水进行简单稀释，就将 18 车四氯化硅排入城市污水管网，导致湖水被污染、鱼类死亡，造成 470 余万元的损失。

湖北省荆门市中级人民法院审理后认为，6 名被告人均构成污染环境罪，根据情节轻重分别判处倪泉有期徒刑5年，并处罚金人民币30万元；王建国有期徒刑4年6个月，并处罚金人民币25万元；王建琪有期徒刑4年，并处罚金人民币20万元；王永强有期徒刑3年，并处罚金人民币10万元；陈江波有期徒刑3年，缓刑5年，并处罚金人民币10万元；张国清有期徒刑3年，缓刑4年，并处罚金人民币5万元。法院同时依法追缴倪泉等6名被告人的违法所得。

类似的案件还有不少。据北京市西城区人民检察院统计，2012年以来，西城区检察院就依法办理危害生态环境犯罪案件96起157人。

"近年来，危害生态环境犯罪呈现高发、频发态势。"北京市西城区检察院办案检察官说，2012年，检察院办理此类案件22件36人，2013年为40件69人，2014年1至9月就有34件52人。

在北京市西城区检察院办理的危害生态环境犯罪案件中，涉动植物案件、涉林犯罪、非法占用农用地三类案件较多。

"危害生态环境案件的一个突出特点是，作案手段具有简单欺骗性，方法较为原始。"北京市西城区办案检察官说，行为人往往采取一定的欺瞒手段，但为节省犯罪成本，这些手段方法较为简单原始。在涉动植物案件中，为避免涉案野生动物或动物制品被发现，行为人往往采取伪造、隐藏、欺瞒等手段试图躲过检查人员；在涉林案件中，行为人往往声称所砍树木为自己所有或具有相关证件或者正在办理之中。

背后多涉职务犯罪

广东省国土资源厅原副厅长吕英明在担任广东省水利厅副厅长等职务期间，滥用职权，并且收受巨额贿赂，为西江流域盗采河砂团伙充当"保护伞"，导致西江流域河砂被大量盗采，严重危害防洪堤坝安全和周边生态环境，给国家造成巨额经济损失，一审被判处无期徒刑。

河北省唐山市玉田县环保局原副局长赵庆利，长期放任200多家没有环评手续的橡胶企业违法排放硫化废气，严重影响周围居民的身体健康，社会影响恶劣，最终被法院以滥用职权罪、贪污罪、受贿罪数罪并罚，判处有期徒刑14年。

2014年10月31日，最高人民检察院举办新闻发布会，最高人民检察院渎职侵权检察厅厅长李文生通报了上述两个案例。

据李文生介绍，2013年以来，最高人民检察院部署开展了查办和预防发生在群众身边、损害群众利益职务犯罪专项工作，把打击生态环境等领域的渎职犯罪作为一项重点工作来抓。一些地方检察机关落实高检院的部署，专门贯彻开展了查办和预防生态环境领域的职务犯罪专项工作。

如河北省检察机关严肃查办了项目审批、环境评价、产能淘汰、污染治理等重点环节发生的渎职犯罪案件；福建省检察机关突出查办了森林资源、土地资源、矿产资源以及环境污染所涉渎职犯罪案件；河南省检察机关从重大环境污染事故、环保专项资金审批使用、排污费征收管理、环保执法案件处理等方面入手，查办了一批生态环境领域的渎职犯罪，取得了很好的效果。

据介绍，不完全统计，2014 年以来，全国检察机关查办生态环境领域渎职犯罪案件已达 994 人。

不管是对近年来的危害生态环境犯罪案件进行梳理，还是来自最高人民检察院的通报，都说明一个问题：在危害生态环境犯罪背后，职务犯罪如影随形。

2013 年 4 月 2 日，广东省人民检察院召开新闻发布会，向媒体通报了 2012 年查处的危害生态环境职务犯罪案例。

广东省人民检察院反渎职侵权局局长杜言说，危害生态环境的违法犯罪行为屡禁不止，除与个别地方无视国家生态环境保护法律政策，甚至以牺牲生态环境为代价盲目发展有关外，从检察机关近年来查办的职务犯罪案件看，还与一些国家工作人员滥用职权、玩忽职守、徇私舞弊、官商勾结、权钱交易，对危害生态环境的违法犯罪疏于监管、提供便利，甚至是提供保护有一定的关系。

环境诉讼难题渐解

长期以来，案件受理范围具有局限性被认为是生态环境司法保护的问题之一，由于法律未明确原告主体资格，导致大多数涉及生态环境司法保护的案件无法得到受理、立案。与此同时，鉴定难、周期长、地方保护主义等，也成为生态环境司法中亟待解决的问题。

然而，从近年来出现的一些环境诉讼来看，这些问题正逐渐得到解决。

2010 年 11 月，贵州省贵阳市公众环境教育中心与中华环保联合会作为原告，向清镇市环保法庭对定扒造纸厂提起诉讼，请求法院判决造纸厂立即停止对南明河的污染侵害。

这起公益诉讼，是全国首例由环保组织提起并胜诉的环境公益诉讼。诉讼的结果是，定扒造纸厂及其周边的造纸厂停止排污，一些造纸厂关闭或开始修建污水处理系统。

2012年12月，江苏省泰兴市6家化工企业为降低处理废酸的成本，雇佣没有处理资质的人员，直接将废酸偷排入河，导致水体严重污染。

法院审理查明，6家涉案企业于2012年至2013年间，多次将在化工产品生产过程中产生的废酸交由没有处理资质的公司和个人处理，每吨以20至100元不等的价格补贴。这些公司和个人，一年内共倾倒2万多吨废料至当地河流。经泰兴市环境监测站对水质采样监测，发现多项环保指标严重超标。

2014年8月，经泰兴市人民法院审理，14人因犯环境污染罪被判处2年至5年不等的有期徒刑，并处16万元至41万元不等的罚金。随即，泰州市环保联合会向泰州市中级人民法院提起环保公益诉讼，要求涉案的6家化工企业赔偿1.6479亿元，用于水环境修复，泰州市人民检察院支持起诉。

泰州市中院开庭审理这起污染案件后，判决6家企业赔偿环境修复费用1.6亿余元。一审宣判后，6家企业提起上诉。

2014年12月4日下午，此案二审开庭。二级大法官、江苏省高级人民法院院长许前飞担任审判长。江苏省人民检察院副检察长邵建东等多名检察官出庭参与诉讼，支持被上诉人泰州市环保联合会。

在这些案件背后，是生态环境司法保护的不断前行——

2012年新修订的民事诉讼法第五十五条规定，"对污染环境、侵害众多消费者合法权益等损害社会公共利益的行为，法律规定的机关和有关组织可以向人民法院提起诉讼"。

即将于2015年1月1日实施的新环境保护法第五十八条规定了环境民事公益诉讼的主体资格，即依法在设区的市级以上人民政府民政部门登记，专门从事环境保护公益活动连续5年以上且无违法记录的社会组织。

2014年7月3日，最高人民法院设立了专门的环境资源审判庭。随后，最高人民法院又发布《关于审理环境民事公益诉讼案件适用法律若干问题的解释（征求意见稿）》，自2014年10月1日起向社会征求意见，征求意见稿细化了涉环境诉讼的起诉主体。

中华环保联合会法律中心副主任、督察诉讼部部长马勇认为，最高人民法院的征求意见稿意在尽量拓宽环境公益诉讼主体资格；最高人民法院就环境资源案件设立审判庭，这标志着我国的环境司法迈出了重要一步。环境资源审判庭将会把推进环境公益诉讼作为重要任务。

稿件来源：2014年11月7日《法制日报》案件版

第六章　诚信之诉

"人之所助者，信也。"商家无信，则无助，更无发展之地。

商家不诚信，或侵犯商标权捞便宜，或垄断市场逞霸道。诸多失信之举，皆为法律所不容。

本章集纳法院判决相关失信案例，以作警醒："祸莫大于无信。"

全国工商反垄断执法第一案

"4 家已缴纳罚款，还有两家没缴。我们近期将向法院申请强制执行。"2011 年 2 月 28 日，江苏省工商局有关执法人员向《法制日报》记者介绍了一起反垄断执法案的最新进展。

连云港一协会及 5 家企业通过制定"行业自律条款"及"检查处罚规定"等形式，公然实施垄断市场违法行为，被江苏省工商局处以没收违法所得136481.21 元、罚款 730723.19 元的处罚。到记者发稿时止，6 家被处罚当事人无一提出行政复议及诉讼。

2011 年 3 月 2 日，《法制日报》记者从国家工商总局获得证实，这是自反垄断法于 2008 年 8 月 1 日实施后，依据国家工商总局的授权，工商行政机关查处的反垄断第一案。

协会牵头分割市场固定价格

2009 年 4 月，连云港市工商局接到举报：连云港市建筑材料和建筑机械行业协会成立的混凝土委员会（以下简称混凝土委员会），组织预拌混凝土企业联合制定了分割市场和固定价格的协议。

因为供货的预拌混凝土企业停供，正在施工的连云港旅游大厦、国际会议中心、朝阳小区拆迁安置房等在建项目，被迫整体停工，建设方蒙受了巨大的损失。而其他企业迫于协会的处罚规定，都不敢与建设单位订立购销合同。

接到举报，连云港市工商局立即着手调查，并初步证实了举报问题属实。为及时纠正违法行为，防止危害进一步扩大，同时考虑到全市几乎整个行业企业全部陷入了"垄断门"，决定通过行政指导和行政建议的方式，促使有关方面加强自律，纠正违法行为，恢复混凝土市场的公平竞争秩序。

随即，连云港市工商局向该市建设部门发出行政建议书，明确指出混凝土委员会组织会员企业签订实施垄断性协议的行为，违反了反垄断法的有关规定，希望行业主管部门介入并及时制止和纠正违法行为。

遗憾的是，连云港市工商局的建议没有受到重视，垄断行为依然行之若素。这时，朝阳小区拆迁安置工程因对拆迁户有工期承诺，施工任务非常紧急，但由于原预拌混凝土供货商停供，受"自律条款"管制，别的企业又不可以、不敢越规供货，使其急得跳脚，就连当地建设部门都急了眼，以致不顾国家为保证工程质量、早已禁止建设工程使用现场搅拌混凝土的禁令，明确出函表态："为了保证工程正常施工，我局现决定同意该工程使用现场拌砼。"

其他正在承受着巨大损失的建设单位，开始向江苏省工商局举报。

"我局从 2009 年 8 月初开始介入，在调阅了连云港市工商局前期调查资料后认为，相关当事人的行为涉嫌违反反垄断法。"江苏省工商局一位反垄断执法人员介绍说，由于反垄断法规定的执法权是中央事权，只有得到国家工商总局的授权，省级工商局才可以对违法行为实施查处。

2009 年 9 月 18 日，《关于授权我局查处连云港市建筑材料和建筑机械行业协会混凝土委员会及连云港润丰混凝土有限公司等多家混凝土企业涉嫌垄断行为的请示》直达国家工商总局。10 月 28 日，国家工商总局作出批复正式授权江苏省工商局立案查处。

江苏省工商局于 2009 年 11 月 14 日正式立案。

初期取证锁定协会及"5 大常委"

面对第一案，江苏省工商局从全省抽调了 10 名业务骨干组成专案组。随后确定了案件查办方案、工作计划，制定办案人员工作纪律和保密规定。并对办公场所、办案装备作出妥善安排。

"我们通过现场检查在第一时间就拿到了关键证据。"办案人员告诉《法制日报》记者，证据证实，混凝土委员会是连云港市建筑材料和建筑机械行业协会设立的分支机构，有 18 家预拌混凝土企业为会员单位，其中 5 家企业为常设委员会会员单位，这"5 大常委"拥有决策权。

在获取了《预拌混凝土企业行业自律条款》《检查处罚规定》复印文本以及协会关于工程分配的会议纪要后,专案组对混凝土委员会办公室进行突击检查现场取证时,发现了企业上报协会的完整电子统计报表,收集了会议记录、销售合同等证据资料,现场查获详细记录混凝土委员会活动情况的两本笔记,这些都是第一手证据。

随后,专案组对参与协会活动的所有18家混凝土企业作了深入调查,获取了协会工程分配信息表、成员单位实际工程量与分配工程量分析对比表。

接着,专案组先后走访20余个施工工地,通过对建设单位、施工单位的调查,了解到垄断协议的实施,限制了施工方自由选择交易对象的权利以及对供料价格造成影响的事实证据。

经过深入扎实的调查取证,专案组掌握了主要证据。如:对混凝土委员会及成员单位有关人员进行调查的《询问笔录》31份,混凝土委员会提供的"行业自律条款"、会议签到簿、会议议程、会议纪要、对违约单位处罚通知、成员单位上报工程信息、工程量检查结果、合同备案及上报工程量、停供信息等。

完整的证据链,再现了涉案人员数次召集会议,共谋划分市场,商讨协会运作、合同备案、信息收集、工程分配、违约单位处罚等违法事实。

"取证初期很顺利,他们好像并没有感觉自己做错了什么。后来可能渐渐感觉到了压力,取证才变得困难起来。"谈起调查取证的过程,一位办案人员对记者说,无论是协会的工作人员还是协会的成员企业,不少涉案人员对反垄断法混然不知,起初感觉是"工商局来捣乱了",知道违法后,又感觉很委屈。

协会牵头划分市场实施处罚

专案组调查证实,2009年3月3日,混凝土委员会组织连云港18家预拌混凝土企业召开会议,协商制定了《预拌混凝土企业行业自律条款》《检查处罚规定》(即"11项规定")。

专案组查明,混凝土委员会划分市场的运作模式为:会员单位信息员将了解到的工程信息上报到委员会办公室,办公室统计汇总;5个常委提出分配意见后,由经理联席会议按照就近原则和会员生产能力,确定混凝土供应单位;供应单位再与施工单位签订混凝土买卖合同;合同签订后由会员单位向协会办公室备案;常设委员会牵头组织监督检查,发现违反约定承接工程的，予以处罚。

《行业自律条款》及"11项规定"订立后，混凝土委员会便紧锣密鼓地组织实施。为保障协议的落实，还多次组织对成员单位的监督检查。2009年3月20日的检查发现，有3家成员企业有背叛盟约的行为。3月26日，即对一家会员企业"误接其他会员单位工程"、另一家会员企业"漏报工程量"，分别处以1000元的罚款。另外一家会员企业因未经协会同意擅自承接工程，被协会处以10000元罚款。

没收违法所得并罚款

"此案的定性并不复杂。"办案人员告诉《法制日报》记者，专案组查明的证据和事实完全符合反垄断法的禁止性规定。这种行为在市场发达国家适用"本身违法"原则，即不管它们是在什么情况下订立的，也不管当事人出于什么目的，也不看后果，一概被视为违法。

"但是，我们还是看了后果。"这位人士同时告诉《法制日报》记者，给该案定性时排除了当事人获得豁免的可能。最后根据查明的事实，由江苏省工商局于2010年7月初，向相关当事人送达了行政处罚听证告知书。

相关当事人未提出听证要求。只是有当事人提交了陈述、申辩意见，请求减轻或者免于处罚。如混凝土委员会认为，《行业自律条款》及《检查处罚规定》是在经济持续低迷、产能过剩、清欠款困难、同行业恶性竞争情况下制定的自救措施。混凝土委员会是一个民间组织，无力支付罚款。

尽管当事人未提出听证要求，江苏省工商局还是于2010年7月22日，召集混凝土委员会及其常设委员会成员单位参加会议，听取了他们的意见。

江苏省工商局对其陈述、申辩进行了复核和研究后认为，混凝土委员会各成员企业，属于经营同种业务的独立经营者，相互之间在区域市场内具有明显的竞争关系。该会组织具有竞争关系的会员企业达成《行业自律条款》及《检查处罚规定》，对会员企业的生产线、搅拌车、泵送设备进行打分，约定"各成员单位产量所占当年的市场份额和企业在协会内的设备得分挂钩，设备得分多少即为该单位在协会内所占的工程量的比例"，并以此为基础划分连云港市区预拌混凝土销售市场的行为，客观上限制了预拌混凝土区域市场的竞争，属于反垄断法第十三条第一款第(三)项所禁止的"分割销售市场"的垄断协议。

组织会员企业分割销售市场的垄断协议行为，不属于反垄断法第十五条第一款所列情形，不应得到豁免。

最终，江苏省工商局对连云港市建筑材料和建筑机械行业协会混凝土委员会处以罚款 20 万元。处罚决定书载明："作为行业协会，应当引导本行业的经营者公平竞争，守法经营。其组织会员企业分割销售市场的行为，违反反垄断法第十六条的规定。依据反垄断法第四十六条第三款的规定，本局决定责令当事人停止违法行为，并处以罚款 20 万元，上缴国库。"

对连云港中港混凝土有限公司等 5 家协会常设委员会会员单位，江苏省工商局分别予以处罚，共处以没收违法所得 136481.21 元、罚款 530723.19 元。

对参与签订垄断协议的其他企业，江苏省工商局认定，预拌混凝土企业达成的分割销售市场的垄断协议，违反了反垄断法第十三条第一款第（三）项的禁止性规定。鉴于这些会员企业能积极配合案件调查工作，及时终止违法行为，江苏省工商局依据反垄断法第四十六条第一款的规定，责令其停止违法行为。

稿件来源：2011 年 3 月 3 日《法制日报》政府法治版 作者：姚芃

"星河湾"跨省跨出商标侵权纠葛

江苏炜赋集团建设开发有限公司在江苏省南通市开发区开发的一个安置房项目，因命名"星河湾"被广东省广州星河湾实业发展有限公司、广州宏富房地产有限公司以涉嫌侵犯商标权及不正当竞争为由告上法院。经过历时一年多的审理，2012 年 4 月 20 日，江苏省高级人民法院对此案作出终审判决，炜赋公司不构成侵犯商标权及不正当竞争，驳回星河湾公司、宏富公司上诉，维持南通市中级人民法院的一审判决结果。据悉，这是江苏首例涉房地产楼盘标识侵权案。

同名楼盘引诉讼

据了解，宏富公司是 2000 年 1 月在广东注册的房地产公司。2001 年以来，宏富公司在广州开发多个以"星河湾"作为名称的高档商品房住宅。2002 年 9 月和 2003 年 9 月，该公司向国家商标局申请注册了两个"星河湾"

服务商标，核定服务项目分别为第 36 类不动产出租、不动产管理、不动产中介等和第 37 类建筑施工监督、建筑信息、建筑等。

经过多年的经营与管理，两商标先后被认定为广州市著名商标和广东省著名商标。2008 年 7 月，宏富公司将上述两商标转让给星河湾公司，经星河湾公司许可后给宏富公司继续使用。2004 年以来，宏富公司的关联企业先后在北京、上海和山西太原开发了"星河湾"地产项目，均为高档商品房住宅。

为了宣传推广"星河湾"楼盘，2001 年至 2010 年间，宏富公司及其关联企业多次在广州、太原的多家媒体进行广告宣传。"星河湾"地产项目在各项评比中先后获得了多项荣誉。

2010 年 9 月 30 日，星河湾公司发现炜赋公司在江苏南通开发的一个房地产项目使用了其拥有的"星河湾"商标作为楼盘名称，遂向炜赋公司邮寄函件，要求炜赋公司停止侵权，但炜赋公司对此未予答复。星河湾公司认为，炜赋公司系未经授权擅自将其商标作为楼盘名称使用，违反我国商标法第五十二条的规定，侵犯其注册商标权，并构成不正当竞争。

经过对进入"炜赋房产"网站相关内容公证后，星河湾公司与宏富公司一起作为原告向南通市中院提起诉讼，请求法院判令炜赋公司立即停止侵权，登报道歉、消除影响，并赔偿各类损失合计 25 万元。

销售对象不相同

法庭上，炜赋公司辩称，案涉商标核定使用于建造、销售、出租、管理等不动产服务活动，不包括不动产开发项目本身，与楼盘名称无关。"星河湾花园"是特定地段楼盘的名称，是南通市民政局批复同意使用的地名，并非作为商标使用，即便与原告的商标同名，也不构成商标侵权，且公司销售对象主要为市政建设项目征地的拆迁户，并非根据星河湾公司的广告宣传或基于"星河湾"这一品牌的知名度而去购买该楼盘，不会造成公众混淆，请求法院驳回原告的诉求。

法院审理查明，炜赋公司 1997 年 5 月在江苏成立，在开发命名小区名称时取"心"字谐音，均以"星"字开头，从 2005 年至 2010 年，开发了 13 个以"星"字开头的住宅小区，如星辰花园、星通花园、星港湾花园、星润花园等。

南通市中院经审理认为，虽然星河湾公司享有星河湾商标专用权，但由于房地产系不动产，无论是房地产开发商对其开发楼盘的宣传，还是该楼盘的消费人群均局限于相对特定地域范围内，房地产服务商标的知名度具有显著的地域性特点，而原被告相隔甚远，尚无证据证明星河湾商标的知名度已经覆盖到了南通市甚至江苏省范围内。

法院还认为，炜赋公司开发的"星河湾花园"系低价位普通住宅商品房项目，在价格、销售对象等方面与原告的"星河湾"高档住宅商品房具有本质的区别。消费者不会产生将炜赋公司开发的"星河湾花园"与注册商标、或原告开发的"星河湾"楼盘存在特定联系之误认，不会造成混淆。炜赋公司沿袭楼盘命名传统，结合特定地理位置命名"星河湾"具有合理性，使用方式合理、正当，不具有攀附商标、商誉和制造市场混淆的主观意图。

2011年7月11日，南通市中院作出一审判决，驳回星河湾公司、宏富公司的诉讼请求。两公司不服，提起上诉。江苏省高院审理认为，炜赋公司使用"星河湾花园"作为楼盘名称合理正当，不会造成相关购房者对涉案楼盘产生误认或混淆，其行为不构成商标侵权及不正当竞争，遂驳回上诉，维持原判。

侵权究竟如何定

据了解，国内曾多次发生如深圳"香榭里"诉上海"香榭里花园"、深圳万科集团"四季花城"诉杭州萧山"绿都四季花城"、北京"国贸"诉"世桥国贸公寓"等楼盘名称与房地产服务商标近似引起的系列侵权纠纷。

那么，楼盘名称与房地产服务商标同名，是否侵犯商标权？又是以何作评判标准？法官在判决后向《法制日报》记者分析，房地产开发商注册的商标只能限于不动产建造、销售、出租、管理等服务活动，不及于楼盘本身。

据该案承办法官介绍，随着时代的发展和房地产市场竞争的日趋激烈，楼盘名称已不仅仅以相互区分地理位置为目的，而是象征楼盘品质、创意追求为目的的商业营销手段的一部分。虽然这些案件在商标近似、商品和服务类似的判定标准不一，判决结果也不尽相同。但相同之处都是将是否使人产生混淆，作为楼盘名称及其标识是否侵权的基准和前提。

商标法赋予商标权人"行"与"禁"两方面的权利，商标权的一个重要特征是"禁止权的范围大于使用权的范围"，保护商标的目的在于确认商品或服务的来源，使其不与其他商品或服务混淆，从而发挥商标的识别功能。随着商标权利人对商标的使用，商标显著性的增强，商标的功能已不断扩展至表彰功能、广告功能、质量保证功能等方面，而混淆概念随着商标功能的扩张也在不断发展变化，从最初的商品混淆，到来源混淆、关联关系混淆再到近年出现的反向混淆、售后混淆和初始兴趣混淆等各个领域。因此，在我国司法实践中，是否使人产生混淆也逐渐成为判定商标侵权的重要标准。

本案中，原告根据现有证据不足以证明被告"星河湾花园"在江苏省范围内为知名商品，且无证据证明被告使用"星河湾"作为楼盘名称是攀附了其"星河湾"楼盘的声誉，并因此让相关公众产生了混淆或误认。因此，原告的主张缺乏事实依据和法律依据。

稿件来源：2012 年 4 月 21 日《法制日报》案件版

作者：丁国锋 顾建兵 陶新琴

IPAD 商标权纠纷案全记录

一边是全球最大上市公司美国苹果公司，一边是名不见经传的深圳唯冠科技有限公司，这一对"冤家"的 IPAD 商标权纠纷持续多时。

2011 年 11 月 17 日，广东省深圳市中级人民法院作出一审判决，驳回了苹果公司、英国 IP 公司的诉讼请求。苹果公司、英国 IP 公司不服判决，上诉至广东省高级人民法院。

在广东省高院充分陈明利弊得失的情况下，双方最终达成调解协议，苹果公司支付 6000 万美元获得 IPAD 的商标权。一场诉讼大战就此尘埃落定。2012 年 6 月 25 日，广东省高院向双方送达了民事调解书。苹果公司按调解书的要求向广东省高院指定的账户汇入 6000 万美元，并于 2012 年 6 月 28 日向该案的一审法院深圳市中级人民法院申请强制执行上述民事调解书。2012 年 7 月 2 日，深圳市中级人民法院向国家工商总局商标局送达了将涉案 IPAD 商标过户给苹果公司的裁定书和协助执行通知书。这意味着，苹果公司与深圳唯冠公司 IPAD 商标权属纠纷案圆满解决。

商标纠纷缘起

记者了解到，成立于 1995 年的深圳唯冠公司是唯冠国际控股有限公司的旗下公司，在 2001 年取得了 IPAD 的注册商标专用权。2009 年，一家英文名为 IP Application Development 的英国公司与同为唯冠国际旗下公司的唯冠台北公司签署协议，约定将该公司拥有的在欧盟、韩国等国家和地区注册 IPAD 的商标专用权转让给 IP 公司。2010 年，英国 IP 公司又将 IPAD 商标相关权益转让给了苹果公司。同时，苹果公司和英国 IP 公司向中国商标局申请大陆 IPAD 商标的转让过户，被中国商标局驳回。

据悉，英国 IP 公司曾向国家工商总局商标局提出撤销深圳唯冠 IPAD 商标专用权的请求，深圳唯冠向商标局提供了 2008 年、2009 年、2010 年这 3 年内生产的 IPAD 商标产品，才得以保住 IPAD 商标专用权。

然而，在 IPAD 商标权属并未发生转移的情况下，苹果公司在其生产的平板电脑产品上使用"IPAD"商标，并向包括中国大陆在内的市场销售了上述商品。2010 年年初，深圳唯冠向苹果公司提出，深圳唯冠为涉案商标的真正权利人，并要求苹果公司停止侵权、赔偿损失。但苹果公司仍继续在中国大陆市场销售上述产品。

同年 4 月，苹果公司在向商标局、深圳唯冠申请转让商标未果后，联合英国 IP 公司将深圳唯冠告上法院，向深圳市中级人民法院提起诉讼。两公司诉称：2009 年 12 月 23 日，唯冠国际 CEO 和主席杨荣山授权麦世宏签署了相关协议，将 IPAD 的 10 个商标权益转让给英国 IP 公司，其中包括中国内地的商标转让协议。协议签署之后，英国 IP 公司向唯冠台北公司支付了 3.5 万英镑购买所有的 IPAD 商标，然后英国 IP 公司以 10 万英镑的价格，将 IPAD 商标的所有权益转让给了苹果公司。为此，两原告请求法院判令 IPAD 商标专用权归原告所有，判令被告深圳唯冠赔偿原告人民币 400 万元。

"苹果"一审败诉

在一审法庭上，原被告双方就商标的归属问题展开了激烈的争辩。

深圳唯冠表示，唯冠国际控股有限公司系香港上市公司，有 7 个子公司，其中的子公司台湾唯冠在欧盟、韩国等国家和地区共获得 8 个 IPAD 注册商标专用权。而中国大陆的 IPAD 商标则由深圳唯冠拥有。

深圳唯冠认为，苹果公司是从台湾唯冠手中购买的 IPAD 商标专用权，当时具体处理交易的是员工麦士宏，其授权书的内容和签名盖章均是台湾唯冠。而深圳唯冠和台湾唯冠虽然同属于唯冠国际的子公司，但二者并不是隶属关系，股权也没有交叉关系，是两个完全不同的民事主体，因此，这一合同对深圳唯冠不具有约束力，苹果公司购买的 IPAD 商标专用权，并不包含中国内地。

苹果公司辩称，台湾唯冠即使没有对大陆 IPAD 商标的处置权，但由于台湾唯冠负责人杨荣山同时也是深圳唯冠的法定代表人，从法律上来说，这足以构成表见代理。

记者了解到，"表见代理"是指虽无代理权，但表面上有足以使人信为有代理权而须由本人承担法律后果的代理。

对此，深圳唯冠认为，其从未授权过任何人转让 IPAD 商标专用权，更没有提供法律规定的合同、公章、印鉴等形成表见代理的要素，因此，表见代理根本不成立。

2011 年 11 月 17 日，深圳市中院作出一审判决。法院审理后认为：该案商标转让合同系原告英国 IP 公司与台湾唯冠签订，被告深圳唯冠没有参与谈判，也没有授权他人处分其商标及订立商标转让合同，且商标转让合同签订人与被告之间的表见代理亦不成立，涉案的商标转让合同对被告无约束力。据此，深圳市中院作出一审判决，驳回了苹果公司、英国 IP 公司的诉讼请求。

苹果公司、英国 IP 公司不服判决，上诉至广东省高院。

二审调解结案

2012 年 2 月 29 日，广东省高院对此案进行二审开庭审理。

在二审庭审中，针对一审判决，上诉人苹果公司和英国 IP 公司提出了 3 项上诉请求，并提交了一份新的证据。3 项上诉请求包括：撤销一审判决；发回重审或者改判；诉讼费用由对方承担。两上诉人认为，深圳唯冠是涉案合同的当事人，英国 IP 公司已经与唯冠集团达成了商标全球转让交易，而涉案的 IPAD 商标的转让行为是本次交易的一部分。两上诉人还向法庭提交了一份新的证据，证明当时合同的签署方袁辉和麦世宏都是属于唯冠科技深圳有限公司的员工。

针对上诉方的理由，深圳唯冠的答辩意见是，上诉人苹果公司提交的这份证据发生在苹果一方与本案案外人台湾唯冠之间，与深圳唯冠没有任何关系。

庭审中，上诉人认为，其与被上诉人唯冠科技（深圳）有限公司已经形成了转让涉案商标的合同关系，并已经支付了商标转让的对价。被上诉人与台湾唯冠公司存在委托关系。台湾唯冠公司与上诉人英国IP公司签订商标转让协议，等同于被上诉人英国IP公司与上诉人签约。上诉人二审提交了多份证据材料，并向法庭申请由英国IP公司的一名员工以证人身份出庭作证。

被上诉人深圳唯冠的委托律师答辩称：被上诉人和台湾唯冠公司是不同的独立法人，之间不存在委托关系。被上诉人亦未授权任何人与上诉人达成任何协议。与上诉人签订商标转让协议的主体是台湾唯冠公司而不是被上诉人，该协议对被上诉人无约束力。

苹果公司的另一上诉理由是，对于深圳唯冠代表及唯冠集团与英国IP公司就涉案相关达成的转让协议，一审法院未能准确适用合同法相关规定，深圳唯冠代表唯冠集团与英国IP公司之间通过电子邮件达成的要约和承诺相当于建立了合同法律关系。

对此，深圳唯冠则认为，所谓的电子邮件本身已经有特别提示，不具有约束力。上诉人与台湾唯冠达成的协议对深圳唯冠没有任何约束力。

法庭上，苹果公司还提出两点。苹果公司的IPAD进入中国大陆市场之后，通过苹果公司的宣传、服务以及产品本身的优良品质，使IPAD商标和苹果公司的平板电脑之间建立了不可分割的紧密联系，使消费者认为IPAD品牌的平板电脑就是来自于苹果公司。

苹果公司还提到，本案中深圳唯冠的违约行为是受到了巨大经济利益的驱使。深圳唯冠的本意并非不愿意转让IPAD商标，而是借机获得天价转让费。

庭审结束后，广东省高院承办该案审理的合议庭经过认真严谨的分析合议认为，为使纠纷双方利益最大化，调解是最佳选择。据了解，深圳唯冠公司目前已负债累累，其债权人达到数百人，其最大的财产估值主要集中在IPAD商标的价值上。诉讼前，涉案的IPAD商标已被数个银行申请轮候查封。一旦该商标价值发生贬损的话，将会导致债权人更大损失。

为此，广东省高院法官充分听取苹果公司、唯冠公司的代表意见，并创造条件让双方充分交换意见，最大限度地满足双方当事人的合理诉求。其间的跌宕起伏、峰回路转，难以一笔概括。因均有调解意愿，双方确认以 6000 万美元一揽子解决有关 IPAD 商标权属纠纷，并签署了调解协议。

稿件来源：2012 年 7 月 3 日《法制日报》案件版 作者：邓新建 林劲标

奥康抗辩欧盟对华反倾销案详情披露

2012 年 11 月 20 日，《法制日报》记者从浙江奥康鞋业股份有限公司获悉，欧盟高等法院近日下达判决书，最终裁定欧盟初级法院在审理奥康抗辩欧盟反倾销案件上，个别法律条款使用不当，欠缺公正，判决书最后宣布奥康赢得了抗辩欧盟反倾销的胜利。

胜诉赢回来的更是一种尊严

"奥康的胜诉使得之前欧盟委员会针对中国和越南产皮鞋征收反倾销税的法律条款失效，原则上由进口商支付的反倾销税可退还；此外，法院也已判决欧盟委员会赔偿奥康上诉欧盟初级法院和欧盟高等法院的诉讼费。该诉讼费用初步估算预计将达四五百万元。"此案的中方代理律师蒲凌尘说，虽然在 2011 年 3 月 31 日，在中国鞋企、协会等各方努力下，欧盟委员会被迫终止了反倾销的措施，但并未解决反倾销的法律问题，而奥康此次在欧盟高等法院的胜诉，不但解决了法律问题，更为中国鞋企未来面对反倾销等国际贸易争端问题找到了相关法律依据，对中国鞋企国际化提供了更强有力的法律保障。

《法制日报》记者致电中国皮革协会副理事长、浙江奥康鞋业股份有限公司董事长王振滔时，他正在国外出差。他在电话里说，奥康赢的不仅仅是一场官司，更是一种尊严。

"现在回过头来看，欧盟反倾销从某种意义上来讲也是一件好事。"王振滔认为，对抗欧盟反倾销让奥康学到了更多与国际贸易相关的法律知识，学会了如何解决国际贸易纷争，对未来奥康国际化大有裨益。

中国皮革协会制鞋办公室主任卫亚非听说奥康胜诉的消息后表示，奥康之所以用 6 年时间坚持不懈地打一场官司，不单单是为了奥康自己，因为奥康出口欧盟市场的份额并不是最大的，奥康是为整个行业在打，更是为了中国人的骨气和尊严来打这场官司，奥康此举值得中国鞋企学习。同时她也告诫中国鞋企，欧盟反倾销为大家敲响了警钟，中国鞋企未来的国际化不会一帆风顺，必须学会勇敢面对国际贸易纠纷，学会拿起法律武器保护自身利益。

欧盟和中国鞋企的产业"战争"

2005 年 7 月 8 日，和往常一样，奥康外贸出口部员工李海军到办公室第一个动作是打开电脑。此刻，一个网页跳入他的视线：欧盟欲对中国部分皮鞋实施反倾销案调查。

对于一名外贸工作人员来说，这个消息无疑是重磅炸弹："欧盟可是我们最重要的市场啊，80% 的产品出口都是销往欧盟，如果征收反倾销税，影响该有多大？"

为了求证信息的准确性，李海军迫不及待地打开了国家商务部网站，同样的消息公布在网站首页。李海军最担心的是现有的欧盟客户会不会因此受到影响？他迅速将这个信息以邮件的形式发给了欧盟客户。

接近中午的时间，李海军接到客户的邮件回复。让他意外的是，欧盟客户不但没有因为此事对他提出特别的要求，相反，非常反对欧盟的这种做法，并表示愿意与奥康一起应对反倾销。

"反倾销躲是躲不过的，只有不满和抗议也是没有用的，需要积极主动地正面应对。"奥康董事长王振滔此刻清醒地意识到，"面对贸易壁垒，只有联合才有出路，只有合作才有发展，面对越来越大的反倾销压力，制鞋企业应该建立共同应对国际贸易壁垒的组织，共享信息、共担资金，共同表达自己的合法诉求。"

王振滔极力主张用法律手段维护中国鞋业在国际市场上的合法权益；积极寻求和争取在 WTO 规则下中国鞋业应有的市场地位和利益。

2006 年 5 月 18 日，欧盟反倾销"六方会谈"在重庆璧山中国西部鞋都举行，王振滔联合百家鞋企代表发表中国第一个抗议欧盟鞋类反倾销宣言——《重庆宣言》。

2006 年 5 月 20 日，奥康派代表参加由商务部支持、中国轻工工艺品进出口商会组织的"抗辩团"，赴欧盟出席 5 月 22 日在布鲁塞尔举行的"对华鞋产品反倾销听证会"。

听证会上，奥康代表陈词抗辩，认为中国皮鞋出口欧盟的价格很高，根本不构成反倾销，这是欧委会为保护当地产业而作出的一项不公平的决定。

2006 年 6 月 15 日，王振滔赴西班牙阿里肯特市参加鞋业论坛，为中国鞋企赢得欧盟反倾销终裁增加胜算的筹码。

联合起诉应对最大反倾销案

欧盟正式启动对原产于中国的皮鞋产品实施征收为期两年 16.5% 的反倾销税，中国涉案企业总数达到 1200 多家。

一项数据显示，从 2006 年到 2010 年年底，因为欧盟的反倾销关税实施，中国出口欧洲的皮鞋销售额下滑 20%，直接导致两万人失业。

2006 年 12 月 28 日，奥康鞋业、泰马鞋业、金履鞋业及新生港元鞋业 4 家企业的上诉材料，被正式递交至位于布鲁塞尔的欧盟法院。欧盟法院也正式受理了中国鞋企的诉讼请求。

面对欧盟对华最大的一例反倾销案，在大多数企业沉默之时，2007 年 1 月 8 日，奥康与中国民营制鞋企业宣布联合起诉，积极应对这场反倾销案。

代理此案的中方律师是蒲凌尘，他是中国打火机打赢入世反倾销第一案的辩方律师，也是中国企业在反倾销案中最早全面成功的案例——云南马龙黄磷反倾销案的代理律师。

蒲凌尘说，欧盟法院正式受理诉讼请求，只是漫长诉讼的开始，在启动诉讼程序之后，欧盟委员会和中方企业将依次进行两轮书面答辩。结束后，还有一轮口头答辩，最后再由欧盟法院在此基础上作出裁决。预计一套程序下来，可能在两年左右。

蒲凌尘分析："从损害认定上来说，欧盟有些不太符合 WTO 法规，也不太符合自身反倾销法的做法。"此说法与中国政府的态度不谋而合。商务部公平贸易局有关负责人表示："尊重并支持国内鞋企诉至欧盟法院。"而欧盟驻华大使赛日·安博说："中国鞋企起诉欧盟是正当行为。"赛日·安博对中国鞋革企业采取法律手段，到欧盟法院起诉欧盟的反倾销举措表示理解和赞赏。

"两年的官司还没打完，征税时间可能就已经结束了。"面对这一问题，王振滔坦言，如果一味地默认、忍让，两年后可能会面临更高额度的反倾销税，他们就有可能再延期至 5 年，那时中国鞋企在欧洲市场上就困难重重了。所以，向欧盟法院提起诉讼，就是要让欧盟国家听到中国鞋企抗辩的声音，让世界其他各国也听到中国民营企业的声音。

王振滔说："我们不是为哪一家企业打这场官司，是为整个中国制鞋行业和中国的几百万制鞋工人打这场官司的，更是为了中国鞋业的明天。"

事实证明，欧盟反倾销对中国鞋业的打击"立竿见影"，在欧盟对我国皮鞋正式征收16.5%反倾销税的第二个月，温州对欧盟出口皮鞋类产品共430批次243.78万双，出口额2147.09万美元，与去年同期相比分别下降32.71%、37.80%和19.80%。

两年反倾销税到期进入复审

奥康等5家中国鞋企在欧盟初级法院的官司按照司法程序进行着，转眼两年过去了。

2008年，10月的温州有些闷热，温州外经贸局三楼不大的会议室座无虚席，空气中弥漫着一种紧张的气氛。

来到会议室，奥康外贸部的李海军在后排找了个位置坐下。会议开始后，他才知道欧盟在10月2日宣布2006年开始征收的为期两年的反倾销税到期，进入期满复审阶段。这次会议是商务部领导特地来到温州主持召开的。

会上，商务部公平贸易局局长周小燕大力呼吁浙江、广东、福建等地中国鞋企要集体行动、步调一致，争取在欧盟"日落复审"时得到满意的结果。

"日落复审"是欧委会在反倾销到期后进行的一种复审程序，根据复审的结果再表决通过取消还是继续征收，其期限是12个月到15个月，复审期间反倾销税依然征收。

复审能否改变中国鞋企的命运？中国政府、协会、企业都在为之付出努力并期待有利结果。

2009年1月12日，欧盟调查官到奥康进行实地核查。这天，李海军起得很早，他负责去机场迎接欧盟反倾销调查组的官员。他知道，此次他的主要任务就是配合官员做好调查，让他们尽量多地去了解奥康，把握事实。

在这之前，奥康收到一份来自欧委会的函件。函件称，作为"日落复审"的程序之一，欧委会通过抽签，奥康等7家中国鞋企将成为欧委会官员实地核查的对象，并通知了具体的核查时间为2009年1月12日。

"欧盟对中国和越南产皮鞋所征反倾销税延长15个月的计划，在19日被欧盟多数国家的贸易官员否决。这对中国鞋企争取取消反倾销税是一个大好消息，反倾销税很有可能被取消。"距离欧盟调查官离开奥康已有大半年的时间，11 月 20 日一大早，李海军接到了卫亚非的电话，卫亚非告诉了他这一好消息。

李海军上网搜索信息：当地时间 19 日上午，欧委会就是否对中国皮鞋继续延长 15 个月的反倾销税，向成员国征求意见。参与讨论的 27 个成员国中，15 个国家反对延长反倾销税的计划，10 个国家支持，两个国家弃权。这意味着该提案已被否决。

令人遗憾的是，不久，欧盟部长理事会议不顾多数成员国的反对，通过表决对中国和越南产皮鞋所征反倾销税再延长 15 个月，最迟将在 2010 年 1 月 3 日公布实施。

祸不单行，2010 年 3 月，欧盟法院传来消息：奥康等 5 家中国鞋企的诉讼请求被驳回。

奥康单兵突击诉至欧盟高等法院

"通过阅读欧盟初审法院的判决书，我们发现判决有失公允。"2010 年 5 月，蒲凌尘再次来到温州，就欧盟初审法院判决的有关情况向王振滔进行汇报。

"在计算损害幅度方面，欧委会的做法实际上违反了欧盟反倾销法规的第一条；在评议欧委会改变措施方式和计算方法时，欧委会给予中方企业的评议时间不合理 (5 天)，也不符合法规规定的 10 天期限。我们针对这些法律疑点，仍可以上诉至欧盟高等法院，请求高等法院对初级法院的审理程序进行复核。奥康仍有胜算的机会。"蒲凌尘的话正是王振滔所想："无论结果如何，我们在法律程序上要走完，这是一种做事的态度。"

这次蒲凌尘还带来了另一个好消息：商务部已经提请 WTO，就欧盟对中国皮鞋征收反倾销税事件成立专案组，来审理此案。有政府的大力支持，更增加了奥康继续在法律程序上走下去的信心。

2010 年 6 月，奥康决定继续上诉欧盟高等法院，而其他 4 家鞋企到此均放弃。

欧盟委员会于 3 月 16 日发出公告，宣布从 2011 年 3 月 31 日起，正式停止对越南和中国生产的皮鞋征收反倾销税。这意味着长达近 5 年的欧盟对华皮鞋反倾销将于本月底"寿终正寝"。

在中国政府和奥康企业锲而不舍的抵制下，反倾销终于"柳暗花明"。王振滔此时正带领团队在西班牙和意大利访问。他说，5 年前受欧盟鞋业联合会主席卡尔沃的邀请参加西班牙鞋业论坛，痛斥欧盟委员会对中国皮鞋征收反倾销税。5 年后，在反倾销即将取消之际，他来到这里发现，欧洲的鞋业同行和消费者对中国鞋业了解得更加深入，和中国鞋企合作的意愿更加强烈。

稿件来源：2012 年 11 月 21 日《法制日报》案件版 作者：陈东升 王春 王海龙

全国首例"纵向垄断案"终审宣判

2013 年 8 月 1 日，上海市高级人民法院第 12 法庭内座无虚席，这里正在进行北京锐邦涌和科贸有限公司与强生（上海）医疗器材有限公司、强生（中国）医疗器材有限公司纵向垄断协议纠纷案的终审宣判。

上海市高院撤销了原审判决，二审判决被上诉人强生公司应在判决生效之日起 10 日内赔偿上诉人锐邦公司经济损失 53 万元，驳回锐邦公司的其余诉讼请求。

至此，这起受到国内外学界、业界高度关注的垄断案在历经 3 年时间的审理之后，终于尘埃落定。在反垄断法实施 5 周年之际，此案预示着在今后垄断纠纷中，只要举证充分，就能受到法律的保护。

回顾

锐邦公司是强生公司医用缝线、吻合器等医疗器械产品的经销商，与强生公司有着长达 15 年的经销合作关系，合同每年一签。

2008 年 1 月，强生公司与锐邦公司签订《2008 年经销合同》及附件，约定锐邦公司在强生公司指定的相关区域销售爱惜康缝线部门的产品。在此期间，锐邦公司不得以低于强生公司规定的价格销售产品。

2008 年 3 月，锐邦公司在北京大学人民医院举行的强生医用缝线销售招标中以最低报价中标。4 月，强生公司人员对锐邦公司的低价竞标行为提出警告。7 月，强生公司以锐邦公司私自降价为由取消其在北京阜外医院、整形医院的经销权。8 月 15 日起，强生公司不再接受锐邦公司医用缝线产品订单。9月,强生公司完全停止了缝线产品、吻合器产品的供货。2009年,强生公司不再与锐邦公司续签经销合同。2009年以后,强生公司修改经销协议,放弃了一直以来的最低转售价格限制。在锐邦公司与强生公司合作的15年间,涉案的医用缝线产品价格基本不变。

2010年8月11日,锐邦公司诉至法院,要求强生公司赔偿因执行该垄断协议对锐邦公司低价竞标行为进行处罚而给其造成的经济损失1400余万元。

2012年5月18日,一审法院作出判决,认为锐邦公司举证不足,不能认定构成反垄断法所规定的垄断协议,故判决驳回其诉请。

锐邦公司不服,于2012年5月28日提起上诉,上海市高院先后3次开庭审理。

此案审理期间,双方分别委托了对外经济贸易大学教授龚炯、上海财经大学教授谭国富两位国内知名经济学家向法庭提供专家意见。这场诉讼受到国内外业内人士的高度关注,被称作"中国首例纵向垄断案"。

两位经济学家龚炯和谭国富均采用了经济学上的"合理分析方法",只是最后得出了不同解释。对此,记者采访了本案审判长、上海市高院知识产权庭副庭长丁文联。

丁文联表示,专家出庭的做法在垄断案中很有必要,法院也充分考虑了两位专家的意见。合议庭最后认为,尽管如强生公司所述,医用缝线产品市场不断有新品牌加入,但强生公司可以以15年不变的价格从容应对竞争,充分说明强生公司对其缝线产品具有很强的定价能力,涉案产品缺乏需求弹性又更加巩固了强生公司的定价能力。这一点,对于法院综合考量"相关市场竞争是否充分"和"强生公司在相关市场是否具有很强市场地位"两项因素均非常重要。

丁文联说,反垄断法第一章第一条规定,为了预防和制止垄断行为,保护市场公平竞争,提高经济运行效率,维护消费者利益和社会公共利益,促进社会主义市场经济健康发展,制定本法。本案的判决充分体现了反垄断法的立法目的,尤其是在维护消费者的利益及全社会的公共利益方面。

焦点

《法制日报》记者了解到,在锐邦公司与强生公司纵向垄断协议纠纷案审理期间,双方围绕六大焦点问题争论不休,直至上海市高级人民法院作出终审判决。

焦点一：是否适用反垄断法

关于是否适用反垄断法这一焦点，锐邦公司认为，此案中，强生公司的垄断行为从2008年1月一直延续到2008年8月1日反垄断法实施之后，应适用反垄断法。

强生公司则认为，此案所涉经销合同订立在反垄断法实施之前，强生公司针对锐邦公司违约行为所采取的行动亦发生在反垄断法实施之前，所以不应适用反垄断法。

对于这一焦点，上海市高院认定应适用反垄断法。法院认为，《经销合同》虽在2008年1月签订，但其有效期一直延续到当年12月31日。在2008年8月1日反垄断法实施后，强生公司与经销商一直履行该合同，故此案应当适用反垄断法。

焦点二：起诉主体是否适格

据了解，庭审的第二大焦点在于锐邦公司是否具备原告主体资格。对此，锐邦公司认为，锐邦公司因被告的垄断行为受到损害，具备此案原告主体资格。

而强生公司则提出，此案被控垄断行为是锐邦公司与强生公司之间达成的垄断协议，由当事人双方共同签订和执行，锐邦公司本身作为垄断行为的直接参与者和实施者，无资格提起诉讼。

对于双方争议，上海市高院审理后认为，锐邦公司是此案诉讼的适格原告。依据有二，首先，垄断协议的当事人既可能是垄断行为的参与者、实施者，也可能是垄断协议的受害者，故锐邦公司属于反垄断法规定的因垄断行为遭受损失的主体范围；其次，垄断协议的当事人可能只是被动接受垄断协议而不是垄断行为的实施者，应当准许当事人就合同内容是否违反反垄断法提起诉讼，《最高人民法院关于审理因垄断行为引发的民事纠纷案件应用法律若干问题的规定》也直接确定了各类合同当事人针对合同条款提起反垄断诉讼的依据。

焦点三：垄断协议有何要件

在庭审中，垄断协议是否以具有排除、限制竞争效果为构成要件，也是双方激辩的焦点。

锐邦公司称，协议里只要有反垄断法第十四条所规定的限制转售价格条款，即构成垄断协议，并应认定为违法，不需要另外证明存在排除、限制竞争效果。

强生公司认为，反垄断法并没有规定经营者与交易相对人达成限定最低转售价格的协议就是垄断协议，反垄断法所要禁止的是具有排除、限制竞争效果的限制转售价格协议。

上海市高院最终认定，反垄断法第十四条所规定的限制最低转售价格协议必须具有排除、限制竞争效果才能被认定为垄断协议。无论是根据反垄断法的立法技术作体系解释，还是依据《最高人民法院关于审理因垄断行为引发的民事纠纷案件应用法律若干问题的规定》的相关规定，纵向垄断协议应以具有排除、限制竞争效果为必要条件。

焦点四：举证责任怎样分配

据审理此案的法官介绍，法庭上，双方当事人就如何分配排除、限制竞争效果的举证责任争议较大。

锐邦公司提出，最高人民法院的相关司法解释规定，在横向垄断协议纠纷案件中，被诉签订横向垄断协议的当事人应举证证明涉案协议不具有排除、限制竞争效果。照此类推，在纵向垄断协议中，协议条款制定方对此须承担举证责任。所以，此案中应由强生公司承担证明涉案协议不存在排除、限制竞争效果的责任。

强生公司的意见是，民事诉讼法确定"谁主张、谁举证"原则，依据该原则，只有在法律明确规定情况下才适用举证责任倒置。反垄断法对纵向垄断协议是否具有排除、限制竞争效果没有规定举证责任倒置，因此应由锐邦公司承担证明涉案协议具有排除、限制竞争效果的责任。

上海市高院审理后认为，最高人民法院的司法解释对横向协议的举证责任分配规定不能类推适用于纵向协议。在没有法律法规和司法解释明确规定的情形下，应当遵循"谁主张、谁举证"的一般诉讼原则，由原告对本案所涉限制最低转售价格协议是否具有排除、限制竞争效果承担证明责任。

焦点五：限价是否属于垄断

庭审中，围绕此案涉及的限制最低转售价格协议是否构成垄断协议这一问题，双方给出了不同看法。

锐邦公司认为，强生公司以合同条款限定锐邦公司不能以低于约定的最低转售价格向第三人转售产品，还对其低价转售行为采取警告、中止或者终止合同等间接方法，胁迫和威胁锐邦公司维持最低转售价格，采用电子商务系统进一步实施价格监督，达到有效实施转售价格限制的目的。强生公司的行为扭曲了市场竞争机制，既限制了品牌内竞争，又限制了品牌间的竞争，使北京地区强生缝线产品价格维持在一个很高的水平，严重损害了消费者（患者）利益，故所涉协议构成反垄断法所规定的垄断协议。

对于这一说法，强生公司提出，此案所涉医用缝线产品在中国大陆市场充分开放，不同品牌产品竞争非常激烈，而且不断有新的品牌和经营者进入此市场。医院拥有很强的买方势力，对不同品牌产品的选择和价格有最终决定权，强生公司的价格限制条款不会对其他品牌产品价格产生影响。另一方面，多年来强生公司不断推出新的医用缝线产品，其与经销商之间订立的限制转售价格协议可以推进强生品牌内部经销商的非价格竞争，如产品推广、售后服务、品牌维系、诚信守约等，所以不构成垄断协议。

上海市高院认为，对限制最低转售价格协议的经济效果，可以从以下四方面分析评价：相关市场竞争是否充分、被告市场地位是否强大、被告实施限制最低转售价格的动机、限制最低转售价格的竞争效果。医用缝线市场竞争不充分，强生公司具有很强的市场地位，其限制最低转售价格的动机在于回避价格竞争，其限制竞争效果很明显，而促进竞争效果不明显。所以，此案涉及的限制最低转售价格协议构成垄断协议。

焦点六：损失赔偿如何计算

庭审中，锐邦公司提出，强生公司对锐邦公司进行处罚，包括扣除保证金，取消其在阜外医院、整形医院的经销资格，直至完全取消其经销强生产品资格，导致锐邦公司高价进货、库存积压、人员遣散支出、2008年与2009年预期利润损失及15年宣传推广费用等诸多损失，这些损失均源起于强生公司违法实施转售价格限制，属于反垄断意义上的损失，强生公司应予赔偿。

对于锐邦公司提出的索赔，强生公司认为，强生公司未实施垄断行为，不应承担赔偿责任，且锐邦公司主张的经济损失是基于合同法请求的损失赔偿，不是基于反垄断法请求的损失赔偿，不能在反垄断诉讼中获得支持，请求法院驳回锐邦公司全部诉请。

上海市高院审理后认为，锐邦公司所主张的缝线产品利润损失赔偿在反垄断法上具有请求依据，但不能依据合同法规则计算损失赔偿额，而仅能主张正常利润水平的利润损失。锐邦公司的具体计算方法既有合理之处，又有依据不足之处。法院综合考虑同行业其他品牌售价、上诉人应承担税负等因素后，酌定锐邦公司可以获得支持的 2008 年缝线产品利润损失为 53 万元。至于上诉人所主张其他损失赔偿，因与此案垄断行为没有直接关系而缺乏事实与法律依据，法院不予支持。

稿件来源：2013 年 8 月 2 日《法制日报》案件版 作者：刘建 卫建萍 严剑漪

华为诉美国 IDC 垄断案影响深远

一方是世界通信终端生产巨头华为公司，另一方是全球通信标准专利巨头美国 IDC 公司，这场知识产权纷争横跨太平洋从美国一直打到中国。2013 年 10 月 28 日，广东省高级人民法院对此案作出终审判决，判定美国 IDC 公司构成垄断，赔偿华为公司 2000 万元人民币。

由于涉及世界知识产权领域最前沿的法律问题，此案判决确立的裁判标准，对于我国乃至国际知识产权司法保护领域均将产生重要影响。

华为反击 IDC 公司

作为全球电信设备巨头之一的华为公司，其"进军"美国之路并不平坦：继 2012 年 10 月遭遇美国国会众议院情报委员会以"国家安全"名义发布调查报告后，华为等中国企业在美国市场再遭挫折，美国国际贸易委员会（即 ITC)2013 年 1 月宣布，对华为等公司的 3G、4G 无线设备发起"337 调查"，以确定这些产品是否侵犯美国公司专利权。一旦"337 调查"的结果构成知识产权侵权的话，将意味着华为公司将被在美禁售相关产品而失去美国市场。

此次"337 调查"的推动者是美国无线厂商 InterDigital，它在 2011 年 7 月 26 日向 ITC 提交诉状，同时还在美国特拉华州法院提起了民事诉讼，指控华为 3G 产品侵犯了其 7 项专利。

InterDigital 中文名为美国交互数字公司，旗下有交互数字通信有限公司、交互数字技术公司、交互数字专利控股公司和 IPR 许可公司等子公司，互为关联，对外统称交互数字集团 (以下统称为 IDC 公司)。该公司参与了全球各类无线通信国际标准制定，拥有一系列无线通信基本技术相关的专利。

而华为与 IDC 公司之间的恩怨也正是源于这一系列无线通信专利。为了维护自己的权益，华为公司将 IDC 公司告上中国法院。2011 年 12 月 6 日，华为公司向深圳市中级人民法院起诉，以交互数字集团滥用市场支配地位为由提起反垄断诉讼，请求法院判令其停止垄断行为，并索赔人民币 2000 万元。

绕不过的独家专利

近年来，全球各大通信巨头包括苹果、三星、诺基亚等企业之间由于相关专利侵权问题摩擦不断。华为诉 IDC 案一立案即引起了世界各国尤其是通信业的高度关注。而标准必要专利许可引发的纠纷在我国也属首例。

什么是标准，什么又是标准必要专利？如今，人们的工作生活越发离不开手机。去过日本的人都知道，国内手机到了日本不能漫游，这是因为两国的通信标准不同所致，因此标准是一种"看不见的秩序"。

大家熟悉的现行通信领域技术标准有 2G、3G、4G。在世界范围内大约有百余个行业标准化组织。其中，电信领域影响较大的有欧洲电信标准化协会 (ETSI)、美国电信工业协会 (TIA) 等。

要实现自己通信产品在出口国的销售和正常使用，就必须符合该国采用的标准。而通信领域技术标准的制定跟通信企业巨头的积极参与和推动是分不开的，更与他们的通信专利分不开。每一个新标准的出现代表了更高的科技水平，必须采用更前沿的技术，而更前沿的技术又多受专利保护。"三流企业卖苦力，二流企业卖产品，一流企业卖专利，超一流企业卖标准"，这反映了当前全球企业竞争的现状。

尽管华为、中兴等国内企业也参与了 4G 标准的制定，但是由于我国通信领域自主研发起步较晚，在 2G、3G 标准制定中几乎缺乏话语权。IDC 公司则是 2G、3G 标准的大赢家，其直接参与了标准制定，并将自己专利融入标准。因此，华为想要生产 3G 手机就必须用到 IDC 的专利，否则将寸步难行。

许可费率厚此薄彼

华为公司起诉称，IDC 公司利用参与各类国际标准制定，将其专利纳入其中，形成标准必要专利，并占据市场支配地位。

"IDC 公司无视公平、合理、无歧视原则的承诺，对其专利许可设定过高价格，附加不合理条件，涉嫌搭售。"华为公司认为，IDC 公司还通过美国国际贸易委员会启动"337 调查"和在美国联邦法院起诉来拒绝与其进行交易，损害市场秩序，请求法院认定 IDC 公司在美国和中国两个市场构成滥用垄断地位。

对于 IDC 公司而言，其盈利模式是靠许可通信专利收取费用，并不直接从事终端生产。其收取专利费用一般采取一次性付款和按销售量确定收取费率等方式。在启动"337 调查"前，IDC 公司曾于 2012 年发出最后要约，提出从 2009 年到 2016 年按照销售量确定支付许可费率为 2%。

华为无法接受这样高企的价格。因为如果华为公司接受 2% 费率，那么其仅缴纳 IDC 公司这单独一家的专利费就几乎可以掏空其全部利润。

令华为公司更加无法接受的是，IDC 公司在对外进行专利许可时采取了多重标准、厚此薄彼。比如，IDC 公司与苹果、三星公司之间的专利许可费用则明显不同。尽管 IDC 许可给华为公司的专利许可方式与苹果、三星不尽相同，但其许可使用费率却是许可给苹果、三星的数十倍。

IDC 公司的专利都是合法取得的，专利权天然就具有一定的垄断性，这种技术垄断与市场垄断之间是什么关系？如何判定滥用垄断地位？这些均是当今世界知识产权司法保护最前沿、最新颖的问题。

深圳市中院的一审判决判定 IDC 公司因实施了垄断行为，判其赔偿华为公司损失人民币 2000 万元，但法院同时驳回了华为公司在法庭上提出 IDC 公司对必要专利一揽子许可构成捆绑搭售行为的诉求。

一审判决后，双方当事人均提起上诉。由于案件涉及商业秘密，双方当事人均申请法院以不公开开庭方式审理此案。

二审判定 IDC 垄断

对于华为公司而言，在与 IDC 的专利许可谈判中始终处于劣势。标准必要专利，说白了就是卖方市场，怎么开价几乎也成了 IDC 的"一言堂"。从 IDC 先后 4 次给华为的报价来看，华为要么全盘接受，要么出局。

在反垄断法上，"利用垄断地位不公平的高价销售产品"是规制打击的重点对象。然而，判断一个公司构不构成垄断，首先必须划定一个圈，即确定相关市场，包括商品市场和地域市场。尽管 IDC 辩称应当将 2G、3G、

4G 视为同一商品市场，将地域市场界定为全球。然而，法官对此并不赞同，通信标准之间代表着不同技术发展阶段，具有不可替代性。

作为标准的制定者之一，标准一旦确定下来，就具有了封锁效应，它与专利自身具有的法定垄断属性相结合，使得该专利成为唯一且必须使用的技术。故 IDC 公司无论是在中国还是美国的 3G 标准中的每一个必要专利许可市场都具有"仅此一家、别无他选"的 100% 份额，具备了垄断地位。

庭审中，中国的反垄断法是否具备域外效力成为双方辩论的重心。对此，此案主审法官肖海棠解释，我国反垄断法第二条有规定，对于境外垄断行为对境内市场产生排除、限制影响的，可以管辖。但肖海棠提出，这种管辖应该同时遵循效果原则和合理管辖原则，防止滥用。

对于此案，法院认为，由于华为公司在国内生产，IDC 公司在美国的授权许可行为可以直接影响到华为公司在中国境内的生产、出口等，且影响达到了重大、实质性以及可以合理预见的程度，故中国法院可以审查 IDC 公司在美国市场垄断行为对华为公司的影响作出裁决。

最终，法院支持了华为公司对不公平定价的"指控"。依据主要有：IDC 对华为的 4 次报价均明显高于对其他公司的许可，甚至高达百倍；针对全球手机销量远不如苹果、三星等的华为公司索要高价明显缺乏正当性、合理性；为迫使华为免费许可其名下所有专利给 IDC 使用，反而提起"337 调查"和诉讼，强迫给予免费交叉许可。法院确认，IDC 实施了不公平的高价销售行为，构成垄断侵权行为。

对于华为公司在法庭上提出 IDC 公司对必要专利一揽子许可构成捆绑搭售行为，法院不予认可。合议庭认为，对全球范围内必要专利进行打包许可，这对华为公司这类跨国公司而言符合效率原则，不构成垄断行为。

据此，广东省高院维持了深圳市中院的一审判决，判定 IDC 公司因实施了垄断行为，赔偿华为公司损失人民币 2000 万元。

稿件来源：2013 年 10 月 29 日《法制日报》案件版　作者：章宁旦　林劲标

7.4 万字判决书终结"3Q"大战

2014 年 10 月 16 日 9 时 30 分，最高人民法院公开宣判上诉人北京奇虎科技有限公司与被上诉人腾讯科技（深圳）有限公司、深圳市腾讯计算机系统有限公司滥用市场支配地位纠纷一案。此案审判长、最高法知识产权庭副庭长王闯针对案件的 5 个争议焦点阐述了最高法的意见，并宣布驳回奇虎公司的全部上诉请求，维持一审法院判决。

"3Q 大战"持续数年

记者了解到，此案是迄今为止中国互联网领域诉讼标的额最大的垄断案件。涉诉双方均为中国互联网领域中的领军公司，近年来，双方爆发了多起诉讼，被舆论称为"3Q 大战"。

"3Q 大战"其实是一款软件引发的拉锯战。2010 年 2 月，腾讯推出"QQ 医生"，与 360 安全卫士形成竞争。同年 10 月 29 日，奇虎 360 推出"扣扣保镖"剑指 QQ，要对其实施包括清垃圾和去广告在内的系列"净身"动作。此后的 11 月 3 日晚，腾讯宣布在装有 360 软件的电脑上停止运行 QQ 软件，用户必须卸载 360 软件才可登录 QQ，要求用户"二选一"，导致大量用户被迫删除 360 软件。

2012 年 11 月，奇虎 360 向广东省高级人民法院起诉，主张腾讯滥用在即时通信软件及服务相关市场的市场支配地位，构成垄断。

2013 年 3 月 20 日，广东省高级人民法院作出一审判决，驳回奇虎公司全部诉讼请求。这是国内首个在即时通信领域对垄断行为作出认定的判决。对于上述判决，奇虎公司表示不服，向最高人民法院提出上诉，并索赔经济损失 1.5 亿元。

同年 11 月 26 日，此案二审在最高法开庭。此次庭审历时整整两天，截至庭审结束，上诉人和被上诉人仍然互不相让，均坚持各自诉讼请求。

据悉，此案系最高法审理的第一起垄断案件，也是"3Q"大战中最引人注目的案件之一，受到国内外广泛关注。

7.4 万字判决书释法

在 2014 年 10 月 16 日宣判的长达 7.4 万字的判决书中，最高法详细阐述了互联网领域反垄断法意义上相关市场界定标准、市场支配地位认定标准以及滥用市场支配地位行为的分析原则与方法等一系列具有重要意义的法律问题，明确了反垄断法律适用的多个重要裁判标准。

关于相关市场界定问题，最高法在判决中指出，作为界定相关市场的一种分析思路，假定垄断者测试 (HMT) 具有普遍的适用性。在实践中，选择何种方法进行假定垄断者测试取决于案件所涉市场竞争领域以及可获得的相关数据的具体情况。如果特定市场领域的商品同质化特征比较明显，价格竞争是较为重要的竞争形式，则采用数量不大但有意义且并非短暂的价格上涨 (SSNIP) 的方法较为可行。不过，如果在产品差异化非常明显且质量、服务、创新、消费者体验等非价格竞争成为重要竞争形式的领域，采用数量不大但有意义且并非短暂的价格上涨 (SSNIP) 的方法则存在较大困难。基于相对价格上涨的假定垄断者测试难以在本案中完全适用，但可以采取该方法的变通形式，例如基于质量下降的假定垄断者测试。相关市场的界定，主要从需求者角度进行替代分析，辅之以经营者角度的供给替代分析。在实践中，界定相关市场既可以采取定性分析的方法，也可以采取定量分析的方法。在定性分析足以得出明确的结论时，不必要进行复杂的定量分析。运用上述思路和方法，最高法院将本案相关市场界定为中国大陆地区即时通信服务市场。

关于腾讯公司是否具有市场支配地位问题，最高法认为，尽管腾讯公司在本案相关市场的市场份额较高，但是市场份额只是判断市场支配地位的一项比较粗糙的指标。在市场进入比较容易，或者高市场份额源于经营者更高的市场效率或者提供了更优异的产品，或者市场外产品对经营者形成较强的竞争约束等情况下，高的市场份额并不能直接推断出市场支配地位的存在。特别是，互联网环境下的竞争存在高度动态的特征，相关市场的边界远不如传统市场领域那样清晰，在此情况下，更不能高估市场份额的指示作用，而应更多地关注市场进入、经营者的市场行为、对竞争的影响等有助于判断市场支配地位的具体事实和证据。基于中国大陆即时通信服务市场竞争比较充分、市场进入较为容易、大量新兴即时通信服务提供商成功进入市场等因素，最高法认为本案现有证据并不足以支持被上诉人具有市场支配地位的结论。

关于腾讯公司是否滥用市场支配地位问题，最高法指出，在相关市场边界较为模糊、被诉经营者是否具有市场支配地位不甚明确时，应该进一步分析被诉垄断行为对竞争的影响效果，以检验关于其是否具有市场支配地位的结论正确与否。即使被诉经营者具有市场支配地位，判断其是否构成滥用市场支配地位，也需要综合评估该行为对消费者和竞争造成的消极效果和可能具有的积极效果。反垄断法所关注的重心并非个别经营者的利益，而更应关注健康的市场竞争机制是否受到扭曲或者破坏。腾讯公司实施的"产品不兼容"行为仅持续一天。在此期间，其主要竞争对手 MSN、飞信和阿里巴巴等的用户数量均有较高增幅。MSN 更是在月覆盖人数长期负增长之后实现局势逆转，增长率高达 61.93%，月覆盖人数实际比上月增长 2300 多万人。新的竞争者移动飞信、新浪 UC 等乘机进入市场，下载量猛增，给该市场带来了更活跃的竞争。同时，腾讯公司的行为对安全软件市场的影响极其微弱，其安全软件市场份额仅增加了 0.57 个百分点，从 3.89% 增长至 4.46%。而奇虎公司的市场份额未有较大变化，其安全软件市场的市场占有率仅降低了 3.3 个百分点，从 74.6% 下降至 71.3%。没有证据表明，通过实施"产品不兼容"和将 QQ 软件与其他软件打包安装的行为，腾讯公司将其在即时通信市场的领先地位延伸到安全软件市场。尽管上述行为对用户造成了不便，但是并未导致排除或者限制竞争的明显效果，腾讯公司不构成反垄断法所禁止的滥用市场支配地位行为。

稿件来源：2014 年 10 月 17 日《法制日报》案件版　作者：袁定波

第六章　分析

失信案件多发亟待构建诚信法律体系

侵犯商标权纠纷层出不穷、纵横垄断市场案件时有发生……

梳理近 3 年来的民事侵权案件及垄断案件发现，近年来，在我国市场经济活跃的同时，失信案件也呈多发趋势。

著名法学家吴志攀曾撰文指出，市场秩序的基础在于诚信、公正。但是，由于我国正处于经济转型期，社会生活中出现大量违法行为，妨碍社会主义市场经济的正常发展。

商标侵权向网络蔓延

一家家纺公司的老总，为了让即将倒闭的企业起死回生，利用自己曾经做著名家纺企业红豆家纺二级经销商的经验，将私自印制的"红豆"商标标识配套使用在自己生产的被子上，然后销售给遍布全国 20 多个地区的红豆集团公司的代理商、经销商。在短短 8 个月时间里，两万余条假冒红豆注册商标的家纺产品被销售到全国各地，非法经营额共计人民币 100 余万元。2014 年 1 月 14 日，江苏省南通市通州区人民法院一审以假冒注册商标罪，判处被告人尤良才有期徒刑3年，缓刑4年，并处罚金人民币54万元。

梳理近年来出现的侵犯商标权案件不难发现，商标侵权行为可谓涉及群众衣食住行各个方面，从食品到日用品，从纺织品到电器，甚至商品房楼盘都出现了商标侵权行为。

2012年4月20日，江苏省高级人民法院就对一起房地产楼盘商标侵权纠纷作出终审判决。

这起案件的起因，在于江苏炜赋集团建设开发有限公司在江苏省南通市开发区开发了一个安置房项目，并将这一楼盘命名为"星河湾"。广东省广州星河湾实业发展有限公司、广州宏富房地产有限公司以涉嫌侵犯商标权及不正当竞争为由，将江苏炜赋集团建设开发有限公司告上法院。

此案经过历时一年多的审理，江苏省高院最终判决炜赋公司不构成侵犯商标权及不正当竞争。据悉，这是江苏首例涉房地产楼盘标识侵权案。

梳理这些商标侵权案件可以发现，商标侵权行为所涉及的领域不仅在扩大，这种行为也开始由线下向线上转移。

2014年11月，天津市第二中级人民法院审结"以纯"商标权人郭东林诉淘宝卖家黄某某侵犯商标权纠纷案。

原告郭东林系商标"以纯"和"YISHION"的注册权人。2013年，郭东林发现被告黄某某未经授权许可，以"杰夫哈迪521"的网名，在淘宝网开设"以纯"代购网店，销售带有"以纯""YISHION"商标的各款服装，并在网店中突出使用"以纯"的代言人图片等进行宣传。2013年5月24日，郭东林委托公证处进行了证据保全，同时向"淘宝网知识产权保护平台"进行了申诉和查询，从淘宝网处得知了被告的真实姓名及身份证号码等个人信息，后将被告起诉至天津市第二中级人民法院。

法院审理后认为，原告提供的证据及法院依职权调查的证据，足以证明被告开网店并销售"以纯"商标服装的事实，被告对其销售的服装是否侵权、是否具有合法来源，既未提出抗辩，亦未提交证据，故认定被告销售的"以纯"商标服装系侵权产品，判决被告黄某某停止侵权并赔偿原告经济损失及合理支出12000元。

江苏省南通市通州区人民法院知识产权庭副庭长徐淑华说，当前，侵权商品销售呈公开化趋势，同时，侵权商品销售呈网络化趋势。随着电子商务的快速发展，侵权人规避实体店售假的风险，转而通过网络销售侵权商品。

侵犯商标权行为为何出现公开化、网络化趋势？

北京航空航天大学法学院院长龙卫球认为，从经济学视角看，市场经济鼓励人的趋利心理，并借此使人发挥财富的创造力。人的趋利本性如果不加约束，就会不择手段，也就必然有诚信危机等在那里。

反垄断法网日趋严密

2011年2月，江苏省工商局有关执法人员介绍了一起反垄断案件——连云港工商局接到举报，连云港市建筑材料和建筑机械行业协会成立的混凝土委员会，组织预拌混凝土企业联合制定了分割市场和固定价格的协议。建设方蒙受了巨大的损失，并开始举报。

初步证实了举报问题属实后，连云港市工商局向该市建设部门发出行政建议书，明确指出混凝土委员会组织会员企业签订实施垄断性协议的行为，违反了反垄断法的有关规定，希望行业主管部门介入并及时制止和纠正违法行为。然而连云港市工商局的建议没有受到重视，垄断行为依然行之若素。

专案组调查证实，混凝土委员会组织连云港18家预拌混凝土企业召开会议，协商制定了《预拌混凝土企业行业自律条款》《检查处罚规定》。通过获得完整的证据链，办案人员面前再现了涉案人员数次召集会议，共谋划分市场，商讨协会运作、合同备案、信息收集、工程分配、违约单位处罚等违法事实。

最终，江苏省工商局对连云港市建筑材料和建筑机械行业协会混凝土委员会处以罚款20万元；对连云港中港混凝土有限公司等5家协会常设委员会会员单位，共处以没收违法所得13万余元、罚款53万余元的处罚；责令参与签订垄断协议的其他企业停止违法行为。

这是反垄断法自2008年8月1日实施后，工商行政机关查处的反垄断第一案。

在2013年8月1日，上海市高级人民法院对全国首例"纵向垄断案"作出二审宣判。

全国首例"纵向垄断案"的一方是北京锐邦涌和科贸有限公司，另一方是强生（上海）医疗器材有限公司、强生（中国）医疗器材有限公司。

锐邦公司是强生公司医用缝线、吻合器等医疗器械产品的经销商，与强生公司有着长达15年的经销合作关系，合同每年一签。

2008年1月，强生公司与锐邦公司签订《2008年经销合同》及附件，约定锐邦公司在强生公司指定的相关区域销售爱惜康缝线部门的产品。在此期间，锐邦公司不得以低于强生公司规定的价格销售产品。

2008年3月，锐邦公司在北京大学人民医院举行的强生医用缝线销售招标中以最低报价中标。4月，强生公司人员对锐邦公司的低价竞标行为提出警告。7月，强生公司以锐邦公司私自降价为由取消其在北京阜外医院、整形医院的经销权。8月15日起，强生公司不再接受锐邦公司医用缝线产品订单。9月，强生公司完全停止了缝线产品、吻合器产品的供货。2009年，强生公司不再与锐邦公司续签经销合同。2009年以后，强生公司修改经销协议，放弃了一直以来的最低转售价格限制。

2010年8月11日，锐邦公司诉至法院，要求强生公司赔偿因执行该垄断协议对锐邦公司低价竞标行为进行处罚而给其造成的经济损失1400余万元。

2012年5月18日，一审法院作出判决，认为锐邦公司举证不足，不能认定构成反垄断法所规定的垄断协议，故判决驳回其诉请。锐邦公司不服，于2012年5月28日提起上诉，上海市高院先后3次开庭审理。

上海市高院审理后，撤销了原审判决，二审判决被上诉人强生公司在判决生效之日起10日内赔偿上诉人锐邦公司经济损失人民币53万元，驳回锐邦公司的其余诉讼请求。

至此，这起引起学界、业界高度关注的垄断案终于审结。

梳理近几年的反垄断案件可以发现，反垄断调查从彩电、奶粉、白酒再到汽车、保险、互联网行业和水泥行业，涉及行业和企业在不断扩大。

有着"经济宪法"之称的反垄断法施行后，与之相配套，最高人民法院《关于审理因垄断行为引发的民事纠纷案件应用法律若干问题的规定》，于2012年6月1日起实行。

"若干问题规定的制定和出台，有效解决反垄断民事诉讼'无法可依'的空白状态，进一步细化和解释了反垄断法的规定。同时，在法律层级之下制定专门的司法解释，也进一步健全和完善了反垄断的法律体系。"国务院反垄断委员会专家咨询组副组长黄勇教授如是评价。

建诚信体系遏制失信

如何遏制侵犯商标权、商业垄断等失信案件多发态势？

龙卫球认为，最为有效的办法是确立全面有效的市场监管和治理法治。

改进办法主要是两个，一个对管理体制机制的有效改进，另一个是对市场关系本身的治理。

2014 年 8 月 5 日，中国工商学会组织召开的促进市场公平竞争专家座谈会，国家工商总局局长张茅说，国务院印发的《关于促进市场公平竞争维护市场正常秩序的若干意见》明确提出，打破地区封锁和行业垄断，严厉惩处垄断行为和不正当竞争行为，体现了对竞争的重视。市场经济越发达，竞争和竞争政策发挥的促进作用就越重要，这是市场经济的规律。工商登记制度改革正在深入推进，政府部门将进一步减少行政审批，先照后证等改革措施也会推开，公平便利的准入将继续激发市场活力，进一步释放改革红利。

张茅表示，维护公平竞争的市场环境必须加强市场监管，依法严厉查处垄断、制售假冒伪劣商品、侵犯知识产权等不正当竞争行为。在政府加快职能转变、简政放权和深化改革的大背景下，必须转变监管理念，加强事中事后监管，建立健全社会信用体系，大力构建社会协同共治机制。只有监管制度、机制设计得好，才能够保证公平有序的市场竞争。

对于社会信用体系建设，吴志攀曾撰文提出建议：第一，应尽快制定与公开信用信息服务有关的法律法规，如政府信息公开法、个人诚信管理条例、企业诚信促进条例等。第二，修改完善与建立社会信用制度体系有关的法律法规，如合同法、商业银行法、企业破产法、担保法、档案法、保密法、统计法、民法通则、公司法、刑法、反不正当竞争法、消费者权益保护法等。第三，建立并完善失信惩罚机制。第四，强化对债权人的保护。债权本身就表明了一种信用，不履行债务就是不讲信用。需要认真执行合同法，进一步完善担保法，健全各种债权担保法律制度，完善公司法中的有限责任制度，坚决打击利用有限责任的方式从事欺诈或逃废债务的行为。还需要在破产法中强化对债权人的保护，建立破产自然人的限制免责制度、对诈欺破产和"虚假破产"的惩戒机制。此外，还要建立不良信用的登记与公示制度，使有不良记录的企业和个人声誉扫地，从而增强全社会的信用观念，建立和维护良好的社会信用。

稿件来源：2014 年 11 月 6 日《法制日报》案件版

第七章　金钱之祸

"不义之财，非吾有也"，若取之，"必伤本"。

牟不义之财者，或窥探内幕暗箱操作扰乱市场秩序，或盗取信息编织骗局损害他人利益。司法机关擎利剑斩非法利益链条，祭重典严惩"黑手"、"黑嘴"之弊。

本章案例警醒世人："非理之财莫取，非理之事莫为。"

200 亿融资陷阱坑害多人

湖南省农民李某在广西南宁成立一家咨询投资公司后，虚构可以融资 200 亿元的矿业项目，对人称只要出 50 万元的启动资金，就可以得到 500 万元的高额回报。曾担任过南宁某重要部门领导的退休干部赵某信以为真，让李某的同居情人朱某冒充其妻子，将自己的房子虚假抵押骗取 50 万元后，交给李某作为启动资金，结果被骗了个精光。

2011 年 7 月 17 日，南宁市公安局青秀分局经侦大队破获这起诈骗案中案。李某、朱某被抓归案。7 月 18 日，李某和朱某被警方刑事拘留。

让人不可思议的是，李某的同居情人朱某，居然是广西一所高校退休教授。赵某和朱某的文化程度都很高，为何成为只有高中文化的李某行骗的受害人呢？

赵某退休前，是南宁市某重要部门领导。2007 年，赵某认识李某。李某是湖南人，能说会道，出手非常大方。李某告诉赵某，他准备成立一家咨询投资有限公司，想让有关系的赵某帮忙办理公司相关证件。

赵某很快帮李某办好开办公司的相关证件。办理这些证件，只需几百元或几千元就可以了，但出手大方的李某给了赵某几万元的手续费。这让赵某感觉李某来头不小，非常有钱。

李某在南宁成立世界某村香港投资公司南宁分公司后，李某出任公司老总，同时聘请一些退休教授或退休公务员到公司担任副总，赵某也是其中一个。虽然名为副总，但赵某没在公司领过工资。

2009 年，李某神秘兮兮地告诉赵某，前年他通过招商引资，拿到一个宏伟矿业资源，可通过该项目融资 200 亿元。接着，李某话题一转说："这个项目需要 50 万元启动资金。只要你出这笔启动资金，到时你就可以获得 500 万元的高额回报，而且最多一个月时间就可以得到钱。"赵某听后心动不已。

赵某想到自己在青秀区有一套价值 100 万元的房子，但这套房子是他和妻子共有，若想将房子抵押，必须要妻子同意才行。

不料，当赵某跟妻子说起抵押房子一事时，其妻便当场拒绝，并认为赵某想钱想疯了。由于办理房子抵押，需要夫妻双方到场，还要有身份证等证件。在这种情况下，急得团团转的赵某找到同在公司的中年女子朱某"帮忙"。朱某是广西某高校退休教授，长相和年龄跟赵某的妻子有几分相似。

朱某听后爽快答应了。过后，赵某偷偷从家里拿了房产证和妻子的身份证后，和朱某来到典当行，以 50 万元将房子抵押出去，抵押期限是半年。然后，赵某将 50 万元交给李某。

交完 50 万元后，赵某天天盼着拿到 500 万元回报。然而，一个月时间过去了，那 500 万元根本没踪影。

赵某急了，也经常追问李某。问急时，李某摊着双手为难地说："这段时间，香港公司已有 10 亿汇票下来，只是要银行担保才能拿出这笔钱，但银行不肯担保。"

半年时间很快过去了，抵押房子期限也到期了。该典当行老板黄某发现赵某根本还不了这笔钱，而且又是虚假抵押房子。2010 年年底，黄某向辖区法院起诉，请求法院拍卖这套房子。

这时，赵某妻子向法院提出，房子根本不是她本人去抵押的，因此不合法。

随后，蒙受巨额损失的赵某向南宁市公安局青秀分局经侦大队报案。

2011 年 7 月 17 日，民警接到群众举报称，李某和朱某在某网吧里出现。民警接报后前往将李某和朱某抓获。

7 月 18 日上午，民警告诉《法制日报》记者，朱某是受害者，同时又是犯罪嫌疑人。朱某是广西某高校退休教授，丈夫去世后，非常渴望得到异性体贴。在认识李某后，李某对她非常关心，两人最后成为同居情人。痴情的朱某不仅拿出十多万元的积蓄让李某用于公司运转，还在李某的说服下，甘心和赵某一起虚假抵押房子，从而触犯刑法。

案发后，赵某人财两空——妻子已经和他离婚了，而他被李某骗走的那 50 万元,据李某说已交给了另外一个人。目前,警方正在进一步调查中。

稿件来源:2011 年 7 月 20 日《法制日报》案件版 作者:莫小松 陈桂恩

股市"黑嘴"一审获刑 7 年

2011 年 8 月 3 日,在北京市第二中级人民法院,股市"黑嘴"汪建中因犯操纵证券市场罪,一审被判有期徒刑 7 年,罚金 125757599.5 元。据悉,这是首例利用荐股报告操纵证券市场构成犯罪被宣判的案件,具有示范意义。

汪建中辩护律师表示,对一审判决不服,将提起上诉。

"抢帽子"操纵证券市场

据北京市人民检察院第二分院指控,汪建中在担任北京首放投资顾问有限公司负责人期间,于 2006 年 7 月至 2008 年 5 月间,使用本人及他人名义开立了多个证券账户,采取先行买入相关证券,后利用公司名义在媒介对外推荐证券,人为影响证券交易价格,并于上述信息公开后马上卖出相关证券,获取个人非法利益的交易方式操纵证券交易价格。

自 2007 年 1 月 9 日至 2008 年 5 月 21 日间,汪建中利用其实际控制交易的 9 个证券账户,先后在中信证券北京北三环中路营业部、国信证券北京三里河营业部等 5 个营业部,采取上述方式交易股票名称为"工商银行""中国联通"等 38 只证券,操纵证券市场共计 55 次,累计买入成交额 52.6 亿余元,累计卖出成交额 53.8 亿余元,非法获利共计 1.25 亿余元归个人所有。

北京市检察院二分院认为被告人汪建中无视国家法律,操纵证券市场,情节特别严重,其行为触犯了刑法第 182 条规定,犯罪事实清楚,证据确实、充分,应当以操纵证券市场罪追究被告人汪建中的刑事责任。

在庭审结束后,办案法官在接受《法制日报》记者采访时说,汪建中的手法完全不同于以前的操纵证券市场行为,属于"抢帽子"交易。他解释说,所谓"抢帽子"交易,是指证券公司、证券咨询机构、专业中介机构及其工作人员,买卖或者持有相关证券,并对该证券或其发行人、上市公司公开作出评价、预测或者投资建议,以便通过期待的市场波动取得经济利益的行为。

三条辩护意见未被采纳

汪建中于 2008 年 11 月 8 日被查获归案。审判长在庭审结束后接受《法制日报》记者采访时透露一个细节：查处汪建中时，其车辆后备箱里存有现金 1000 多万元。

在今天的庭审中，记者了解到，被告人汪建中曾在去年 10 月 28 日开庭审理时辩称，检察机关指控的事实是公司业务的一部分，公司推荐股票是集体讨论决定，属于公司行为，他实施的 55 次交易行为也是公司行为，不是个人行为，该行为符合市场规律、符合投资者心理、符合公司利益。

汪建中辩护律师高子程认为，汪建中个人通过短线交易模式买卖证券的行为，不属于刑法规定的操纵证券市场行为，且其行为未达到法定的追诉标准，不符合操纵证券市场罪的客观要件和主观要件。汪建中不具有操纵证券市场的主观故意，其行为被证监会认定为违法，但未达到刑法所规定的情节严重程度，不应作为犯罪处罚，且证监会已对汪建中作出行政处罚，不应再对其适用刑罚。

他辩称，即使汪建中的行为构成操纵证券市场罪，其向证监会、北京市朝阳公安分局主动投案的行为亦构成自首，依法应予从轻、减轻处罚。

针对这 3 条意见，法院认为，被告人汪建中操纵证券市场的行为明显，次数多达 55 次，非法获利共计 1.25 余亿元归个人所有，数额巨大。根据证监会统计，在首放公司推荐股票的内容发布后，相关 38 只股票交易量在整体上出现了较为明显的上涨：个股开盘价、当日均价明显提高；集合竞价成交量、开盘后 1 小时成交量成倍放大；全天成交量大幅增长；当日换手率明显上升；参与买入账户明显增多；新增买入账户成倍增加。

法院曾在开庭时对近 30 项证据进行了质证，其中有首放公司员工、汪建中借家人身份证转账、公开媒体上发布的报告等。首放工作人员作证称，掘金报告中推荐的个股，均由汪建中决定，公司从未集体讨论推荐个股。汪建中在每个交易日收盘后下达当日公司推荐的股票，公司人员则按此撰写文章发表，公司其他人员在收盘之前均不知道汪建中将要推荐哪只股票或哪个板块。

法院经审查认为，汪建中的辩解缺乏事实依据，不能成立。

至于辩护人提出汪建中有自首行为的辩护意见。法院认为，构成自首应具备自动投案和如实供述两个条件，汪建中虽然给公安机关邮寄了投案信件，有投案的意思表示，但他在法庭审理中，否认有意操纵，未能如实供述，故依法不能认定为自首。

判处 7 年徒刑并处亿元罚金

北京市二中院在判决书中称，被告人汪建中无视国家法律，为获取不正当利益，操纵证券市场，侵害了国家对证券交易的管理制度和投资者的合法权益，情节特别严重，其行为已构成操纵证券市场罪，依法应予惩处。北京市检察院二分院指控被告人汪建中犯操纵证券市场罪的事实清楚，证据确实、充分，指控罪名成立。

法院判决，被告人汪建中犯操纵证券市场罪，判处有期徒刑 7 年，罚金 125757599.5 元（已被中国证监会申请强制执行并上缴国库的罚款 54626119.99 元予以折抵，余款于判决生效后 3 个月内缴纳）；随案移送的财物分别予以充抵罚金、发还、存档备查和退回北京市人民检察院第二分院。

庭审结束后，《法制日报》记者拦住了欲离开法庭的被告人辩护律师高子程。他透露说，一定要上诉，早已将上诉书写好了。他仍坚称，汪建中无罪。他说，他咨询了国内知名学者还有一些负责监管的专家，他们都认为汪建中不构成犯罪，但法院没有采纳。他说，不能因为是新行为，就一定要认为构成犯罪。

稿件来源：2011 年 8 月 4 日《法制日报》案件版 作者：周芬棉

从业人员操纵证券市场案披露

2011 年 12 月，证监会通报称，从 2008 年至 2009 年，两年内以同样手法操纵证券市场，余凯等人累计交易金额 50 多亿元，非法获利超 5000 万元。

身为中国证券业协会登记注册的证券从业人员，余凯自 2009 年 5 月至 12 月，利用其控制的 35 个证券资金账户，在荐股文章发布前买入荐股文章推荐的"莲花味精""TCL 集团""粤富华""科大讯飞""亿城股份""ST

东海"等 32 只股票，在荐股文章发布后迅速卖出，累计交易金额达 41.7 亿元，累计获利 3959 万余元。此前他曾用同样手法，从 2008 年 2 月至 2009 年 3 月，使用其控制的 8 个个人证券账户预先买入了"ST 金花""ST 松辽""澳柯玛"等 45 只股票。在此期间，余凯共进行了 53 次交易，交易金额 10.63 亿元，非法获利 1466 万元。

那么余凯等人是如何操纵市场的呢？证监会相关人士近日为《法制日报》记者揭开了鲜为人知的内幕。

荐股文章误导市场

坐在被告人席上的余凯，一直想弄明白，他那么费尽心机、自以为计划周密的市场操纵事件，是如何被监管部门盯上的。

余凯等人操纵市场"抢帽子"交易与已被重罚的汪建中不同。汪建中先买股，然后利用各种媒体发表荐股文章，在股价上升后再悄然卖出，都是一个人所为。相比之下，余凯等人则是团伙作案，分工合作。

证监会查明，自 2009 年 5 月至 12 月期间，余凯等人共写了 84 篇荐股文章。他们将这些荐股文章交给了一个名叫白杰旻的人，由白杰旻以他自己及北京禧达丰投资顾问有限公司（以下简称禧达丰投资）的名义，在东方财富网、新浪网、中金在线、金融界、全景网 5 个财经网站发布。

北京禧达丰投资成立于 2002 年 1 月，是经证监会批准的具有证券投资咨询业务资格的机构，白杰旻正是其总经理，他也是中国证券业协会登记注册的从业人员，执业岗位也与余凯相同，均为证券投资咨询业务。因此，余凯等人的荐股文章交由他及禧达丰投资发表，外表上根本看不出其中有什么秘密。

《法制日报》记者 16 日查阅中国证券业协会网站发现，禧达丰投资已被证监会立案稽查，暂停新增证券投资咨询业务。在证券从业人员栏目中标注，白杰旻已离职。

证监会调查发现，白杰旻为余凯实施市场操纵做掩护，协助余凯等人发布荐股文章，得到的回报是收取固定费用 15 万元。

还原典型作案流程

2009 年 5 月 25 日 19：15，中金在线网等两个网站发布了署名为禧达丰投资、白杰旻的荐股文章《超低价智能电网概念井喷行情即将展开》,推荐"东方电子"股票。余凯等人操作的账户组于发布当日买入"东方电子"股票约 620 万股,买入金额 2800 万元。后在 5 月 26 日全部卖出,卖出金额 3100 万元,获利 300 万元。

2009 年 11 月 6 日 17:59,全景网等 2 个网站发布了署名为禧达丰投资、白杰旻的荐股文章《拔"海南国际旅游岛概念"头筹》,推荐"亿城股份"股票。2009 年 11 月 9 日 16:50,东方财富网等 4 个网站发布了署名禧达丰投资、白杰旻的荐股文章《"海南国际旅游岛"概念我最正宗》,推荐"亿城股份"。余凯等人操作的账户组分别在 11 月 6 日、9 日买入"亿城股份"合计约 800 万股,买入金额 5800 万元,11 月 9 日、10 日全部卖出,卖出金额 6000 万元,获利 200 万元。

余凯和白杰旻的多次配合操作,造成股票价格异动,引起了交易所的关注。案件迅速被转到证监会立案稽查。

团伙作案分工明确

除前述分工外,证监会还查明,2008 年 2 月至 2009 年 3 月,余凯等人使用其控制的 8 个个人证券账户预先买入"ST 金花""ST 松辽""澳柯玛"等 45 只股票,此时余凯等人所写的荐股文章利用的是其他证券分析师的名义。而且,在余凯等人内部也有分工。

证监会相关人士披露,余凯团伙还包括罗翠旭、蔡国澍等人,有的专门负责选股,有的专门找资金账户,有人专门写荐股文章。他们选的股有两种:一种是当下热门股,一种是有重组可能的题材股。热门股一般是第一天买,当天荐股,第二天卖;而题材股一般有两三天建仓期,然后在荐股文章连续发表几天后再卖出。

该团伙自 2009 年 5 月至 12 月,控制了多达 35 个资金账户,包括之前的 8 个账户总计 40 多个账户。这些账户有的是来自于亲朋好友,有的是来源于其他渠道。巨额资金在这些账户中倒来倒去,全部通过网上交易来完成,而且这些账户经常换,今天用这几个,明天就换成别的几个。证券营业部也不停地换,网上操作的地址也是今天在这明天在那儿,全国十多个城市都留下了这些团伙作案的足迹。联系方式更是经常变化,往往是买一批电话号,用完就扔掉,很杂乱,好像有很多人。他们通过种种手段制造假象，大大增加了调查取证的难度。然而，法网恢恢，疏而不漏。

处处设防反调查

证监会相关人士分析称，余凯等人具有反调查能力，组织严密，处处设防，这源于他是业内专业人士。

据了解，自2005年10月至2008年上半年，余凯曾在武汉新兰德证券投资顾问有限公司任研发部负责人。武汉新兰德被业内指为"培养违法人员的黄埔军校"，该公司曾因操纵市场于2008年被证监会行政处罚。记者16日调查发现，2009年8月31日证监会网站发布，武汉新兰德未通过审核将不得从事证券投资咨询业务。在中国证券业协会网站上公布的顾问咨询公司名单中，也没有该公司信息。自2008年上半年至案发时，余凯在深圳市智多盈投资顾问有限公司执业，该公司曾因在电视股评节目中发表误导性言论等违法行为，于2009年被证监会处罚。

是他跟着劣迹公司走，还是劣迹公司跟着他走，这已不是主要问题。问题是余凯具有反调查能力，他了解监管部门可能会从何处查、如何查。正是这样，监管人员不得不跟着他一个城市接着一个城市跑，一个账户接着一个账户追查，一个营业部接着一个营业部调查。

2009年10月证监会正式立案稽查余凯等人涉嫌操纵证券市场行为，历时半年多，终于查实了余凯团伙操纵市场的所有细节。

据证券法第77条规定，证监会认定其涉嫌构成刑法第182条规定的操纵证券市场罪。按照《行政执法机关移送涉嫌犯罪案件的规定》，证监会于2010年4月将该案移送公安机关。2010年10月，公安机关侦查终结，移送检察院审查起诉。

2011年6月,法院开庭审理此案,余凯等人对所犯罪行供认不讳。目前,案件还在进一步审理之中。

稿件来源：2011年12月19日《法制日报》经济法治版 作者：周芬棉

中电原总会计师陷内幕交易丑闻

作为一家大型国有企业的总会计师，手中掌握着企业的重要经济命脉，不仅对集团企业的相关并购、重组以及企业上市的重大内幕"了如指掌"，还对高层决策有着至关重要的影响力。如果总会计师参与内幕交易，其影响及对企业的危害可见一斑。中国电子科技集团公司原总会计师杜兰库则走了这惊险的一步。

杜兰库及其妻子刘乃华内幕交易、泄露内幕信息案，曾被监察部、公安部、证监会通报，位列2011年党员领导干部内幕交易4起典型案件之一。2012年2月2日，审理此案的江苏省无锡市中级人民法院法官向《法制日报》记者独家披露了杜兰库内幕交易案详情。

审核并购重组获悉内幕信息

2009年1月，中电集团第十四研究所下属的国睿集团有限公司，欲通过南京地区一家上市公司进行资产重组从而借壳上市，经时任南京市经济委员会主任刘宝春牵线，就投资合作及收购2003年1月就在上海证券交易所挂牌上市的高淳陶瓷公司的国有股股份等事宜进行商谈，双方经商洽和实地考察，均表达了合作意向。

经过多方商谈，双方于2009年4月19日签订了《合作框架意向书》。4月20日，高淳陶瓷发布了《关于公司重大事项停牌公告》，宣布公司控股股东正筹划重大资产重组事项，公司股票自4月21日起停牌。4月21日至5月21日期间，高淳陶瓷公司例行发布了《重大资产重组事项进展公告》《复牌公告》等一系列公告。5月22日，高淳陶瓷股票复牌交易后价格上扬，连续10个交易日封于涨停。

身为中电集团总会计师，杜兰库全程参与了相关并购、重组项目的审核工作。

法院审理查明，2009年3月23日，杜兰库与中电集团财务部主任等人，到下属的十四研究所等单位考察，当晚就听取了有关依托南京地区股份制企业借壳上市，请求中电集团给予支持的汇报，并得知了拟借壳公司的详细概况。

其间，杜兰库在陪同中电集团领导到南京出面协调相关收购重组事宜时，十四研究所拟借壳公司为南京地区的上市公司的信息得到确认。3月29日，杜兰库回到北京后，即利用汇报的相关概况在互联网上进行检索，得出唯一符合上述条件的就是高淳陶瓷公司。3月31日晚，相关信息得到进一步确认。

泄露内幕信息疯狂购买股票

2009 年 4 月 1 日，杜兰库将这一重要的"内幕信息"告知妻子刘乃华，认为可以购买高淳陶瓷股票获利。次日，杜兰库就通过其个人股票交易账户买入了 21000 股高淳陶瓷股票，支付资金 142986.61 元。后由于考虑到参与收购、重组高淳陶瓷公司的相关工作，担心名字出现在高淳陶瓷公司的股东名单中，遂于 4 月 3 日、4 月 13 日、4 月 17 日分 4 笔将上述股票全部抛出，账面收益 7514.39 元。

此后，杜兰库逐步将个人股票交易账户中的资金分别转入其所操控的亲属王静、杜浩等人的股票交易账户中。4 月 7 日，经刘乃华要求，再转出 20 万元至亲属李妍的股票交易账户中，用于购买高淳陶瓷股票。

从 4 月 2 日至 4 月 20 日，杜兰库还单独操作刘乃华、杜浩、王静的股票交易账户买入高淳陶瓷股票共计 202000 股，支付资金 1399198.91 元；杜兰库伙同刘乃华共同操作李妍的股票交易账户买入高淳陶瓷股票 137100 股，支付资金 966946.91 元。高淳陶瓷股票复牌后，杜兰库、刘乃华于 6 月 5 日至 8 日间，将上述高淳陶瓷股票陆续抛出，账面收益达 4202529.45 元。

据查实，杜兰库在这期间单独操作买入，并在卖出后非法获利 2470351.38 元。与刘乃华共同操作买入、卖出后非法获利 1739692.46 元。

法院还查明，同年 4 月初，刘乃华将从杜兰库处获悉的，高淳陶瓷公司将要重组的信息泄露给赵丽梅、刘迺祥、刘宇斌，3 人先后买入高淳陶瓷股票共计 784641 股，在高淳陶瓷股票复牌后抛出，非法获利达 12019744.91 元。案发后，杜兰库、刘乃华退缴了全部违法所得。

中国证监会经调查后认定，十四研究所并购、重组高淳陶瓷公司借壳上市的预案在公开前属内幕信息。杜兰库因职务关系知悉该内幕信息，属证券交易内幕信息的知情人。内幕信息价格敏感期为 2009 年 3 月 6 日至 4 月 20 日。

纵百般抵赖仍难脱刑罚

此案在审理中，检察机关就案件涉及的总计 42 项证据进行了详细质证，包括被告人的供述、11 名证人证词、相关并购重组内幕文件资料以及被告人及其亲属的股票交易账户交易明细资料。

但是，站在被告席上的杜兰库却辩称，"未具体参与重组谈判工作""不是内幕信息知情人""通过网上查询和判断购买的股票并未利用内幕信息"。杜兰库还对中国证监会在出具的《关于杜兰库等人涉嫌内幕交易、泄露内幕信息案有关问题的认定函》提出质疑，认为"在形式和内容上均存在严重问题，不能作为证据使用"。

法院审理后认为，杜兰库知悉该内幕信息后，即刻将该信息泄露给刘乃华，经合谋后大量调集资金，共同通过家庭实际控制的多个股票交易账户积极从事高淳陶瓷股票交易，获取非法利益。其间，因担心其交易记录被发现，还抛售部分以自己股票交易账户购买的高淳陶瓷股票，并将其顾虑告知刘乃华。其行为反映出杜兰库、刘乃华已意识到该信息的秘密性和对股票价格具有的重大影响，主观上具有利用该内幕信息非法获利的明确故意，对其提出的无主观犯意、没有合谋利用内幕信息进行股票交易实施共同犯罪的辩解不予认定。

针对杜兰库当庭质疑中国证监会的书证材料这一情形，法院认为，证券法赋予中国证监会对内幕信息、知情人员等的认定权，其在法定职权范围内，对本案内幕信息、价格敏感期、杜兰库系内幕信息知情人员等出具的认定意见，是根据法律授权作出的专业认定，法院审核后认为符合客观实际和法律规定的，应当予以采信。

法院判决认为，杜兰库参与十四研究所并购重组高淳陶瓷公司资产事项，因履行工作职责获取了内幕信息，系证券交易内幕信息的知情人员；刘乃华从杜兰库处获悉内幕信息，系非法获取证券交易内幕信息的人员。两人在内幕信息尚未公开前，利用该内幕信息进行股票交易，刘乃华还将内幕信息泄露给他人。杜兰库的行为构成内幕交易罪，刘乃华的行为构成内幕交易、泄露内幕信息罪。两人的犯罪行为均属情节特别严重。杜兰库与刘乃华在内幕交易犯罪中系共同犯罪，杜兰库系主犯，刘乃华是从犯。案发后两被告人均已退缴全部赃款。法院依法对杜兰库酌情从轻处罚，对刘乃华减轻处罚。

2011年12月19日，无锡市中院判决杜兰库犯内幕交易罪成立，判处有期徒刑6年，并处罚金425万元；刘乃华则犯内幕交易、泄露内幕信息罪，判处有期徒刑3年，并处罚金425万元。

稿件来源：2012年2月3日《法制日报》案件版 作者：丁国锋

"伪卡套现"的"秘密"

2014 年年初，新疆维吾尔自治区克拉玛依市公安局打掉一个"伪卡套现"团伙，该团伙利用高科技手段作案，涉案金额达 114 万元。

百万元存款不翼而飞

2013 年 11 月 26 日，市民老刘匆匆来到克拉玛依市公安局经济侦查支队。

老刘报案称：昨夜收到的一条短信显示其银行卡被刷走了 15.9 万元，可是银行卡在自己身上，这笔钱不是自己取走的。

警方立即与银行联系，查询到 15.9 万元是在山东省济南市的一台 POS 机上被刷走的。通过迅速协调，银行在犯罪嫌疑人转账过程中冻结了 12.9 万元。

就在民警紧急处理这起案件时，银行工作人员向民警反映：2013 年 11 月 19 日，有一名客户到银行称自己卡内的 2 万元现金被转走，与第一起案件一样，银行卡未丢失。

接连发生两起银行卡被盗刷案，克拉玛依市公安局经侦支队立即对案件立案侦查。

警方立案后不久，2013 年 11 月 26 日 17 时许，银行又报案称：又一银行卡账户内的 2.9 万元被人在北京用 ATM 机取走。当天 20 时 50 分，又有一名银行卡用户账户内的 93.8 万元被转走。

4 起案件接连发生，涉案金额达 114.6 万元。民警分析 4 起案件发现，不法分子窃取银行卡信息及密码，制作了"伪卡"，利用 POS 机或者 ATM 机进行盗刷，从而将银行卡内的钱转走。克拉玛依市公安局成立专案组，派出侦查员前往内地开展侦查。

辗转多地查明嫌疑人

2013 年 11 月 28 日，专案组派出侦查员赴山东济南开展工作。11 月 29 日，专案组民警在济南通过摸排，确定刷走 15.9 万元的 POS 机的机主是济南市某服装店店主阿鹏。

通过进一步调查，民警发现，阿鹏不是在济南盗刷银行卡，而是将这台 POS 机带到福建省厦门市进行盗刷。

第一个犯罪嫌疑人就这么容易确定吗？侦查员认为事情没有这么简单。果然，在进一步落实阿鹏的情况时，侦查员发现带着 POS 机去厦门的并非阿鹏，而是不法分子盗用了阿鹏的身份。

这个人究竟是谁？侦查员又赶赴厦门。通过调查，侦查员发现携带 POS 机的犯罪嫌疑人是湖北省随州市人阿奇。通过进一步调查，侦查员发现盗刷 15.9 万元案件与阿奇、山东淄博籍的阿梁以及在厦门化名为"小李"的人有关。

与此同时，另一组侦查员查明另一笔 93.8 万元也是在厦门被转走的。侦查员分别赶赴案件涉及的城市调取证据，前往上海、广东、广西、山东、湖北等地开展工作。

在确定了阿梁、阿奇的身份后，侦查员通过摸排，发现这 4 起案件涉及人员众多，属于团伙作案。团伙成员都是通过互联网 QQ 群临时组织的。

团伙成员中有提供银行卡信息的"行知"，提供伪卡的"阿奇"，提供 POS 机的"老刘"、小周、六哥、"小李"，还有确保交易安全实施的中间人"阿伟"。这些犯罪嫌疑人分别来自厦门、济南、淄博、随州、柳州等不同地方。

集中收网揪出"黑手"

在查明犯罪嫌疑人的信息后，专案组决定在 2014 年 1 月 7 日集中收网，在山东淄博、福建厦门、湖北随州三地同时实施抓捕。

2014 年 1 月 7 日至 11 日，在当地公安机关的配合下，专案组在厦门、济南、淄博、青岛、随州抓获了阿梁、阿伟、六哥、黄某等 11 名犯罪嫌疑人。

经审讯，侦查员还侦破了阿伟等人于 2014 年 1 月 4 日盗刷云南红河州银行卡一账户内 38 万元的案件。

通过近一个月的工作，犯罪嫌疑人逐一落网，但是这 4 起案件的关键人物，提供银行卡信息的网民"行知"还没有落网。只有找到他才能获知银行卡信息是如何被窃取的。

经过进一步调查，侦查员终于查出网民"行知"名叫阿洪，住在广西柳州，在柳州的一家公司工作，是计算机操作系统的业务高手，其具备窃取用户信息的可能，专案组决定迅速抓捕"行知"。

在柳州市公安局经侦支队的配合下，专案组深入调查后发现，阿洪并不是"行知"，而与阿洪合租的阿涛有重大嫌疑。

侦查员将阿涛带回其住处，对其租住的房屋进行搜查，查获大量用他人身份证办理的银行卡、手机卡及制作银行卡的机器，同时还找到了其作案时佩戴的眼镜和口罩。

面对确凿的证据，阿涛交代了自己曾于 2010 年 10 月至 2011 年年初，在案发银行的外包公司工作时，利用自己职务之便窃取上千条个人账户信息。2013 年 11 月，他将这些信息提供给了阿奇。

网络纠结作案隐蔽性强

据办案人员介绍，该团伙成员多通过互联网联系，在网上找到提供银行卡信息者(包含姓名、账户号、密码、手机号等)、制作伪卡者、提供刷卡套现 POS 机的人员。然后，掌握各个资源的嫌疑人再临时组成"黑色集团"，共同实施犯罪后分成。犯罪嫌疑人彼此之间并不了解，都是以外号相称。

此外，这个团伙的反侦查能力强。他们在各个省市窃取银行卡信息，再用他人的身份证在上海、北京等地办理 POS 机，之后对其进行解密后拿到厦门使用，并将窃取来的卡内资金转移到全国多个省市的银行卡内，取现地也在各个城市。

警方提醒说，广大群众在刷卡消费时尽量使用信用卡，并定期更改信用卡密码。信用卡有额度限制，即使被"克隆"，损失也不会过大。此外，有大额资金需要使用借记卡、储蓄卡时，最好操作完后尽快更改密码，降低资金风险。还要开通银行卡短信提醒功能，如发现卡内资金被人盗刷，要及时报案；可定期或不定期到银行柜台查询自己的银行卡有无被异常查询的情况，若发现异常，应立即更改密码，并及时换卡，这样就算嫌疑人"克隆养卡"，也动不了账户资金。

由于磁条卡很容易被复制，被盗刷的风险较大，警方建议最好办理纯芯片银行卡。"现在市面上的芯片卡大部分不是纯芯片卡，而是芯片、磁条兼容一卡，但是只要有磁条，芯片就等于摆设，不法分子同样能通过磁条盗录信息。"办案民警说，目前，纯芯片卡信息不容易被盗取，大部分的POS 机识别不了纯芯片卡。

稿件来源：2014 年 2 月 8 日《法制日报》案件版 作者：潘从武 杨虎 陈晓燕

四人操纵惊天合同诈骗案

"诚邀加盟代加工节能灯，公司负责回收销售，高额回报无需成本。"在这条诱人广告背后，却是一个庞大的犯罪团伙疯狂地实施合同诈骗。

2012年7月2日，四川省成都市公安局成华分局向媒体通报了破获的一起公安部督办案件。该案中共有来自全国各地的500余名群众受害，涉案金额高达上千万元，目前共有82名犯罪嫌疑人被依法逮捕或起诉。

500余名群众受骗

2012年1月起，成华分局经侦大队陆续接到群众报案称，因轻信广告宣传加盟某商家后，被骗取加盟费。

在调查中，民警发现在成都市有3家类似的公司，均租用高档写字楼作掩护，并疯狂在电视上进行广告宣传。在广告中，公司宣称只要交纳一定数量的加盟费，便可以进行代加工业务，生产出来的商品公司全部回收销售。

"这些公司组织严密、分工明确，一般从成立到关门仅有6个月时间，而公司广告的内容均由内部人员自导自演。"成华分局经侦大队大队长林林告诉记者。

民警在侦查中还了解到，为了逃避公安机关的打击，该团伙在全国各地均成立了公司，且公司工作人员采用流动制，幕后老板从不直接参与。"作案时选择的对象也只为该公司所在地以外的群众，且每次作案时公司都只诈骗万元左右，一旦受害群众较多便立即关门走人。"办案民警说。

销毁合同逃避责任

2012年4月9日，公安部将这起系列合同诈骗案正式列为督办案件。随着案件侦查的深入，专案组民警逐渐揭开了这个犯罪团伙的真实面目。

这个犯罪团伙的成员主要来自湖北省孝感市，团伙成员上百名，分布在全国多个城市，该案的4名主要嫌疑人并不直接参与作案而是采用幕后操控的手段以逃避打击。

"嫌疑人成立公司后,对公司内部采取模块化管理,有的负责虚假宣传,有的负责培训客户,有的负责周旋受害人。该团伙与受害人签订的合同均为同一个版本,合同中有很多陷阱,方便其逃脱责任。"案侦民警介绍说,为了掩盖不法事实,该团伙还每天派人将下属公司的合同和现金收据集中统一销毁,同时还对受害人的投诉举报采取拖延、恐吓等手段处理。

在掌握了该犯罪团伙的有力证据后,专案组民警于近日收网,将这个犯罪团伙一网打尽。专案组民警在成都市捣毁了该团伙开设的多家公司,抓获了120余名嫌疑人。随后民警顺藤摸瓜,辗转全国各地,最终在湖北省孝感市将团伙4名主要嫌疑人抓获。据了解,目前公安机关依法扣押了涉案资金200多万元,保时捷等高档轿车4辆,高档房产4处,为群众挽回经济损失800余万元。

稿件来源:2012年7月3日《法制日报》案件版 作者:马利民

黑龙江首例操纵证券市场案内情披露

2010年8月,黑龙江省哈尔滨市公安局经侦支队一大队大队长李德君突然开始不上班了,把自己关在家里研究股票、金融、IP码等相关知识。

不务正业、神神秘秘——同事间众说纷纭。但在随后的一年中,这些说法不攻自破。

2011年,在李德君的带领下,经侦一大队全体11名警员一举破获了公安部重点督办、全黑龙江省首例操纵证券市场案。

2012年6月18日,在掌握大量的证据下,哈尔滨市中级人民法院对5名主要犯罪嫌疑人进行依法判决:判处被告人熊黎有期徒刑1年6个月,并处罚金200万元;被告人黄峻有期徒刑1年2个月,并处罚金100万元;被告人龚小威犯操纵证券市场罪,判处有期徒刑1年1个月,并处罚金人民币80万元;被告人李德懿犯操纵证券市场罪,判处有期徒刑9个月,并处罚金人民币50万元;被告人徐凌波犯操纵证券市场罪,判处罚金人民币5万元。

19个神秘股票账户

2009年4月,中国证监会稽查总队发现了一个奇怪的现象:在2009

年 1 月至 4 月间，有 19 个自然人账户在每天 15 时股市停盘前，统一购买一只普通得不能再普通的股票。当日傍晚，一些老股民格外关注的投资理财网络媒体就会出现关于这只股票的"荐股消息"，次日一早的金融类报纸也会发布关于这只股票的"荐股信息"，股民们理所当然地根据"专家"分析出来的荐股意见，一窝蜂地开始购买该只普通股票，股价迅速被拉高。

可就在很多股民疯抢这只股票的时候，那 19 个来自不同城市的账户突然统一将前一日购买的这些普通股票抛出。

因为难于取证，又很难找出蹊跷的端倪，公安部将该案列为重点督办案件，并交由黑龙江省警方进行侦办。

"我一块钱股票都没买过，这案子从哪儿下手我都不知道。"2010 年 8 月，刚刚接手此案的哈尔滨市公安局经侦支队一大队大队长李德君和队员们都有些摸不着头绪。为人较真的李德君队长把自己一个人关在家中开始恶补股票知识，并带领着队员们边学习边办案。

很快，警方发现这 19 个来自不同省市的个人账户与哈尔滨大富投资、哈尔滨新思路投资公司发布的荐股文章高度关联，均在荐股前集中买入、荐股后集中卖出，具备明显的"抢帽子"特征，操纵股市交易。

李德君说："这伙人就是用'短平快'的手段进行交易，每一只股票在这 19 个账户里停留绝对不会超过两天，无论股价是否会继续拉高，都会在两天内统一抛出。"

但如何确认这 19 个账户之间有关联呢？案件调查一时陷入僵局。

警方找到发布"荐股信息"的网站、报纸等媒体，得知发布涉案股票相关联的股评信息都来自同一个邮箱，邮箱的主人是一个"80 后"小伙，叫龚小威。警方同时发现，19 个股票账户在一次交易中使用的是同一个 IP 地址，也就是说，19 个账户被同一人控制，且这一 IP 地址又与龚小威给媒体发布荐股信息的 IP 地址相同。

2011 年 5 月 31 日，警方在武汉将龚小威抓获。

自编"公安问答 30 条"

审讯中，龚小威供出幕后主要指使人——熊黎和黄峻。经专案组报请，熊黎、黄峻被列为公安部 B 级督捕在逃人员，在高压态势下，熊黎、黄峻分别于 2011 年 9 月 19 日、23 日投案。随后，警方又将哈尔滨大富公司总经理李德懿、大富公司财务总监徐凌波及本案操盘手王锐等嫌疑人捕获。

至此，本案主要嫌疑人全部落网：1号主要嫌疑人熊黎，女，1970年生，武汉人，职业炒股者；2号主要嫌疑人黄峻，男，1973年生，17年以上证券从业经验，哈尔滨大富公司证券分析师；3号嫌疑人李德懿，男，1981年生，哈尔滨大富公司总经理；4号嫌疑人龚小威，男，26岁，负责荐股资料收集和向有关媒体发布荐股文章；5号嫌疑人徐凌波，女，48岁，哈尔滨大富公司财务总监；6号嫌疑人王锐，女，28岁，武汉江汉大学商学院毕业，本案操盘手。

李德君告诉《法制日报》记者，这起案件的主要犯罪嫌疑人都是在股市上混迹多年，且均是高智商、高学历，具有相当强的逃避打击意识。黄峻曾指导手下，如果突然被警方抓获该如何回答询问，比如"我自己开的户；老百姓不允许炒股吗？我与其他股民不认识"等。除此之外，黄峻还自己编写了"公安问答30条"发给19名开户人学习。

因为具体办事的龚小威是"80后"，担心遇到民警询问"扛不住事儿"，熊黎和黄峻还亲自组织了一次模拟演练，雇佣了两名壮汉伪装成公安民警，将龚小威带到一间出租屋内反复进行询问，龚小威始终坚持没有坦白交代，最后得到了黄峻的称赞。

这样一来，虽然熊黎和黄峻相继投案，但却拒不交代各自操纵证券市场的犯罪事实，警方再次出现了两个月"零口供"的尴尬境地。

此时，专案组只能加大外围调查力度，终于获取了熊黎与大富公司签订的书面协议、汇款凭证等重要书证。协议书记载了大富公司（甲方）和熊黎（乙方）约定，乙方以甲方名义在国内媒体刊登研究成果和证券分析文章，期限两年，乙方每年付给甲方40万元；乙方向双方认可的湘财证券哈尔滨营业部存入100万元作为风险抵押金，如因乙方原因造成甲方证券投资咨询资格被终止，甲方有权没收该抵押金，湘财证券哈尔滨营业部做监管人，同时还约定了保密条款等内容。

两年来，熊黎按期向大富公司汇款支付费用，并在证监会调查后，将抵押的100万元转给了大富公司，以补偿其损失。这几份书证上均有熊黎和李德懿的签名，是认定二人合谋操纵证券市场的有力证据。

此外，警方又在二人办公的营业部获取了熊黎、黄峻等人的电脑。证据面前，熊黎终于低下了头，交代了全部犯罪事实和犯罪经过。

相约赚到 1 亿就收手

2007 年 6 月,武汉一证券顾问公司因操纵证券市场被证监会查处,该公司的分析师纷纷另谋出路,其中,就包括熊黎的邻居黄峻。黄峻这次"落难"引起了熊黎的关注,她找到黄峻,诚恳地表示想让黄峻给自己当"军师",共同在股市上演绎赚钱"神话"。两人一拍即合,并相约赚到 1 亿元就收手。

此后,熊黎开始招兵买马、扩充实力,并结识了哈尔滨大富公司法定代表人李德懿。2007 年 10 月 31 日,熊黎专程到哈尔滨与李德懿签订"合作协议",还把黄峻的证券分析师资格挂在了大富公司。2009 年 1 月,熊黎听从黄峻的建议,在全国 13 个地市分别找了 19 个与自己不相干的人在 19 个证券公司开立沪、深股票账户,并雇用了龚小威、王锐、伍春华等几名操盘手,采取分散买进、集中卖出的交易手法,用共计 100 万元的本金,在武汉、长沙、广州等地的证券公司实施更为狡猾隐蔽的"抢帽子"操纵证券市场行为——

龚小威负责收集上市公司有关股票信息和资料,黄峻撰写荐股文章,经熊黎认可后决定上哪只股票并亲自操盘和指令王锐等操盘手买进。股票买入当天的 15 时后(股市停盘),由龚小威以大富或新思路公司名义,用注册的邮箱给顶点、东方财富、和讯、上海证券报等网站发布该股票的荐股文章,同时在电视媒体发布荐股消息。为提升形象,黄峻还经常上电视播讲。第二天,这只股票拉高后,熊黎本人或操盘手在武汉、广州下单全部卖出。

截至案发,哈尔滨大富投资、新思路投资公司于 2009 年 1 月 14 日至 4 月 10 日,利用顶点财经网、《上海证券报》等媒体发布个股推荐文章 285 篇,对 99 只股票进行了 107 次推荐。熊黎操控的 19 个个人股票账户对上述 99 只股票中的 61 只实施了 67 次"荐股前集中买入、荐股后集中卖出"的操纵证券市场行为,累计买入金额 10.16 亿余元,卖出 10.47 亿余元。其中 54 次盈利,获利 2831 万余元,13 次亏损,亏损额 388 万余元,累计净获利 2443 万余元。

稿件来源:2012 年 7 月 10 日 《法制日报》案件版 作者:郭毅 张冲

"刷"出来的黑色利益链

2012 年 7 月，广西壮族自治区南宁市公安机关查处了 49 个利用 POS 机进行非法套现的窝点，总涉案金额高达 12.3 亿元。据查，一台 POS 机往往在短时间内就可以实现数百万元的"营业额"。

2012 年 6 月下旬，南宁市公安局分成 8 个行动组，对事先掌控的 49 个非法套现窝点展开统一查处，缴获作案用 POS 机 111 台。

"这仅仅是 POS 机非法套现的'冰山一角'。"南宁市公安局经侦支队副支队长彭德保说，仅在南宁市，专职从事非法套现的窝点"起码超过 500 家以上"，这还不包括那些兼做非法套现的窝点。

彭德保告诉记者，这类案件的最大特点，就是利用 POS 机反复进行虚假消费，套现后再还款。为躲避侦查，一些"养卡"公司和非法套现窝点并不直接盗刷，而是将所窃取的持卡人信息通过社交网站、淘宝网等网络平台卖给下家，下家在制作了假卡之后，再组织同伙将卡内的钱转移至多个账户中并取走。

"借助网络，当前国内信用卡盗刷几乎形成了跨地域的组织严密、行动迅速的灰色利益链。"南宁市公安局经侦支队一大队队长韦克说。

据介绍，POS 机套现分为借记卡套现和信用卡套现两种情况。"借记卡套现，绝对是为洗钱。"彭德保说，不法分子通过 POS 机，将非法持有的借记卡上的钱转入若干个账户，然后迅速转移"洗白"。一些不法分子为了躲避公安机关追查，甚至安排 4 至 5 名同伙多地同时取款。

"养卡"也越来越成为一个隐秘的产业。所谓"养卡"，就是"养卡"公司持有多名持卡人的信用卡，通过"拆西墙补东墙"的方式，让信用卡显示正常还款，随后通过刷 POS 机等虚假消费方式将卡上相应额度的现金"套"出来。

记者了解到，所"套"出的资金往往分为两种流向：一是由持卡人持有，持卡人向"养卡"公司支付一定的手续费；二是由"养卡"公司持有，将享受银行免息期的钱用于高利贷等黑幕交易，"养卡"公司向持卡人支付"用卡费"。

非法套现的猖獗令盗刷犯罪进一步升级。公安机关介绍，"养卡"公司掌握了持卡人信用卡、密码、身份证复印件、对账单等重要信息，垫还款后再次透支提现非常容易，甚至可能到其他银行冒领新卡，恶意透支，使持卡人财产受损。此外，南宁市公安机关在调查中发现，一些 POS 机申请所用地址完全"子虚乌有"，登记地址显示 POS 机在某办公楼的 18 层，但实际上这一办公楼只有 16 层。

稿件来源：2012 年 7 月 11 日《法制日报》案件版　作者：莫小松

揭秘"加盟代工"骗局

四川成都警方在 2012 年开展的"破案会战"中，连续破获 300 余起以加盟代工为名实施的合同诈骗犯罪案件，打掉犯罪团伙 11 个，捣毁窝点 16 个，抓获涉案人员 300 余名，刑拘 190 余人，涉案资金 2200 余万元，涉及受害群众 1000 余人，及时遏制了此类犯罪活动滋生蔓延。

2012 年 7 月 30 日，《法制日报》记者从成都警方了解到，目前，警方侦办的 3 家公司已逮捕 30 名犯罪嫌疑人。

老农咨询引出大案

2011 年 12 月下旬的一天，成都市公安局成华分局经侦大队在街上宣传预防经济犯罪时，一名外地老人抱着一摞资料前来咨询称：去年 10 月他从电视上看到投资加盟"代提纯蛋白酶"的广告后，就与成都一家公司签了合同，缴了 1 万多元"加盟费"后，因无法完成对方规定的合同任务，公司拒不退还所缴费用。

不久，另一名老人到经侦大队报案，他的遭遇与那位外地老人如出一辙，所缴的"加盟费"同样打了水漂。

成华公安分局经侦大队立即安排两组人马打入两家公司，同时到银行查询发现，两家公司的基本账户根本没有使用，而是用底层员工的私人账户收钱，并且到账当天就立即取走，两家公司每月只有极少的报税记录。

与此同时，成都多地公安机关陆续接到群众类似报案，由此，代号为"猎刹行动"的严打加盟代工合同诈骗犯罪专案集群战役在成都全市展开。同时，此案逐级上报到公安部。

成都市公安局经侦支队支队长李东告诉记者，警方确立 11 个区县为重点地区，并刻画出此类犯罪的主要特征和规律，迅速收集全市 2000 多个社区的动态；同时，依托全市打击经济犯罪协调会商机制平台，从工商部门获取相关公司注册情况。

发案比较集中的成华区很快反馈回信息：2011 年 8 月以来，一批湖北籍人员在成华区多个甲级写字楼租用房屋，并以设立空壳公司的形式行骗。

3 家公司每家都由 25 人组成，从经理到一般员工大部分是湖北某地来蓉人员，多为亲戚、朋友或同学，并且人员间有联系和交叉。2012 年 2 月 13 日，成华公安分局组建"2·14"系列合同诈骗案专案组。

精心布局诱人上当

骗子采用什么方式让受害者血本无归？专案民警深入剖析后，找出了作案规律：

成立公司——犯罪分子事先踩点，在城市繁华地段租用高档写字楼，冒用他人身份证件，通过中介代办进行虚假注册成立公司，或直接购买空壳公司。

纠集人员——公司人员一般在 10 至 30 人左右，由 3 至 5 个核心人员通过亲戚、同学、朋友、同乡等关系纠集一批有犯罪经历人员，共同开展犯罪活动。

人员分工——犯罪团伙的核心成员是公司的实际控制人和现场负责人；业务经理、财务、售后、回购人员等构成公司骨干；此外还有技术人员以及接线员、前台接待人员。

投放广告——制作虚假宣传广告，宣传加盟只需 1 万元至 5 万元就能"在家当老板"，每年利润可达"数十万元"，并主要选取各省市区电视台卫星频道投放。

接听电话——当群众将电话打到公司时，接线员负责虚假宣传并诱骗群众到公司考察。

签订合同——群众到公司考察，由业务经理带领参观，并进行一对一的虚假宣传。然后接受技术培训、签订加盟合同书，再缴纳"加盟费""生产设备押金""材料保证金"等。

组织发货——发货由核心成员负责，采用异地发货方式。在签订合同后先发送少量原材料让加盟者试生产，并称产品合格率达到一定要求方可大量发放原材料。之后便会以产品质量合格率低或者货源紧、物流问题等借口，少发货甚至不发货。

拒收成品——群众将加工好的产品交回公司验收，技术人员往往会以质量不合格等理由少收甚至拒收产品，达到少支付加工费的目的。

应对纠纷——被群众识破骗局后，诈骗团伙采取拖延、安抚或者少量退款的手段，达到不影响公司诈骗其他群众的目的，甚至还威胁恐吓受害者。

组织逃匿——"经营"到4个月左右时，因租房到期、广告以及受骗群众上门理论的逐渐增多，诈骗团伙会逐步组织人员逃匿。同时毁灭犯罪证据、烧毁合同书、财务票据、转移犯罪资金，并借周末或节假日安排人员逃匿。

全城抓捕主犯归案

2012年2月14日，成华分局组织百余警力集中行动，抓获3家公司涉案人员120余人，刑事拘留核心人员、管理人员29人，同时起获大量书证和物证，但4名团伙主要负责人全部漏网。

2月15日，专案组继续开展专项行动，发现并查抄了该团伙设立的其他几个诈骗公司。与此同时，专案组分兵几路，在成都、天津、湖北等地开展抓捕工作。

经查，主犯肖某2001年曾因集资诈骗被判刑一年半。出狱后，不思悔改的他纠集亲朋、同学，流窜至武汉、广州、洛阳、北京、天津、长沙以及四川成都和攀枝花等地，采取"加盟代工"手段敛取不义之财。

2012年3月11日，成都警方从湖北武汉、孝感一路追踪至河北唐山，最终在天津塘沽揪住了肖某的狐狸尾巴。3月31日，肖某在家里被抓获。随后，专案组陆续将该团伙6名主要犯罪嫌疑人抓捕归案。

抓捕行动在锦江区、青羊区、金牛区、高新区、新都区、温江区和新津县、双流县、郫县等地陆续展开。11个"加盟代工"公司土崩瓦解，300余名犯罪嫌疑人落网。涉及以加盟签字笔、中性笔加工骗取加盟费的；以签订养殖合作协议骗取技术服务费的；以加盟代加工节能灯和提纯蛋白酶骗取保证金、违约金的；以加盟代理电热水龙头骗取加盟费、代理费的。

"收钱后，他们便以各种理由不予发货，或者只发部分设备，导致受害群众无法生产出产品。"办案民警告诉记者，即使有群众生产出了产品要求进行回收，该公司也以质量不合格为名不予回收。

　　值得一提的是，为了拖垮受害人的精神和意志，他们将检验产品的"中心库"设在广东，故意拉长战线，使受害人不能亲临看样、追讨说法。公司将摆不平的"不合格产品"推给"中心库"后就如泥牛入海，直至耗不起的客户自动解除合同，随后又以客户违反合同约定为由扣留客户资金，同时使用要挟、恐吓等手段迫使受害群众接受 50% 甚至更低的退款。

稿件来源：2012 年 7 月 31 日《法制日报》政法司法版　作者：杨傲多　肖坤友

证券市场惊曝虚假信息披露案

　　2012 年 8 月 3 日，中国证监会通报了 3 起上市公司信息披露违法违规案。证监会有关负责人称，这些案件暴露出上市公司内控制度的缺陷和高管人员法律意识的淡漠，对这种现象应引起高度重视。

亚星化学信息披露违规案

　　证监会根据日常监管发现的线索，于 2010 年 11 月对山东潍坊亚星化学股份有限公司信息披露违法违规行为立案调查。

　　调查发现，2009 年 1 月至 2010 年 11 月，亚星化学直接向亚星集团划转资金累计 13 亿余元，亚星集团直接向亚星化学划转资金累计 13 亿余元。这些巨额资金往来事项，亚星化学未进行账务处理，未按规定履行临时信息披露义务，也未在相应定期报告中披露。

　　2009 年 2 月至 2010 年 10 月，亚星化学向上海廊桥国际贸易公司签发 44 笔银行承兑汇票累计金额 15 亿余元全部用于贴现，贴现资金全部被亚星集团使用，这已构成亚星化学与亚星集团间接的非经营性资金往来。该公司未按规定履行临时信息披露义务，也未在相应定期报告中披露。由此导致相应定期报告信息披露存在虚假记载及重大遗漏。

　　同时查明，2010 年 5 月 20 日、7 月 26 日，亚星化学与潍坊银行和平路支行分别签订了两笔保证合同，为亚星集团的两笔均为 2000 万元的贷款提供担保，承担连带保证责任。亚星公司未将上述重大担保合同及时披露。

　　证监会近日依据证券法作出处罚决定：责令亚星化学改正，给予警告，并处以 50 万元罚款；对时任董事长陈华森、董事张福涛等人及独立董事韩俊生等人分别给予警告，并处以罚款。

此外，证监会发现为亚星化学 2009 年年报进行审计的山东正源和信有限责任会计师事务所亦存在违法违规行为：一是未履行充分的分析程序，未发现亚星化学少计应付票据金额，形成了错误核查验证结论；二是在函证没有收到回函的情况下，未实施有效的替代程序；三是对亚星化学 2009年度财务报表发表不恰当的审计意见。证监会依法决定：责令正源和信所改正，没收业务收入 35 万元，并处以 35 万元罚款；对两名签字注册会计师分别给予警告并分别处以 3 万元罚款。

ST 天润信息披露违规案

证监会 2011 年 1 月对湖南天润实业控股股份有限公司立案调查。调查发现，ST 天润存在多项信息披露违法违规行为：2010 年 10 月 9 日，ST天润将 8850 万元募集资金用于归还子公司天润农资公司欠银行到期借款，直到 2010 年 11 月 30 日才公告此事项，属于未按规定及时披露重大事项。并且在公告中将归还到期借款事实公开披露为银行"强制划拨"归还逾期贷款，与事实不符，属于虚假记载；所募资金未用于《招股说明书》所述的项目，而是归还银行借款，同时构成未经批准擅自改变募集资金用途。

另外，ST 天润还有重大仲裁事项未及时披露问题。湖北天润煤炭运销有限公司系 ST 天润煤炭供应商，2010 年 10 月 8 日，天润煤运公司向武汉仲裁委员会提交《仲裁申请书》，就其与 ST 天润签订的《煤炭购销合同》和《补充协议》申请仲裁，请求裁决后者支付未付货款等合计 3976 万余元。对此重大事项，ST 天润直至 2010 年 11 月 30 日才公告此事，属于未按规定及时披露重大仲裁事项。

证监会近日作出处罚决定：责令 ST 天润改正违法行为，给予警告，并处以 30 万元罚款；对公司高管赖淦锋等人分别给予警告并处以罚款。

彩虹精化信息披露违规案

证监会于 2011 年 4 月对深圳市彩虹精细化工股份有限公司信息披露违法违规行为立案调查。查明，彩虹精化存在两项信息披露违法违规行为：其一为未及时披露可能给彩虹精化带来巨额利润的合同事项；未及时披露彩虹绿世界与深圳绿世界商谈变更合同主体事项。

证监会认定，彩虹精化未及时披露可能给公司生产经营带来重大影响的事件，违反了证券法的规定，决定对彩虹精化给予警告，并处以30万元罚款；对直接负责的主管人员董事长陈永弟等人分别给予警告并处以罚款。

稿件来源：2012年8月4日《法制日报》政府法治版 作者：周芬棉

西北地区最大证券虚假陈述索赔案始末

2012年12月13日，《法制日报》记者从陕西省西安市中级人民法院获悉，王霞琴等148名小股东诉东盛科技股份等证券虚假陈述责任纠纷共计148案，近日调解结案。此案当事人来自全国20多个省市，诉讼请求的赔偿额达3300余万元，是西安市中院受理证券类案件索赔金额之最，也是近年来西北地区最大的一起因证券虚假陈述引发的股民索赔案。

案起公司虚假陈述

2010年4月13日，因东盛科技2002年至2008年期间，没有按规定披露将资金提供给控股股东及其他关联方使用，未按规定披露对外担保事项，未按规定披露银行借款事项。时任东盛科技董事长郭家学、时任东盛科技总裁张斌等责任人未能忠实、勤勉地履行职责，中国证监会对东盛科技、郭家学、张斌等15名责任人因虚假陈述作出了行政处罚决定。

在中国证监会作出上述行政处罚决定后，原告王霞琴等148名小股东以东盛科技的虚假陈述行为使其在投资东盛科技股票中遭受投资差额损失及印花税、佣金、利息损失，请求西安市中级人民法院依法支持其诉讼请求。

法院经审理查明：东盛科技于1996年11月5日在上海证券交易所挂牌交易，股票代码600771。东盛集团、东盛药业系东盛科技的法人股股东。2006年10月30日，东盛集团、东盛药业占用东盛科技资金以及未上账的银行借款，东盛科技发布了股东资金占用及其解决方案和会计差错更正的提示性公告。2006年10月31日，东盛科技存在未披露的对外担保事项，发布了对外担保补充公告。2006年12月19日，东盛科技公告了关于大股东归还占用上市公司资金公告。

调解分歧逐渐缩小

从受理案件之初，主办法官对案件的复杂度、敏感度、风险情况、处理思路及案件审结的后续影响等进行了综合、全面评估，逐步制定应对措施，确定了以调解为重点的工作思路。

在调解过程中，针对双方争议较大的揭露日时点、系统性风险等主要焦点问题，积极引导当事人作出正确的分析判断，适度平衡双方利益。同时，借助双方持有客观理性观点的代理律师做当事人的疏导工作；考虑到当事人分散多个省市，为方便当事人、节约当事人的诉讼成本，法官还根据实际情况，采取了以电话、短信、邮件等多种形式传递信息，法院与双方当事人沟通、当事人之间进行协商，数次修订调解方案。

通过数月艰辛不懈的努力，双方分歧逐渐缩小，调解意见逐步接近。最终双方一致确认，2006 年 10 月 31 日和 2007 年 11 月 13 日为虚假陈述揭露日，并对 148 案根据个案存在的差异，逐一确定了具体赔偿及补偿数额。

2012 年 11 月 7 日至 2012 年 12 月 7 日，法院依据双方达成的和解协议，制作并送达了 148 份民事调解书。

调解书主文主要内容为：东盛科技因证券虚假陈述受到中国证监会行政处罚，相关事实于 2006 年 10 月 31 日和 2007 年 11 月 13 日被公开揭露；东盛科技于和解协议签订之日起 10 日内，向王琴霞等 148 名小股东共支付 1295.84 万元，逾期各原告可依法申请强制执行；若东盛科技在履行期限届满后 3 个月内仍不能付款，则按《中华人民共和国民事诉讼法》第二百二十九条之规定执行，西安东盛集团有限公司和陕西东盛药业股份有限公司等对东盛科技承担补充赔偿责任；原告王霞琴等 148 名小股东预交的案件受理费，法院减半收取后，由原告负担；双方再无其他争议。

经多方协商，该系列案在调解结案的同时，1295.84 万元的调解案款已经全部落实。鉴于执行程序的要求，原告陆续向法院申请执行，执行工作目前正在有序进行。

稿件来源：2012 年 12 月 14 日《法制日报》案件版 作者：台建林 何娟

黄光裕内幕交易首起民事赔偿案宣判

2010 年 5 月 18 日，北京市二中院以黄光裕犯内幕交易罪、非法经营罪和单位行贿罪数罪并罚，判处其有期徒刑 14 年，并处罚金 6 亿元，没收个人财产人民币 2 亿元。黄光裕对此判决不服上诉至北京市高级人民法院。8 月 30 日，北京市高院作出二审维持原判的裁定。

在黄光裕内幕交易罪终审宣判后，股民李某、吴某向北京市第二中级人民法院递交诉状，请求法院判决黄光裕、杜鹃等内幕交易责任人赔偿自己的损失。

2011 年 9 月 6 日，此案在北京市第二中级人民法院开庭审理。2012 年 12 月 20 日，此案被北京市第二中级人民法院宣判驳回诉讼请求。

股民针对黄光裕内幕交易提起的首起民事诉讼之所以备受关注，主要原因还在于黄光裕的"显赫"身份。黄光裕曾是年轻的中国内地首富、国美电器创始人，现虽非自由身，但仍能掌控国美电器的命运和未来。此案备受关注还有一个原因，就是社会上对内幕交易民事赔偿案的期待。内幕交易令人痛恨，刑法虽可对其定罪，但股民的损失如何得到赔偿，鲜有先例。

原告适格资格如何认定

据记者了解，除张远忠律师代理股民提起诉讼之外，北京律师杨兆全、河北律师薛洪增等律师均已接受股民委托，截至目前估计总人数有百余人欲提起诉讼。这并不排除后续还有新增的股民。

那么到底哪些人有资格提起诉讼？

据法院对黄光裕犯内幕交易、泄露内幕信息罪的认定，黄光裕作为中关村上市实际控制人及董事，利用职务获得的内幕信息，指令他人于 2007 年 4 月 27 日至 6 月 27 日间，使用其实际控制交易的股票账户，累计购入"中关村"股票，至 6 月 28 日公告日时，6 个股票账户的账面收益额为 348 万余元。

黄光裕利用其获取的"中关村"重组内幕信息，决定并指令他人于 2007 年 8 月 13 日至 9 月 28 日间，使用其实际控制交易的 79 人股票账户，累计购入"中关村"股票 1.04 亿余股，至 2008 年 5 月 7 日公告日时，79

个股票账户的账面收益额为 3.06 亿余元。

杜鹃于 2007 年 7 月至 2008 年 5 月 7 日间，接受黄光裕的指令，协助管理上述 79 个股票账户的开户、交易、资金等事项，并直接或间接向他人代传交易指令等，79 个股票账户累计购入"中关村"股票 1.04 亿余股，成交额共计人民币 13.22 亿余元。

黄光裕指令他人调拨资金，开户 30 个，于 2007 年 8 月 13 日至 9 月 28 日间，累计购入"中关村"股票，至 2008 年 5 月 7 日公告日时，30 个股票账户的账面收益额为人民币 9021 万余元。

薛洪增律师曾代理过多起股民告上市公司虚假陈述案，他在接受《法制日报》记者采访时分析称，法院指证两被告实施内幕交易的时间是确定的，凡是在内幕信息未公开之前，内幕知情人提前买入或者卖出有内幕信息的股票，其他投资者在该期间作相反交易的，都可以要求赔偿。投资者可以依照法院指定的时间和自己操作股票的情况来判定是否适格。

举证责任如何分配

据了解，在 2011 年 9 月 6 日的庭审过程中，原告代理律师张远忠准备了多份证据，但被告方至今未向法庭出示任何证据。

清华大学法学院教授汤欣在接受《法制日报》记者采访时称，现有的证据规则很明确，谁主张谁举证，原告提出受损、因果关系等证据，被告方也会提交证据，证明自己无过错或其过错不致原告受那么多损失。

薛洪增律师称，被告如果有反证证明原告也是内幕信息知情人的，被告应免责。但是，被告要拿出这样的证据，有很多困难。面对股民的起诉，被告很难判断几年前的内幕信息到底有多少知情人，其中又有多少人实施了反向交易。

有法学专家还向记者分析说，无论原告还是被告，获取证据的过程一定是困难重重，需要到相关部门去调取以前的交易记录、大盘数据等，这并非易事。

股民损失如何计算

在证券民事赔偿案件审理中，股民的损失计算和认定有别于其他案件，原因在于存在所谓的系统风险。最高人民法院在 2003 年发布的《关于审理证券市场因虚假陈述引发的民事赔偿案件的若干规定》的司法解释中，对于损失的赔偿就考虑过系统风险,计算最终损失时要对系统风险进行扣除。因此，在内幕交易民事赔偿案中，在计算股民损失的过程中，要考虑系统风险的问题，这可能会是被告方据理力争的地方。

薛洪增律师称，股民的损失计算应该按投资者买入或者卖出股票平均价与内幕信息公开日收盘价之差来计算，系统风险可以按照大盘同行业指数作相应比例扣除。他强调说,内幕交易的赔偿额不以行为人获利额为限。在黄光裕实施内幕交易中，有一些收益只是账面收益，可能并未在当时获利，但对投资者损失的赔偿并不以其获利多少或是否获利为限额。

在司法实践中，法院对于内幕交易民事赔偿纠纷长期不立案，但现在立案了并能开庭审理，受到广泛好评，因此相比较其中的问题，似乎都不成为问题。汤欣说，虽然最高法院至今未出台专门的司法解释，但毕竟法院开启了内幕交易民事赔偿案大门，这是好事，而且依据现有的关于虚假陈述的司法解释及相关法律规定，此案虽然是首例，但法院审理估计不会有太多的困难。

在记者采访的多位专家看来，最高法院专门针对内幕交易的司法解释何时能出台，均是未知数，虽然最高法院相关领导人在很多场合多次表态，此司法解释正在起草中，但至今未有下文。内幕交易民事赔偿案，如同市场操纵、虚假陈述民事赔偿案一样，有很多不同于一般民事赔偿的特质，因此，为股民诉讼不再难，最高法院的司法解释尽快出台，应当是最好的选择和股民的福音。

股民索赔诉求被驳回

股民李岩及吴某诉黄光裕内幕交易民事索赔案在经过长达近两年的诉讼阶段后，2012 年 12 月 20 日被北京市第二中级人民法院宣判驳回诉讼请求。

法院认为，吴某诉黄光裕内幕交易民事索赔案，依据证券法第七十六条规定，证券交易内幕信息的知情人和非法获取内幕信息的人，在内幕信息公开前，不得买卖该公司的证券，或者泄露该信息，或者建议他人买卖该证券。内幕交易行为给投资者造成损失的，行为人应当依法承担赔偿责任。内幕交易行为是指内幕信息知情人违反法律规定，利用信息优势买卖股票获利并由此导致不明真相的投资者造成损失的行为。本案中，法院依据审理查明的事实，黄光裕在中关村科技控股公司拟收购鹏润地产公司股权内幕信息公布前，大量购买"中关村"股票，内幕交易额及在内幕信息公告日账户收益额均特别巨大。依据原告吴某向法庭提交的证据，吴某购买"中关村"股票与黄光裕买卖股票方向相同，吴某卖出股票时间点不属于内幕交易期间，吴某高买低卖，受到损失，主要原因是受到经济环境、大盘风险的影响，自己判断失误，应自行承担损失。

法院对股民李某的判决与此相似。

稿件来源：2011 年 9 月 7 日、2012 年 12 月 21 日《法制日报》案件版

作者：周芬棉

光大"乌龙指"后纠纷未了

2014 年 4 月 3 日，光大证券"乌龙指"事件涉事人之一杨剑波诉中国证券监督管理委员会案，在北京市第一中级人民法院开庭审理。杨剑波对证监会作出的《行政处罚决定书》和《市场禁入决定书》提起两起诉讼，法院进行合并审理。

杨剑波认为，证监会关于内幕信息与内幕交易的认定以及相关处罚决定超出了现有证券法的规定，请求法院撤销"终身禁入"的处罚决定。

是错单交易还是内幕信息

2013 年 8 月 16 日，光大证券发生交易系统错误，在进行 ETF 套利时下单 234 亿元，最终成交 72.7 亿元，大量买单瞬间推升沪指 5.96%，造成当天 A 股和股指期货市场大幅波动。当天 14 时，光大证券公告称策略投资部门自营业务在使用其独立的套利系统时出现问题。此次事件被称为光大证券"乌龙指"事件。之后，中国证监会对光大证券和相关责任人员采取行政处罚措施，光大证券被罚 5.23 亿元，杨剑波等 4 名光大证券高管分别被处以警告、罚款 60 万元并采取终身证券市场禁入措施。

对此，原告杨剑波认为，当日光大证券做空股指期货、卖出 ETF 对冲风险的行为符合市场规律，并不能构成内幕交易。自己并非主要责任人员，只是在履行自己作为企业员工的职责。所以请求法院撤销证监会作出的行政处罚和期货市场禁入处罚决定。

被告证监会则辩称，光大证券的对冲风险行为是在重大内幕消息未披露之前作出，证监会依法判定为内幕交易，且杨剑波参与了光大证券的对冲决定高层决策会议并最终负责对冲策略的实施，为主要责任人员，证监会作出的处罚决定符合法律规定。

庭审过程中，光大证券的错单交易信息能否被认定为内幕信息成为庭审焦点之一。原告认为光大证券是投资机构，错单信息是其自身的交易信息，不能被认定为内幕消息。被告则认为光大证券具有双重身分，既是投资机构也是上市公司。"上市公司就具有披露信息的义务。"被告代理律师提出。

对冲风险行为该如何定义

庭审中，如何定义对冲风险行为也成为原被告双方的争议焦点。

杨剑波认为，光大证券对冲风险的行为是按照光大证券自营业务中为了防范交易风险的策略实施的。"比如当天上午在 A 股市场发生了 72 亿元交易，故需要在其他市场和产品交易当中进行操作，以对冲上午买入行为所产生的风险。"杨剑波认为，这种基于既定计划、合同所从事的交易行为，不应该按照内幕交易对待。"内幕交易是一种证券违法行为，知情人或者交易当事人利用内幕信息的优势，在市场上实施一种不公平交易，主观动机是恶意的，有实施违法行为的主观故意，内幕信息发生后当事人实施该行为时，根据内幕信息本身的特点进行市场上多种选择。"杨剑波的代理律师说，而按照既定计划、合同交易是公司经营常态，计划、合同指令是公司基于自身安排作出有组织有计划的安排，公司的合同或指令只要是合法有效的，基于合同指令实施的相关民事行为也就是合法有效的。

证监会并不认同此看法，其认为光大证券的相关行为不是按照事先订立的书面合同、指令计划从事期货交易的情形，光大证券下午的交易并不是按照书面合同进行的。"原告提供的光大证券策略投资部管理规定是一般规定，不属于按照事先订立的书面合同指令计划进行的情形。原告的行为是一种内幕交易行为，任何交易策略都不能违反法律法规规定，不能对抗法律强制性规定。"证监会代理律师在庭上表示。

面对证监会作出的处罚，杨剑波认为自己被"冤枉"了，庭上，杨剑波称自己并不是直接责任人员，执行公司既定交易安排是一种岗位职责所决定的工作任务。

"杨剑波在 8 月 16 日下午负责对冲交易，这个是公司管理层决定的，其并不是决策人员，也不是对冲交易的具体实施者，因而不属于'其他直接责任人员'，不是法定的处罚对象。"杨剑波的代理律师表示。

对此，证监会认为，原告不仅参与了决策会议，且下午交易是由原告杨剑波提议并且由其具体负责执行。另外，光大证券上午的突发事件就发生在策略投资部，杨剑波在光大证券整个事件中是核心人物，在下午的决策会议和内幕交易中也发挥了重要作用，因此认定原告为直接决策人员。

此案未当庭宣判。

稿件来源 2014 年 4 月 4 日《法制日报》案件版 作者：李松 陶明权

亲历广东"海燕"行动

2014 年 6 月 4 日，广东省公安厅召开新闻发布会，向媒体通报了 5 月 19 日至 20 日警方开展打击银行卡犯罪第一波次统一收网行动的战果。据悉，广东警方以公安部督办"海燕 2 号"伪卡专案为重点，对伪卡类、套现类、涉网类等银行卡犯罪实施强有力集中打击，代号为"海燕 -2014"的行动共破获银行卡犯罪案件 156 宗，抓获犯罪嫌疑人 286 名，查获涉案银行卡 1616 张、POS 机 133 台、侧录器 11 台、电脑 63 台、手机约 500 部、转账用的 U 盾 100 个以及赃款 69.4 万元。中央政治局委员、广东省委书记胡春华对这次集中收网行动成效专门批示表扬。

现象

广东警方历来重视打击银行卡犯罪工作。"但是，由于银行卡犯罪成本低、犯罪工序简单、银行监管漏洞大等多种因素，广东省银行卡犯罪仍呈高发态势，发案数依然高位运行。"广东省公安厅党委副书记、副厅长何广平表示，银行卡犯罪依然是今年的重点打击目标。

记者了解到，广东是银行卡发卡大省，卡量 3 亿多张，约占全国总卡量的 10%。"广东也是银行卡犯罪大省，发案数逐年攀升，占全省全部经济犯罪的 40% 以上。"何广平介绍。

"银行卡犯罪高发与银行办卡门槛低、客户良莠不齐有很大关系。"警方相关负责人透露，"目前，银行发卡还是以量取胜，很多不该发的卡都在发。"

"银行卡犯罪已经严重扰乱国家正常的金融秩序，极大损害广大群众的切身利益，不予重拳打击，将愈演愈烈，势必引发广大群众用卡的恐慌，引发社会不稳定因素。"何广平说。

2013年8月初，广东警方成立了打击银行卡犯罪工作专班，集中经侦、网安等警种的优势力量，开展银行卡特大专案侦查。2013年12月24日，广东警方组织茂名、广州、深圳、佛山、珠海5市公安机关开展了"海燕1112"专案收网行动，对茂名市电白县麻岗镇黎某等特大伪卡盗刷犯罪团伙进行围剿，抓获犯罪嫌疑人54名，带破案件200多宗，涉案金额2000多万元。

特征

记者了解到，银行卡犯罪和电信诈骗地缘性特征明显，不法分子多以广东茂名电白籍人为主。

办案民警介绍，在茂名电白，当地部分群众不认为制假汇票、电信诈骗、银行卡诈骗是违法犯罪行为，而是当作一种工作来看待。"早几年电信诈骗盛行时，一些孩子辍学后，家长便要求孩子学好普通话，不上学就去打电话。现在则要求孩子学会网购，学会操作网上转账，利用网络支付平台交割款项，以便从事银行卡犯罪"。

随着广东警方不断加大打击力度，茂名电白籍伪卡犯罪团伙逐渐将侧录银行卡信息的"主战场"迁往省外经济发达的大中城市。

据警方目前掌握的信息，电白籍银行卡信息侧录员已在上海、湖南和海南等地作案。这些侧录员利用上海等大城市招工难的特点，应聘酒店和娱乐场所的服务员，从事银行卡侧录工作。大概工作半个月左右，他们侧录到大量银行卡信息后就辞工回茂名。

警方发现，尽管侧录银行卡信息的"主战场"已转移，但大部分盗刷案件仍然在电白的银行ATM提款变现。

此外，部分不法分子还开始采用高科技的作案手段，比如"黑客"。今年4月，茂名市信宜警方捣毁了1个信用卡诈骗团伙。该团伙秘密改装某商家的POS机，直接获取顾客的银行卡信息。

"此外，银行结合第三方支付推出很多新产品，但有些产品存在漏洞，加之银行把关不严格，也使得不法分子有机可乘。"办案民警说。

打击

"'海燕1号'之后，全省全链条打击银行卡犯罪的难度加大，但银行卡犯罪仍在上演。我们知道银行卡犯罪的某个环节，如侧录人员正在实施侧录信息，但不知道他是哪个团伙的，即便如此，警方也得严厉打击。"何广平表示，为此，公安机关需要一种新的打法：由省公安厅统一对全省的伪卡案件串案、并案，采取"边经营、边扩线、边取证"的办案思路，追究银行卡犯罪各环节人员的刑事责任。

据悉，民警在侦查中一旦掌握涉案信息，广东省公安厅就立即部署涉案地公安机关调取盗刷套现的证据，完善证据链条，为打击处理犯罪嫌疑人奠定基础。同时，新的打法要求广东省公安厅的业务部门既是领导、协调者，也必须是一线的参战员。何广平介绍，"海燕2号"是该省警方对新打法的一种尝试。

治理

"海燕1112"行动当晚，警方从一名犯罪嫌疑人家里搜出50多台POS机，令人震惊。随后，POS机发放监管不力、第三方支付平台漏洞等问题被报道。广东省公安厅经侦局就此问题与中国人民银行等主管部门沟通，主管部门大幅下调了第三方支付平台每次的支付金额上限，并取消了一般使用客户的T+0转账模式。

"效果比预期的好，通过第三方支付平台盗刷银行卡的案件大幅下降，特别是大额盗刷案件几乎绝迹。"办案民警表示，但不法分子一直在和公安机关斗智斗勇，一款新的类似于拉卡拉的迷你POS机开始取代传统的POS机，成为银行卡犯罪团伙盗刷的新工具。从警方5月20日凌晨查获的POS机来看，一名犯罪嫌疑人通过上网，在深圳申请了100多台"钱富宝"——手机POS机，一个拇指大小的刷卡器插在手机上就能完成POS机的转账功能的小配件。警方表示，手机POS机非常易于藏匿和携带，打击的难度也将越来越大。

为此，广东警方以"海燕2号"伪卡专案等重点案件为切入点，对伪卡类、套现类、涉网类等银行卡犯罪实施全覆盖打击。2014年1月至5月底，广东省共破各类银行卡案件 879 宗，抓获犯罪嫌疑人 962 名。广东省银行卡犯罪得到有效遏制，发案数持续下降。

何广平说，打击电信诈骗及银行卡犯罪任重道远。广东省公安厅将继续深挖扩线，在条件成熟时组织收网；全方位整治茂名市电白区的电信诈骗和银行卡犯罪活动，推进源头治理，促进该地区社会治安形势明显好转。

何广平告诉记者，在打击的同时，广东警方高度重视长效机制建设，已协调人民银行、银监局等部门推动"五大机制"建设：推动建立打击银行卡犯罪奖励基金；下发《电信诈骗犯罪涉案资金应急处置办法》，建立涉电信诈骗和银行卡犯罪账户快速查询冻结机制；推动建立银行卡查询短信提醒机制；建立黄金饰品等重点商户监管机制；建立联合宣传机制，曝光典型案例，揭露作案手法，达到教育群众、震慑犯罪的目的。

稿件来源：2014 年 6 月 5 日《法制日报》案件版 作者：邓新建 黄康灵 植才兵

"权力掮客"丁羽心

为原铁道部部长刘志军职务调整创造条件、疏通关系，先后分两次大方给出 4900 万元；依靠刘志军，以有偿运作的方式使 23 家投标公司中标 57 个铁路工程项目，中标标的额高达 1858 亿元，其从中获利 20 亿余元；为掩人耳目树立正面形象，重金行贿国务院扶贫开发领导小组办公室外资项目管理中心主任范增玉。2013 年 9 月 24 日，原铁道部部长刘志军案的关键人物，山西女商人丁羽心（曾用名丁书苗）因涉嫌行贿罪和非法经营罪在北京市第二中级人民法院出庭受审。

2014 年 12 月 16 日上午，北京市第二中级人民法院对丁羽心案作出一审判决。法院认定丁羽心犯行贿罪、非法经营罪，依法判处其有期徒刑 20 年，并处没收财产 2000 万元，罚金 25 亿元。

大把花钱

2013 年 9 月 24 日 9 时 30 分，北京市第二中级人民法院法庭。两名 999 急救中心的医护人员率先到庭。据了解，丁羽心患有高血压、心脏病，并有两次脑出血经历，医护人员到庭是出于对其健康的考虑。约 30 分钟后，身着粉色线衣、黑色裤子的丁羽心缓步走进法庭，身材高大的她步履蹒跚，甚至在公诉人宣读起诉书的过程中，她都几次因为站不稳险些摔倒，后经审判长允许提前坐下。

据了解，丁羽心是山西人。根据北京市人民检察院第二分院的指控，2004年至2011年间，丁羽心通过时任铁道部部长的刘志军，为其与其亲属实际控制的公司获得铁路货物运输计划、获取经营动车组轮对项目公司的股权、运作铁路建设工程项目中标、解决企业经营资金困难等事项提供帮助，获取了巨额不正当利益。为此，丁羽心于2008年至2010年，按照刘志军的授意，为刘志军职务调整创造条件疏通关系，先后两次以花钱办事的方式给予刘志军钱款共计4900万元。

对于公诉机关的指控，丁羽心当庭表示没有异议。

据了解，丁羽心曾明确表示过，认识刘志军以来，一直花钱为刘志军办事，这是对他的感谢，花多少钱都不会吝啬。

但在庭上，丁羽心的辩护人对被指控的总计4900万元行贿行为提出了异议，认为此行为当属于犯罪未遂。该辩护人指出，丁羽心将这4900万元分别汇给了刘某和于某，但事实证明这两人都是诈骗分子，将丁羽心的钱款骗走后并未办事。更重要的是，这笔钱属于刘志军的授意，丁羽心只是按要求办事。"实际上这个授意行为应当属于刘志军索贿。"辩护人说，即便认定为行贿，从结果看，也应当属于犯罪未遂。

共同犯罪

考虑到丁羽心的身体状况，2013年9月24日上午的庭审只进行到11时30分。因为偏头痛发作，丁羽心还戴着一顶灰色带檐的帽子，并在庭审结束前在医护人员的帮助下服下去痛片。当天14时，庭审继续。

根据公诉机关指控，丁羽心还曾于2007年至2010年间，伙同郑朋、胡斌、甘新云、侯军霞、郭英等人（均另案处理），为获取非法经济利益违反国家规定，与投标铁路工程项目的公司商定，以有偿运作的方式帮助中标。在这些有偿运作中，丁羽心先后使23家投标公司中标57个铁路工程项目，中标标的额共计1858亿余元，其中，丁羽心违法所得数额共计20亿余元，严重扰乱了铁路工程建设市场秩序。

面对此项指控，丁羽心依旧表示没有异议。她说，第一笔中标企业是中间人主动找到的她，由于她并不懂行，中介费是多少都是由中间人定的，根据标段不同，分别收取 1.5% 至 2.5% 的中介费。

但丁羽心的辩护人又提出，她只是"递纸条的人"，不能算作主犯，其行为更适用于"串通投标"这一罪名。"丁羽心收取中介费的模式是，投标人通过中间人找到丁羽心，将投标企业想中标的意思传达给丁羽心，丁羽心再转达给刘志军。刘志军了解后，帮助其打招呼。中标后，企业会给中间人返利，中间人再将中介费返给丁羽心。"辩护人在法庭上说。

对此，公诉机关认为，在每一个招投标领域中，每一个环节都可以作为一个独立个体存在，但因为丁羽心的地位和关系，可以将每个个体关联在一起，达成共同行为，所涉及的犯罪就是共同犯罪，丁羽心也必然是主犯；且该案系在招投标领域的行为，属于经营活动的组成，适用于非法经营罪。

量刑争议

在检察机关的指控中，还有一笔有关行贿罪的指控，是丁羽心为树立正面形象作出的"努力"。

根据公诉机关起诉，为达到树立正面形象以逃避有关部门查处的目的，丁羽心经与时任国务院扶贫开发领导小组办公室外资项目管理中心主任范增玉（另案处理）商议，由丁羽心向该中心进行捐款，由范增玉利用职务之便为其安排，在有关表彰会上发言、有关刊物上刊登慈善事迹等。为此，丁羽心先后 38 次给予范增玉财物共计折合人民币 4000 余万元。

对这笔指控丁羽心认罪，但她认为 38 笔款项都是由范增玉主动索要，她才给予的，并不是出于树立形象的目的。丁羽心的辩护人对该笔指控作出无罪辩护，并强调丁从 20 世纪 80 年代开始就做慈善了。

在量刑情节上，控辩双方也存在争议。丁羽心的辩护人认为，丁羽心到案后揭发了刘志军滥用职权和受贿行为，才使得刘志军案件顺利破获，因此应当认定丁羽心构成重大立功。但检方认为，丁作为行贿人给刘志军行贿，其交代过程并牵扯出刘志军只属于如实供述，并不构成重大立功。

公诉机关认为，丁羽心为谋取不正当利益，给予国家工作人员财物，情节特别严重；以非法运作铁路项目招投标等方式从事非法经营犯罪活动，扰乱市场秩序，情节特别严重，应以行贿罪、非法经营罪追究其刑事责任。

2013 年 9 月 24 日的庭审进入尾声时，被告人席位上的丁羽心突然晕倒，一直坐在旁听席上的医护人员迅速上前为其测量血压。经过 10 分钟的短暂休庭，庭审继续。在最后陈述阶段，丁羽心向公诉人、辩护人和法官分别鞠躬，并称谢谢大家，请法院公正判决。

一审宣判

2014 年 12 月 16 日上午，北京市第二中级人民法院开庭一审宣判丁羽心案。10 时，丁羽心身着橘色毛衣，戴着紫色帽子及医用口罩走进法庭，精神明显有些萎靡不振。庭审开始时，经审判长提醒，丁羽心解释自己患感冒，并将口罩摘下。

根据法院审理查明的事实，在 2007 年至 2010 年间，丁羽心为获取非法经济利益，违反国家规定，直接或间接通过胡斌、郑朋、郭英（均另案处理）等人，与中铁二十局集团有限公司、中铁二十三局集团有限公司等 23 家企业商定，采取有偿运作的方式，由丁羽心等人帮助该 23 家企业在 57 个铁路建设工程项目招标、投标过程中中标。中标后，丁羽心、胡斌、郑朋等人以收取"中介费"等名义向中标企业或从中标企业分包工程的施工队收取费用，违法所得共计折合人民币 30 多亿元，其中丁羽心违法所得数额共计折合人民币 20 多亿元。

此外，2004 年至 2011 年间，丁羽心通过原铁道部部长刘志军获取了巨额不正当经济利益，为感谢刘志军的帮助，丁羽心采取为刘花钱办事的方式行贿 4900 万元。

2009 年至 2010 年间，丁羽心通过国务院扶贫开发领导小组办公室外资项目管理中心原主任范增玉（另案处理）谋取了不正当利益。为感谢范增玉的帮助，自 2009 年 6 月至 2010 年 9 月，丁羽心先后 38 次向范增玉行贿共计折合人民币 4013 余万元，其中范增玉以购房需要用钱或急需现金办事为由索要 880 万元。

第一次开庭时，丁羽心的辩护律师为其作罪轻辩护，曾提出丁羽心以花钱办事的方式给刘志军 4900 万元，刘志军并未直接收受该款项，达不到行贿的目的，且即使认定丁羽心行贿的行为成立，也应认定为犯罪未遂。但这些辩护意见，法院未予采纳。

法院认为，丁羽心为谋取不正当利益，给予国家工作人员财物，其行为已构成行贿罪，且行贿数额特别巨大，情节特别严重，依法应予惩处；被告人丁羽心还违反国家规定，严重扰乱铁路建设工程招投标市场秩序，实施非法经营行为，已构成非法经营罪，且违法所得数额特别巨大，情节特别严重，依法亦应予惩处，并对其所犯二罪并罚。综上，法院一审判决：

丁羽心犯行贿罪，判处有期徒刑 15 年，并处没收个人财产 2000 万元；犯非法经营罪，判处有期徒刑 15 年，并处罚金 25 亿元，决定执行有期徒刑 20 年，并处没收财产 2000 万元，罚金 25 亿元。

稿件来源：2013 年 9 月 25 日、2014 年 12 月 17 日《法制日报》案件版

作者：黄洁

第七章 分析

经济犯罪案件数量攀升类型增多

来自公安部的消息显示，自 2014 年 7 月 22 日公安部部署全国公安机关集中开展"猎狐 2014"缉捕在逃境外经济犯罪嫌疑人专项行动，截至 10 月 29 日，行动开展一百天，全国公安机关已先后从 46 个国家和地区缉捕在逃经济犯罪嫌疑人 180 名。

百天"猎狐"180 名，由此可见公安机关追捕外逃经济犯罪嫌疑人力度之大，也可以看出经济犯罪不容小觑。

梳理近 3 年来的经济犯罪案件发现，经济犯罪仍呈高发态势，尤其是涉众型经济犯罪多发高发。

经济犯罪形势复杂

在"猎狐 2014"专项行动的战果中，有一起案件被频繁提及——上海美女高管陈怡涉嫌集资诈骗案。

根据检察机关指控，2010 年 1 月至 2012 年 12 月，陈怡伙同江杰等人先后控制了泛鑫保险、浙江永力保险代理有限公司湖州分公司和杭州中海盛邦保险代理有限公司。陈怡还与他人合谋，将 20 年期寿险产品虚构成年收益 10% 左右的 1 年至 3 年期保险理财产品，骗取投资人资金，并将骗得的资金以返还保险公司手续费的方式套现。

2010 年 2 月至 2013 年 7 月，陈怡、江杰先后以泛鑫保险、浙江永力、中海盛邦的名义，与昆仑健康保险股份有限公司沪、浙分公司，幸福人寿保险股份有限公司沪、浙分公司等签订了保险代理协议，并在沪、浙两地招聘了 400 多名保险代理人，由代理人或通过银行员工在江、浙、沪等地

向 4400 多人推销虚假保险理财产品计 13 亿余元，套取资金 10 亿余元。截至案发，陈怡等人造成实际损失 8 亿余元。

陈怡涉嫌集资诈骗案被公安部列入 2013 年十大经济犯罪案件。

在公安部公布的 2013 年十大经济犯罪案件中，伪造银行卡犯罪、传销犯罪也较受关注。

2013 年 12 月 24 日，公安部指导广东省公安厅组织 8 个地市公安机关联合开展打击伪造信用卡犯罪"海燕 1112"专案收网行动，打掉犯罪团伙 8 个，抓获犯罪嫌疑人数十名。针对近年来广东信用卡诈骗犯罪高发、涉案金额不断增大的实际情况，广东省公安厅抽调精干力量开展专案侦查，系统梳理近年来侦破的伪卡犯罪案件，挖掘犯罪线索并开展深入经营。经过 4 个月的缜密侦查，查明一个以广东电白县籍人为主要成员的庞大犯罪团伙网络，全面摸清该犯罪网络的脉络架构，准确锁定全部犯罪嫌疑人，在此基础上开展了集中收网行动。

2013 年的传销大案当属涉台传销案。2013 年 3 月 28 日，广西壮族自治区来宾市公安机关在工作中发现，有台湾籍犯罪嫌疑人诱骗台湾民众到广西参与传销活动线索，经过缜密侦查，基本摸清该传销组织的人员构成和组织体系。随后，公安部协调、指挥广西公安机关与台湾执法部门开展案件联合侦办工作。8 月、12 月，公安部指挥广西公安机关联手台湾执法部门两次开展收网行动，抓获温某某、陈某某为首的台湾犯罪嫌疑人 126 名。经查，自 2011 年以来，温某某、陈某某等人歪曲广西实施北部湾开发、建设东盟自贸区的开发开放政策，以旅游、考察房地产开发等为幌子，以"连锁销售""纯资本运作""房产投资"等为噱头，诱使数千名台湾民众参加传销违法犯罪活动。

在公布 2013 年十大经济犯罪案件时，公安部有关负责人表示，当前经济犯罪活动总体仍活跃多发，经济犯罪形势严峻复杂。

中国政法大学刑事司法学院院长曲新久也认为，目前，经济犯罪仍处于多发时期。

经济犯罪多发，可以从一组数据中获得直观解释——据公安部经济犯罪侦查局有关负责人介绍，党的十八大以来，截至 2014 年 8 月底，全国公安机关共破获各类经济犯罪案件 21.8 万起，抓获经济犯罪嫌疑人 20.5 万余名，为国家和受害群众挽回经济损失 923 亿元。

中国社会科学院法学所 2013 年 2 月 25 日发布的《法治蓝皮书（2013）》透露，全国犯罪形势呈现出暴力犯罪持续下降、经济犯罪呈井喷式增长的趋势。

中国刑法学研究会副会长、西北政法大学校长贾宇认为，当前经济犯罪呈高发态势，有两方面原因，一方面在于经济活跃，另一方面在于相关领域的管理没有跟上。

涉众型经济犯罪突出

浙江东阳富姐吴英集资诈骗案，是近年来经济犯罪案件的一个典型案例。

自2009年12月，浙江省金华市中级人民法院对吴英作出一审判决，至2014年7月，浙江省高级人民法院对吴英作出重审判决，吴英案的审理历时4年多。在这4年多时间里，以非法集资为代表的一大批涉众型经济犯罪案件进入公众视野。

广东省佛山市也出了一个"吴英"——想通过赚取利息差额发财的珠海籍女商人唐美群。她没有想到的是，利息没有收到，自己的资金链却出现了断裂。为了填补资金的缺口，唐美群虚构其经营的公司需要资金周转或其投资香港金融理财产品需大量资金等，以高额利息为诱饵，在短短不到两年的时间里，非法集资逾5亿元人民币。2011年10月，唐美群被佛山市中级人民法院以集资诈骗罪一审判处死刑缓期两年执行。

同在2011年，浙江省温州市"跑路"女老板郑珠菊案发。当年8月28日，温州市龙湾区多名受害者到温州市公安局龙湾分局永中派出所报案称，永中"百乐家电"老板郑珠菊收受他们的承兑汇票后不支付，有诈骗行为，要求公安机关处理。9月9日，警方将郑珠菊抓获。

经侦查，48岁的犯罪嫌疑人郑珠菊，以经营家电生意为借口，从事非法倒卖承兑汇票和低息向社会不特定人员借款放高利贷。截至2011年10月24日，此案已涉及受害人达120人，涉案金额1.31亿余元。

2013年4月，公安部相关负责人表示：我国非法集资犯罪活动呈多发态势，全国公安机关近几年年均立案2000多起。公安部经济犯罪侦查局副局长刘文玺分析，非法集资正在从传统的房地产、矿产资源、农业、林业等领域向投资理财、私募股权等新型领域转变。活动空间也在从实体向网络逐步发展。

在曲新久看来，以非法吸收公众存款为代表的涉众型经济犯罪，在2011年、2012年呈现高发、多发态势，此类犯罪自2013年至今发案相对较少。涉众型经济犯罪的发案趋势与经济形势密切相关，当央行银根缩紧时，涉众型经济犯罪的发案数会有所增加。

贾宇分析，经济犯罪有较为明显的利益导向，什么领域获利多，犯罪就会瞄向这些领域，涉及金融的非法吸收公众存款就是如此。另外，当前正处于金融体制改革过程中，市场需求和行业管理之间存在反差，这样也容易诱发犯罪。

遏制犯罪尤须治本

2010 年 5 月 18 日，国美电器创始人黄光裕因犯内幕交易罪、非法经营罪和单位行贿罪，被北京市第二中级人民法院判处其有期徒刑 14 年，并处罚金人民币 6 亿元，没收个人财产人民币两亿元。黄光裕对此判决不服，上诉至北京市高级人民法院。同年 8 月 30 日，北京市高院作出二审维持原判的裁定。

在黄光裕案发生后，一批涉及金融领域的经济犯罪案件大量出现。

2011 年 8 月 3 日，在北京市第二中级人民法院，股市"黑嘴"汪建中因犯操纵证券市场罪，一审被判有期徒刑 7 年，罚金 125757599.5 元。据悉，这是首例利用荐股报告操纵证券市场构成犯罪被宣判的案件。

据北京市人民检察院第二分院指控，汪建中在担任北京首放投资顾问有限公司负责人期间，于 2006 年 7 月至 2008 年 5 月间，使用本人及他人名义开立了多个证券账户，采取先行买入相关证券，后利用公司名义在媒介对外推荐证券，人为影响证券交易价格，并于上述信息公开后马上卖出相关证券，获取个人非法利益的交易方式操纵证券交易价格。

2012 年 6 月 18 日，黑龙江省哈尔滨市中级人民法院对一起操纵证券市场案作出判决。办案机关查明，截至案发，哈尔滨大富投资、新思路投资公司利用顶点财经网、《上海证券报》等媒体发布个股推荐文章 285 篇，对 99 只股票进行了 107 次推荐。被告人熊黎操控的 19 个个人股票账户对上述 99 只股票中的 61 只实施了 67 次"荐股前集中买入、荐股后集中卖出"的操纵证券市场行为，累计买入金额 10.16 亿余元，卖出 10.47 亿余元，累计净获利 2443 万余元。

对于近年来频发的内幕交易案、操纵证券市场案，曲新久分析说，以前，此类案件主要依靠举报线索进行查处；随着科技发展，日常的技术监管可以及时发现此类犯罪，相关部门可以及时查办案件。

梳理近年来的经济犯罪案件发现，除了涉众型经济犯罪、内幕交易等金融领域犯罪，诸如虚开增值税专用发票、地下钱庄、合同诈骗、串通投标、制售假冒伪劣商品等经济犯罪案件时有发生。

据公安部经济犯罪侦查局有关负责人介绍,十八大以来至 2014 年 8 月,公安机关以虚开增值税专用发票犯罪、骗取出口退税犯罪为重点,严厉打击涉税犯罪,共办案 2.1 万起,涉案总价值 1261 亿元;以非法集资、骗贷、地下钱庄、重大内幕交易、操纵市场以及银行卡、假币等犯罪为重点,严厉打击金融犯罪,共办案 8 万起,涉案总价值 1975 亿元;以维护市场秩序、促进公平竞争为目的,严厉打击合同诈骗、职务侵占、商业贿赂、串通投标等犯罪,共办案 12.1 万起,涉案总价值 1700 亿元;以保障民生、保护科技创新为主旨,严厉打击侵犯知识产权和制售假冒伪劣商品犯罪,共办案 8.7 万起,涉案总价值 554 亿元。

曲新久分析认为,在经济犯罪多发的同时,经济犯罪类型也将日益增多。

在贾宇看来,经济犯罪类型增多,是与经济发展伴生的现象。市场发展会越来越快,新的经济模式也会不断出现,什么地方有活跃的经济,什么地方就会出现经济犯罪。

基于以上观点,贾宇认为,对于经济犯罪,必然需要严厉打击,但是打击不能治本。针对经济犯罪,治本之策在预防和管控,通过健全相关领域、行业的管理机制、建立常态的监管机制,逐步遏制经济犯罪。

稿件来源:2014 年 11 月 14 日《法制日报》案件版

第八章　行政诉讼

> "法不阿贵，绳不绕曲。"
>
> 法律面前人人平等的思想自古有之，不过，囿于社会属性，这一思想并未成现实。新中国成立以来，随着民主法治建设的不断推进，"法律面前人人平等"的思想生根发芽。官有不端，民可诉之。
>
> 行政诉讼的出现，昭示着中国法治建设的重大进步。

不要动不动就罚款

吃早餐时，将车停放在快餐店门前，未承想不多时就被交警贴单罚款100元。车主许某认为处罚过重，便一纸行政诉状将交警大队告上法庭。

此案经山东省济南市两级法院审理。2011年5月，济南市中级人民法院二审在撤销一审驳回许某诉讼请求的同时，也将100元罚款决定变更为警告处罚。

"这是一起小案子，但它折射出的却是行政执法合法性与必要性之间利弊权衡、价值取舍的问题，也就是行政执法权的'适当性'。"本案二审法官何方军在向《法制日报》记者剖析此案时如是说。

停车被罚100元

2010年6月8日早晨，市民许某到济南市市中区一家快餐店吃早餐。为图省事，他就将所驾轿车停放在店前。然而，不一会儿工夫，当他走出店门准备驾车离开时，却发现挡风玻璃前粘贴了一张"违法停车告知单"。

同年6月13日，许某到该区交警大队接受违章处理，未承想竟被处罚100元。许某认为处罚过重，就向上级交警支队申请行政复议。2010年6月底，得知复议维持了原决定，许某立即向市中区人民法院提起行政诉讼。

法院受理此案后，及时向交警部门调取相关证据，并查阅了《道路交通安全违法行为处理程序规定》和《山东省交通违法代码表》第"10390"

规定。根据规定，"交通警察对机动车驾驶人不在现场的违法停放机动车行为，应当在机动车侧门玻璃或摩托车座位上粘贴违法停车告知单，并采取拍照或者录像的方式固定相关证据"。

一审法院认为，交警在此次执法处罚过程中，适用法律、程序正确合法，无不当之处，据此一审驳回了原告的诉讼请求。

然而，此案的审理并没有就此终结，许某转而向济南市中级人民法院提起上诉。

变更罚款为警告

二审法庭上，原被告双方就"将车停放快餐店门前"展开激辩。

作为被上诉一方的交警大队称："当时正值上班高峰期，许某将车辆停放在人行道上，不仅违反了法律，而且还影响了其他行人的正常出行，对其作出处罚无不当之处。"

对此，上诉人许某称："那条路本身就比较狭窄，我正是为了不妨碍交通才将车停放在快餐店门前空地，而且我还是以最快的速度吃完早餐的。如果该处不能停车或影响了行人出行，执法交警可以喊我一声把车开走，不应马上就作出处罚。"

"其实，根据《中华人民共和国道路交通安全法》'禁止在人行道上停放机动车'的规定，许某的违法行为是不言而喻的。"何方军说，"但结合那一路段的拥堵情况和停车位明显不足的实际，许某并没有妨碍交通管理的主观故意，这也是二审改判的重要依据之一。"

近日，济南市中级法院审理此案后，依照行政诉讼法作出了撤销一审判决，变更原处罚为警告处罚的终审判决。

判决生效后，济南市中级法院同时给交警大队发出司法建议，建议在该空地设置是否允许停车的标志，以减少今后的行政争议。许某本人在接受警告处罚的同时也作出承诺："下不为例，不再违法停车了。"

稿件来源：2011 年 5 月 5 日 《法制日报》案件版

作者：余东明 王家梁 祁云奎

老人打官司证明自己"还活着"

湖北省鄂州市"被死亡"老人曹祥云收到黄冈市黄州区法院一审判决书：法院以证据不足为由驳回了他状告黄冈市粮食局侵犯其名誉权的诉讼请求。

曹祥云向法院诉称，2008 年，他发现，在无任何法律依据条件下，自己的档案就被黄冈市粮食局于 2006 年 12 月转移至该市劳动保障事务代理服务中心"死亡人"档案内，宣告了其死亡，因无档案不能办理退休，要求该局赔偿各项损失费 20 万元。

2010 年年底，黄冈市黄州区法院受理了该案。

老人找到自己"死亡档案"

曹祥云，1947 年 10 月出生于湖北省鄂州市；1972 年 6 月，从部队退伍 3 年后，曹被调到黄冈市粮食局下属的鄂城油脂总厂上班，成为该厂一名电焊工。

曹祥云说，他在电焊工这一工作岗位上，一干就是 33 年。直到 2004 年 12 月份，鄂城油脂总厂被宣布破产清算，腿部残疾的他才离开该厂，远走福建拾荒为生。

2007 年 7 月，60 岁的曹祥云从福建回老家办理退休手续。在办手续期间，他回到阔别两年的老家，看望年近九旬的老母亲。

没想到，一见面，母亲竟然失声痛哭。原来，早在 2007 年 3 月，曾和曹祥云一起在油脂总厂上班的亲戚就送来了一张曹祥云的"死亡通知"。随后，老人因找不到曹祥云的遗体，便将儿子换洗过的衣物埋到坟里，为他做了一个衣冠冢。

这是怎么回事？明明还活着怎么就有"死亡通知"？

后经多方打听，曹祥云在黄冈市劳动保障事务代理服务中心的"死亡人"档案中找到了自己的名字，他的死亡档案的编号为：15477，与已死亡多年的父亲的档案放在一起。

原告认定粮食局构成侵权

为证明自己"还活着"，曹祥云开始向鄂州市、黄冈市劳动部门反映，没有结果后，他选择了"打官司"这条路。

2009年8月，曹祥云将鄂城油脂工业总厂破产清算组告上鄂城区人民法院和鄂州市中级人民法院，两级法院均以该清算组不具备民事诉讼主体资格，驳回了他的诉讼请求。

两次败诉之后，曹祥云并没有停止通过诉讼证明自己还"活着"。

2010年12月27日，曹祥云以侵权纠纷的名义将黄冈市粮食局告上法庭。

在诉状中，曹祥云认为，黄冈市粮食局将其档案转移到该市劳动保障事务代理服务中心"死亡档案"内，属于非法宣告其死亡，其行为侵犯了他的人身权、名誉权，并对他造成了巨大经济损失。他请求法院依法判决粮食局为自己恢复名誉并公开赔礼道歉，依法赔偿各项损失共计20.08万元。

法院认为此案与粮食局无关

2011年1月11日，黄冈市黄州区法院一审开庭审理了此案。庭审中，黄冈市粮食局并不否认曹祥云被打入"死亡档案"一事，但该局以粮食局不是侵害主体和构成侵害名誉权民事责任要件缺失为由，请法院驳回曹祥云的诉讼请求。

经审理，法院查明，曹祥云1964年10月参加工作，1972年6月调入鄂州油脂工业总厂（原鄂城油厂）工作，1984年12月19日因违反劳动纪律被该厂除名。2008年9月23日，该厂宣布破产，2009年7月7日，破产清算组撤销。

据了解，2008年，黄冈市鄂城油脂总厂破产清算组曾给黄冈市劳动和社会保障局打了要求给曹祥云办理退休的报告,也因没有档案而不了了之。

根据法庭审理情况，黄冈市黄州区法院认为，鄂州油脂工业总厂系黄冈粮食局下属独立法人单位，现有证据只能证明系原鄂城油脂工业总厂破产清算组将曹祥云档案移交给黄冈市劳动保障事务代理服务中心，并不能证明黄冈市粮食局与曹祥云档案移交有关联性，亦不能证明侵犯了曹的名誉权。

据此，黄州区法院作出一审判决：曹祥云起诉证据不充足，遂判决驳回其诉讼请求。

曹祥云告诉记者,他目前正在准备提起上诉,继续讨要"活着"的权利。

稿件来源：2011年6月7日《法制日报》案件版 作者：胡新桥 刘志月

退休老人告人保局讨要"缩水"工龄

在乡政府工作了 25 年后退休，拿到的退休证却显示工龄只有 15 年。河南省南召县退休人员师德祥为此而与当地人力资源和社会保障局打起了官司。

由于 1995 年劳动法出台以前，政府部门是否为用工主体没有法律规定，双方对于这以前的 10 年工作是正式劳动关系还是"临时工"争论不下。而两审下来，法院均支持了师德祥的主张。

2011 年 8 月，南召县人保局执行了法院判决，给师德祥重发了工龄为 25 年的退休证。而此时，师德祥已经为此而在相距 50 多公里的县城与家乡之间奔波了大半年。他所不能理解的是："作为保障劳动者权益的直接部门，南召县人保局怎么能只因为'无法可依'就作出一个同样'无法可依'的决定，平白将我的工龄缩短 10 年？"

工龄"缩水"10 年

61 岁的师德祥，原系南阳市南召县太山庙乡罗沟村党支部书记。1985 年 1 月，由于历年来工作业绩显著，领导有方，他接到了太山庙乡政府书面通知，调他到乡镇企业办工作，任办公室副主任兼矿管、劳务办公室主任。

此后，师德祥一直在乡里工作，一干就是 25 年。这 25 年里，用他自己的话来评价叫"任劳任怨、两袖清风"，出色地完成了各项任务，年年受到上级表彰。

2010 年 8 月 2 日，到退休年龄的师德祥提出退休申请。就在当天，乡政府经审核，同意了他的申请，并如实签署了意见。4 个月后，2010 年 11 月 6 日，南召县人保局经审核同意其退休，师德祥拿到了自己的退休证。

然而翻开这本退休证的第一眼，师德祥就发现了一个大问题：太山庙乡政府明确认可了自己的工龄开始时间为 1985 年 1 月，但退休证上工龄开始时间变成了 1995 年 5 月——这与他实际参加工作年限相差整整 10 年。

师德祥立马意识到，这将直接影响到自己的养老保险等待遇，利益将极大受损。他随即拨通了县人保局"退休退职科"的电话，询问办证人员是否出现失误，并希望重新发证。

然而，办证人员给师德祥的答复是："没错！"理由是他的社保费是从

1995 年开始交的。

无奈之下，师德祥只能带着太山庙乡党委政府相关证明文件，多次赶往 50 公里外的县城。在南召县人保局他看到了自己提交的"河南省企业职工退休审批表"，其中参加工作年限一栏目中，原来乡政府工作人员工整地填写了 1985 年元月，而南召县人保局却潦草地画掉，改为"95 年元月"，并加盖了该局的"退休退职"专用章。

"人保局凭什么私自篡改我的工龄？"气愤的师德祥向国家投诉中心递交了投诉。不久后，国家投诉受理办公室回复，建议他直接向有关法院提起行政诉讼。

工龄是否"无法"算

2011 年 2 月 22 日，师德祥一纸诉状将南召县人保局告到了南召县人民法院，要求法庭审理后依法撤销被告南召县人保局非法给自己颁发的退休证，重新向他颁发工作年限为 25 年的退休证。

南召县人民法院立案后，于 2011 年 3 月 22 日开庭审理了此案。

法庭上，南召县人保局详细阐述了他们让师德祥工龄"缩水"10 年的原因：太山庙乡政府系国家机关，《中华人民共和国劳动法》系 1995 年元月 1 日正式实施，该法第二条将国家机关作为用工的主体资格。而在该法实施以前，国家机关不是用工主体，在国家机关工作是否计算"工龄"没有法律规定。

据此，南召县人保局认为，师德祥在太山庙乡政府工作的前十年是不被法律承认的，不能算工龄，如果认定为 1985 年，就是违法。此外，人保局提出，乡政府为师德祥缴纳养老保险金是从 1995 年开始的。

尽管提出这些说法，但在诉讼中，南召县人保局却未能提供相应证据，证明师德祥工作前十年不能算"工龄"。

2011 年 6 月 23 日，南召县人民法院经公开审理后认为：被告南召县人保局向原告师德祥颁发的退休证上认定其参加工作时间为 1995 年 1 月，但被告在法定期限内未向法院提供出任何证据证明此项确认行为的事实依据及法定理由，况且申报单位——太山庙乡人民政府已明确认可师参加工作年限为 1985 年 1 月，故原告所诉理由成立，法院予以支持。

事实劳动关系存在

输了官司的南召县人保局不服判决,向南阳市中级人民法院提起上诉。人保局指出,认定师德祥 1995 年 1 月参加工作的依据是河南省社会养老事业保险局豫劳社养老(2009)5 号文件的相关规定,该规定已在法定期间内提供给一审法院。

《法制日报》记者从该文件中看到,其中有一条提及:"劳动法实施前用人单位使用的临时工,从 1995 年 1 月起补缴养老保险费,之前不能补缴,也不作为视同缴费年限。"

然而人保局的"证据"还是没能说服南阳市中院。2011 年 7 月 24 日,南阳市中院在开庭审理后,驳回了南召县人保局上诉,维持原判。而理由同样是"人保局未在确定的期间向人民法院提交认定师德祥 1995 年 1 月参加工作的相关事实证据和法律依据"。

师德祥的代理律师孙佳告诉《法制日报》记者,法院之所以作出这样的判决,是因为不认同人保局"临时工"的提法。

"师德祥在乡政府工作,是一种持续用工行为,是事实上的劳动关系,而且乡政府已经作出确认,人保局不能因为在劳动法出台前无法可依,就将其认定为'临时工',这有违公平性原则。"孙佳认为。

她还指出,不管是原来的劳动法或者是 2008 年 1 月 1 日起生效实施的劳动合同法,以及国家《社会养老保险费征缴暂行条例》等相关法律法规,均没有提出缴纳养老保险时间就是参加工作时间的规定,如果参加工作时未缴纳,那么欠缺部分,依法应由用工单位补缴,这与劳动者无关。

2011 年 8 月 2 日,南召县人保局执行了判决,向师德祥重新发了工龄为 25 年的退休证。

稿件来源:2011 年 8 月 16 日《法制日报》案件版
作者:范传贵 曾庆朝 周春合 雷少玉

工商局"作为太慢"被判"抓点儿紧"

四川籍农民工张克兵误买了一辆由内蒙古自治区乌海市一家公司销售的国家淘汰汽车,因此而遭受了巨额损失。为维护自己的权益,他向当地工商机关投诉要求查处淘汰车，然而，等了近一年的时间，仍未见到工商局的处罚决定，于是一气之下将乌海市工商局告上了法庭。

公堂之上工商局解释自己并非"不作为"，而是正在查处。

这种长达近一年时间的缓慢"作为"是否允许存在？2011年9月，乌海市海勃湾区人民法院依法作出的行政判决给出了答案：工商局在判决生效后应"限期作为"。

误购淘汰车外地被查扣

2010年4月8日，内蒙古自治区鄂尔多斯市市民韩仓向乌海市坤元商贸有限公司购买了5辆"北方奔驰"牌ND3250S型自卸货车。

此后不久，韩仓又将车辆转让给当地的朋友徐亮，徐亮又与四川省广元市朝天区马家坝乡险峰村一组的张克兵等人签订了一份《机动车辆承包合同》，将其中一辆车转归张克兵所有并使用，由张克兵向徐亮预付车款6万元，其余车款共计29.82万元分为15个月还清。

合同签订后，张克兵开始在鄂尔多斯市东胜区一家煤矿拉货。此后，张克兵发现，由于工活很少，加上车辆存在质量问题，所挣运费扣除燃油费、司机工资、修车费及生活费后，连每期的购车款都还不上。

为了扭亏为盈，张克兵与其合伙人任秀英请求徐亮应允其到其他工地干活，但遭到拒绝。无奈之下，任秀英自行联系了河南省的一处工程，并带车离开徐亮的工地。徐亮发现后劝说任秀英返回内蒙古，但返回途中车辆于2010年6月19日被河南省南阳市南召县公安局交警查扣。

这一查扣让任秀英一下慌了神，因为交警告诉他，该车有可能是拼装车辆，网上查不到，不能上户口。任秀英赶忙在南阳找了一名律师，并和律师一同到车辆生产厂家即包头市北奔公司查询，此时他才得知，该车属"国二"（国家机动车尾气排放二号标准）排量，早在2005年就已被明令禁止生产销售并淘汰，根本无法办理上户手续。

为进一步证实，张克兵于2010年8月16日向乌海市工商局投诉，请求该局对坤元公司和徐亮的违法销售行为进行查处。

受理近一年始终"正在办"

在递交投诉材料后，乌海市工商局立案受理，但3个月后仍无结果。

2010年11月1日，见没有任何动静，张克兵又以特快专递方式向乌海市工商局邮寄了一份投诉材料。其间张克兵的律师王长建曾前往问询，得到的说法是："我局正在处理。"

直到2011年5月12日，距张克兵第一次举报已9个月之久，赶往乌海市催促等候了10多天无果的律师王长建，受张克兵委托，以不履行法定职责为由，将乌海市工商行政管理局及第三人坤元公司、徐亮一并告到了乌海市海勃湾区人民法院，请求人民法院判令被告工商局对第三人的这种非法销售行为予以行政处罚。

庭审中，被告乌海市工商局承认，原告先后两次举报本案第三人乌海市坤元商贸有限公司。第一次举报称涉案车辆为拼装汽车，经他们调查得知，第三人出售汽车系包头市北奔汽车销售，不属于拼装汽车，因此第一次举报已结案处理。

对于第二次举报，乌海市工商局解释称，在接到原告举报后，经初步审查，于2010年11月1日立案，调查取证，但是该案属于两地办案，涉案人员联系困难，原告从来没有出过面，涉案多人都无法找到，联系十分困难。由于案情复杂，且涉案数额较大，乌海市工商局在立案3个月后的2011年2月1日经该局分管局长审批，将案件延期至2011年3月1日；但到期后，经案件审理委员会研究，又进行了延期。

"该案已经查明事实，均在处理中，我局在两次收到原告的举报后，均认真履行了职责，故原告诉我局行政不作为的事实不存在，请求驳回原告起诉。"乌海市工商局最后称。

工商局败诉判"限期作为"

根据张克兵的代理律师王长建介绍，《中华人民共和国产品质量法》明确规定，生产、销售国家明令淘汰产品的，由国家工商行政管理机关责令停止生产销售，没收违法生产销售的产品，并处违法生产销售产品货值金额等值以下的罚款，有违法所得的，并处没收违法所得，情节严重的，吊销营业执照。

在这起案件中，工商局认为自己并非"不作为"，只是因为案件复杂而一再延期，那么这种"作为太慢"的行政态度，是否能够被法律所允许？

2011年8月12日，这起特殊的告行政机关"不作为"案，被延期3个月。2011年9月28日，乌海市海勃湾区人民法院经公开审理后认为：

依据相关法律规定，被告乌海市工商局依据监督检查职权，或者通过投诉、申诉、举报、其他机关移送、上级机关交办等途径，查处违法行为。被告受理原告举报，应及时调查处理，根据不同情况，分别作出行政处罚、销案、不予行政处罚、移送其他行政机关等处理决定，被告在履行法定职责时，应在合理期限内履行法定职责。

法院最后判决，被告乌海市工商局于本判决生效之日起 30 日内作出具体行政行为，案件受理费由被告乌海市工商局负担。

稿件来源：2011 年 10 月 22 日《法制日报》案件版 作者：范传贵 曾庆朝 海霞

七家卫生院状告药监局处罚不当

江苏省南通市一无业男子凭借私刻公章伪造的多份药品销售证明文件，向 20 余家乡镇卫生院成功推销货值上百万元的药品，当地食品药品监督管理部门依法对这些卫生院予以行政处罚后，有 7 家卫生院反诉药监局，认为行政处罚违法，请求法院予以撤销。

2012 年 7 月 24 日，经南通市中级人民法院的法官多方协调，双方达成了以下和解协议：被告南通市通州区食品药品监督管理局同意先执行原处罚的 80%，余下的 20% 暂缓执行，卫生院则向法院撤回上诉。

"业务员"伪造证件卖药
卫生院购药品涉嫌违法

吴某原系湖北某医药公司的业务员，后因故被辞退。为了早日实现自己发家致富的梦想，2007 年 11 月，吴某花了 60 元在路边流动刻章摊，私刻了"安徽阜阳第一药业有限公司"的一枚送货专用印章和一枚财务专用印章。凭着这两枚印章，吴某又伪造了数十份《药品经营许可证》《企业法人营业执照》、法人授权委托书等药品销售资质证明文件。

2007 年 11 月至 2010 年 6 月期间，吴某携带上述证明文件，以"阜阳一药"业务员的身份，从安徽太和华源医药批发市场购进大量药品，销售给南通市通州区东社镇唐洪卫生院等通州境内 20 多家卫生院，货值达上百万元。案发后，吴某以非法经营罪被追究刑责。

　　2010 年 6 月，通州区药监局在例行检查中发现，"阜阳一药"出具给通州区各卫生院的增值税发票及销售资质证明材料存有明显的疑点，遂向当地警方报案。后经查实，吴某不是"阜阳一药"的业务员，其向通州区境内各家卫生院提供的《药品经营许可证》《企业法人营业执照》等销售资质证明文件均系伪造。

　　2011 年 6 月，通州区药监局认定南通市通州区东社镇唐洪卫生院等 20 多家卫生院从吴某处所购药品均涉嫌违法，遂依据药品管理法、行政处罚法等法律规定，作出没收查封扣押药品、没收违法所得的行政处罚决定。

卫生院不服行政处罚

法院判药监局无过错

　　通州区东社镇唐洪卫生院等 7 家卫生院认为，其是向具有经营资质的"阜阳一药"采购的上述药品，且所购药品也非假冒伪劣药品，通州区药监局所作处罚决定认定事实错误，故一纸诉状将通州区药监局告上了法庭，请求法院撤销这一行政处罚决定。

　　法庭上，通州区药监局辩称，吴某所持相关资质证明文件均系伪造，其明显不是"阜阳一药"的业务员，原告购进药品时未尽到审慎审查的义务，所购药品均系违法，请求法院驳回原告的诉讼请求。

　　通州区人民法院审理认为，被告通州区药监局具有对本行政区域内的药品进行监督管理的法定职责。根据《中华人民共和国药品管理法》第三十四条规定："药品生产企业、药品经营企业、医疗机构必须从具有药品生产、经营资格的企业购进药品；但是，购进没有实施批准文号管理的中药材除外。"原告作为合法医疗机构，在药品经营活动中应该严格遵守上述规定，坚决杜绝和避免药品经营活动中一切违法、违规行为的发生。本案中，吴某采取盗用、伪造的手段，以"阜阳一药"的名义对外从事药品经营活动，且其资质证明文件存在多处明显瑕疵，原告对此仅作形式审查，未作进一步的调查核实，属于未尽到审慎审查的义务，遂判决驳回原告的诉讼请求。

　　一审判决后，有 3 家卫生院仍不服，向南通市中级人民法院提起上诉。

　　二审法院经审理认为，卫生院与吴某违法交易的事实清楚、证据充分，被告所作行政处罚并无不当。考虑到卫生院在行政处罚过程中，能够积极配合食品药品监督管理部门和公安部门调查取证，且所售药品也未造成任何不良后果，如一下子受此重罚，卫生院的生存可能会受到影响，同时也不利于乡村群众看病就医。

为此，承办法官遂组织双方进行协调，经法官耐心细致的析法说理后，被告通州区药监局同意先执行原处罚的80%，余下的20%暂缓执行，卫生院则同意撤回上诉。至此，这起药品监督管理系列行政纠纷得以圆满化解。

稿件来源：2012年7月28日《法制日报》案件版 作者：赵丽 顾建兵 殷勤

"史上最牛民告官案"原告败诉

原本1500万元可以完成的采购，最后却以3000万元高价成交。因不满政府采购文化设备时设置价格下限、"买高不买低"等做法，湖南一家公司一纸诉状，将湖南省文化厅、财政厅、省直机关事务局3个厅局级单位同时告上法庭。由于不满一审法院认为设置价格下限并无不妥等判决，该公司于2011年10月向湖南省长沙市中级人民法院提起了上诉。

2012年12月，《法制日报》记者从有关方面获悉，二审法院对这起堪称"史上最牛民告官案"作出了驳回上诉、维持一审判决的终审宣判。

不满设价格下限状告三厅局

为推进全省乡镇文化站建设，湖南省文化厅、财政厅委托湖南省省直机关事务局在全省统一采购文化设备。然而，因认为其中部分标段的采购设定了产品单价下限，最终使得原本仅需1500万元左右的项目，最后的成交价超过3000余万元，侵犯了公司的合法利益和社会公共利益。在分别向有关方面投诉抗议、复议无效的情况下，长沙市海韵贸易有限公司一纸诉状，同时将3个省厅级单位告上了法庭。

对于这起"史上最牛的民告官案"，2011年11月12日，《法制日报》案件版以《湖南三厅局政府采购"买高不买低"被诉相关部门回应称买贵的是为"花完预算"且法无禁止》为题进行了报道。

"我们之所以设置投标产品价格的最低下限，一是因为法律法规没有禁止性的规定；二是为了确保采购的质量，毕竟贵一点的东西相对更有质量保证；三是预算执行的需要，因为如今不仅有预算编制，还有预算执行。

如果预算没有执行完，财政就要收回，必然会影响第二年的预算编制；四是以前文化部在采购文化流动车时，已经有了类似的做法可供借鉴。"湖南省文化厅规划财务处处长丁宇在接受《法制日报》记者采访时的这番回答中，由于那句"设价格下限是为花完预算"的核心观点违背了财政有效、合理使用的基本原则，而迅速引起了广泛的社会关注，成为当时的焦点话题。

"湖南三厅局招标'买高不买低'的行为，不过是多年来政府采购问题的冰山一角。在一些地方，只要是财政出钱、政府采购的，大多都是采购单位事先和关系好的供货商商量好采购细节，在招标时设定很多条件，用这些条件保证关系户中标。而帮助关系户中标的各个环节——招投标公司、评标专家、业主单位主要负责人都有可能从中得到回扣。"报道刊发后，上百家媒体纷纷跟进报道，并刊发评论文章，呼吁有关方面进一步完善预算、强化监督，使其和政府采购等相关法律制度形成一种无空隙对接。

随后不久，国务院召开常务会议讨论并原则通过了《预算法修正案（草案）》，并决定将草案提请全国人大常委会审议，明确要求进一步推进预算公开透明、强化人大对预算的监督权、减少"跑部钱进"等公众关心的问题。

法院认为设价格下限无不妥

2011年9月29日，长沙市天心区人民法院一审判决认为，为保证产品质量，采购人在招标文件中规定产品单价的上下限，法律法规无禁止性规定，并无不妥；海韵公司没有在知道其权利遭受侵害之日起7个工作日内提出质疑，超出了政府采购法规定的期限，湖南省财政厅对投诉事项不予认定并无不妥。对于一审判决，长沙市海韵贸易有限公司认为，公司就采购文件提起质疑和投诉并未超过期限；采购人在招标文件中规定产品单价的上下限不合法，一审认定并无不妥是错误的。为此，海韵公司在有效上诉期限内向长沙市中级人民法院提出了上诉，请求对一审判决予以改判。

2012年11月13日，长沙市中级人民法院下发了二审判决，认为上诉人的各项上诉理由均不能成立，一审判决事实清楚，适用法律、法规正确，审判程序合法，应予维持。

其中，关于对招标文件中规定产品单价的下限投诉事项的处理是否合法的问题，二审法院认为，上诉人2010年10月8日购买湖南省文化厅乡镇文化站群众文化活动设备政府采购项目的招标文件，但2010年11月25日起，才向湖南省省直机关政府采购中心以招标文件规定了产品单价下限为由对招标文件提出质疑，已明显超过质疑期限，依法应认定为未依法进行质疑。根据《政府采购供应商投诉处理办法》第十条第（二）项的规定，上诉人对招标文件的投诉不符合投诉条件，被上诉人据此对该项投诉不予认定，符合法律规定。

"这样的结果在我意料之中。"长沙市海韵贸易有限公司法定代表人陈荣表示，从决定打这场官司开始，他就清楚地知道这是一场不对称的较量，因为自己面对的是三个权重厅局。

"有错必纠才是政府形象最好的体现，才是对政府公信力的最好维护。我之所以要打这场费力不讨好的官司，不是为了达到个人什么目的，而是为了推动政府采购领域的法制进程。"陈荣表示，如今又到年底了，又到了部门突击花钱只为花完财政预算的时候。为此，他会向湖南省高级人民法院申请再审，以让社会各界继续关注这一领域里的问题，并推动相关的制度得以完善升级，从而有效减少、避免类似的情况发生。

稿件来源：2012年11月30日《法制日报》案件版 作者：阮占江

企业环评报告是商业秘密吗

2013年4月10日，记者获悉，新疆维吾尔自治区石河子小伙起诉环保局要求公开环评报告全文一案，经石河子市人民法院审理后已于近日作出一审判决。法院驳回了原告要求"全文公开环评报告"的诉讼请求。

市民起诉环保局

因不满石河子市环保局"环评内容涉及企业商业机密，企业不愿意公开故无法公开"的答复，石河子市小伙李翔将环保局告到法院，要求环保局依据政府信息公开条例，公开当地两家重点化工企业的环评报告全文。

李翔是石河子市人民检察院检察官，工作之余热心与法律相关的社会活动。

据李翔介绍，要求公开天山铝业有限公司年产100万吨高精铝加工材项目和新疆合盛硅业有限公司年产10万吨工业硅项目的环境影响报告书全文，也是偶然萌生的想法。2012年，他看到有媒体报道质疑两家企业存在污染。但对于是否存在污染，企业、环保局与市民意见不一致。因此，他想通过申请政府信息公开了解企业的环境影响评价，以此弄清事实。

2012年8月，李翔通过邮寄方式向石河子市环保局发去了公开两家企业环境影响报告书全文的申请，但迟迟不见有回复。随后，他向石河子市法制办反映，环保局才重视此事。环保局随后向他发文告知，两家企业均认为报告书中的数据和工艺涉及企业商业机密，不予公开。因此，李翔将石河子市环保局诉至法院，要求公开两家企业的环境影响报告书全文。

商业秘密怎认定

此案第一次开庭时，石河子市环保局副局长粟志峰到庭参加庭审。

据粟志峰介绍，环保局在收到李翔的申请后，向两家企业发去了《关于是否全文公开环境影响报告书的告知函》。两家企业接到函后认为，环境影响报告书中涉及公司的生产工艺、设计产能、生产规模等重要商业秘密，公众或者市场竞争者可从这些内容或者数据中，推算和直接获知公司产量、生产工艺、生产技术水平等重要信息，公开后可能损害公司商业利益。

粟志峰说，根据政府信息公开条例规定，申请公开的政府信息涉及商业秘密、个人隐私的，受理申请的行政机关应当书面征求商业秘密、个人隐私权利人的意见，权利人不同意公开的，不得公开。

而李翔则认为，环境影响报告书是编制单位对企业在设计规划前可能对环境影响所作的评价，两家企业又是高耗能、污染风险高的大企业，公众有权利全面了解整个项目对环境的影响。政府信息公开条例除了强调保护商业秘密、个人隐私权益外，也同样强调行政机关认为不公开可能对公共利益造成重大影响的，应当予以公开。这说明，对于环境影响报告书是否能全文公开、哪些涉及商业机密、谁来判定是商业机密等问题，并不是由企业说了算，环保局有责任审查哪些是可以公开的内容、哪些是不能公开的内容。即使有商业机密也应该优先让位于公众利益。

对此，粟志峰说，事实上，企业在投产前需要通过多种渠道向社会公示项目环评报告，但这个报告会过滤掉涉秘内容，叫做"简本"。2012年我国才将环境保护信息纳入到政府信息公开范围中，而且环保部也明确规定，环保部门可以公开的只限于这种简本，就是考虑到全文公布会涉及企业机密泄露，同样侵犯企业权利。至于简本中应该有哪些内容、哪些属于商业机密、由谁来审查，国家并没有对环保部门作出明确要求，环保局也没这个能力。

法院判决提建议

法院审理后认为，现有的法律条文并没有对环境影响报告书是否进行全文公开以及公开到什么程度作出明确规定。环境报告书的公开程度是以政府信息公开条例的具体规定为准则的，其中第二十三条规定，行政机关不得公开涉及商业机密、个人隐私的政府信息。此案中被告石河子市环保局征询了两家企业的意见后认为，公开环境影响报告书全文将对两企业的竞争地位造成损害，据此作出不公开环评报告全文的行政决定，符合相关法律的规定，因此判决驳回原告诉讼请求。

尽管此案以原告败诉而结案，但其中所涉及的商业秘密与公众知情权问题引起了法院的重视。

法院在判决书中提到，目前在法律实践中对商业机密的认定标准过于抽象，实践中缺乏统一的判断规则，这给行政机关处理政府信息公开带来困难。此案中，被告石河子市环保局经过利益衡量后作出的不予公开两家企业环评报告全文的行政行为，虽然在合理性方面存在不足，但属于行政机关的自由裁量行为。

法院认为，虽然企业主张其商业秘密有其正当性，但任何权利都不具有绝对的优先性，企业在主张对其有利的商业秘密时不能逃避对社会应尽的责任，若仅仅保护企业的商业秘密而不考虑公民的知情权，会造成公民知情权的无法实现，并可能为企业滥用权利打开大门。

稿件来源：2013 年 4 月 11 日《法制日报》案件版 作者：潘从武 曹华

彭州"天价乌木案"始末

四川省彭州市通济镇麻柳村的 7 根乌木出土 10 个月，争议也持续了10 个月。在一些媒体报道中，村民吴高亮一直是乌木的发现者。正是基于这个前提，乌木的所有权归发现者所有还是归国家所有，成为法律界争议的焦点。经专家评估，乌木价值在 1000 万元至 2000 万元之间。

2012 年 7 月 26 日，吴高亮一纸诉状将通济镇政府告上法庭。3 个月的诉前调解未果，2012 年 11 月 27 日，成都市中级人民法院 11 月 27 日公开审理了此案。

当天的庭审持续了 4 个多小时，当事双方主要围绕是谁发现了乌木、发掘乌木的地点和通济镇政府是否存在违法行政行为三大焦点问题进行了举证。

谁先发现天价乌木

2012 年 11 月 27 日的庭审中，原告吴高亮的代理人表达了 4 个诉讼请求：一是确认被告从吴高亮、吴高惠二原告承包地中运走并扣押 7 根乌木的行政行为违法；二是确认挛息于二原告承包地并由原告发现发掘的 7 根乌木为原告所有；三是被告立即向二原告返还 7 根乌木；四是被告赔偿因其不当保管致乌木损毁造成的损失人民币 1 万元等。

庭上，原告被要求撤回第二项诉讼请求，理由是"关于乌木的确权问题，不属于行政诉讼范畴，建议休庭后再评议"。自此，当天庭审主要围绕通济镇政府的行为是否违法展开。

原告吴高亮称，2012 年春节期间，他在自己承包地里偶然发现一根露出地面 10 多厘米的木桩，经他约请相关专业人士辨认为乌木。

2012 年 2 月 8 日，吴高亮雇用机具挖掘出 7 根乌木，正当他准备将乌木吊起进行清理时，当地派出所人员赶到，口头告知原告属私挖滥掘，且该批乌木属于埋藏物，镇政府要求立即停止挖掘工作，听候处理。

2012 年 2 月 11 日，通济镇政府口头宣称该批乌木为埋藏物，所有权归属国家，并将该批乌木运到镇客运中心封闭保存并贴上了《国有资产管理登记表》。

乌木被挖出后，通济镇将情况汇报到彭州市，但彭州市一直未予回复。2012 年 7 月 3 日，吴高亮得到答复——依据民法通则第七十九条规定："所有人不明的埋藏物、隐藏物，归国家所有。接收单位应当对上缴的单位或者个人，给予表扬或者物质奖励"，乌木收归国有。彭州市奖励发现者 5 万元，镇政府奖励两万元，合计 7 万元。对此，吴高亮并不接受。

"说是协商，但只是给我读了一下处理结果，我要求市政府给出一个书面文件却被拒绝，说要提出书面要求才行，不服可诉至法庭，请求人民法院裁定。"吴高亮说。

在此前的媒体报道中，吴高亮一直是乌木的发现者。而 27 日的庭审上，被告代理人称，原告称其从自家承包地里发现并挖掘乌木，不是事实。

通济镇政府称，2012年2月9日23时许，镇政府和通济镇派出所均接到了群众关于通济镇麻柳河有人采挖砂石的举报。接报后，相关人员立即前往现场，发现麻柳河通济镇十七组河段的河道中间被挖出一个大坑，坑中直立了一根木头，采挖人员和机具均已不在现场。

原告方吴高亮的3名证人均表示，他们都亲眼看到最先是由吴高亮请人挖掘乌木。

"我亲眼看见吴高亮最初挖掘乌木的过程，之后镇政府的工作人员和派出所民警才赶到现场，还在现场拉起了警戒线。"麻柳村村民罗云华在法庭上说。

对此，通济镇政府并不认同："原告没有挖掘和占有乌木，是镇政府在河道中将全部乌木挖掘出土。"

通济镇派出所当天接警的罗警官出庭作证。当原告代理人问道"你当天的接警记录，为什么没有登记举报人电话"时，罗警官答："出于保护，所以没写。"原告代理人质疑不规范的接警记录，表示不认可罗警官的证言。

既然镇政府认为不是吴高亮在自家承包地里发现并挖掘乌木，为何当初许以7万元奖励？通济镇镇长郭坤龙解释，因为镇政府在进行保护性挖掘时，吴高亮一家最初不断阻挠。镇政府做通他思想工作后，他和家人才配合挖掘工作，并自愿加入了"乌木挖掘村民监督小组"，监督挖掘乌木的全过程。"正是考虑到这一情况，镇政府才表示如果吴高亮支持保护性挖掘工作，就视其为发现者，将给他申请奖励"。

对此，全国人大环境与资源保护委员会法案室主任翟勇在接受《法制日报》记者采访时认为，乌木的权属是此案的关键。乌木来自自然，形成于自然，它属于自然资源。我国宪法和法律规定，自然资源的开采要经过授权以后才能进行。"由于政府的长期不作为导致公民挖掘乌木成为默许行为。实际上，无论是谁发现、在哪里发现，如果没有经过授权，任何人和部门都无权开发自然资源"。

天价乌木何处挖出

此前，吴高亮曾多次表示，2012年2月初，他无意中在自家承包地里看到一截约十多厘米长的黑木头。找专家鉴定确认是乌木里的金丝楠木后，他雇用挖掘机开挖6小时，乌木的整体已经露出来了。

在法庭上，吴高亮再次强调，在发掘出来的 7 根乌木中，仅有一根乌木是竖立在河道之中，其他的均是自己发现并最先挖掘的。"那根最长达34 米的乌木有五分之四都是在姐姐吴高惠的承包地中"。

曾任麻柳村村支书的刘淑英出庭作证时表示，乌木被发现的位置确实在河道中，但河道和吴高惠的承包地紧挨着。随着河水上涨，冲掉了部分承包地后使得河道变宽，而乌木发现的位置恰恰在这部分区域。"说起来，应该算是在吴高惠的承包地中"。

庭审时，通济镇政府的代理人分别出示了挖掘现场视频资料和土地确权图等证据。"根据图上标明吴高惠 4 块地的所在位置，被挖掘出土的 7 根乌木均在河道之中。"随后，麻柳村主任助理表示，根据土地确权图，乌木最初位置确实是在河道之中。

此前，著名民法学家、物权法核心起草人梁慧星教授称，政府引用民法通则第七十九条，吴高亮引用先占原则，都是不恰当的。

他解释，埋藏物、隐藏物的前提必须是人为埋藏、隐藏，但物权法第一百一十六条规定："天然孳息，由所有权人取得；既有所有权人又有用益物权人的，由用益物权人取得。""孳"是繁殖的意思。该乌木既不属于化石、矿产，也不属于文物。另外，村民在河道中发现乌木，河道属于国家所有，乌木就应由河道所有权人国家取得。同时"先占制度"未写进物权法，且"先占"的前提必须是"无主物"。而该事件中，"乌木有主"。

27 日的庭审，乌木到底是从承包地还是河道里出土，双方就此争论不休。庭审后，吴高亮的代理人表示，庭审围绕的三大焦点问题对于判定乌木归属非常关键。如果确定是在吴高亮姐弟的承包地中发掘的，就可据此请求法院确认乌木归吴高亮所有。"一旦确认乌木是从河道里发掘，河道属于国家所有，这 7 根乌木就极有可能由河道所有权人国家所有"。

吴高亮认为，涉案的 7 根乌木不属于文物、矿产、化石，不属于法律规定归国家所有的野生植物资源，也不属于埋藏物、隐藏物、漂流物、遗失物，也不属于无主财产，它们是吴高惠承包地的天然孳息。

对此，曾经参与物权法起草工作的中央财经大学副教授尹飞表示，"这肯定不是孳息"。天然孳息是指因物的自然属性而获得的收益，与原物分离前，是原物的一部分，如果树结的果实、母畜生的幼畜。而乌木在地下沉睡千年，"认定为这块承包地上的天然孳息说不过去"。

2012 年 11 月 29 日，为厘清乌木发掘者和发掘地的关键问题，法官赶赴乌木发掘现场，对承包地及河道位置进行了实地测量。镇政府以白灰标注出乌木发掘位置，吴高亮和吴高惠用麻绳对 7 根乌木——标注。颇为意外的是，双方就争议最大的 34 米长乌木位置的标注大致吻合，而另外 6 根乌木发掘位置也基本一致。

翟勇认为，我国宪法第九条规定："矿藏、水流、森林、山岭、草原、荒地、滩涂等自然资源，都属于国家所有，即全民所有；由法律规定属于集体所有的森林和山岭、草原、荒地、滩涂除外。国家保障自然资源的合理利用，保护珍贵的动物和植物。禁止任何组织或者个人用任何手段侵占或者破坏自然资源。"

"自然资源不论在哪里发现，都不承认归个人所有。"针对乌木挖掘的地点是否是关键，翟勇认为，宪法只承认国家所有和集体所有，除明令点出之外的归集体所有的自然资源外，其他都依法归国家所有。

镇政府行为是否违法

吴高亮的代理人认为，被告在没有任何法律依据的情况下，强行挖掘吴高亮承包田内的乌木，违反了农村土地承包法第九条、第六十一条，行政强制法第四条、《四川省行政执法规定》第八条等法律法规，严重侵害了原告的土地承包经营权，是非法的行政行为。

"在被告强行挖掘并扣押 7 根乌木的具体行政行为中，被告并未出具任何相关的行政决定书，对扣押的乌木也没有向原告出具扣押清单。"吴高亮认为，该行政行为在程序上明显违法。

而通济镇政府称，2012 年 2 月 10 日，被告及时向相关领导和国土、水务、林业、文物等职能部门作了汇报，相关部门派员到场核查。彭州市文物管理所邀请的成都市考古队的专家到现场鉴别，初步认定为乌木，并提出了保护性挖掘的建议。2012 年 2 月 11 日，彭州市文物管理所出具了《关于通济镇麻柳河道里乌木保护的建议》，建议被告在确保乌木安全的情况下，进行清理挖掘并妥善保护。被告经河道主管部门批准后，在为挖掘工作而专门成立的村民监督小组的监督下，于 2 月 12 日至 23 日，在河道内共挖掘出乌木两根，树桩两个、树节 3 节，暂时存放在通济镇客运站内。乌木得到了有效的保护，没有损毁。

通济镇政府代理人表示，在乌木的归属一直没有得到确认的情况下，镇政府在征得河道主管部门批准后，出资 24 万元，挖掘出 7 根乌木并拉走，是对乌木进行保管、保护。"其行为是事实行为，而非法律行为。"

通济镇在挖掘乌木时没有先通过法院裁定，是否有权力挖掘？即便是归国有，应该由哪个部门行使权力？市场上的乌木难道都归国有？吴高亮有着一系列的疑问需要获得答案。

"镇政府代表国家行使权力，要拿出根据来。"北京大学宪法与行政法研究中心主任姜明安教授在接受《法制日报》记者采访时表示，行政诉讼法规定有 5 个标准衡量镇政府的行为是否合法。

姜明安列举 5 个标准说，是否有主体资格，也就是说镇政府有没有权力对乌木进行挖掘、保管和保护；是否有证据证明乌木属国家所有；适用法律法规是否正确；是否遵守法定程序，发生争议时要与村民说明理由、听取申辩，告知村民乌木所有权或者诉诸法院裁决；是否存在超越职权、滥用职权的行为。

姜明安说，以上 5 点是镇政府的举证责任，否则就是违法。

据此，姜明安认为，如果确定乌木属于国家，镇政府有权去挖；目前镇政府的行为是已经确定乌木属于国家，是有确定行为为前提的。如果存在争议，镇政府的行为就是法律行为；如果没有争议，那就是事实行为。"镇政府认为他们是事实行为是不能成立的"。

翟勇认为，对于自然资源使用权的让渡问题，要依法实施，根据法律规定的主管部门的权限，对国家所有的自然资源予以占有、使用、收益或者处分，任何个人或者政府不得违法采挖自然资源。

"要么有法律授权，要么依据法律规定授权，总之要依法行使权利。对于长期渎职管理的自然资源，能否追究个人的责任要视情况而定。如果追究个人责任要依法进行，但要考虑造成个人采挖乌木的具体原因，而不是盲目地追究公民个人的责任。不过对于个人非法获取的国家所有的乌木资源，应当予以没收。"翟勇表示。

姜明安认为，镇政府可以向国有资产管理局报告发现了乌木，请国资局出书面文件：要么授权镇政府卖掉，所得上交国家；要么授权镇政府卖掉，所得就归镇政府。"如果没有许可，镇政府不可以对乌木进行处理，如果乌木价值较高，可由县级或者省市一级政府处理"。

对于 7 万元奖励至今没有兑现，姜明安表示，尽管法律没有明确规定到底奖励多少，但是政府应该本着诚信的原则，除了奖励之外，村民的损失也应该得到赔偿，包括开采费、劳务费、误工费等。

鉴于目前对于乌木的监管尚属空白，翟勇提出，乌木已经确定是自然物种演化而来，可以当成是古木化石，应当在修改森林法时对相关问题予以明确。

姜明安建议完善法律，明确规定乌木是属于国家还是属于个人，或者采取征收的办法强制买卖，"最终要靠法律去规范"。

此外，姜明安认为，根据立法法第四十二条规定，法律的规定需要进一步明确具体含义的或者法律制定后出现新的情况，需要明确适用法律依据的，由全国人民代表大会常务委员会作出法律解释。

村民诉求被驳回

此案经多次审理后，2013 年 2 月，成都市中级人民法院作出行政裁定。

成都市中院认为，原告吴高亮的第二项"确认孳息于原告承包地并由原告发现发掘的 7 件乌木为原告所有"的请求事项系确认权属纠纷，不属于行政审判的权限范围，成都中院已先行裁定予以驳回，现吴高亮已对该裁定提起上诉，该案二审结果与本院审理吴高亮其余三项诉讼请求有关，且本案涉及法律适用问题，需要送请有权机关作出解释或者确认。故裁定本案终止诉讼。

吴高亮、吴高惠诉四川省彭州市通济镇人民政府"乌木"行政纠纷上诉一案，于 2013 年 6 月 15 日宣判。此前的 2013 年 5 月 10 日，四川省高级人民法院对此上诉案进行了公开开庭审理。

关于一审勘验程序是否合法的问题，四川省高院认为，根据勘验笔录的记载，第一次勘验时，原、被告双方及代理人均到场，麻柳村村主任、村主任助理、麻柳村村支书亦到场，双方分别对 0026 号承包地的位置及乌木的发掘位置进行了指认，彭州市水务局的工作人员对河道范围进行了指界。第二次勘验时，0026 号承包地的承包人吴高惠经法院通知未到场，其丈夫表示与他无关，也未到现场。参加过第一次勘验的麻柳村主任及村主任助理现场走界，颁证时的专业测量公司进行测量，两名 18 组村民指认了 0026 号承包地与 18 组相邻地块的边界及相邻地块分属哪些村民。因麻柳村 17 组其他村民的承包地与 0026 号承包地都不相邻，由麻柳村村主任、当年参与划分承包地的主任助理及与 0026 号承包地相邻的 18 组村民进行指界，勘验程序并无不当。

关于乌木的发现、发掘地是否在吴高惠的承包地里这一问题，四川省高院认为，吴高惠名下 0026 号承包地的位置，有确权公示图、公示表及《关于通济镇影像图及承包地测量成果的情况说明》及附图予以证明。在涉案乌木被发现前，吴高惠及其他 17 组村民从未对 0026 号承包地的位置提出过异议，吴高惠还领取了耕地保护基金。0026 号承包地虽与发掘 6 件乌木的河道相邻，但 0026 号承包地与河道之间有自然河岸相隔，且河岸与河道具有明显落差。经过对书证、乌木发掘现场的视频资料、照片、现场勘验笔录及证人证言等证据材料的综合评判，四川省高院认为这 6 件乌木的发掘地应位于河道管理范围内，不在吴高惠的承包地里。

四川省高院认为，因此案所涉乌木并非由吴高惠发现、发掘，亦非在吴高惠的承包地内发掘，因此，吴高惠与被诉具体行政行为不存在法律上的利害关系，其不具有本案原告主体资格。一审法院对吴高惠的起诉裁定予以驳回，并无不当。吴高惠称乌木在其承包地内发掘，其是此案原告的上诉理由不成立，法院不予支持。

关于此案是否可以行政附带民事诉讼的问题，四川省高院认为，最高人民法院《关于执行〈中华人民共和国行政诉讼法〉若干问题的解释》第六十一条规定，"被告对平等主体之间民事争议所作的裁决违法，民事争议当事人要求人民法院一并解决相关民事争议的，人民法院可以一并审理"。因此，人民法院按照上述规定在审理行政案件的同时对有关的民事纠纷一并进行审理，应具备相应的条件。本案不存在平等主体之间的民事争议问题，被诉行政行为也非行政裁决行为，不符合行政附带民事诉讼的受理和审理条件，因此，上诉人吴高亮要求法院在审理行政案件的同时对乌木所有权争议一并进行审理的上诉理由不成立，法院不予支持。

四川省高院对证据审查后认为，一审法院查明事实所依据的证据符合行政诉讼证据的基本要求，二审予以确认；吴高亮在二审中提交的麻柳村村民的建房工程施工合同、视频集锦及吴高惠向有关部门提交的申请书，不符合最高人民法院《关于行政诉讼证据若干问题的规定》中有关新证据的要求，二审不予采信。对乌木的发现经过及乌木的发掘地点，四川省高院查明的事实与一审无异。

综上，一审裁定认定事实清楚，适用法律正确，程序合法。依照《中华人民共和国行政诉讼法》第六十一条第（一）项的规定，四川省高院裁定：驳回上诉，维持原裁定。

稿件来源：2012 年 12 月 6 日、2013 年 6 月 17 日《法制日报》案件版

作者：杨傲多

广州商贩城管对簿公堂

2013 年 3 月上旬，一则关于"广州海珠区城管队员与女小贩发生冲突"的照片在网络上被疯狂转发，该微博称"城管执法过程中遭女小贩辱骂，因此就掐住女小贩脖子想将其放倒"。此后，该事件中的"主角"李某将广东省广州市海珠区城管、公安两部门告上法院。2013 年 6 月 21 日，海珠区人民法院作出"驳回诉讼请求"的一审判决。

李某诉称，被告海珠城管与海珠公安的执法行为，无论是程序还是实体均存在明显重大违法，给其造成巨大的身体和精神伤害，同时造成一定的经济损失。因此提起行政诉讼，要求法院确认两被告行政行为违法，并在全国性的报刊上公开赔礼道歉，并要求城管和公安部门分别赔偿 3 万元和 8 万元的精神抚慰金。

2013 年 5 月 24 日，该案在海珠区法院进行公开审理。

法院审理查明，2013 年 3 月 6 日下午，80 后的李某携其女儿小潘在广州大道南客村立交附近人行道上以推车形式占道摆卖番石榴。被告海珠城管工作人员巡查至广州大道南客村立交人行道时，发现原告正在占道摆卖番石榴，遂对原告违法行为进行查处。

城管工作人员先对李某进行劝离，因李某一直没有收拾物品离开的意图，在随后的执法过程中双方发生口角，并发生肢体冲突。李某一时情绪激动，拿起一个番石榴砸向城管工作人员，在此情况下，城管工作人员扭住了李某的手臂，按住其脖子，并将李某与手推车上的水果刀、铁秤等危险物品隔离开。此时，李某仍脚踢城管工作人员，撕扯其制服。城管工作人员将李某控制后报警。

海珠公安接警后遂派民警黄某及治安员伍某到场处理。在向现场群众以及城管询问基本情况后，民警认为李某有阻碍执法的行为，故对其实行口头传唤，遭到其拒绝，后实施强制传唤措施，对原告李某绑上约束带，但遭到李某丈夫的阻碍，并发生肢体冲突，后增派警力将其制服，并将李某夫妇及其随行的女儿小潘一并带回派出所进行处理，因而未在现场对原告进行询问。

在派出所民警的调解下，李某与城管达成和解，互相表达歉意，被告海珠公安对案件处理完结。

据悉，对执法的过程，被告海珠城管提供了相关的视频资料为证，对该视频反映的事实，原告没有异议。

法院认为，李某在人行道上以手推车形式占道摆卖番石榴，是明显的乱摆卖行为，被告海珠城管对此依法负有纠正、教育和实施行政处罚的职责。证据反映城管工作人员的控制措施没有以伤害原告为目的，也没有实际造成对原告的伤害。故原告认为城管工作人员的行为是殴打、伤害行为的理由不能成立。海珠城管的被诉行为是依法行使职权的行为，所采取的责令改正措施及相关的控制措施尚在适当范围内。

被告海珠公安民警接警后，按照规定着装、佩戴人民警察标志到场进行调查处理。因现场仍有大量群众驻足观望，造成交通阻滞及一定的社会影响，民警采取口头传唤，以便迅速将当事人带离现场，该处理方式既避免李某与城管工作人员再次在公众场合发生矛盾，亦有利于疏散围观群众，结合事发当时的状况，作出该种处理方式并无不妥。

据此，法院一审驳回李某的诉讼请求。

稿件来源：2013 年 6 月 24 日《法制日报》案件版 作者：章宁旦 杨美满

唐慧：只想好好过自己的生活

2013 年 7 月 15 日上午，备受关注的湖南"上访妈妈"唐慧诉湖南省永州市劳教委行政赔偿一案，在湖南省高级人民法院二审宣判。法院经审理后作出终审判决：对于上诉人提出的书面道歉申请，没有法律条款予以支持，故法院予以驳回；对上诉人提出的精神损害抚慰金 1000 元和要求永州市劳教委赔偿侵犯人身自由的赔偿金 1641.15 元予以支持。

2006 年 10 月，唐慧 11 岁的女儿被逼卖淫一案案发。2012 年 6 月 5 日，湖南省高级人民法院终审裁定判处两名被告人死刑，判处 4 名被告人无期徒刑，另 1 名被告人被判处有期徒刑 15 年。此后，唐慧不断信访。2012 年 8 月 2 日，永州市劳教委以唐慧闹访、缠访严重扰乱单位秩序和社会秩序为由，决定对其劳动教养 1 年 6 个月。

5 天后，唐慧向湖南省劳动教养管理委员会提出书面复议申请。8 月 10 日，湖南省劳教委决定撤销永州市劳教委对唐慧的劳教决定。随后，唐慧就劳教一事要求国家赔偿，但申请被驳回。2013 年 1 月 22 日，唐慧向永州市中级人民法院提出起诉，要求永州市劳教委就劳教向自己赔偿侵犯人身自由的赔偿金、支付精神损害抚慰金共 2463.85 元，并进行书面赔礼道歉。4 月 12 日，永州市中级人民法院一审判唐慧败诉。4 月 30 日，唐慧向湖南省高级人民法院提出上诉，请求撤销永州市中级人民法院的一审判决，要求永州市劳教委对她道歉并赔偿。5 月，湖南省高院受理了唐慧的上诉。7 月 2 日，此案二审开庭审理，但未当庭宣判。

"此案的争议焦点是永州市劳教委作出的不予赔偿决定是否具有事实和法律依据。从查明的事实看，唐慧多次严重扰乱国家机关和社会正常秩序，依法应承担相应的法律责任。据此，永州市劳教委对唐慧作出了劳动教养 1 年 6 个月的决定。湖南省劳教委复议决定确认了永州市劳教委认定的'唐慧有违法行为，应承担相应法律责任'的主要事实，同时认为，永州市劳教委没有考虑到唐慧女儿尚未成年，且身心受到严重伤害，需要特殊监护，对唐慧依法进行训诫、教育更为适宜等情况，依法撤销了永州市劳教委的劳动教养决定。其撤销的法定理由属于《中华人民共和国行政复议法》第二十八条第一款第三项第 5 目规定的'具体行政行为明显不当'。因此，永州市劳教委以撤销的理由是出于人文关怀，决定不予赔偿，于法无据。"湖南省高院认为，行政执法行为被撤销后，根据《湖南省行政程序规定》第一百六十二条第三款规定，其撤销效力追溯至行政执法行为作出之日。故湖南省劳教委撤销永州市劳教委对唐慧的劳动教养决定的效力追溯至该决定作出之日。由此，永州市劳教委对唐慧的劳动教养决定从作出之日起就不具有法律效力，对唐慧已经实施的 9 天劳动教养失去了法律依据，唐慧有取得国家赔偿的权利，其要求永州市劳教委按照国家上年度职工日平均工资给予其侵犯人身自由的赔偿金的诉讼请求，依法应予支持。

"唐慧的行为具有违法性，应当承担相应的法律责任，但永州市劳教委没有综合考虑唐慧及其家人的特殊情况，对唐慧实施了劳动教养，处理方式明显不当，给其精神造成了一定损害。因此，唐慧要求赔礼道歉并支付精神损害抚慰金的诉讼请求，酌情可予支持。但是否必须以书面形式赔礼道歉，法律没有明文规定。"法院认为，二审庭审中，永州市劳教委法定代表人就作出劳教决定时没有考虑到"唐慧的女儿尚未成年，且身心受到严重伤害，需要特殊监护等情况""人文关怀不够""处理方式不当"，向唐慧赔礼道歉，故对唐慧此项诉讼请求可视为已经履行。

湖南省高院审判委员会讨论决定，判决撤销永州市中级人民法院（2013）永中法行赔初字第 1 号行政赔偿判决；撤销永州市劳动教养管理委员会永劳赔决字（2013）第 01 号行政赔偿决定；由永州市劳动教养管理委员会赔偿唐慧被限制人身自由 9 天的赔偿金 1641.15 元（182.35 元 / 天 ×9 天）；由永州市劳动教养管理委员会向唐慧支付精神损害抚慰金 1000 元。

"我觉得一切都过去了，现在只想好好过自己的生活。"记者在现场看到，唐慧在宣判后接受媒体采访时不愿谈太多，只作了这样的简单回应。

稿件来源：2013 年 7 月 16 日《法制日报》案件版 作者：阮占江 曾妍

第八章 分析

"民告官"案数量增多凸显法治建设提速

2014 年 11 月 1 日，十二届全国人大常委会第十一次会议表决通过了修改行政诉讼法的决定，完成了这部法律自施行以来的首次修改。

1990 年 10 月 1 日，行政诉讼法开始施行。这部法律的实施，被认为是依法行政的里程碑。在法律实施后的 20 余年间，一批行政诉讼案件进入人民法院，"民告官"逐渐成为常态。

梳理近年来的行政诉讼案件发现，行政诉讼案件数量不断增多，行政诉讼日益成为群众维护自身权益、监督行政机关权力运行的法律利器。

行政诉讼数量相对增多

原本 1500 万元可以完成的采购，最后却以 3000 万元高价成交。因不满当地政府采购文化设备时设置价格下限、"买高不买低"等做法，湖南省长沙市海韵贸易有限公司一纸诉状，将湖南省文化厅、财政厅、省直机关事务局 3 个厅局级单位同时告上法庭。

2011 年 9 月 29 日，长沙市天心区人民法院一审判决认为，为保证产品质量，采购人在招标文件中规定产品单价的上下限，法律法规无禁止性规定，并无不妥；海韵公司没有在知道其权利遭受侵害之日起 7 个工作日内提出质疑，超出了政府采购法规定的期限，湖南省财政厅对投诉事项不予认定并无不妥。

对于一审判决，长沙市海韵贸易有限公司认为，公司就采购文件提起质疑和投诉并未超过期限；采购人在招标文件中规定产品单价的上下限不合法，一审认定并无不妥是错误的。为此，海韵公司在有效上诉期限内向长沙市中级人民法院提出了上诉，请求对一审判决予以改判。

2012 年 11 月 13 日，长沙市中级人民法院下发了二审判决，认为上诉人的各项上诉理由均不能成立，一审判决事实清楚，适用法律、法规正确，审判程序合法，应予维持。

这起诉讼被称为"史上最牛民告官案"。同在 2012 年，另一起由乌木引发的"民告官"案进入诉讼程序。

自四川省彭州市通济镇麻柳村出现乌木以来，乌木的归属一直存在争议。村民吴高亮因此将镇政府诉至法院。

2013 年 6 月 15 日，吴高亮、吴高惠诉彭州市通济镇人民政府"乌木"行政纠纷上诉一案，由四川省高级人民法院宣判。四川省高院认为，因此案所涉乌木并非由吴高惠发现、发掘，亦非在吴高惠的承包地内发掘，因此，吴高惠与被诉具体行政行为不存在法律上的利害关系，其不具有本案原告主体资格。一审法院对吴高惠的起诉裁定予以驳回，并无不当。吴高惠称乌木在其承包地内发掘，其是此案原告的上诉理由不成立，法院不予支持。

近年来，除了备受关注的"史上最牛民告官案"、彭州乌木案外，还出现了不少行政诉讼。北京大学法学院教授姜明安认为，近年来，行政诉讼数量相对上升。

这样的判断在一些法院的调研中也有体现。

2014 年 7 月，广西壮族自治区防城港市中级人民法院发布 2013 年全市行政案件司法审查情况报告。报告显示，2013 年，防城港市行政诉讼案件呈现收案数上升的基本态势。2013 年，防城港市法院共新收一审行政案件 95 件，较 2012 年度的 63 件增加 32 件，增加了 50.79%。

2014 年 8 月，北京市高级人民法院首次发表行政诉讼白皮书。白皮书显示，2013 年北京全市法院受理各类行政案件数量大幅增长，首次突破万件，总量达 10435 件，同比上升 20.5%。

"近年来，行政诉讼案件呈稳步上升趋势。"中国社会科学院法学所研究员周汉华认为，尽管行政诉讼数量在所有诉讼种类中不高，但就行政诉讼本身而言，其数量在增加。

周汉华分析，行政诉讼数量相对上升的原因在三方面：群众维权意识提高；最高人民法院出台一系列措施推动行政诉讼；在全面推进依法治国的背景下，政府部门当被告的抵触情绪逐步减少。

"民告官"多涉信息公开

2012年10月17日，北京市第一中级人民法院作出一审判决，要求原卫生部于法定期限内对河南消费者赵正军提出的政府信息公开予以重新答复。此前，赵正军要求原卫生部公开生乳新国标制定会议纪要被拒后，对原卫生部提起了行政诉讼。

赵正军提起行政诉讼，源于近年来时有发生的乳制品质量问题。2011年12月，赵正军向原卫生部提出申请，要求公布生乳标准的起草单位和起草人、生乳标准的会议纪要等六项政府信息资料。

在申请多次后，原卫生部作出"不予公开"的答复。

"第一次，卫生部答复说我申请格式不对，'请填写规范的公开申请表'；第二次，我按他们的格式重新填写后，又被要求按照一事一申请的原则，'每个问题重新提交申请'。"赵正军说，第三次单独提出了生乳标准会议纪要的信息公开申请，却最终得到了"会议纪要不属于卫生部政府信息公开范围"的答复。

2012年2月16日，赵正军向北京市一中院提起诉讼，请求撤销原卫生部的信息公开告知书，并判令其公开生乳新国标制定会议纪要等。北京市一中院于10月17日作出判决：撤销原卫生部1月20日作出的《非本机关政府信息告知书》，原卫生部须于法定期限内对原告的政府信息公开申请予以重新答复。

此案并非赵正军第一次起诉原卫生部。2011年5月，赵正军曾因申请要求公开《预包装食品标签标准》制定过程的相关信息遭拒，而将原卫生部起诉至法院。同年11月，法院判令原卫生部针对赵正军的复议申请作出复议决定，案件受理费由卫生部承担。

梳理案件不难发现，近年来涉及信息公开的行政诉讼不少。

以中华环保联合会提起的我国第一例环境信息公开公益诉讼案件为例，负责此次案件的中华环保联合会法律中心督察诉讼部部长马勇称："这次案件将为以后的环境信息公开提供参考依据。"

2011年10月12日，中华环保联合会诉贵州好一多乳业股份有限公司水污染侵权。出于搜集证据的需要，联合会向企业所在的修文县环保局提交了政府信息公开申请，请求公开被告公司排污许可证、排污口数量和位置等信息，但一直没得到相关答复。于是，联合会向清镇市人民法院环保法庭提起环境信息公开公益诉讼。

　　最终，法院判定原告中华环保联合会胜诉，根据法庭判决，修文县环保局须对信息公开申请作出答复，并按原告要求公开相关信息。

　　另一件备受关注的由信息公开引发的行政诉讼案例当属杨金柱状告原铁道部一案。

　　2010 年 11 月，杨金柱在乘坐火车时发现，他的动车二等票所对应的座位竟在餐车车厢。为弄清楚这是怎么回事，杨金柱给原铁道部写信要求信息公开，但得到的答复却是他所申请的内容并非在政府公开信息范围。为此，这个来自江苏的普通职员决定起诉原铁道部。

　　2011 年 7 月，法院作出判决，责令被告在判决生效后 15 日内，对杨金柱于 2010 年 11 月 5 日申请的内容依法作出答复。

　　中国人民大学法学院教授杨建顺认为，因申请政府信息公开引发的诉讼，在行政诉讼数量中占比不少。

　　周汉华也认为，在近年来的行政诉讼中，最核心的是信息公开。可以说，大部分行政诉讼都是因信息公开而起，因信息公开引发的复议、诉讼是行政诉讼中最重要的一块，"信息公开推动了行政诉讼"。

行政诉讼折射执法水平

　　四川籍农民工张克兵从内蒙古自治区乌海市一家公司买了一辆汽车，不料这辆车竟是国家淘汰的汽车。张克兵因此遭受巨额损失。为维护自己的权益，张克兵向当地工商机关投诉要求查处淘汰车。然而，等了近一年的时间，张克兵仍未见到工商局的处罚决定。一气之下，张克兵将乌海市工商局告上了法庭。2011 年 9 月，乌海市海勃湾区人民法院依法作出判决：工商局在判决生效后应"限期作为"。

　　在河南省，也有这样一起案件。在乡政府工作了 25 年后退休，拿到的退休证却显示工龄只有 15 年。河南省南召县退休人员师德祥为此与当地人力资源和社会保障局打起了官司。2011 年 8 月，南召县人保局执行了法院判决，给师德祥重发了工龄为 25 年的退休证。

　　梳理案件发现，在行政诉讼中，除了因申请政府信息公开引发的诉讼，其余的诉讼多集中在民生领域的行政执法行为争议上。

　　对诉讼事由，杨建顺作了进一步分析：多涉及土地征收拆迁领域及城管执法。

　　这样的分析得到了司法实践的印证：2014 年 7 月 3 日，山东省高级人民法院发布 2013 年全省法院行政审判工作白皮书。白皮书显示，败诉率

法案聚焦 《《《

较高的行政管理领域是拆迁、房屋登记、土地、工商、劳动保障等；2013年，北京市法院有近三分之一的行政案件是通过协调、和解得到了妥善解决，这一部分主要集中于房屋征收、拆迁、劳动和社会保障等行政管理领域，占 50%。

周汉华认为，行政诉讼反映了当前一些地方的依法行政水平，也就是说执法不严、违法不究等情况仍然大量存在。

姜明安将此类情形的缘由归结为：一些地方没有正确处理改革发展与法治之间的关系，为追求政绩而忽视依法行政。

党的十八届四中全会对严格执法提出了更具体而明确的要求，尤其将法治建设纳入政绩考核指标体系。可以预见，政府部门依法行政水平将得到提高。与此同时，十二届全国人大常委会第十一次会议表决通过了修改行政诉讼法的决定，其中对行政诉讼的立案范围作了更明确的规定，对审理、执行中的一些难题也给出了解决办法。

在这样的背景下，行政诉讼将会出现哪些变化？

对此，姜明安认为，行政诉讼从属于依法治国大的框架，会受到各项制度、机制改革的影响。行政诉讼的发展与法治大环境分不开。

在杨建顺看来，行政诉讼法修改后，行政诉讼将会有大的发展，但这是一个循序渐进的过程，不会出现井喷之势。另一方面，行政诉讼并不是越多越好，因为很多行政争议纠纷应该在行政过程中得到解决，而不是全部出现在法院。四中全会的决定进一步完善了行政监督、行政救济机制，这些要求的落实，可以让行政争议在行政执法过程中得到解决。

稿件来源：2014 年 11 月 13 日 《法制日报》案件版

第九章　医疗是非

"人命至重，有贵千金。"

医者临病"胜于临敌"，患者遇恙心神慌乱。在双方紧张而又缺乏沟通的情况下，医患关系难免生隙，医疗纠纷乃至伤医案时有发生。

本章集纳相关案例，试图探析医患双方如何"皆如至亲"。

医院以酒治肝惹官司

医学常识告诉人们，嗜酒如命会导致"酒精性肝炎"，最终可能演化成肝硬化及疸道性感染等后果。上海市民乐昌玖（化名）因长期饮酒引发黄疸指标过高等症状，被上海某医院收治入院。治疗中医院认定，乐昌玖为"酒精戒断综合征"，除药物治疗外还对他施行饮酒治疗法，导致病症加重。为此，乐昌玖诉至法院要求医院赔偿 50 万余元。

2011 年 7 月，上海市静安区人民法院一审判决由该医院赔偿乐昌玖医疗费、残疾生活补偿金、交通费、住院伙食费及精神损害抚慰金 9.7 万余元。

年近 50 岁的乐昌玖，因"意识改变 3 日发热"于 2008 年 7 月 28 日住进上海某医院，入院诊断系患酒精性肝炎、酒精戒断综合征、高血压病，被医院施行静脉点滴和口服药物治疗。病史显示，乐昌玖既往有饮酒史 8 年，高血压史 4 年。在 7 月 30 日至 8 月 4 日长期医嘱记载"黄酒 2 两每日两次"。8 月 14 日出院，诊断酒精性肝炎、肝硬化、Child-PoughB 级；戒断综合征，高血压病 3 级，极高危组。后乐昌玖还在上海多家三甲医院继续治疗，支付医疗费 9.3 万余元。上海市劳动能力鉴定委员会对他鉴定，为完全丧失劳动能力。

2010 年 9 月，乐昌玖向法院起诉称，自己在入院时，有早期肝硬化及疸道感染指标，而该医院却诊断自己为酒精性肝炎属错误诊断及遗漏诊断。之后，医院再行错误的饮酒性治疗，直接导致了肝硬化严重后果。乐昌玖声称，饮酒性治疗超出医疗诊疗的范围，属故意加害行为，要求医院赔偿医疗费、残疾生活补助费等 50 余万元的各类赔偿，还保持后续治疗费、误工费等诉讼权利。

法庭上，该医院辩称，依据市医学会事故技术鉴定意见，乐昌玖经医院诊疗后出现的肝硬化，系长期饮酒及入院前用药后果所导致，医院因诊疗"酒精戒断综合征"给予乐昌玖少量饮酒治疗，对肝功能仅"可能"有轻度影响，故医院承担的责任应在 10% 以下。

乐昌玖及该医院曾共同委托静安区医学会作事故技术鉴定。2009 年 9 月 15 日该医学会鉴定结论为，乐昌玖与该医院的医疗争议构成三级甲等医疗事故，医院方承担轻微责任。因乐昌玖对该鉴定结论不服，诉讼前法院又委托市医学会再次进行鉴定。2010 年 2 月 25 日，市医学会出具医疗事故鉴定书，认为乐昌玖有长期、大量饮酒史，肝功能指标异常，符合酒精性肝炎诊断。2008 年 7 月 28 日入住医院时检有肝硬化体征，医院诊断及药物治疗符合肝病诊疗常规；乐昌玖在医院住院期间肝功能损害进一步加重，在原有酒精性肝炎、肝硬化疾病上，发热感染、服用乙酰氨基酚起了主要加重损害作用，因治疗酒精戒断综合征，医院给予少量饮酒可能也有轻度作用。医院对乐昌玖发热病因的鉴别诊断存在不足，但以抗生素治疗未违反原则等，认定仍属三级甲等医疗事故，医院方承担轻微责任。

法院认为，该医疗纠纷经两级医学会鉴定属三级甲等医疗事故，医院方有轻微责任。法院核实该鉴定报告程序合法、论证清楚、依据的材料全面客观。至于乐昌玖肝硬化的后果责任，医院给予的保肝治疗符合诊疗常规，乐昌玖在住院期间肝功能损害进一步加重，系原有酒精性肝炎、肝硬化疾病基础上的发热感染，及服用乙酰氨基酚起了主要加重损害作用；而因治疗酒精戒断综合征，医院给予的少量饮酒可能也有轻度影响，医院应承担轻微责任，责任比例酌定 20%。法院遂判决该医院赔偿乐昌玖医疗费、残疾生活补偿费和精神损害抚慰金等费用计人民币 97414.79 元。

稿件来源：2011 年 7 月 8 日《法制日报》案件版 作者：刘建 李鸿光

"佛山产检门"背后的警示

9 次产检，其中 4 次 B 超，却没有诊断出婴儿畸形。产妇及其家人一怒之下将医院告上法庭，引起社会关注。

2011 年 7 月 8 日 16 时，广东省佛山市南海区人民法院对这起案件作出一审宣判,判决医院承担20%赔偿责任,赔付原告方各项损失88549.4元,并支付精神损失费30000元,合计118549.4元。

一审宣判后,原告不服提出上诉。2011年10月24日,佛山市中级人民法院对此案作出二审宣判:南海区人民法院判决南海妇幼保健院承担20%的赔偿责任并无不当,驳回小志及其父母的上诉,维持原判。

产检无恙却生畸婴

2010年4月21日,刚刚升格人父、人母的容辉奇、曾秀静却遭遇了重大打击。他们爱情见证的结晶——男婴小志一出生就左足缺如(医学术语,指缺失正常人身体应有的部分)。小志母亲因为无法接受这个残酷的事实,当场晕倒。

据曾秀静介绍,她是30岁才怀上孩子,属于高龄产妇,所以格外小心。自2009年10月12日至2010年4月12日生产时为止,她先后9次到被告佛山市南海妇幼保健院进行产前系统检查,其中4次是B超检查,医生都没有告知孩子可能畸形。

法院审理的事实也表明,2009年11月开始,曾秀静到被告医院例行产检。而在2010年1月、2月,胎儿25周、31周的两次产检B超报告中,先后显示"远端显示欠理想"和"胎儿一侧肢体因胎位因素显示不清"。

曾秀静称,医生一直没有对B超结果进行客观评估分析,也没有告知患者进行进一步的产前诊断。直至曾秀静去年4月12日临产前,医院对其进行B超检查时才发现"单侧下肢小腿发育不良?足底部缺失?"此时,医院才将情况告知曾秀静夫妇。这犹如惊天霹雳,让夫妇俩顿时没了神。因为产妇临盆在即,曾秀静夫妇选择生产,婴儿出生后果然"左足缺如"。经广东弘正法医临床司法鉴定所鉴定,该男婴因左下肢先天性部分缺失评定为六级伤残。

事后,曾秀静夫妇及家人备受打击,坚持认为在原告两次B超均显示"远端显示欠理想"或"显示不清"的情况下,被告医院没有建议其进行进一步的检查,也没有书面告知风险,存在过错。

原告代理律师也认为,被告医院的技术实力足以在产前诊断出胎儿存在"脚缺如"的缺陷,因此医院在诊疗中存在过错,对原告经济、精神造成了严重损害。

容辉奇、曾秀静携带小志一起将佛山市南海区妇幼保健院告上法院,索赔伤残赔偿金、精神损害赔偿金、后续治疗费及假体安装费等，合计金额将近 56 万余元。

被告在答辩中阐述，原告婴儿左足缺如是先天畸形而非医院的诊疗行为所致，因此原告婴儿不能作为本案原告，医院没有致其损害。故被告没有违反法定义务的行为，不存在过错，请求法院驳回原告诉讼请求。

激辩知情选择权

在庭审中，原、被告就"被告未切实履行告知义务和注意义务侵犯了原告什么权利"进行了激烈辩论。

原告认为，中国法律没有规定禁止堕胎，婴儿是否出生父母有选择权。原告并不认为胎儿的左脚缺如是被告的行为造成的，但被告在整个诊查过程中因没有按照相关程序作检查而损害原告的知情权利从而剥夺原告的选择权，原告婴儿的出生与被告的行为存在直接的因果关系，被告应承担相应的赔偿责任。

被告院方认为，医院诊疗符合医学规范、常规，B 超诊断受仪器分辨率、孕妇体形、胎盘位置、胎儿体位等诸多因素影响，准确率不可能 100%，临床技术规范并未将足部缺如放在 B 超必须诊断的范围内。原告婴儿左足缺如并不属于省卫生厅所规定的医师应当提出终止妊娠的六大严重畸形之一，因此被告没有必须向原告父母提出终止妊娠意见的义务。

医院还提出，单足缺如并非引产的必要条件，哪些情况必须引产是有具体规定的，医生按照行业规范标准进行操作就是尽到了责任。同时，这起案件还存在生命的价值问题，即使在 25 周之后诊断出左足缺如，也不应该引产，他并非高度残疾或痴呆缺陷儿，来到社会上也是会有价值的，不能因此剥夺了他的生命权利。同时，院方代理人对原告的遭遇表示同情，希望用其他形式尽绵薄之力，帮助原告教育抚养好孩子。

令人惊奇的是，由于医学的专业性，双方当事人都以医学专业书《胎儿畸形产前超声诊断学》作为证据。原告律师指出，如果医院按照科学规范的操作方法，原本应能检查出脚掌是否完整这样的大问题。

医院方面对此辩称，原告引用的例子有以偏概全之嫌，"专业书中也写明了缺足这类婴儿残疾发生率为万分之二，检出率只有 30% 左右"。因此医院对孩子残疾并没任何过错，不应承担任何责任。

司法鉴定成关键证据

为了解医院诊疗行为是否存在医疗过错及过错比例大小，南海区法院委托南方医科大学司法鉴定中心对医疗过错进行了鉴定。

鉴定意见显示：B超具有一定局限性，不能检查出所有的胎儿畸形，广东省卫生厅《产科超声技术指南（试行）》也未规定对胎儿肢体末端的诊断要求。故医院对曾秀静进行超声检查时未能及时诊断出胎儿左足缺如并未违反医疗卫生部门规章。

鉴定书中同时指出，医方存在对胎儿可能存在的肢体远端缺如情况未切实履行注意义务和告知义务的医疗过错行为。鉴于被告存在上述的医疗过错行为，建议责任参与度为 10% 至 20%。患儿左足缺如是患儿自身发育异常所致，足缺如也不是医学上终止妊娠的绝对指征，足缺如患儿的出生与医方的医疗行为无因果关系。

记者了解到，在庭审中对司法鉴定书进行质证时，原告对鉴定机构确认被告没有切实履行告知义务和注意义务表示认可，但认为卫生部规章虽然只规定了 6 种胎儿致死畸形范围，但不能以此作为被告免除合同义务、减轻被告责任的理由，否则患者花费巨额医疗费的合同目的根本不能实现。

被告医院则对该司法鉴定意见书所认定的被告没有过错的部分认可，对司法鉴定书中建议院方 10% 的责任表示认可，但对其所述的被告方存在"没有告知"的责任不予认同，因为医生在分娩前的最后一次 B 超时已经告知畸形事实，此时原告父母可以选择终止妊娠，原告父母是在完全了解胎儿可能畸形的情况下同意分娩的。

经 3 次公开庭审，南海区法院一审采纳了南方医科大学司法鉴定中心作出的《医疗过错鉴定意见书》的过错鉴定和建议责任度，核定 3 原告的损失包括残疾赔偿金、假体安装费合计 442747 元，被告承担 20% 的赔偿责任即 88549.4 元，并向原告支付精神损失费 3 万元，合计 118549.4 元。

医疗局限不是理由

一审宣判后，本案主审法官李淑梅向《法制日报》记者详细说明了判决理由："关于被告医院在本案中是否应承担损害赔偿责任的问题，我们认为，医院应当尊重孕妇的知情选择权，即便存在医疗局限和风险，也应当如实向孕妇分析医疗风险，履行告知义务。"

李淑梅说，法院判令医院承担 20% 责任，主要考虑了三方面因素：

首先，原告曾秀静在被告处进行孕期检查的目的是为了了解胎儿的生长发育情况，以便采取合理的孕期保健措施或者决定终止妊娠。曾秀静对胎儿情况有知情权和生育选择权。

其次，根据南方医科大学司法鉴定中心作出的医疗过错鉴定意见书的鉴定意见，被告存在对胎儿可能存在的肢体远端缺如的情况未切实履行注意义务和告知义务的医疗过错行为，客观上侵犯了原告曾秀静夫妇在胎儿出生前的知情权和生育选择权，且婴儿的出生客观上增加了 3 原告今后治疗、护理的财产和精神负担。

最后，婴儿的左足缺如是自身发育异常所致，并非被告的过错直接造成的，被告不应承担全部责任。因此，法院根据该案的实际情况，并参照鉴定意见的建议责任度，酌定被告应承担 20% 的赔偿责任。

另外，因婴儿左足缺如出生确实给原告的精神带来极大的痛苦，故被告应给予精神损害抚慰金。根据本案实际情况，法院最终酌定精神损害抚慰金为 3 万元。

医院承担多大责任

一审宣判后，原告不服提出上诉。上诉理由，一是医院存在严重的违约行为，并侵犯了患者的知情同意权和优生优育权；二是医院应承担完全的赔偿责任；三是小志及其父母没有任何过错，不应当承担责任。被上诉人南海区妇幼保健院则答辩称，按照现在的医疗诊断规范，B 超检查胎儿肢体远端缺如不属于必须诊断的范围，院方在本案中不应承担责任。

佛山市中院审理认为，虽然南海妇幼保健院的医疗行为未违反相关医疗卫生部门规章及医学诊疗常规要求，但其在对患者进行超声检查中未尽到应有的谨慎和关心，存在未切实履行注意义务和告知义务的过错。

该案审判长焦艳表示，现行的《广东省卫生厅产前诊断技术管理实施细则》相关配套文件附件 2《产科超声检查技术指南（试行）》是广东省产科超声检查应遵循的技术指南和专科性标准，是确定本案所涉的医疗行为是否符合医学诊疗要求的直接依据。指南列明了超声应当检查出胎儿畸形的多种情形，而本案中的足部缺如不属于应当检查出的畸形范围。

南海妇幼保健院在 2010 年 1 月 11 日对曾某的三维超声检查中，检查到胎儿四肢的肱骨、尺桡骨、股骨、胫腓骨，并注意到"四肢远端显示欠理想"，在超声报告中注意并提示"建议追踪复查"，符合指南的要求。而南海妇幼保健院在 2010 年 2 月 26 日对曾某的常规产科中晚孕黑白超声检查中，检查四肢认为"胎儿一侧肢体因胎位因素显示不清"，与指南中"有时因为胎位、羊水少、母体因素的影响，超声检查并不能很好地显示这些结构"说明相符。

焦艳同时表示，南海妇幼保健院作为从事母婴保健服务的专业医疗机构，除应当查出法律法规所列举的胎儿畸形外，对存在胎儿发育异常怀疑的情形，仍应谨慎注意。本案中，南海妇幼保健院在上述两次检查中，分别检查提示"双侧上臂、前臂及双侧大腿、小腿长骨可显示，远端显示欠理想"和"胎儿一侧肢体因胎位因素显示不清"。

在此种情况下，南海妇幼保健院未对胎儿可能存在肢体远端缺如的风险引起足够的关注，未将胎儿可能存在的医学风险及时告知患者，致使患者错过了及时"追踪复查"胎儿生长发育情况的时机，存在未切实履行注意义务和告知义务的过错。

那么，医院该承担多大比例的责任呢？

"在未切实履行注意和告知义务的范围内对损害后果承担相应的过错责任。"焦艳对《法制日报》记者说。

佛山市中院认为，医院诊查义务的标准应与当时的医疗技术水平相适应。超声检查是产前胎儿状况的一种重要检查手段，但它具有一定的局限性，在现有的医疗技术水平下，不能检查出所有的胎儿畸形。南海妇幼保健院实施的医疗行为未违反法律法规的规定，只能在其未切实履行注意义务和告知义务的范围内对损害后果承担相应的过错责任。

因此，原审法院结合本案的实际情况，参照南方医科大学司法鉴定中心出具的医疗过错鉴定意见书认定"容某左足缺如是患儿自身发育异常所致，足缺如患儿的出生与医方的医疗行为无因果关系，鉴于医方上述的医疗过错行为，建议责任参与度为 10% 至 20%"的意见，酌定南海妇幼保健院承担 20% 的赔偿责任并无不当。

稿件来源：2011 年 10 月 25 日 《法制日报》案件版

作者：邓新建 林劲标 黄延丽

不该发生的"哈医大医生被杀案"

2012 年 3 月 23 日下午，黑龙江省哈尔滨市医科大学附属第一医院 5 号楼风湿免疫科，患有强直性脊柱炎、年仅 17 岁的李梦南手持水果刀冲进医院，造成 28 岁的实习医生王浩死亡，另有 3 名医护人员不同程度受伤。哈尔滨市中级人民法院对此案调查审理后，于今日作出一审判决，判处被告人李梦南无期徒刑，剥夺政治权利终身。

2012 年 10 月 19 日上午 9 时 30 分，审判长当庭宣读了判决书，其中提到：经审理查明，2012 年 3 月 23 日 9 时许，被告人李梦南与其祖父李禄到哈医大一院 5 号楼五层风湿免疫科治疗李梦南所患强直性脊柱炎。因李梦南还患有继发性肺结核，故医生建议先治愈肺结核，再治疗强直性脊柱炎，李禄对此表示理解，但李梦南对治疗方案产生误解，认为医生故意刁难不给其看病，遂产生杀人之念。当日 16 时许，李梦南在哈医大一院住院处附近购买了一把水果刀，来到该院风湿免疫科医生办公室，持刀刺该科实习医生被害人王浩颈部一刀，刺医生被害人王宇头面部及左腕部数刀，刺实习医生被害人于惠铭头部一刀，刺医生被害人郑一宁面部一刀、右耳部一刀。王浩因颈部被刺致右颈静脉损伤，失血死亡；王宇头部损伤构成重伤、九级残，右眼部损伤构成轻伤、十级残，左腕部损伤构成轻微伤；郑一宁面部损伤构成轻伤，右耳廓损伤构成轻微伤；于惠铭头部损伤构成轻微伤。案发后于惠铭报警，公安人员立即赶到案发现场，确认犯罪嫌疑人系李梦南。17 时许，公安人员将作案后逃离现场、后与其祖父李禄又到哈医大一院门诊包扎治疗的李梦南抓获。

另查明，被告人李梦南的行为给附带民事诉讼原告人王东清、赵春云（被害人王浩的父母）造成经济损失人民币 338815.50 元；给王宇造成经济损失人民币 318304.54 元；给郑一宁造成经济损失人民币 24941.42 元。

根据最高人民法院《关于审理未成年人刑事案件的若干规定》之规定，公诉机关提供被告人李梦南的情况调查报告指出，由于李梦南自小父母离异，家庭教育、监管不到位，法律意识淡薄，遇到问题缺少沟通且处理不当，而走上犯罪道路。经庭审教育，李梦南表示知罪、好好改造。

法院认为，被告人李梦南故意非法剥夺他人生命，杀死 1 人，并致 1 人重伤、1 人轻伤、1 人轻微伤，其行为已构成故意杀人罪。公诉机关指控罪名成立。李梦南因对医生的治疗建议产生误解，为发泄不满事先购买尖刀，连续刺杀多名医务人员，造成严重伤亡后果，主观恶性深，社会危害大，应依法惩处，对辩护人所提医院存在过错，应对李梦南从轻处罚的意见不予采纳。李梦南作案后逃离现场，回到入住的旅店，后与其祖父到哈医大一院门诊包扎自身伤口，其间既无主动投案的意思表示，亦未委托他人代为投案；被害人于惠铭报案后公安人员赶赴哈医大一院，李梦南对此并不知情，且其被抓获地点亦非其作案现场，故不能认定李梦南自动投案，对辩护人所提李梦南系自动投案进而构成自首的意见不予支持。李梦南犯罪时未满 18 周岁，依法不适用死刑，辩护人就此所提辩护意见成立。附带民事诉讼原告人王东清、赵春云、王宇、郑一宁所提赔偿请求中的合理部分予以支持。

法院判决：被告人李梦南犯故意杀人罪，判处无期徒刑，剥夺政治权利终身；赔偿附带民事诉讼原告人王东清、赵春云经济损失人民币 338815.50 元；赔偿王宇经济损失人民币 318304.54 元；郑一宁经济损失人民币 24941.42 元。

审判长宣读完判决书后，李梦南的律师表示将上诉。

稿件来源：2012 年 10 月 20 日《法制日报》案件版
作者：郭毅 张冲 贾晋璇 李黎

脑瘫患儿将接生医院告上法庭

海南省海口市一脑瘫儿童将海口市妇幼保健院告上法庭，诉称，在出生时因医院操作不当，致其脑瘫。2012 年 12 月，海口市美兰区人民法院判决医院应为患儿吴某某支付医疗费、护理费、残疾赔偿金、后续治疗费、后续护理费、精神损害金等 9 项赔偿内容，总赔偿金额为 141 万余元。

出生半年后患脑瘫

李女士 2006 年怀孕后，便定期到海口市妇幼保健院进行检查，并建立了相关档案，一切顺利。在李女士怀孕 9 个月时，被诊断为出现早产状况，便住进海口市妇幼保健院。检查的时候还发现，当时已经胎膜破损。李女士因为胎动不适，一直希望医院能够尽快对她施行剖腹产手术。

李女士住进医院几个小时后，医院诊断为胎儿在宫内窘迫，遂开始对她施行剖宫产手术。

当时手术过程还算顺利，顺利地将小宝宝吴某某产下。但不幸的是，吴某某因为吸入胎粪，而引起胎粪吸入性肺炎，经过几日的抢救治疗，吴某某被治愈后，办理了出院手续。

据了解，在吴某某长到半岁时，李女士和丈夫吴先生发现儿子的智力似乎不太正常。于是，父母便带着吴某某去其他医院检查，这时才发现孩子有异常。经过海南、广东多家医院会诊观察后，吴某某被诊断为混合型小儿脑瘫，智力发育滞后，被建议进行康复治疗和认知教育。

医院临床处置不力

发现儿子脑瘫后，李女士和丈夫带着孩子到处求医，花费了巨额医疗费，且怕影响工作还请人专门护理。

面对这种情况，2008 年，李女士作为母亲，以儿子吴某某为原告，将当初做生育手术的医院告上法庭。吴某某诉称，他在被告医院剖宫产出生后，出现缺氧后遗症脑瘫，与当初医院医疗行为不当有因果关系。首先，其母亲在怀孕期间和生产当天一切正常，而他在出生后就发现缺血缺氧性脑后遗症的脑瘫。其次，其母亲入院后完全听从医院的专业管理和安排，母体的情况都在医院的监控当中，如果出现胎儿宫内窘迫，若及时发现和处理，就不至于发生严重缺氧致患上脑瘫。

海口市妇幼保健院认为，李女士确实是已婚育龄妇女，在该医院进行分娩。但医院在对产妇李女士接生以及后期给初生儿治疗肺炎的过程中，完全是按照法律、法规和临床操作规范进行的，已经尽到应尽的义务，医院在这件事中没有过错。

医院还认为，脑瘫是我国发病率为千分之二左右的产科临床上常见并发症。医学专家认为，胎儿患上脑瘫和早期的发育、遗传因素、孕妇疾病等都有关系，甚至有的发病原因不明。因此，吴某某虽然患上脑瘫，但是不能因此就认定是医院的责任。医院的行为和新生儿出现脑瘫症状没有因果关系，因此医院不应承担赔偿责任。

经过 3 年多的医疗鉴定和审理，近日，海口美兰区法院对此案作出一审判决：医院为患儿吴某某支付医疗费、护理费、残疾赔偿金、后续治疗费、精神损害金等 9 项赔偿内容，总赔偿金额为 141 万余元。

海口美兰区法院法官认为，新生儿吴某某的脑瘫和医院的医疗服务是否有因果关系是本案的一个焦点问题。根据我国侵权责任法规定，结合相关的事实和证据，医院在临床处置的措施不力，导致患儿宫内缺氧缺血，其行为存在一定的过错，因此，对患儿出现脑瘫的后果应该承担一定的赔偿责任，同时应承担一定的精神损害金，遂作出上述判决。

稿件来源：2012 年 12 月 21 日《法制日报》案件版

作者：吴晓锋 邢东伟 翟小功 李明建

富平妇产科医生贩婴案

陕西省富平县妇幼保健院妇产科主任张淑侠，涉嫌多次以新生儿患有传染性疾病和先天畸形等为由，在家属还没有见到新生儿的情况下，三番五次建议家属放弃新生儿，然后交由其处理，结果自己拿婴儿去贩卖。

2013 年 12 月 30 日、2014 年 1 月 6 日，此案多名被告人相继在陕西省渭南市中级人民法院、渭南市临渭区人民法院受审。

2014 年 1 月 14 日，张淑侠被渭南市中级人民法院判处死刑，缓期两年执行。2014 年 1 月 24 日，渭南市临渭区人民法院对与张淑侠拐卖儿童有关的国有事业单位人员失职罪案作出宣判。

张淑侠当庭下跪认罪

2013 年 12 月 30 日 9 时，陕西省渭南市中级人民法院开庭审理富平县妇幼保健院医生张淑侠涉嫌拐卖婴儿一案。

此案被告人张淑侠，富平县妇幼保健院妇产科原主任，涉嫌多次以新生儿患有传染性疾病和先天畸形等为由建议家属放弃新生儿，后将婴儿贩卖。

渭南市人民检察院指控：被告人张淑侠自 2011 年 11 月至 2013 年 7 月期间，利用其作为产科医生的便利条件，先后将董某、王某、黄某、武某、贺某、尚某等人所生子女拐卖于他人。张淑侠共实施拐卖儿童犯罪 6 起，涉及被拐卖婴儿 7 人。在张淑侠拐卖的 7 名婴儿中，有 6 名婴儿被公安机关依法解救并送还亲生父母，1 名婴儿被张淑侠卖给他人后死亡。张淑侠以出卖为目的，将 7 名婴儿拐卖给他人，其行为已触犯《中华人民共和国刑法》第二百四十条之规定，构成拐卖儿童罪。张淑侠犯罪事实清楚，证据确实、充分。

据查，2013 年 7 月 16 日，被告人张淑侠在富平县妇幼保健院以来某峰、董某姗所生男婴有病为由，让家属签字放弃婴儿。当晚，张淑侠将男婴抱回家中，打电话联系山西省临猗县的潘某串。7 月 17 日凌晨 3 时许，潘某串和其子崔某驾车来到张淑侠家中，以 21600 元的价格将男婴买走带回家中。其后，潘某串经王某丁和黄某娜介绍，潘某串丈夫崔某梁从旁协助，在其家中以 59800 元的价格将婴儿卖于河南省内黄县梁庄乡后河村的朱某奇、赵某军夫妇。后该男婴被解救。

2013 年 5 月 29 日，被告人张淑侠在富平县妇幼保健院以王某艳所生的双胞胎女婴有病为由，让家属签字放弃婴儿。后张淑侠将两名婴儿抱回家中，打电话联系潘某串。后潘某串和崔某驾车来到张淑侠家中，以 30000 元的价格将两名婴儿买走带回家中。其后，潘某串经黄某氏介绍，崔某梁为买家带路，在其家中以 46000 元的价格将其中一名女婴卖于山东省巨野县的任某欣夫妇。另一女婴寄养在潘某串妹妹吴某珍家，吴某珍又将婴儿寄养于贾某堂家中。后两名女婴均被解救并送还王某艳夫妇。

2013 年 4 月份的一天，富平县妇幼保健院保洁员杜某德在医院儿科将黄某妮所生并被家属放弃的一名女婴抱回自己宿舍，后打电话将此事告诉被告人张淑侠。张淑侠遂电话联系潘某串，当日下午潘某串与崔某开车来到富平，在杜某德宿舍看过女婴后，从张淑侠处以 1000 元的价格将女婴买走带回家。后该女婴死亡被抛弃。

2013 年 2 月 28 日，被告人张淑侠在自己家中为武某娟做手术产下一女婴，以该女婴有病为由让家属放弃。后张淑侠打电话联系潘某串，当晚潘某串与崔某梁、崔某驾车来到张淑侠家中，以 20000 元的价格将女婴买走带回。其后潘某串经王某丁介绍，以 46000 元的价格将该女婴卖于河南省滑县大吕庄村的和某峰、李某勤夫妇。该女婴已被解救并送还武某娟家人。

2012 年 4 月份的一天，被告人张淑侠在富平县妇幼保健院得知赵某涛、贺某娜要将所生女婴送人，遂打电话联系潘某串。潘某串和崔某即驾车来到富平县妇幼保健院。以 20000 元的价格将该女婴从张淑侠处买走，张淑侠将其中 15000 元交予赵某涛。后因女婴家人反悔，张淑侠让潘某串将女婴送回，后将女婴交还赵某涛亲属。

2011 年 11 月份的一天，被告人张淑侠在富平县妇幼保健院得到住院生产的尚某霞、赵某良夫妇放弃的男婴，遂打电话联系潘某串，随后潘某串和崔某驾车来到张淑侠家中，将该男婴买走带回。其后，潘某串经廉某奴和黄某氏介绍，以47000元的价格将该男婴卖予山东省巨野县独山镇烟王村的王某超、吕某顺夫妇。该男婴已被解救并送还尚某霞夫妇。

在庭审中，被告人张淑侠及辩护人对部分证据提出异议。

经过质证，审判长当庭宣布综合证据予以确认。

庭审中，张淑侠的辩护人还向法庭提交两个新证据：一个是1998年以来，张淑侠获得的15份荣誉，一个是近百位患者的请愿书，称曾接受过张淑侠的救治，希望张可以减刑。

公诉人对上述两个证据真实性无异议，但认为与定罪量刑无关，张的行为已经构成拐卖儿童罪，涉案6起，婴儿7人，一婴儿死亡，社会影响恶劣，再次建议依法严惩。

在最后陈述时，张淑侠称："我错了，确实错了，愿意认罪。"说完当庭下跪。

涉嫌失职医务人员受审

2014年1月6日，陕西省富平县贩婴案中4名涉嫌犯有失职罪人员受审。

1月6日9时，陕西省渭南市临渭区人民法院，富平妇幼保健院原院长王莉，富平妇幼保健院产科原主任高文平，富平妇幼保健院原产房临时负责人、产科助产士司欣，富平妇幼保健院原主管业务副院长姚军民被一一带上被告人席。

2013年8月，张淑侠贩卖婴儿案除涉案9人被刑拘外，富平县副县长李雷平、县卫生局局长汲新民、卫生局分管副局长卞慈梅、县妇幼保健院院长王莉、县妇幼保健院分管副院长姚军民、县妇幼保健院分管护理工作的工会主席宋粉玲6人被免职，多名产科医护人员接受调查。

临渭区法院相关负责人介绍，此次公开审理的高文平、司欣、姚军民、王莉4名被告人，均于2013年9月24日因涉嫌事业单位人员失职罪被富平县公安局取保候审。

2013年12月23日，渭南市临渭区人民检察院就此案向临渭区人民法院依法提起公诉。检方调查认为，4人身为国有事业单位工作人员，在工作中严重不负责任，致使张淑侠趁机从医院将多名婴儿抱出拐卖，应以事业单位人员失职罪追究4人刑事责任。

公诉人指控：56 岁的高文平，自 2012 年 9 月任富平县妇幼保健院产科主任以来，未能按照职责要求认真组织开展产科业务工作和技术培训，对产房各项规章制度和操作规范执行情况，未能认真履行检查督促职责，对产房出现的违规操作、无章可循等问题未能及时发现，导致多名婴儿被拐卖；39 岁的司欣，身为富平县妇幼保健院产房临时负责人、产科助产士，在 2013 年 5 月 29 日、7 月 16 日分别负责为产妇王某艳、董某珊接生过程中，听信张淑侠安排，未能正确履行《产妇分娩流程规定》等职责，在胎儿娩出后，没有将新生儿抱给产妇辨认性别，没有进行母婴皮肤接触，没有将产妇和婴儿一同送入病房交给病房护士，仅将产妇只身送出产房交给家属，放弃对婴儿的监护，为张淑侠将 3 名婴儿从产房抱出拐卖留下可乘之机；52 岁的姚军民自 2006 年 4 月任富平县妇幼保健院主管业务的副院长以来，分管产科工作，未能认真履行职责。对产科相关制度、医护常规和技术操作规程执行情况督促检查不到位，对产科日常工作中死婴、死胎及家属放弃婴儿处理中存在的问题，未能及时发现并处置，导致多名婴儿在该院被拐卖；43 岁的王莉自 2009 年 4 月任富平县妇幼保健院院长以来，负责妇幼保健院全面工作，未能认真履行职责，对院内各项规章制度、职责流程的监督落实不到位，对产科日常工作中死婴、死胎及家属放弃婴儿的处理中存在的问题，未能及时发现并处置，导致多名婴儿在该院被拐卖。

公诉机关认为，被告人高文平、司欣、姚军民和王莉 4 人身为国有事业单位的工作人员，在工作中严重不负责任，致使张淑侠趁机从医院将多名婴儿抱出拐卖，造成恶劣社会影响，致使国家利益遭受重大损失。上述 4 名被告人的行为已经触犯了《中华人民共和国刑法》第一百六十八条规定，犯罪事实清楚，证据确实充分，应当以事业单位人员失职罪追究 4 名被告人的刑事责任。

庭审中，4 名被告人认为公诉机关指控的犯罪事实属实。

在举证和质证阶段，公诉人列举出了 4 部分证据来证明 4 名被告人有罪：第一个证据，4 名被告人主体身份、岗位职责以及妇幼保健医院的制度；第二个证据，证实妇幼保健院制度不健全的证据和被告人履行职责不到位的证据；第三个证据，贩婴案造成严重后果，使公众对医院丧失公信力的证据；最后一个是综合证据。

辩护人则举出了妇幼保健院产科以及被告人高文平、姚军民所获得的荣誉来为他们进行证据上的辩护。对此，法庭经过合议后不予确认。

张淑侠被判死刑缓期执行

2014 年 1 月 14 日 9 时，陕西富平产科医生张淑侠拐卖儿童案在渭南市中级人民法院公开宣判。

渭南市中级人民法院认为，被告人张淑侠以获利为目的，将多名婴儿拐卖给潘某某等人，其行为已构成拐卖儿童罪，公诉机关指控其所犯罪名成立。公诉机关认为张淑侠拐卖儿童致 1 人死亡的情节不能成立，但该名婴儿被拐卖后，潘某某认为该婴儿已死亡将其抛弃在垃圾沟内，张淑侠应承担该婴儿被抛弃无法找到的责任。

法院认定，被告人张淑侠身为医务人员，利用诊疗之便，采取编造婴儿感染难以治愈疾病、身体有畸形等手段，拐卖新生婴儿多人，其行为违背职业道德和社会伦理，主观恶性极大，社会影响恶劣，情节特别严重，张淑侠虽有坦白情节，但综合全案犯罪事实依法应从严惩处。

依据刑法相关规定，一审法院判决被告人张淑侠死刑，缓期两年执行，剥夺政治权利终身，并处没收个人全部财产。

在法律规定的刑事案件上诉和抗诉期限内，张淑侠没有提出上诉。

涉案医务人员分别获刑

2014 年 1 月 24 日，陕西省渭南市临渭区人民法院对与张淑侠拐卖儿童有关的国有事业单位人员失职罪案公开宣判，依法判处被告人司欣有期徒刑 1 年；判处被告人高文平有期徒刑 1 年，缓刑 2 年；判处被告人姚军民有期徒刑 6 个月，缓刑 1 年；对被告人王莉免予刑事处罚。

经法院审理查明：被告人司欣身为富平县妇幼保健院助产士，在 2013 年 5 月 29 日、7 月 16 日分别负责为产妇王某、董某接生的过程中，听信张淑侠的安排，未能正确履行《助产人员职责》中的各项规章制度和技术操作规程，并违反《产房工作制度》和《待产室及分娩室工作制度》及《产妇分娩流程规定》等规章制度，为张淑侠将王某、董某在富平县妇幼保健院生产的三名婴儿从产房抱出并予以拐卖留下可乘之机。

被告人高文平自 2012 年 9 月至 2013 年 11 月担任富平县妇幼保健院产科主任期间，对产房管理制度、病历管理制度的贯彻落实检查督促不到位，致使产房工作人员落实规章制度不认真、医护人员违规涂改病历等问题出现；对家属放弃治疗及放弃监管的新生儿，未能及时制定应对措施及相关操作管理流程和严格的规章制度，为张淑侠将董某、王某等在富平县妇幼保健院生产的多名婴儿予以拐卖提供了可乘之机。

被告人姚军民自 2006 年 2 月至 2013 年 11 月担任富平县妇幼保健院副院长期间，对产房管理制度、病历管理制度的执行情况督促检查不到位，对家属放弃治疗及放弃监管的新生儿，未能制定相关应对措施及规章制度，导致其主管的产科工作人员不能尽职尽责，制度落实不到位，管理混乱，为张淑侠将董某、王某等在富平县妇幼保健院生产的多名婴儿予以拐卖提供了可乘之机。

被告人王莉自 2009 年 3 月至 2013 年 8 月担任富平县妇幼保健院院长期间，对产房管理制度、病历管理制度的执行督促检查不到位，对家属放弃治疗及放弃监管的新生儿，未能督促检查主管负责人及时制定相关应对措施及规章制度，为张淑侠将董某、王某等在富平县妇幼保健院生产的多名婴儿予以拐卖提供了可乘之机。

法院认为：被告人司欣、高文平、姚军民、王莉四人身为国有事业单位工作人员，未能正确履行职责，严重不负责任，为张淑侠将多名在富平县妇幼保健院出生的新生儿予以拐卖提供了可乘之机，导致多名在富平县妇幼保健院出生的新生儿被张淑侠拐卖，损害了新生儿及其亲属的合法权益，破坏了医疗机构的正常秩序，使人民群众对医护人员的职业道德产生质疑，使国家公立医院的服务信誉严重受损，造成了恶劣的社会影响，致使国家利益遭受重大损失，其行为均已构成国有事业单位人员失职罪。

稿件来源：2013 年 12 月 31 日、2014 年 1 月 7 日、2014 年 1 月 15 日、2014 年 1 月 25 日《法制日报》案件版　作者：台建林

医患误解引发的惨案

2014 年 4 月 1 日，在浙江省台州市中级人民法院第二审判法庭，浙江省高级人民法院对社会各界高度关注的温岭杀医案进行二审公开宣判，驳回被告人连恩青的上诉，维持台州市中院对被告人连恩青的死刑判决，并依法报请最高人民法院核准。

台州市中院一审查明，2012 年 3 月 18 日至 26 日，被告人连恩青在温岭市第一人民医院接受了鼻部手术治疗。因感到术后效果不佳，连恩青多

次到医院投诉，并多次到其他医院就医，但均无进展。2013 年 10 月 25 日 8 时 20 分许，连恩青携带事先准备的榔头和尖刀来到温岭市第一人民医院对医护人员行凶，致 1 死 1 重伤。2014 年 1 月 27 日，台州市中院一审以故意杀人罪判处被告人连恩青死刑，剥夺政治权利终身。连恩青不服，上诉至浙江省高院。

二审开庭查明，原判认定事实清楚，证据确实充分。经台州市医学会、浙江省医学会鉴定，温岭市第一人民医院在对连恩青手术过程中不存在医疗事故。温岭市第一人民医院在处理连恩青投诉及后续处理过程中的确存在一定的瑕疵，存在进一步加深其误解的情形，原审判决对此亦予以确认，但该种瑕疵并非在案的被害人所造成，被害人在本案起因上没有过错。

连恩青于 2013 年 8 月 10 日至 10 月 15 日曾入住上海市精神卫生中心治疗，入院、出院诊断均是持久的妄想性障碍。原审法院对其是否具有精神疾病、作案时是否具有刑事责任能力，委托浙江省立同德医院司法鉴定所专家对其进行法医精神病鉴定。

该鉴定意见认为连恩青患有疑病症，作案时意识清晰，作案动机现实，辨认和控制能力存在，有完全刑事责任能力。鉴定人一审庭审时出庭当庭阐述了鉴定情况，连恩青对其具有完全责任能力的鉴定意见亦无异议。

从连恩青整个作案过程看，其作案动机现实，作案前蓄意准备了作案工具，作案对象明确，当发现其捅刺的对象错误后，其即停止继续捅刺，反映出连恩青具有清晰的辨认判断自己行为性质的能力，对自己实施的行为能够自由控制。连恩青具有清晰的辨认自己行为的能力与完全的控制自己行为的能力，且已经有资质的鉴定机构鉴定，其具有完全刑事责任能力。因此，对连恩青及其二审辩护人提出要求重新鉴定的申请，理由不足，不予采信。

二审认为，被告人连恩青因对手术治疗效果不满意，而将情绪发泄到为其诊治释疑的医生身上，闯入医院持榔头和尖刀公然故意杀害他人，致 1 人死亡、1 人重伤的严重后果，其行为已构成故意杀人罪。犯罪情节极其恶劣，犯罪后果特别严重，依法应予严惩。原判定罪和适用法律正确，量刑适当，审判程序合法，故依法作出上述裁定。

二审宣判后，法院从人性化考虑并应被告人连恩青亲属的请求，安排连恩青的妹妹连某与其在法庭的拘押室见面。在会见时，当他的妹妹提到父母时，连恩青失声痛哭，并要求他妹妹下次来看他时带一张小外甥的照片来。

稿件来源：2014 年 4 月 2 日《法制日报》案件版　作者：陈东升　王先富

"安医大二附院杀医案"始末

2012年11月13日,安徽省阜阳籍男子彩春锋因猜疑安徽医科大学第二附属医院的诊治造成自己身体不适,手持菜刀砍向5名无辜的医护人员,酿成1死4伤的惨剧。

案发后,彩春锋经鉴定系限定刑事责任能力人,被法院一审以故意杀人罪,判处无期徒刑,剥夺政治权利终身。彩春锋和被害人家属均不服判决,提出上诉。

2014年4月2日,安徽省高级人民法院对"安医大二附院杀医案"进行二审公开审理。最终,安徽省高院认定原判定性准确,量刑适当,审判程序合法,附带民事赔偿的判处适当,终审驳回上诉,维持原判。

血腥一幕

2013年11月19日,备受关注的安徽医科大学第二附属医院医护人员被砍杀案,在安徽省合肥市中级人民法院公开开庭审理。

公诉方合肥市人民检察院指控,去年11月6日,彩春锋因患有肾结石到安徽医科大学第二附属医院住院治疗,准备接受碎石手术。因术前"灌肠"和"皮试"后感觉身体不适,彩春锋遂对该医院医护人员产生猜疑和报复心理。

同年11月13日,彩春锋到超市购买了一把菜刀,装在背包里乘出租车到安医大二附院。公诉人出示的证据显示,彩春锋直接走到医院住院部北13楼泌尿外科护士台,看见护士长戴某正在低头写东西。当时,戴某抬头对他说了声"你好,你来啦"。但是彩春锋没有理睬,直接拿出刀,向她砍了两刀。

随后,彩春峰又持菜刀砍伤护士刘某等其他4名医护人员。被害人戴某经抢救无效死亡。

"我当时很激动,一直举着刀砍。"彩春锋供述称,他误把1人当成给自己做检查的护士,砍错了人。至于砍其他人,则是因为这些人阻止他砍人。

行凶时,彩春锋对1名男医生手下留情。据其解释,是因为在之前看病过程中觉得这名男医生对病人很好,就不想伤害他,还让他赶快报警。

民警赶到现场后,彩春锋丢掉了菜刀。

庭审时，公诉方公布了彩春锋购买菜刀和在医院行凶的一组视频证据。但因画面过于血腥，中途停止播放。

否认杀人

"住院期间，表现很好。"这是彩春锋给医护人员留下的印象。连彩春锋自己也说，在住院期间没有和医院发生纠纷。那为何彩春锋会作出如此极端的报复行为？

"手术前一天，护士给我'灌肠'后，觉得肚子里火辣辣的难受，而且变得对声音特别敏感。"彩春锋说，晚上他还听到护士台有人在"摔瓶子"，这让他整夜难眠。

彩春锋回忆说，到了第二天，一名护士给他做完皮试，向护士长大喊一声"成功了"。随后，护士长过来检查了针头。"我当时迷迷糊糊的，觉得肯定是注射了不好的东西"。

于是，彩春锋放弃了手术治疗，办理了出院手续。但回到阜阳老家的彩春锋始终觉得身体不适，怀疑被医院"整"出了问题。

11月12日，彩春锋准备从阜阳到上海看病，但一路上越想越气，决定中途折返合肥。彩春锋交代了一个细节，案发当日，他还曾去安医大一附院就诊。因感觉那里的医生不愿意给自己治疗，他便拿出刮胡刀片吓唬医生。随后，彩春锋跑去该院投诉，但因领导不在，自己又不会写投诉表而放弃。这一切，让他觉得投诉无门，怒火中烧。

"反正也活不了了，不如同归于尽吧。"在公诉方出示的笔录中，彩春锋曾这样说道。

但在庭审中，彩春锋却称自己只是想找到安医大二附院的护士长和给自己做检查的护士，搞出点事情，让院长出面过问。

"我认为自己只是故意伤害，没有想杀人。"彩春锋说。

激辩鉴定

案发后，彩春锋先后接受了两次精神鉴定，但鉴定结果却不同。

由南京脑科医院司法鉴定所作出的鉴定结果是，彩春锋患有精神分裂症，作案时没有刑事责任能力。因为无法接受这份鉴定结果，戴某的亲属申请了重新鉴定。后经上海市精神卫生中心司法鉴定所鉴定，彩春锋患有偏执精神障碍，作案时应该具有限定刑事责任能力。

这两次鉴定对彩春锋作案时所具有的刑事责任能力作出不同判断，成了公诉方、被告人、刑事附带民事诉讼原告人的辩论焦点。

公诉方采纳了第二份鉴定意见。因为后者进行了更为全面的调查取证，分析论证具体、细致。而被告人辩护律师则对第二份鉴定报告提出异议，认为彩春锋与医院没有纠纷，是出于妄想才会行凶，作案时无刑事责任能力。

刑事附带民事诉讼原告人代理人认为两份鉴定意见均不可采信，因为鉴定依据都不全面、真实，鉴定过程也不规范。

"彩春锋能清晰认识自己行为的目的以及实施行为的时间、地点、对象，具有完全刑事责任能力。"刑事附带民事诉讼原告人代理人说，如果是患有精神疾病，彩春锋到现在不经治疗，还能生活自理，思路清晰，是违背科学规律的。

公诉方认为，被告人彩春锋故意非法剥夺他人生命，应当以故意杀人罪追究其刑事责任。因其作案时系限制行为能力人，可从轻或减轻处罚，给出 10 年以上有期徒刑至无期徒刑的量刑意见。5 名受害人及家属要求依法追究彩春锋的刑事责任，并提出近 70 万元的赔偿金额。

无期徒刑

2013 年 12 月 24 日，安徽省合肥市中级人民法院对这起案件作出一审宣判：被告人彩春锋犯故意杀人罪，判处无期徒刑、剥夺政治权利终身。

法院认为，关于彩春锋作案时是否具有刑事责任能力的两份精神鉴定结果，合肥市中院通过走访专家、召开二次庭前会议及当庭审理查明，被告人彩春锋仅有妄想症状，除妄想外并无明确的感知觉障碍、思维形式障碍等精神分裂症状，且现有证据反映，被告人彩春锋无家族精神病遗传病史，案发前亦未有发病史和治疗史。在羁押期间，彩春锋未服用任何精神类药物。综上分析，法院根据相关规定，认定被告人彩春锋患有偏执性精神障碍，系限制刑事责任能力人。

对于被告人彩春锋当庭否认故意杀人之说、其辩护人提出构成故意伤害罪的辩护意见，法院不予以采纳。经查，彩春锋多次供述其在投诉无门的情况下欲与医护人员同归于尽，并购买了作案工具菜刀一把，持刀两次砍中 1 名被害人颈部。从其作案动机、凶器的性质、行凶时选择被害人部位、行为的节制程度等方面综合评定，可见其主观上具有剥夺他人生命的故意，客观上实施了杀人的行为，故其行为构成故意杀人罪。

被告人是否构成自首也是庭审时的另一辩论焦点。法院认为，被告人彩春锋作案后要求他人打电话报警，在侦查人员赶到现场后也没有抗拒抓捕，故其行为可认定为自首。鉴于其系限制刑事责任能力人且构成自首，对其可从轻处罚，法院遂作出上述判决。

维持原判

此案一审宣判后，彩春锋和被害人家属均提出上诉。

"一审错误，请求二审改判，按强制医疗程序审理。"彩春锋说。

被害人戴某的家属以及被砍伤的医护人员也提出上诉，认为原审判刑极轻，请求法院改判彩春锋死刑，并在赔偿金方面提出新的诉求。

2014年4月2日，安徽省高级人民法院对此案进行二审公开审理。

一审法院召开庭前会议程序是否合法成为二审辩论的一大焦点。

彩春锋的辩护律师认为，庭前会议直接审查本案争议焦点，解决的是两份精神鉴定结论不同这一重大问题。而依据法律，庭前会议是没有这项审查权利的，且鉴定人也不是法定庭前会议参加人，其没有参加的权利。

"庭前会议没有让被告人参加，这是剥夺了被告人和鉴定人之间相互询问的权利，影响对被告人刑事责任能力的审查。"该辩护律师说。

"召集鉴定人参加庭前会议以及庭前会议的审查事项有法可依。"检察员当庭指出，除管辖、回避等问题外，与审判相关的问题，法院均可召开庭前会议。鉴定人对其鉴定的过程、依据作出解释说明，这属于与审判相关的问题，有利于控辩双方了解被告人精神状况和案件审理。庭前会议审查并非实质性的审理案件，法院对彩春锋定罪量刑依据的是鉴定意见书，并非鉴定人在庭前会议所作的解释，所以庭前会议程序没有问题。

在二审庭审时，彩春锋的辩护律师还出示了一份其与看守所管教员、彩春锋的通话录音并当庭播放，以期证明彩春锋患有精神分裂症。

在这份录音中，一名自称看守所管教员的男子说，彩春锋觉得有人要害他，抵触吃药，换号房、换管教员都没用。

彩春锋则说，同号房的人老折腾他，不让他睡觉，老有人找他事。他已经不吃不喝好几天了。

"彩春锋上诉后怀疑有人报复他而绝食，证明其妄想症的对象由医护人员变成同号房犯人以及管教干部。这些症状属于精神分裂症，与上海司法鉴定所的鉴定不相符。"辩护律师说。

但由于该份证据是在通话中私自录制，检察员认为不具有合法性，且这些妄想与现实有一定联系，与上海的鉴定更为接近。

被害人家属的代理律师也对这份证据的合法性、客观性持有异议，认为录音内容无法考证，与本案无关联性。

被害人家属还对彩春锋的两份精神鉴定意见书提出异议，要求重新鉴定。法庭不予同意，并当庭给出理由，认为第二份鉴定意见书系根据被害人家属提出重新鉴定申请，由侦查机关委托作出。鉴定书依据的材料来源和程序合法，鉴定过程符合专业规范，鉴定意见明确，与案件事实具有关联性。

检察员认为，一审判决所依据的事实清楚，证据充足，定罪准确，建议维持原判。

最终，安徽省高院认定原判定性准确，量刑适当，审判程序合法，附带民事赔偿的判处适当，终审驳回上诉，维持原判。

稿件来源：2014 年 4 月 3 日《法制日报》案件版　作者：李光明

一个脑瘫患儿家庭的法治信仰

2014 年 8 月 28 日早上 7 点半，丹澎穿好衣服站在家门外，等待与父亲丹永安一同去法院。屋里，丹永安正用毛巾给坐在床边的丹湃擦脸。

"床上的褥子怎么都撤了？"记者走进丹永安家中，看到大床上空空如也，露着床板。

"丹湃又折腾了一宿，早上尿床尿了一大片，我把褥子、床单都泡盆里要洗呢。"

丹永安半扶半抱着丹湃走出家门，把他抱到自家的电动车座上。丹永安骑上车，让丹澎坐在自己的后面，父子 3 人上路，向河南省焦作市解放区人民法院驶去。

8 月 28 日，恰恰是双胞胎兄弟出生 21 年零 1 个月的整日子，也是丹永安诉讼 12 年期盼法院有份公正判决的日子。他骑车带着双胞胎儿子来到焦作市解放区法院门前，抬头看看天空，上午的太阳明晃晃地刺痛了他的双眼。

丹永安是焦作市铁路北站货运车间的一名普通职工，也是这对双胞胎脑瘫患儿的单身父亲。8 月 28 日这天，焦作市解放区人民法院对双胞胎医疗损害赔偿纠纷案作出重审宣判,医院因存在过错被判承担50%赔偿责任。

双胞胎的不幸

丹永安婚后得知妻子怀孕，提前为两个未出生的儿子起好充满活力的名字:丹澎、丹湃。这位即将升格做父亲的年轻男人,喜滋滋地憧憬着未来。

1993 年 7 月 28 日，怀孕 37 周 4 天的妻子出现临产征兆，27 岁的丹永安将妻子送入离家近便的焦作市第二人民医院。他清楚地记得，办妥入院手续的时间为当日 13 时 30 分。

据丹永安回忆，那天他最焦虑的是，妻子中午时分就被送进医院，却长时间地等待医院 B 超室的检查。熬到当天 18 时左右，B 超室主任检查后告知丹永安，"产妇情况很危险，羊水已经浑浊，应该马上手术"……

入夜时分，一对双胞胎男婴降生。

听到医生告知"母子平安，请放心"，丹永安随后看到从手术室走出的护士，护士怀里抱着两个粉嫩嫩的小娃娃，孩子无精打采。

"兴许新生儿刚离开母体都这样。"丹永安惴惴不安地自己安慰自己。

双胞胎儿子出生仅 3 天，弟弟丹湃面色骤变，口唇青紫，全身抽搐，深度昏迷。经医院紧急抢救后，丹湃因"新生儿肺炎"转入儿科治疗。与此同时，哥哥丹澎也出现了与弟弟相同的症状。

经过二十余天紧急抢救，双胞胎兄弟暂时脱离了险情。

出生两个月后，已经出院的丹澎、丹湃因身体出现剧烈抽搐两次入院救治。相比之下，丹湃病情更为严重，伴随着昏厥、抽风等症状，小家伙双眼视神经萎缩。

丹永安向医生询问病因，医生告知"孩子因生产过程延长吸入羊水，产生炎症。出生后未及时检查和用药致使病情加重，后果不堪设想"。在此期间，丹永安妻子高烧 40 摄氏度卧床不起，丹永安整日心慌慌地在医院儿科、妇科病房之间奔来走去。

出院后，丹永安夫妇带着孩子辗转省城和北京多家医院，医院给出的诊断结果相同：

"新生儿脑炎后脑病，视神经萎缩导致视力差。"

不管丹永安夫妻愿不愿意接受双胞胎儿子患有"缺氧性脑病"的诊断，

但这毕竟已成为严峻冷酷的现实。夫妇俩被医生告知：孩子一旦患上此病，势必导致智力低下、脑瘫等神经系统后遗症。

曾经负责丹澎、丹湃出生的主治医生在 1994 年 3 月 15 日写下《关于丹永安同志信访的答复》，这位医生对丹澎、丹湃的致病原因解释称："因两婴儿均为低体重儿，且胎膜早破，故出生后即给予抗炎、止血药物。该做到的我们都做到了。"

与此形成鲜明对照的是，丹永安从多家救治医院专家教授的诊断中了解到：

丹澎、丹湃的病因是"因生产过程延长，双胞胎婴儿在母体缺氧，吸入羊水，产生炎症"以及"出生后未及时采取补救措施致使病情加重"。

一家人的艰辛付出

2014 年 7 月 28 日，丹澎、丹湃双胞胎兄弟 21 周岁的生日来临。

父亲怎样一天天养育了他们，父亲经受了怎样的大苦大悲，这兄弟俩永远不会知晓，永远不会感恩，更永远无法回报。

孩子出生刚满 8 个月，丹永安的妻子向法院提起离婚诉讼。尽管有相关法律规定，但法院还是判决离婚生效。妻子抛下一对新生儿弃家而去。有朋友劝说丹永安，可否只照顾双胞胎兄弟中病轻的哥哥，放弃对病重弟弟的抚养。丹永安断然拒绝，他赌咒似的发誓，"只要我有口气，就一定把两个孩子带好"。

二十年光阴一晃而逝。

有过极度绝望的时刻，有过极度悲伤的时刻，丹永安不止一次地想过与两个儿子一同赴死。

双胞胎兄弟 3 个月大时，一位小儿科专家建议给孩子用些营养脑细胞的脑活素等生物制剂，还建议丹永安每月按量提供自身血液输给孩子。半年后，每月输血的丹永安身体浮肿，但他坚持了整整 1 年。

"脑供氧增加，两个孩子脸马上红扑扑的。"丹永安观察发现，两个孩子因输血再加药物服用，身体健康状况有了明显好转。

婚前，丹永安很少做家务，喜爱各种运动的他尤爱足球，经常参加重大比赛。孩子出生后，他拼着性命伺候孩子。他庆幸爹妈给了这副身子骨，庆幸自己年少和青年时热爱运动，积攒了体能本钱。

"俩孩子小时候看不大出病样，很可爱，我把这俩傻孩子拍得跟正常孩子一样。"

爱好摄影的丹永安给孩子拍过一些照片，以便日后回忆。丹永安说着，嘴角现出一丝笑意，这是他聊以自慰的幸福。

双胞胎兄弟自小到大，身体生物钟的兴奋点偏偏在夜深时分开启。他们白日贪睡，入夜多动，要吃要喝要拉要撒，即使抽搐、晕厥、发烧犯病也多发生在夜间。

"自打这两个孩子降生，全家人再没有睡过一个整觉，再没有吃过一顿像样的饭，再没有见过谁有笑脸。"丹永安喟叹着。

丹永安的父母对两个孙子疼爱有加。孩子的爷爷拼力操劳，他在双胞胎兄弟4岁那年瘫痪在床，卧病6年后抑郁去世。一辈子省吃俭用的爷爷，临终前多次拔掉输液针头，连说不必再添麻烦，宁肯把自己治病的药钱省下，留给两个可怜的小孙子。

丹永安的母亲卖掉自己的首饰，她愁得天天抹泪，病重住院时连连悲叹儿孙太苦。

2009年7月底的一天，记者走进丹永安家，见到孩子的奶奶患病躺在床上，全身浮肿。她一边拍着身下的席子，一边不停地悲叹。时隔数月，老人家带着无尽的忧虑逝去。

丹永安说自己最艰难的时刻，是老父亲、老母亲、两个孩子全都病倒之时，他不得不一人支撑着伺候老少4人的生活。

"我爸、我妈和我，从孩子出生到现在，从来没有把两个孩子扔掉的念头，都是全力以赴地照顾。"丹永安喃喃地说。

"全能父亲"的担忧

"要想救孩子，唯一的路——就要自己学医。"

双胞胎兄弟未及周岁时，一位了解丹永安困境的医学专家这样点拨他。丹永安挑战困难的潜能极大地被激发出来。学医入门先从如何采用物理方法为幼儿高烧降温学起，丹永安日以继夜地苦读勤问，请教医生、专家，借阅医学书籍，收看电视专题讲座，举凡妇科、产科、儿科、内科以及中医疗法，全成为他倾力而为的学习目标。丹永安的学习悟性和潜能得到了最大化的拓展。

俗话说"一分钱难倒英雄汉"，有时一天动辄上千元的药品价格，一次次让丹永安为难踌躇。

父母在世时，丹永安自己为父母和孩子输液。起初，他手持针头，在孩子细小的手臂或脑门上寻找血管时心抖、手颤。想到家庭经济拮据，他只能屏息凝神地一次次"下手"，生生被逼成个输液扎针高手。他学会了听诊、配药、针灸，了解了呼吸道、消化道、泌尿系统疾病发生的病理以及如何进行系统治疗，学会了如何在治疗中兼顾孩子营养以及如何进行康复训练。

"他俩体质弱，身体抵抗力差，最怕雾霾天气。"丹永安说，孩子每次因雾霾病倒后总要等一星期之后才能恢复，比同龄孩子恢复得要慢许多。

孩子一天天长大，进入青春期，两个孩子能吃，一身的劲儿。

21 岁，正是年轻人读大学的年纪。哥哥丹澎在培智学校就读 4 年后，爱和人交流了，特别想表达，说话语音也清楚多了。相比之下，弟弟丹湃的状况糟糕得多。

记者在丹永安家中见到轮椅上穿着开裆裤的丹湃，他体型瘦弱，目光呆滞，眼睛上斜，双手蜷在胸前，双腿无力地垂着；他不会说话，只有一个发音"嗯"。若要喝水、吃饭、吃零食、吃水果、上厕所、出去玩儿，都通过"嗯"来表达。在外人耳中，这声"嗯"到底有什么需求，根本辨不清。

"老得给他洗，洗也洗不完。"

丹湃常常尿床，丹永安再累，也要及时给他换洗床单和被罩。

有一次，就在记者走进丹永安家门的前几分钟，丹湃抽搐发作，丹永安连忙取药喂他。没想到，丹湃一口咬在父亲右手食指上，"血当时就喷出来了，口子不大，但是很深"。

记者看到丹永安那根受伤的手指上贴着一块创可贴，周边浸着血迹。

孩子一天天长大，年近天命的丹永安双鬓长出白发，眼角聚起了深深的皱纹。二十多年来，丹永安持续不断地透支体力，睡眠不规律，他感觉自己头皮发麻的次数越来越多，晕晕沉沉的时间越来越长，记忆力下降。在一次体检后，医生告诉他，他的身体指标出现了动脉血管硬化、脑血管硬化、中度脂肪肝、血糖高、血压高等不良趋向。

多少个夜晚，丹永安躺在床上瞪眼望着家中天花板，想到自己会不会猝然去世……

"不管能撑多长时间，尽力而为吧。"他只能这样慰藉自己。

关键证据蹊跷遗失

丹永安初次与医院负责人交涉如何救治双胞胎儿子时，对方语气柔和地建议说，"你去法院告我们吧，法院判多少，我们就赔多少"。

显而易见，依丹永安个人工资的收入，肯定难以长期救治孩子。然而，诉讼艰难是这个普通工人根本无法预想的。回想当初，光为立案就奔波9年，诉讼至今已持续12年之久。

1994年，丹永安去焦作市解放区法院申请立案，因向市卫生局递交医学鉴定申请后遭到拒绝，他便前往北京找国家卫生部求助。次年春天，焦作市医疗事故鉴定委员会对他的申请作出鉴定结论："（本案）构不成医疗事故，故不应该承担赔偿责任。"丹永安不认可如此鉴定，前往河南省卫生厅交涉，双方闹僵了。

那时候，丹永安完全不懂法律知识，更不知如何借助司法程序维护权益。有朋友建议他去联系省人大代表求助，说这样可能有改变命运的机会。丹永安带上老母亲烙的一张张面饼上路，乘火车、乘长途客车，风餐露宿地拜访了逾百名河南省人大代表。

1999年6月，丹永安把这份来之不易的信函交给全国人大常委会办公厅信访局。2002年7月，焦作市解放区法院立案受理了丹永安提起的诉讼。丹永安请求法院判令焦作市第二人民医院赔偿各项损失300万元及承担诉讼费用。

时隔11个月，法院驳回了丹永安的诉讼请求。他不服判决，上诉至焦作市中级人民法院。2003年12月3日，焦作市中院下达终审判决，认定"丹澎、丹湃上诉无理"，维持原判。

"我性格中有挑战难关的韧性。"丹永安说，"法律是国家的，不是为哪个人的"，他坚信自己像学医那样学习法律，一定能有收获。丹永安一头扎进法律书籍中。与此同时，丹永安的姨妈——退休干部买易君也为学习法律投入了全部的精力。她在丹永安照顾孩子无法脱身的情况下，承担起重要的诉讼事务。

2008年7月19日，河南省高级人民法院裁定提审丹永安不服焦作市中院终审判决的再审申请，中止原判决执行。2011年12月19日，河南省高院下达民事裁定，撤销焦作市中院和焦作市解放区人民法院对此案作出的3份判决及1份裁定，将此案发回焦作市解放区法院重审。自河南省高院裁定提审该案至下达发回重审裁定，其间历经41个月近3年半之久，个中原因是该案先后经历了北京和上海的两次司法鉴定。

焦作市第二人民医院曾为两个新生儿拍摄并出具过医学脑CT片，丹永安在当年诉讼时将此作为原告方的诉讼证据正式提交给解放区法院，以证明孩子出生不久即呈现出的病理及生理状况。

"这个证据对原告来说至关重要。"买易君在法庭上多次提到，因为该证据"图像显示大大优于文字描述"。但是，这份重要证据——医学脑CT片竟在法院案卷来回转交中踪迹难觅。丹永安聘请的律师曾在焦作市中院查阅案卷时亲眼看到过那两张脑CT片。而河南省高级人民法院提审此案时，两张脑CT片下落不明。

12年诉讼的结局

"你是否还坚持300万元的赔偿请求？"

2014年4月21日上午，河南省焦作市解放区法院开庭重审丹澎、丹湃双胞胎医疗损害赔偿纠纷案。主审法官在法庭上向原告方发问。原告方律师向法官出示了丹澎、丹湃的两份人身损害赔偿清单，共计3037989.90元，他向审判长确认这一具体赔偿数字。

这起医疗损害赔偿纠纷案自2002年进入诉讼程序至此，经过5次鉴定、3级法院数十次开庭审理。《法制日报》记者自2005年起追踪报道此案，数次旁听法庭审理此案，至此已有9年。这次，记者依然到庭旁听了审理全程。

开庭前，丹永安推着坐在轮椅上的丹湃，带着丹澎走进法庭。

庭审历时近6个半小时，从上午延续到下午。坐在旁听席上的丹澎一直低头端详手中把玩的一柄绿色牙刷，而穿着开裆裤、歪坐在轮椅上的丹湃时而大声哼叫，丹永安闻声不得不从原告席上走下，或将饼干或饮料喂到丹湃口中，或推着他去法庭外楼道另一侧的洗手间。由于被告方坚持要求鉴定人出庭接受质证，审判长在庭审结束时宣布合议庭将另行安排质证。

5月22日，河南省焦作市解放区人民法院继续开庭审理丹澎、丹湃诉焦作市第二人民医院医疗损害赔偿纠纷一案。

这次庭审采用远程同步视频技术，主审法官组织原、被告与远在上海的司法鉴定科学技术研究所司法鉴定中心的鉴定专家进行同步对话，由原、被告对专家们出具的鉴定结论进行质证。

尽管被告方一再声称患儿可能自身存在致病危险因素，但鉴定专家在回应时释明："如果（患儿）自身存在致病危险，我们医护人员就更应该对病情加以严密观察，随时记录病情。"据此，鉴定人重申了鉴定结论的关键结论："本案存在治疗措施不力、观察不严密的过错，并由此认定被告与损害后果之间存在因果关系。"

第二次庭审结束前，审判长向原告询问是否愿意接受由法庭主持的调解。原告明确表示不同意。

2014年8月28日，这一长达12年的诉讼，在焦作市解放区法院重审宣判。法院判决被告医院存在过错，对丹澎、丹湃的损害后果承担50%赔偿责任。

稿件来源：2014年9月1日《法制日报》案件版 作者：杜萌

第九章 分析

医患纠纷数量增多冲突烈度趋高

2014年10月25日，距"温岭杀医案"发生整整一年时间。

2013年10月25日，连恩青携带事先准备的榔头和尖刀来到浙江省温岭市第一人民医院对医护人员行凶，致1死1重伤。在行凶前，连恩青曾在温岭市第一人民医院接受鼻部手术治疗。因对手术治疗效果不满意，他将情绪发泄到为其诊治释疑的医生身上。

纠纷是人类社会活动不可避免的一种现象，也有多种途径可以化解。然而，医疗纠纷让人感觉有点"理还乱"。在研究医药卫生领域的法律学者看来，近三年来，我国医疗技术、医疗服务水平不断进步，医患纠纷数量却不减反增，呈现冲突烈度越来越高的趋势。

医患纠纷成因渐趋复杂

2012年3月，连恩青感觉右鼻孔通气不畅，于是到温岭市第一人民医院耳鼻喉科就诊，并接受了鼻中隔矫纠正手术治疗。术后几个月，连恩青感觉病情没有好转，整夜休息不好，性格变得易怒，严重时以头撞墙，并在家里砸东西。连恩青认为，他的"病情"是因之前的手术出现了失误。2012年年底，温岭市第一人民医院接到连恩青投诉，之后给连恩青作了两次CT检查，结论均为"副鼻窦CT平扫未见明显异常"。

连恩青对诊断结果表示怀疑，随后赴浙江台州、杭州和上海的多家医院诊断，医生均表示他身体正常，并无异样。不过，在连恩青看来，他的病痛并没有得到好转。连恩青认为，"医生串通好谋害他"。为此，他先后跑医院达 40 余次。

2013 年 10 月 25 日，连恩青最后一次到温岭市第一人民医院，制造了一起血案。

二审法院庭审查明，温岭市第一人民医院在对连恩青手术过程中不存在医疗事故，但医院在处理连恩青投诉及后续处理过程中的确存在一定的瑕疵，存在进一步加深连恩青误解的情形。瑕疵并非被害医生所致，被害医生在本案起因上没有过错。

法院判决释明了"温岭杀医案"的原因，而另一起涉医案的原因却与医疗技术、医院对投诉的处理无关。

2013 年 8 月 10 日 18 时 30 分，陕西省富平县刑警大队大队长杨建龙带队来到富平县医院，将解救回来的一对双胞胎女孩交还到祁昆峰、王艳艳夫妇手上。这是孩子出生 74 天后，祁昆峰夫妇第一次见到女儿。

祁昆峰说，两个孩子出生时，产科医生张淑侠告知家属，孩子患有"双血型综合征"，"活到两三岁就会死掉"，"即使不死要么是脑瘫，要么是傻子"。之后，一家人选择"放弃治疗"。

然而，真相并非如此。法院查明，2011 年 11 月至 2013 年 7 月间，陕西省富平县妇幼保健院妇产科原主任张淑侠，利用自己作为产科医生的便利条件，以新生儿患有传染性疾病和先天畸形等为由，建议家属放弃新生儿，后将婴儿贩卖。张淑侠实施拐卖儿童犯罪 6 起，涉及被拐卖婴儿 7 人。

中国政法大学卫生法研究中心执行主任解志勇列举了容易发生医患纠纷的 4 种情形——医疗事故、程序性纠纷、医疗意外事件以及医生违背职责、职业道德。

在中国政法大学医药法律与伦理研究中心主任刘鑫看来，医患纠纷的根本原因在于相关机制没有理顺。医疗机构、医疗资源分布不均衡，很大比例的优质医疗资源汇聚在一些大城市。患者到大城市看病，一方面增加了患者的经济负担；另一方面增加了这些医院的工作量，医护人员的服务态度、服务质量随之下降。

"另外，社会保障制度不健全，很多人对看病的经济负担有很大顾虑，现实中存在的'因病返贫'现象加深了群众的担忧。"刘鑫进一步分析，"以药养医"的制度、医疗机构潜在的创收动机等加剧了医患双方的不信任。这些都是引发医患纠纷的潜在制度因素。

"中国传统文化中讲'医者父母心'。医学有一系列价值追求，也就是医学伦理。"解志勇说，然而，一些医疗机构过度商业化、市场化，价值取向出现偏差，这也导致医患关系紧张，进而引发医患纠纷。

涉医暴力事件时有发生

"医疗技术还存在很多不确定性，患者对此应持宽容态度。"解志勇说，但是，当不良结果出现时，患者往往推定医院应该承担责任。

当看到不愿接受的结果时，李梦南、彩春锋、连恩青选择了手持凶器冲入医院。

2012年3月23日，在祖父李禄的陪伴下，李梦南到哈尔滨医科大学附属第一医院治疗强直性脊柱炎。年仅17岁的李梦南因对医生的治疗方案产生误解，产生杀人之念。李梦南手持水果刀冲进医院追砍医护人员，造成28岁的实习医生王浩死亡，另有3名医护人员不同程度受伤。李梦南最终被判处无期徒刑，剥夺政治权利终身。

2012年11月13日，安徽省阜阳籍男子彩春锋因猜疑安徽医科大学第二附属医院的诊治造成自己身体不适，手持菜刀砍向5名医护人员，酿成1死4伤的惨剧。彩春锋被法院以故意杀人罪判处无期徒刑，剥夺政治权利终身。

近年来，除暴力伤医、杀医案外，停尸闹事、冲击医务人员办公场所、限制医务人员人身自由等"医闹"事件在各地时有发生，扰乱了社会治安，严重影响了医疗机构正常秩序。

解志勇解释，目前，医学上对很多病症的处理仍有不确定性，患者应该对这种不确定性有充分的考虑和心理准备。当出现不想看到的结果时，患者一味责怪医院是不理性的表现。

"由于医院有比较大的经济自主权，医疗纠纷发生后，医院就有自主和解的权利。一些医院抱着'花钱买平安''先把事情抹掉再说'的心态，迁就患方赔偿要求，花钱了事。'医闹'尝到了甜头，形成恶性循环。因此，'医闹'事件的发生，医院方面也负有责任。"刘鑫说。

"医患纠纷数量越来越多，冲突烈度越来越高，医疗机构、医务人员的公信力受到了负面影响。"解志勇说。

完善法律制度解决纠纷

"有时候医院没有承担本该承担的责任。有的医院抱着'你去告吧，法院让我赔多少我就赔多少'的心态，很容易让人愤怒。"解志勇说。

面对医疗机构如此的态度，丹永安选择了坚守法治信仰。

丹永安是一对脑瘫双胞胎丹澎、丹湃的父亲。21 年前，双胞胎婴儿出生在河南省焦作市第二人民医院。双胞胎出生不久即被诊断出患有"缺氧性脑病"。"因生产时间延长，在母体缺氧，吸入羊水，产生炎症"以及"出生后未及时采取补救措施致使病情加重"。

从 2002 年起，这个家庭将医院诉至法庭至今已经 12 年。

十余年的诉讼，这一案件也见证了法治的进步，例如侵权责任法出台，对医疗损害责任加以明晰。又例如，司法鉴定中心鉴定专家参与庭审质证。一系列法律制度的出台，都在降低医患纠纷的发生率，力图将医患纠纷双方拉回法律的谈判桌前。

"国家对医疗纠纷的情况高度重视，一直在努力寻求有效的解决办法。从长远来看，随着依法治国理念逐步深入人心，相应配套措施逐步完善，医疗纠纷会逐步减少，恶性医疗纠纷应当能够有效遏制。"刘鑫说。

解志勇认为，目前，医药卫生领域的法律法规以规章居多，层级低、系统性差，一些规定散见于其他法律中，没有将所有问题通盘考虑。医疗卫生领域应该制定医疗基本法，把医疗活动中的最高原则、价值取向加以规定。

"有时候，医患纠纷不能按照一般的侵权和民事纠纷处理。"解志勇说，法律应该把医疗事故、医疗意外事件中各方面应该承担的责任、权利、义务，按照某一种或几种医学界、社会大众能够形成共识的价值标准加以明确，明确救济的途径和方法以及具体的举措。当纠纷发生时，各方都应以法律的思维模式去解决。

刘鑫认为，医患纠纷问题不可能在短期内解决，"当前的主要任务是争取医疗纠纷的发生率降下来，引导双方通过正常的途径和渠道解决"。

刘鑫告诉记者，把纠纷的解决引到正常的渠道，已有方案设计：用制度限制医院自行和解的权利，设定医院能够自行和解的上限，超过上限的，必须通过第三方调解或诉讼的法律途径解决，违者严格问责；设立医疗损害保险，包括医疗责任保险和医疗意外保险，由保险公司向患者赔付。

"强化各方的职责，强调监督问责，无疑是当前处理医患纠纷的另一重要方面。"刘鑫说，现有的法律规定中涉及医患纠纷处理的内容不在少数，但是监督执行情况不容乐观，所以应进一步强化卫生行政管理部门对于医疗执业主体进行行政监管的职责。

稿件来源：2014 年 10 月 31 日《法制日报》案件版

第十章　错案纠正

"审断决，狱讼必端平。"

狱讼之事，关乎性命，关乎公平正义。政法机关公正司法，直面瑕疵纠正错案，建章立制预防冤案。

本章集纳法院宣判典型案例，从错案纠正中感受公平正义。

一起 12 年悬案压垮两个家庭

2013 年 4 月 25 日 17 时 30 分，河南省平顶山市中级人民法院的一纸无罪判决，让被羁押近 12 年的故意杀人罪被告人李怀亮重获自由。而死者郭某的父母无法接受这个判决结果，在宣判现场大声谩骂审判人员。

近 12 年来，郭松章、杜玉花夫妇对李怀亮是杀害女儿的真凶深信不疑，判处李怀亮死刑是他们一直坚持的诉求。

杜玉花说，最初女儿的尸体是在水中被发现，她以为孩子是不小心掉进水中被淹死的，但当时公安局的人告诉她，孩子是被人所害，李怀亮就是凶手。

记者在采访中了解到，郭、李两家同村，住得也很近，案发前也没有发生过矛盾，而且李怀亮还和郭家老四关系很好。案发后，两家成为仇人。

李怀亮自被平顶山市叶县公安局抓获后，在近 12 年里，先后历经有期徒刑 15 年、死刑、死刑缓期执行 3 次判决，最终因"证据不足、事实不清"于今年的 4 月 25 日被宣判无罪，当庭释放。

被害人家属

法院判凶手死刑就不上访

2001 年 8 月 2 日夜，平顶山市叶县邓李乡湾李村 13 岁女孩郭某在村北沙河河堤遇害，同村的李怀亮被列为嫌疑对象。8 月 5 日，李怀亮被抓获，后被刑事拘留并逮捕。在公安机关侦查阶段，李怀亮先后作了 10 次供述，其中前两次未供述犯罪事实，第三次至第八次作有罪供述，第九次后翻供并持续至今。

一位办案人员向记者透露,李怀亮涉嫌故意杀人一案是"降格"处理的,由叶县检察院提起公诉,叶县法院审判。

叶县法院开庭审理此案时,李怀亮当庭翻供。其辩护律师也提出故意杀人证据不足、应判无罪的辩护意见。对此,叶县法院没有采纳,一审以故意杀人罪判处李怀亮有期徒刑15年,剥夺政治权利5年。宣判后,李怀亮和被害人家属均对判决不服,向平顶山市中院提起上诉。

2003年12月2日,平顶山市中院以"事实不清,证据不足"为由,撤销了叶县法院的一审判决,并将此案发回重审。2004年2月13日,叶县法院对此案进行了重新审理。

在审理期间,郭某的父母郭松章、杜玉花多次上访,强烈要求平顶山市中院审理此案。此后,此案提高审级,由平顶山市检察院提起公诉。

2004年8月3日,平顶山市中院作出一审判决,以被告人李怀亮犯故意杀人罪判处死刑,剥夺政治权利终身。宣判后,李怀亮以没有杀人,要求宣告无罪为由,再次提出上诉。

2005年1月22日,河南省高级人民法院经审理,以李怀亮犯故意杀人罪"事实不清、证据不足"为由,撤销原判,发回重审。

2006年4月11日,平顶山市中院再次作出一审判决,以李怀亮犯故意杀人罪判处死刑缓期2年执行,剥夺政治权利终身。宣判后,被害人父母仍然要求判处李怀亮死刑。

2006年9月27日,河南省高院经过审理,仍以"事实不清、证据不足"为由,第二次将该案发回重审。

2007年5月22日,平顶山市检察院将案卷退回公安机关补充侦查。

事隔近6年的补充侦查后,2013年2月4日,平顶山市检察院将该案补充起诉至平顶山市中院。平顶山市中院审查后,决定恢复此案的审理。

2013年4月25日,在平顶山市中级法院当天的开庭中,法院审理查明,公诉机关指控李怀亮犯故意杀人罪的证据不足:一是公诉机关提交的现场勘查笔录、尸检鉴定及物证鉴定意见,仅能证实郭某的被害情况或物品系郭某所有,不能证实郭某被害系李怀亮所为。二是李怀亮归案后的供述不稳定,有罪供述前后矛盾,侦查人员存在不在规定的羁押场所关押、审讯的情形,因此李怀亮的有罪供述不能作为定案依据。三是公诉机关提供的李怀亮同监室3人的证言,相互矛盾,不能作为定案依据。四是侦查机关制作的人身检查照片仅能证实李怀亮身上划有血痕,不能得出此伤痕系其作案后抛尸所留。

法院根据《中华人民共和国刑事诉讼法》第 195 条的规定和"疑罪从无"的刑事诉讼司法理念，遂依法作出上述判决。

被告人家属

若有证据直接把他枪毙了

为给儿子李怀亮申冤昭雪，作为母亲的孙景莲拖着近 80 岁的病体，曾沿路乞讨，多次上访。2011 年 5 月 5 日，86 岁的孙景莲去世时，也未能见上儿子李怀亮一面。

李怀亮出事后，他的妻子外出打工再也没回来，他两个 10 岁左右的女儿，由于经常遭到郭家人打骂，只好辍学在家……

李怀亮家原有的 4 间新砖瓦房，也变成了危房。

孙景莲去世后，李怀亮的姐姐李爱梅继续上访，要求放人。她多次说："若有证据，直接把他枪毙了也不冤枉他。"

一边是李怀亮超长羁押近 12 年，另一边是郭某的父母郭松章和杜玉花强忍着不能为女儿讨回公道的苦闷。

这起命案，不仅让郭、李两家痛苦不堪，同样也让同村的村民无法忘却。

从 2003 年到 2007 年，为查找郭某系被李怀亮害死的更多证据，叶县公安局曾 3 次开棺验尸。

在湾里村这样的中原农村，人过世后开棺，那意味着对死者不敬。但郭家允许 3 次开棺验尸，足见杜玉花夫妇为女申冤的急切之情，他们觉得"对不起女儿"。

"真相早已出来，但女儿的案子一直未得到公正的处理。"杜玉花一直对李怀亮是害死女儿的凶手深信不疑。

尽管开棺验尸寻找证据，但李怀亮涉嫌故意杀人一案还是因证据不足而无法定案。

背后意义

无罪判决是疑罪从无的胜利

平顶山市一位政法干警说，李怀亮一案之所以迟迟没有结果，是因为判有罪证据不足，判无罪又担心被害人家属情绪反弹。

"当初，公安机关在这起命案证据的收集、固定上是有瑕疵的，如今时隔十几年，补充侦查难度可想而知。"记者在采访中多次听到这样的感叹。

一位办案人员称，叶县公安局当初在现场测量脚印时，让村民调主任赵木申将脚印模子搬上车，赵木申在 2004 年 2 月 3 日叶县法院出庭作证此事，但卷宗却并未记载脚印之事。

比如，当时现场有一块面积为 40 厘米 ×21 厘米的血迹，经鉴定是 O 型血。中山大学法医鉴定中心的司法鉴定检验报告书对郭某的头发进行了检验，并据此得出其血型是 A 型。而李怀亮的血型是 AB 型。还比如，此案被侦查机关定为杀人后奸尸，却没有找到精斑。

"部分群众对当前刑事政策不理解、不接受，造成刑事信访案件增多，一些当事人通过上访、闹访、缠访，威胁、报复等极端方式对公检法三机关施加压力，法院作出无罪判决确实是需要勇气的。"一位干警说。

这次的无罪判决，把平顶山市中院推到了风口浪尖上。

"审视本案依法无罪宣判背后的法理问题，具有重要的示范意义，可以说是新时期深化司法改革的范例。"一直关注此案的中国刑法学研究会会长赵秉志认为，这一无罪判决的出现绝非偶然。

赵秉志坦言，对于刑事案件尤其是可能被判处死刑和其他重刑等社会影响较大的案件以证据不充分为由对被告人作无罪处理，司法机关往往会面临巨大的社会压力。本案的依法宣判，不仅不是对犯罪的放纵，反而彰显了刑事惩治的严肃和规范；不但是对被告人人权的尊重和依法维护，同时也体现了对受害人负责的态度。

郑州大学法学院教授刘德法说，与国内屡见媒体的其他因真凶现形、被害人"生还"而被宣判无罪的故意杀人嫌疑人相比，河南的李怀亮是幸运的，他是新刑诉法"疑罪从无"司法理念的受益者。

稿件来源：2013 年 5 月 3 日《法制日报》视点版 作者：邓红阳 赵红旗

18 年萧山五青年的灰色人生

1995 年 3 月 20 日，浙江省杭州市萧山农垦一场 16 队四号桥南机耕路发生抢劫杀人案，女出租车司机徐彩华被人扼杀抛尸，身上传呼机、耳环、现金等财物被劫一空。同年 8 月 12 日，命案再度发生，在坎山镇青风加油站东侧路段，出租车司机陈金江被杀害抛尸路边。

公安机关侦查认定，这两起案件是萧山籍男青年陈建阳、田伟冬、王建平、朱又平、田孝平所为。1997年7月11日，杭州市中级人民法院分别判处陈建阳、田伟冬死刑，判处王建平死刑，朱又平死刑、缓期2年执行，田孝平无期徒刑。1997年12月29日，浙江省高级人民法院改判陈建阳、田伟冬、王建平3人死刑、缓期2年执行，核准朱又平死刑、缓期2年执行。

然而，这两起经过二审的案件在2012年出现大转折。2012年，公安机关通过指纹比对，发现项生源（即项古顶）在这两起抢劫杀人案中有重大作案嫌疑……

真凶伏法

根据浙江省高级人民法院的指定管辖，18年前浙江萧山出租车司机被劫杀刑事附带民事赔偿一案，于2013年5月22日在浙江省嘉兴市中级人民法院公开开庭审理。

此案在嘉兴市中院第二审判庭公开审理，《法制日报》记者获准进入第八审判庭，通过视频监控全程旁听庭审。

2013年5月22日8时25分左右，审判长敲响法槌，宣布开庭。在法警押送下，被告人项生源身穿蓝色囚衣走上被告人席。1972年出生的项生源满头银丝、身材瘦削。

1995年3月20日，萧山籍女出租车司机徐彩华驾驶车牌号为浙江01-G3705的夏利出租车开始一天的生意。谁都没有想到，她会在萧山农垦一场机耕路附近遇害。

公安机关侦查后认定，此案是萧山籍男青年陈建阳、田伟冬、王建平、朱又平、田孝平所为，遂逮捕了这5人。杭州市人民检察院以陈建阳、田伟冬涉嫌抢劫罪、盗窃罪，王建平、朱又平、田孝平涉嫌抢劫罪，向杭州市中级人民法院提起公诉。1997年7月11日，杭州市中院分别以抢劫罪判处陈建阳、田伟冬死刑，以盗窃罪判处2人有期徒刑2年，2罪并罚执行死刑；以抢劫罪分别判处王建平死刑，朱又平死刑、缓期2年执行，田孝平无期徒刑。

陈建阳、田伟冬、王建平、朱又平提出上诉，田孝平未提出上诉。1997年12月29日，浙江省高级人民法院认为此案存疑，按疑罪从轻原则，改判陈建阳、田伟冬、王建平3人死刑、缓期2年执行；核准朱又平死刑、缓期2年执行。

陈建阳等 5 人在监狱服刑 10 余年后，案情出现重大转机。

2011 年 7 月 27 日，杭州市公安局在组织命案攻坚战中，发现一盗窃前科人员项古顶的指纹信息与 1995 年 3 月 20 日发生在萧山的这起抢劫杀人案现场提取的指纹信息认定同一。经侦查，杭州警方于 2012 年 12 月 18 日以涉嫌故意杀人罪，对犯罪嫌疑人项生源立案侦查。2013 年 1 月 4 日，杭州市人民检察院以涉嫌故意杀人罪批准逮捕犯罪嫌疑人项生源。

在 2013 年 5 月 22 日的庭审现场，项生源说，他在杭州市盐业公司从事货物搬运工作。1995 年 3 月 20 日 13 时许，他乘坐公交车回家，可是当公交车行至衙前镇附近时，他发现身上的 1000 多元被人偷走了。下了公交车，他蹲坐在路边，准备等朋友开的公交车经过，让他顺路免费搭自己回家。

"就在这个时候，她（即徐彩华）就驾驶着一辆红色夏利出租车停在我身边，问我去哪里，我告诉她去前进，她就说 100 元带我过去。我嫌贵，两个人讲价格，最终讲到 60 元，我说现在没钱，到家了再给你，她也同意。"项生源说。

"后来我在车上睡着了，醒来发现司机开错路了，就让司机掉头。这个时候，我们起了纠纷，她说因为我说错了地方，多开了很多路，要给 100 元车费，我没有同意。于是，在中途我借口小便下了车，顺手从路边拿起一块砖头。本来我以为她自己会开走，没想到她还在等我，这样，我带着砖头又上车了。"项生源供述，徐彩华行驶了几公里，最终在农垦一场 16 队四号桥南的机耕路地段停了下来，双方吵着吵着，最后演化为动手互殴。

"我拿砖头砸她的头部，用手掐她的脖子、捂她的嘴巴，直到她晕倒为止。后来，我把她拖到路边草丛里，将她丢在那里，自己将出租车开到城北水泥厂后，把车丢在那里，拿了她的财物就跑了。"项生源说。

"真不知道女司机已被我害死。"在法庭调查结束时，项生源向法庭坦言，这 18 年来，他并不知道此案被害人徐彩华已经死亡。

"当时，我把她拉下车时，她还用萧山话跟我说了句'不要把我丢在这里'。所以我一直以为她没有死。"项生源说，2011 年，他被公安机关抓获时，还认为这只是一件小事，很快就向警方如实交代了作案过程。

庭审当天 9 时 20 分许，公诉方与辩护方进行了法庭举证、质证。针对此案的核心证据指纹提取与鉴定等问题，控辩双方展开了激烈的辩论。

项生源的辩护律师童斌认为，此案关键证据指纹鉴定结论存在疑点：一是此案在指纹比对中，曾经比对了一名叫项古顶的人员。而据项生源交代，他本人从未使用过项古顶这个名字；二是公诉方称，在受害人驾驶的出租车反光镜和左侧倒车镜上提取到被告人项生源的指纹，但是缺乏现场照片予以固定，不能证明指纹提取的具体情况；三是在现场勘查笔录中，同样也未提到指纹的提取情况。

童斌说，据被告人项生源交代，他将被害人拖出车外后，被害人是仰卧的。而众多证据证明，被害人在被发现时是俯卧的。被害人丈夫陈述其妻子当天出门时佩戴了两枚戒指，而被告人交代并没有抢劫这两枚戒指，被害人尸体被发现后也没发现这两枚戒指。因此，不能排除继项生源后还有其他嫌疑人作案的可能性。

针对辩护律师的质证，公诉人答辩说，现场勘查报告中虽然没有指纹提取记录，也没有照片对指纹提取方位予以固定。但是，经办民警的工作日志中提到当天是如何提取指纹的，这些证据证明相互印证，应该说，在出租车反光镜上提取的1枚指纹和在车外壳上提取的11枚指纹都是客观、真实的。

公诉人还说，此案第一目击证人的证言，也能够证明当时案发后，项生源驾车逃离现场与发现被害人的间隔时间非常短，基本可以排除还有其他人作案的可能性。

经过长达1个半小时的举证、质证，此案进入法庭辩论阶段。

公诉人认为，此案犯罪事实清楚，证据确凿充分，出示的相关证据符合合法性、真实性、客观性的证据要求。被告人项生源的行为应定性为故意杀人罪，且行为手段残忍、后果严重、造成社会影响恶劣。被告人归案后能够如实交代所犯罪行，认罪态度较好，具有从轻处罚的情节。

童斌在答辩中认为，在此案现场勘查笔录中，未附有尸体现场检验笔录。同时，此案第一目击证人已经去世，1995年所做的第一份笔录的证人为文盲，由办案民警代签，没有证人的签字确认。另外，被害人死亡姿势和财物去向等环节也存在多处疑点。

童斌认为，基于上述事实，只能认定项生源实施了对被害人的伤害行为，不能直接证明被害人真正的死亡原因。如果法院认定此案证据链成立，符合审查起诉的条件，也应以故意伤害致人死亡罪予以判决。

童斌说，此案犯罪嫌疑人到案后能够如实供述，当庭表现了诚恳的悔罪态度，且所犯罪行属于一时激愤行为，一贯表现较好，符合从轻情节。

在法庭上，童斌还引述了被告人项生源妻子的一段话："当年如果我知道这个事情，我不会和他结婚；如果我知道他对我隐瞒，我也不会原谅他。但是现在想想，这么多年他一直都是老实本分的，我现在愿意原谅他。"

听到妻子的这段话，项生源在最后陈述中，一改法庭调查阶段的平和语气，而是略显激动，断断续续地说："我向受害者的家属表示歉意，我真的很后悔当年犯下的罪行，我真的不知道事情会变得这么严重。"

当天 12 时 30 分，此案刑事审判部分庭审结束。

《法制日报》记者从嘉兴市中级人民法院了解到，在 2013 年 5 月 22 日下午的民事赔偿部分开庭审理中，受害人徐彩华家属向被告人项生源提出了 1055377 元的经济赔偿要求。

2013 年 5 月 30 日，嘉兴市中级人民法院对被告人项生源涉嫌故意杀人案作出一审判决：被告人项生源犯故意杀人罪，判处死刑，缓期 2 年执行，剥夺政治权利终身。法院同时判令项生源赔偿附带民事诉讼原告人直接经济损失人民币 20 万元。一审判决后，项生源和附带民事诉讼原告人均不服，分别提出上诉。

2013 年 6 月 27 日，浙江省高级人民法院公开开庭审理了项生源故意杀人（上诉）一案，并当庭驳回项生源上诉，核准嘉兴市中级人民法院作出的死刑缓期执行判决。

法院二审查明，本案事实清楚，证据确实、充分，原判量刑适当。故项生源的上诉理由及其辩护人要求从轻改判的意见均不成立。原判根据本案具体情况，酌情判令项生源赔偿附带民事诉讼原告人直接经济损失数额适当。故附带民事诉讼原告人及其代理人要求改判的理由不能成立，不予采纳。

错案纠正

18 年前浙江萧山出租车命案真凶获刑后，当年因这起案件获刑的萧山 5 青年究竟是否有罪？

2013 年 6 月 25 日，陈建阳、田伟冬、王建平、朱又平、田孝平 5 名萧山青年再次站在法庭上。与 18 年前不同的是，这次他们没有穿上号衣、戴上手铐，而是在家人的陪同下来到浙江省高级人民法院，站着，有时坐着，在原审被告人席上，平等地参与这场刑事诉讼。

2013 年 6 月 25 日 8 点半，杭州市马塍路上的浙江省高院戒备森严，在接受严格的安全检查后，《法制日报》记者被允许进入浙江省高院第 3 法庭，旁听陈建阳等 5 名萧山青年抢劫盗窃案的再审庭审。法庭内，5 排 71 个旁听席坐满了 5 青年的亲属、公检法官员和部分媒体记者。

浙江省高院审判委员会专职委员何鑑伟担任本案审判长，他和两名审判员一起组成合议庭，主持庭审。从当天9时到18时许，除了中间1小时的午饭时间，庭审整整进行了8个多小时。

在5名原审被告人一起到庭，进行完"是否申请回避"等开庭前例行公务后，第一个被单独带上法庭的是陈建阳。

"陈建阳，你对两起抢劫杀人案有什么异议？"审判长问。

"有异议，都不是我们干的。"陈建阳回答。

陈建阳的辩护人钟国林问："那你过去为什么承认是你作案的？"

"我被打得实在受不了，昏昏沉沉，只好按照要求，被迫承认是我干的。"

田伟冬是5名原审被告人中唯一零口供的，也是文化程度最高的，高中毕业。田伟冬被带上法庭后，他的辩护人辛本峰、史君慧问他："本案只有你一人始终不认罪，这是为什么？"

"我从来没杀过人，为什么要承认？"

田伟冬在法庭上说，1995年11月29日，他被带到萧山城厢派出所后，吃尽刑讯逼供的苦头。忍无可忍，他咬断了舌尖吞了下去，被送往医院缝了5针。第3天，被打得实在无法忍受，他把舌头上的线拉掉，满口鲜血，侦查人员这才停止了审讯。按照公诉人的要求，田伟冬当众张开嘴巴展示后说，你看，我的舌尖是平的，现在吃饭喝水，稍不小心，东西就会从嘴里漏出来。

王建平出庭后，审判长问："王建平，你对参与'8·12'抢劫杀人案有没有异议？"

"完全是屈打成招。"王建平气呼呼地回答。

"王建平，我问你7个问题……"辩护人韩美琴的话还没问完，就被王建平打断，"对不起，等一下。报告审判长，我吃了这么多年苦，实在站不住，能否坐下来回答问题？"

"可以，请坐下回答。"审判长回答。

"我的经历就是一部恐怖片。一位副局长，用戴着金戒指的手大巴掌扇我，扇得我满脸是血……"王建平说，"死者的名字、车子、过程都是他们告诉我的，逼着我在讯问笔录上签字。到法院一审开庭时，我才知道这案子的具体作案时间，你说我有没有干过这案子？"

朱又平出庭后，审判长问："朱又平，你对参与'3·20'案有没有异议？"

"我没有参与，抢劫杀人罪名是强加给我的。"朱又平几乎在喊叫着回答。

"他们连续审了我8天9夜，每天只让吃两个馒头，把我饿得累得连说话的力气都没有了。"朱又平说,"在这种情况下,我口供的可信度有多高?"

5人中,田孝平年龄最小,也是第一个被抓的。1995年10月5日,18岁的他,在老家杭州萧山市欢潭乡岳驻村附近,持刀抢劫两辆过路农用货车,被交警现场抓获。一审开庭时,只有田孝平对指控犯罪供认不讳。一审宣判后,也只有田孝平没有提起上诉。

法官问:"你说自己没有参与抢劫杀人作案,那么在一审庭审中,你为什么供认了呢?"

田孝平回答说:"那时候我年纪轻,被打得实在受不了,只好按照他们的意思在口供上签字。至于一审后我为什么不上诉呢?我怕死啊。我文化低,律师让我不上诉,我就按照律师的意思做了。再说,我想陈建阳他们已经上诉了,二审法院迟早要来提审我的,到那时候再翻供也来得及。"

记者注意到,在庭审中,合议庭法官潘国强每次都要问分别出庭的原审被告人两个重复的问题:"你们5人有没有在一起商量过要去谋取钱财?""你们有没有去过衙前和绍兴,会不会讲绍兴话?"5名原审被告人的回答均是没有。田孝平的辩护人朱觉明告诉记者,法官之所以每次都问这两个问题,是因为原审判决书指控他们抢劫杀人前进行过犯罪预谋,所问的这两个地方是案发地,有证人听见"8·12"案的犯罪嫌疑人作案时讲一口纯正的绍兴话。

2013年6月25日13时整,法庭继续开庭。在举证质证阶段,5名原审被告人和他们的辩护人的一大质证焦点围绕一名神秘的女证人朱富娟展开。

陈建阳等5人抢劫杀人案的拐点发生在1995年10月21日,一名叫朱富娟的江西籍卖淫女在九堡收容站检举了陈建阳等人杀人线索。在2013年6月25日的法庭上,法官宣读的一审判决书说,证人朱富娟的证言证明,其曾听郑彩芳说,陈建阳、王建平等人在钱江农场过去一点的地方杀了一开车的男司机。

"我根本不认识朱富娟,也不认识她说的郑彩芳。"陈建阳在回答辩护人询问时说,他确实曾与一位叫阿美的外地女青年同居过一段时间。至于这阿美是不是叫朱富娟,可以让她们到法庭上来当庭质证。

"我对朱富娟的证言有异议。"陈建阳的辩护人钟国林在法庭上说,"朱富娟的证言是传来的证据,是孤证,她在证言中所说的3把杀人的刀至今没有到案。这一举证程序违法、内容不真实,应予以排查。"

在法庭上,检察员宣读了杭州市公安局于2012年6月18日作出《关于"8·12"案核查工作的情况说明》,称从涉案车辆提取的若干个指掌纹,没有一个与陈建阳等4人相符，也未比中信息库中的其他犯罪嫌疑人，目前尚未发现"8·12"案的作案人员和作案线索，也找不到本案证人朱富娟。

"在中国，只要有真实身份的，怎么会找不到。"在质证中，陈建阳对核查很不满意。

"18年前找得到，18年后怎么反而会找不到了呢？"王建平对此同样不满，并怀疑说，"这个人是不是编造出来的啊？我怀疑世界上本来就没有这个人。"

"朱富娟是证人中的证人，是关键的关键。"陈建阳的辩护人钟国林在质证时说，1995年，朱富娟在被收容审查时，公安做过收容决定书，如果真有这个人，里面应该有她的详细信息。现在说找不到，那么到底是查无此人，还是查有此人？

在法庭上，田孝平的辩护人朱觉明说，田孝平等人已经向法庭提交排除非法证据申请书，因此，此案应当启动非法证据排除程序，对此案所有证据均不能适用。

陈建阳等4人的辩护人也发表了相同的观点，请求法庭启动非法证据排除。

浙江省人民检察院出庭的女检察员对此回应，本案存在不依法办案的情形，确实有不文明、不规范的行为。是否启动非法证据排除，请法庭决定。

"对所有原审被告人都实施了刑讯逼供，审讯笔录没有起讫时间，没有办案人签字。检察员的话在避重就轻。"田伟冬的辩护人辛本峰说，请求法院启动非法证据排除程序。

在法庭辩论阶段，5名原审被告人的辩护人都指出，由于真凶项生源出现且被法院判决确认，这起抢劫杀人案已与陈建阳、田伟冬、朱又平、田孝平4人无关，应宣布他们4人无罪。目前，没有直接证据证明陈建阳、田伟冬、王建平、田孝平参与"8·12"抢劫案，而且，该案的所有证据都系非法取得，存在刑讯逼供和诱供的情况，应全案排除。

"这是一场姗姗来迟的庭审，迟到的正义，终究也还是正义。"在发表辩护词时，田伟冬的辩护人史君慧激动地说，为了这场庭审，我们的当事人田伟冬坚持了将近18年。人生有多少个18年？如果没有田伟冬的坚决否认，那么今天，陈建阳、王建平、田伟冬等人也就无缘站在为他们洗冤的法庭上。作为他的辩护律师，我们为田伟冬感到骄傲。同时也感谢当年决定刀下留人的浙江省高院法官们。感谢浙江省高院的齐奇院长，没有浙江省高院的直面错误，迅速决定启动再审程序，恐怕田伟冬也只能在等待和盼望中艰难度日。

浙江省检察院出庭检察员在法庭辩论结束后发表了他们的出庭意见："'3·20'案系项生源所为，原审认定陈建阳、田伟冬、朱又平、田孝平4人作案系错误判决，应予纠正。'8·12'案事实不清、证据不足，按照疑罪从无原则，对陈建阳、田伟冬、王建平、田孝平4人应宣告无罪。"

"等这一天我等了18年啦。"在最后陈述时，王建平用一句话说出他此刻的心声。

在2013年6月25日的庭审中，法庭还对陈建阳、田伟冬参与的盗窃案和田孝平的另外两起抢劫案进行了法庭调查、举证、质证。

当天18时10分，审判长宣布，鉴于本案案情重大，等合议庭评议后择日对案件作出再审宣判。

2013年7月2日，浙江省高级人民法院对陈建阳等人抢劫、盗窃再审案公开宣判，认为原一、二审判决认定陈建阳、田伟冬、朱又平、田孝平在1995年3月20日抢劫并杀害出租车司机徐彩华的事实错误，认定陈建阳、田伟冬、王建平、田孝平在同年8月12日抢劫并杀害出租车司机陈金江的事实不能成立，撤销原一、二审判决对前述5人针对该两起犯罪的定罪量刑，宣告王建平、朱又平无罪。

法院还对陈建阳、田伟冬在1995年9月2日实施的盗窃行为，分别以盗窃罪改判陈建阳、田伟冬有期徒刑1年；对田孝平在1995年10月5日实施的两起抢劫行为，以抢劫罪判处其有期徒刑3年。

> 稿件来源：2013年5月23日、2013年5月31日、2013年6月26日、
> 2013年6月28日、2013年7月3日《法制日报》要闻版、
> 政法司法版、案件版、视点版 作者：陈东升

浙江张氏叔侄案背后的冤案反思

2013年5月21日，《法制日报》记者从浙江省高级人民法院获悉，浙江省高院作出国家赔偿决定并送达张高平、张辉的代理人后，截至5月21日晚记者发稿，张氏叔侄尚未到浙江省高院领取这笔赔偿款。

2013年5月17日，浙江省高级人民法院对张辉、张高平再审改判无罪并作出国家赔偿决定，分别支付张辉、张高平国家赔偿金110.57306万元，

共计 221.14612 万元。

"相隔十年，张辉、张高平当时身体上受到的伤害等客观性证据已经灭失，又缺乏验伤等保留的证据形式，要追究该案的当年侦查人员是否犯有刑讯逼供罪，难度很大。"张高平的辩护律师、浙江大学光华法学院刑法学教授阮方民说。

"在包括此案在内的各地一系列冤错案复查过程中，都切身感受到我国现有司法体系从办案理念和制度上进一步防范冤错产生机制的迫切性。"浙江省高院负责人在接受《法制日报》记者独家采访时，从五个方面对冤案作出反思。

再审改判无罪

2003 年 5 月 18 日 21 时许，张高平和侄子张辉驾驶皖 J–11260 解放牌货车，载货从家乡安徽省歙县前往上海，受熟人之托，搭载了 1 名欲到杭州寻找姐姐的同乡女孩王某。在杭州艮秋立交桥处，张高平、张辉叔侄与王某分手，让她自己坐出租车前往三桥，随后继续驾驶货车前往上海。

王某下车后，于 2003 年 5 月 19 日早晨被人杀害，尸体被抛至杭州市西湖区留下镇留泗路东穆坞村路段的路边溪沟。

接到群众报案后，公安机关根据当时初步搜集的一些证据，综合分析后认为张辉与张高平具有可疑形迹，将张辉与张高平确定为重大犯罪嫌疑人。经审讯，张辉与张高平先后"交代"了强奸致死王某的犯罪事实。

2004 年 4 月 21 日，杭州市中级人民法院以强奸罪分别判处张辉死刑、张高平无期徒刑。2004 年 10 月 19 日，浙江省高级人民法院二审分别改判张辉死刑、缓期 2 年执行，张高平有期徒刑 15 年。

由于张辉之父张高发的不断申诉，2012 年 2 月 27 日，浙江省高级人民法院对该案立案复查，另行组成合议庭，调阅案卷、查看审讯录像，认真调查核实有关证据，前往新疆维吾尔自治区库尔勒监狱、石河子监狱分别提审了张辉、张高平，并于 2013 年 1 月将张辉、张高平换押回杭州，以便于进一步提审核查。

经开庭审理后，2013 年 3 月 26 日上午，浙江省高院公开宣判，认为有新的证据证明，此案不能排除系他人作案的可能，原一、二审判决据以认定案件事实的主要证据，不能作为定案依据。据此，依照《中华人民共和国刑事诉讼法》之规定，撤销原审判决，宣告张辉、张高平无罪。

申请国家赔偿

2013 年 5 月 2 日，张辉、张高平分别以再审改判无罪为由向浙江省高级人民法院申请国家赔偿，两人共申请国家赔偿金 266 万元，其中，限制人身自由赔偿金 120 万元，精神损害抚慰金 120 万元，律师费 10 万元，低价转让的解放牌大卡车赔偿 15 万元，扣押的两部三星牌手机赔偿 1 万元。浙江省高级人民法院同日立案。

案件审查期间，张辉、张高平分别要求增加限制人身自由赔偿金 5 万元、精神损害抚慰金 5 万元，并增加 3 万元医疗费赔偿请求。

浙江省高级人民法院听取了张辉、张高平的意见，依法进行审查后认为，张辉、张高平自 2003 年 5 月 23 日被刑事拘留，至 2013 年 3 月 26 日经再审改判无罪释放，共被限制人身自由 3596 日。根据《中华人民共和国国家赔偿法》第三十三条"侵犯公民人身自由的，每日赔偿金按照国家上年度职工日平均工资计算"之规定，决定分别支付张辉、张高平侵犯人身自由权赔偿金 65.57306 万元。同时，根据《中华人民共和国国家赔偿法》第三十五条的规定，综合考虑张辉、张高平被错误定罪量刑、刑罚执行和工作生活受到的影响等具体情况，决定分别支付精神损害抚慰金 45 万元。至于赔偿请求人张辉、张高平提出的律师费、医疗费、车辆转卖差价损失等其他赔偿请求，依法均不属于浙江省高级人民法院国家赔偿范围。

此前，张氏叔侄向浙江省高院申请的国家赔偿和补偿共计 702 万元。张高平的代理律师阮方民教授向《法制日报》记者解释，702 万元包括赔偿和补偿两部分。国家赔偿部分，是在当事人递交申请两个月内必须作出决定的。法外补偿部分，则没有时间限制，还有一个漫长的谈判过程。

"精神损害抚慰金 45 万元，这已经是国家赔偿法在司法实践中的重大突破，具有里程碑意义。"阮方民说，按照法院系统的通常做法，精神损害赔偿金一般不会超过侵犯人身自由权赔偿金的 50%，目前在全国法院系统，国家赔偿中支付的精神损害赔偿金没有超 30 万元的。此次浙江省高院赔付张高平叔侄精神损害赔偿 45 万元，已接近人身自由赔偿金 70%，远远超过 50% 限制，创了历史纪录。

五方面需反思

2013 年 4 月 9 日，浙江省委政法委成立由省市有关部门组成的联合调查组，对张辉、张高平错案原办理过程中公、检、法各部门办案环节存在的问题进行全面调查。

"错案追责程序一旦启动，必会涉及相关办案人员的行政责任及刑事责任，但要追究侦查人员是否犯有刑讯逼供罪，难度很大。"阮方民在接受《法制日报》记者采访时说，相隔10年，时过境迁，张辉、张高平当时身体上受到的伤害等客观性证据已经灭失，又缺乏验伤等保留的证据形式。

因为张辉、张高平这起错案，有"浙江神探"之称的杭州市公安局刑侦支队六大队大队长聂海芬在冤案平反后备受批评。阮方民对此回应分析认为，在错案责任人体系中，仅把目光聚焦在聂海芬一个人身上，存在着一定程度上的错位。在这起案件办理过程中，聂海芬只是案件的指导者，并没有参加一线的审问。

"近期我国平反的一批冤错案其形成机理高度相似，与特定历史时期的办案理念及长期形成的办案机制密切相关。"浙江省高院负责人在接受《法制日报》记者采访时说，任何时候都不能否定办案队伍的主流和业绩，对这些冤案愈加应该从理念上和机制上进行系统、客观的反思，不能脱离当时的历史条件和历史局限，要分清个人责任和制度责任，重在从完善法治国家的制度建设上认真剖析、改进和完善。

这位负责人认为，当前刑事司法工作至少有五个方面问题需要反思：

过去发生重大命案，社会上人心惶惶，上级会对这类案件进行督办，时有层层下达限期破案的死命令。时间紧、压力大，主观和客观上出差错的可能性也就越大。比如说，侦查人员都知道，只要口供突破，办案效率就会提高。在命案必破的压力下，有的办案人员就会有意无意地靠一些刑讯逼供的办法来突破口供，甚至对已经发现的有利于被告人、可能证明其无罪的证据，也不愿随案移送。

在复查"两张冤案"过程中发现，袁连芳起了逼供诱供指供的作用。在河南马廷新案中，也是如此。

2003年春节后，袁连芳因涉嫌贩卖淫秽物品牟利，被关押在河南省鹤壁市看守所，与当时鹤壁市下辖的浚县发生的一起灭门血案嫌疑人马廷新同监；2004年4月，袁转至杭州市拱墅区看守所，与张辉同监。

马廷新与张辉均述及其二人的口供形成，系同监犯袁连芳写好笔录，供自己抄写、背诵，否则就拳脚相加，加以折磨，对案件侦办向着办案人员期望的方向发展起到了重要作用，仅袁连芳一个人，就参与制造了两起冤案。该负责人认为，对此，应进行全面彻底整顿。

该负责人说，20世纪90年代中期，取消了公安的预审建制。现在回过头看，侦查预审制度本身对刑侦队伍是一个必要的内部制约，它便于在侦查早期及时发现和纠正误判，及时调整侦查方向。例如杭州的"两张冤案"和萧山的"五人抢劫杀人冤案"，两个案子都是到了口供突破后，才发现侦查方向可能有误。

破案考核指标设计需科学合理，不应以"破案GDP"为目的，而应以伸张正义为目的。各地差异太大，情况复杂，有的犯罪行为在一个地方比较突出，但在别的地方并不突出。但是，如果进行全国统一的破案会战行动，再加上破案指标考核，你追我赶，难免造成了拼消耗、凑数量、争达标，造成侦查取证粗糙，办案作风粗暴，往往留下一些后遗症和冤错案件隐患。应该铭记，一个人能不能定罪，案件有没有最终告破，要靠证据说话。

该负责人告诉记者，要反思"不冤枉一个好人、不放过一个坏人"的办案理念和评价标准的局限性。具体到司法实践当中，由于有的侦破取证条件上客观存在着"先天不足"，有时确实存在着对嫌疑人"既不能否定，又不能认定"的情形，做不到百分之一百的准确，对照这种过于绝对化的原则，公检法常常陷入两难境地，走进"死胡同"。由于过去我们追求这种绝对化目标，最终导致在具体办案过程当中，法院难以执行疑罪从无的原则，往往是疑罪从轻。浙江的这起命案，在当时的历史条件下都是到了省高院二审时，才顶住压力改判为死缓，但还是形成重大冤案。

稿件来源：2013年5月22日《法制日报》案件版 作者：陈东升 王春

18年死刑执行案如何改判

2014年12月15日10时，内蒙古自治区高级人民法院召开新闻发布会通报呼格吉勒图案件审理结果以及相关工作的后续安排。内蒙古高院新闻发言人李生晨通报说，内蒙古高院认为，原判认定呼格吉勒图犯故意杀人罪、流氓罪的事实不清，证据不足；对辩护人的辩护意见、检察机关的检察意见予以采纳；对申诉人的请求予以支持，宣判呼格吉勒图无罪。内蒙古自治区党委已责成有关部门组成调查组，就错案责任问题进行调查。

1996年4月9日，内蒙古自治区呼和浩特市一女子被掐死在公厕内，呼格吉勒图经过该女厕所后跑到附近治安岗亭报案。1996年，年仅18周岁的呼格吉勒图被认定为"4·9"女厕女尸案凶手。案发61天后，呼格吉勒图被判死刑并立即执行。

2005年，内蒙古系列强奸杀人案凶手赵志红落网，其交代的数起案件中就包括"4·9"毛纺厂女厕女尸案。

2014年11月19日，内蒙古自治区高级人民法院作出再审决定，对呼格吉勒图案进行再审。

在2014年12月15日的新闻发布会上，李生晨首先通报了案件审理结果。他说，本案因呼格吉勒图的父母申诉，内蒙古高院于11月19日决定启动再审程序，并另行组成合议庭，依法进行审理。

在审理中，合议庭认真查阅了本案全部卷宗以及相关材料，充分听取了申诉人、辩护人和检察机关的意见，经认真评议并提交审判委员会讨论，作出如下判决：撤销本院(1996)内刑终字第199号刑事裁定和呼和浩特市中级人民法院(1996)呼刑初字第37号刑事判决；原审被告人呼格吉勒图无罪。

在审理期间，申诉人要求尽快公平公正对本案作出判决。辩护人辩称，原判事实不清，证据不足，应宣告呼格吉勒图无罪。检察机关认为，原判认定呼格吉勒图构成故意杀人罪、流氓罪的事实不清，证据不足，应通过再审程序，作出无罪判决。

经审理，内蒙古高院认为，原判认定原审被告人呼格吉勒图犯故意杀人罪、流氓罪，没有确实、充分的证据予以证实：

犯罪手段供述与尸体检验报告不符。呼格吉勒图多次有罪供述称采取卡脖子、捂嘴等犯罪手段，与被害人杨某某"后纵膈大面积出血"等尸体检验报告内容不符。

血型鉴定结论不具有排他性。呼格吉勒图本人血型为A型，在呼格吉勒图指甲缝内附着物检出O型人血，与被害人血型相同。但血型鉴定为种类物鉴定，不具有排他性、唯一性，不能证实呼格吉勒图实施了犯罪行为。

呼格吉勒图的有罪供述不稳定，且与其他证据存在诸多不吻合之处。呼格吉勒图在侦查、审查起诉和审理阶段均曾供述，采取了卡脖子、捂嘴等暴力方式强行猥亵被害人，但又有翻供的情形，有罪供述并不稳定。而且供述中关于被害人的衣着、身高、发型、口音等内容与尸体检验报告、证人证言之间有诸多不吻合。

内蒙古高院认为，原判认定呼格吉勒图犯故意杀人罪、流氓罪的事实不清，证据不足。对辩护人的辩护意见、检察机关的检察意见予以采纳。

对申诉人的请求予以支持。

2014 年 12 月 15 日上午，受内蒙古高院院长胡毅峰委托，内蒙古高院常务副院长赵建平代表内蒙古高院到申诉人家中，向呼格吉勒图的父母表达真诚道歉，对呼格吉勒图的错判并被执行死刑深感痛心，希望呼格吉勒图的父母多多保重。对此案的发生，内蒙古高院将汲取深刻教训，在今后的审判工作中，严格依法办事，严把案件质量关，坚决守住防止冤假错案的底线，坚决避免类似情况的发生，让人民群众在每一个司法案件中都感受到公平正义。

关于国家赔偿问题，李生晨说，呼格吉勒图案因事实不清、证据不足，被改判无罪，符合申请国家赔偿的条件。根据《中华人民共和国国家赔偿法》的规定，受害的公民死亡的，由其继承人或其他有抚养关系的亲属提出申请，启动国家赔偿程序。在合议庭送达再审判决书时，已经向呼格吉勒图的父母告知，可以依法申请国家赔偿。呼格吉勒图父母提出申请后，我们将立即启动国家赔偿程序，并严格依照法定程序，尽快依法作出赔偿决定。

关于责任追究问题，李生晨说，据我了解，内蒙古自治区党委对此高度重视，已经责成有关部门组成调查组，就错案责任问题进行调查。总的原则是：实事求是，有责必究，有错必罚。我们将严格落实内蒙古自治区党委的要求，严肃追究责任，有关责任追究情况也会及时公布。

稿件来源：2014 年 12 月 16 日《法制日报》要闻版 作者：史万森 张驰

第十章 分析

政法机关集体发声主动纠正冤假错案

"冤假错案是对社会公平正义的极大伤害，要坚决防止和依法纠正冤假错案，发现一起、查实一起、纠正一起。"2013 年 7 月 4 日，最高人民法院院长周强在全国高级法院院长座谈会上说。

在此之前，国务委员、公安部部长郭声琨和最高人民检察院检察长曹建明已先后表态：必须坚守底线，防止冤假错案。

最高法、最高检、公安部纷纷通过下发通知、召开电视电话会议、发表署名文章等形式，重申防止和纠正冤假错案的决心，并要求各政法机关和政法干警有效防止冤假错案发生，切实维护人民群众合法权益。

直面冤假错案主动纠正

浙江萧山5青年抢劫杀人案、浙江张氏叔侄奸杀案、河南平顶山李怀亮故意杀人案……2013年以来，司法机关接连平反冤假错案，在社会上引起强烈反响。

人们在对当年司法机关未能发现和纠正冤假错案感到遗憾的同时，也为如今司法机关直面错误、主动纠正的勇气喝彩。

"尽管近年来浙江刑事案件质量一直位居全国前列，但案件质量隐患始终存在。最近相继发现的错案，除刑讯逼供因素外，检察人员审查逮捕、审查起诉过于倚重犯罪嫌疑人、被告人的口供定案，没有发现和排除非法证据也是原因之一。"浙江省人民检察院有关部门负责人坦言。

这名负责人说，浙江检察机关将深入分析冤假错案成因，坚决摒弃有罪推定、口供至上、构罪即捕、以捕代侦等错误观念，恪守检察官客观公正义务，坚持办案数量、质量、效率、效果有机统一，坚守防止冤假错案底线。

河南曾纠正了赵作海冤假错案，2013年又平反了李怀亮一案。

"有些法官拿法律当儿戏，不尊重法律，这就是法院错的地方。"河南省高级人民法院院长张立勇说，对于冤假错案，河南法院的态度是：不遮掩、不回避，勇于承认错误，敢于负责担当。

张立勇表示，按照疑罪从无宣告李怀亮无罪，是河南法院付出巨大代价、经历惨痛教训后的重大进步和成果，要把这一成果巩固、坚持下去，坚决贯彻无罪推定、疑罪从无原则。

建立完善机制防微杜渐

前事不忘，后事之师。针对接连暴露的冤假错案，各级政法机关积极转变思想、建立完善机制，进一步加强和改进执法办案工作，尽一切努力防范冤假错案的发生。

公安部下发《关于进一步加强和改进刑事执法办案工作切实防止发生冤假错案的通知》，明确要求各地健全完善执法制度和办案标准，从源头上防范冤假错案。

这份通知再次强调：犯罪嫌疑人被拘留、逮捕后，要依法及时送看守所羁押，在看守所内进行讯问，讯问过程要全程录音录像；要健全完善网上执法办案制度，及时发现、提醒、纠正执法问题，以网上流程化管理促进刑事执法办案规范化。

"严禁各地下达刑事拘留数、发案数、破案数等不科学、不合理的考评指标，这些考评指标可能导致民警受压力而刑讯逼供、办错案、办假案。"公安部法制局有关负责人表示，各地要进一步健全完善执法办案考评标准，不提不切实际的口号和工作要求。

侦查监督是检察机关办理普通刑事案件的第一关，在防范冤假错案方面具有不可替代的重要作用。近年来，各地侦查监督部门通过建立完善一系列工作机制，提升了办案质量。

人命关天，群众尤其不能容忍命案发生冤假错案。为此，安徽、贵州、山西等地检察院，强力推进侦查监督部门介入命案等重大疑难案件现场勘查工作。检察人员发现侦查人员有违法情形的，视情节轻重，可口头提出纠正意见或者向公安机关发出《纠正违法通知书》；发现涉嫌犯罪的，移送渎职侵权检察部门依法追究责任，以此保障命案办理质量。

最高检召开第四次侦查监督工作会议提出，严格落实审查逮捕阶段讯问犯罪嫌疑人和听取律师意见制度，对犯罪嫌疑人和律师提出不构成犯罪、受到刑讯逼供等意见，要认真审查核实，不轻易放过任何疑点。

"从现在已发现的冤假错案看，多少都存在突破制度规定，或者公然违背法定程序的地方。"最高法常务副院长沈德咏撰文称，现在制度规定已经比较完善，关键是各级法院要敢于拿起法律制度武器，坚持原则审理案件。

坚守防止冤假错案底线

一起冤假错案，可能毁掉一个乃至几个无辜之人的一生，以及他们原本幸福的家庭。冤假错案可能因为当时的技术原因、认识能力原因而发生，但如果是人为的，绝对不可原谅。

"今后凡是被法院判决无罪的案件，各地公安机关都要逐案解剖、点评、通报。建立冤假错案责任终身追究机制，对有故意或重大过失的执法办案人员，依法追究责任。"公安部法制局有关负责人说，在年度考评内发生冤假错案的，考评结果直接确定为不合格。

最高检提出，对于因故意或者重大疏忽导致错捕和错不捕的，严肃追究有关人员责任。山西省人民检察院发文明确，对因严重不负责任、推诿扯皮、徇私枉法等问题造成错捕案件的首办责任人，不仅要追究其责任，还要承担相应经济赔偿。

2012年，河南法院在全国率先实施错案责任终身追究和领导干部失职问责制度。对主审法官、法院领导提出"谁用权，谁就要负责一辈子""办错案，首先追究法院院长责任"。这项制度实施以来，全省法院共追究错案责任法官 10 人。

在明确责任终身追究的同时，各地政法机关也在积极推进政法干警法治教育，促其充分认识冤假错案的严重危害性，端正执法司法为民思想，强化依法办案意识。

"坚守防止冤假错案底线，是每一个执法办案人员的终生追求和重大责任。任何执法办案人员必须以高度负责的精神、临渊履薄的心境、一丝不苟的态度对待每一起案件。"最高检副检察长朱孝清撰文说。

稿件来源：2013 年 7 月 11 日 《法制日报》政法司法版